光明社科文库
GUANGMING DAILY PRESS:
A SOCIAL SCIENCE SERIES

·历史与文化书系·

贵州民间文献论集

安尊华　严奇岩｜主编

光明日报出版社

图书在版编目（CIP）数据

贵州民间文献论集 / 安尊华，严奇岩主编 . -- 北京：

光明日报出版社，2021.5

ISBN 978 - 7 - 5194 - 5956 - 7

Ⅰ.①贵… Ⅱ.①安… ②严… Ⅲ.①地方文献—贵

州—文集 Ⅳ.①K297.3 - 53

中国版本图书馆 CIP 数据核字（2021）第 068181 号

贵州民间文献论集

GUIZHOU MINJIAN WENXIAN LUNJI

主　　编：安尊华　严奇岩

责任编辑：刘兴华　　　　　　　　责任校对：傅泉泽

封面设计：中联华文　　　　　　　责任印制：曹　净

出版发行：光明日报出版社

地　　址：北京市西城区永安路 106 号，100050

电　　话：010 - 63169890（咨询），010 - 63131930（邮购）

传　　真：010 - 63131930

网　　址：http：//book. gmw. cn

E - mail：liuxinghua@ gmw. cn

法律顾问：北京德恒律师事务所龚柳方律师

印　　刷：三河市华东印刷有限公司

装　　订：三河市华东印刷有限公司

本书如有破损、缺页、装订错误，请与本社联系调换，电话：010 - 63131930

开　　本：170mm × 240mm

字　　数：366 千字　　　　　　　印　　张：21

版　　次：2021 年 5 月第 1 版　　　印　　次：2021 年 5 月第 1 次印刷

书　　号：ISBN 978 - 7 - 5194 - 5956 - 7

定　　价：98.00 元

前言

民间文献与贵州民间文献

梁启超先生曾言："史料为史之组织细胞，史料不具或不确，则无复史之言。"① 民间文献作为一种重要的史料，承载了丰富的历史信息，诸多民间文献都是珍贵的第一手史料，其研究价值不言而喻。民间文献的整理工作于20世纪就已经开展，历史研究者主要以田野考察的方式深入乡村等基层地区发掘搜集文献史料，继而出版共享，掀起了民间文献的研究热潮。民间文献的内容涉及领域广，类型多样，部分文献史料的时间考据可追溯到明清时期，甚至更早。近年来，民间文献的价值越来越受到学术界的重视，一些珍贵民间文献的发现和研究，对于再认识某个史学领域历史发展过程，具有很高的学术价值。

一、民间文献定义

民间文献是相对于官修史籍的一种来源于民间并记载着历史事迹的重要史料，民间文献虽然有别于正史经籍，但在历史研究中，两者是相辅相成，互为补充和利用的非对立关系。细分来说，民间文献具有广义与狭义之分，概括来说即前者强调源出民间而后者须兼备原生态这个要素。② 民间文献最能直接体现其来源区域的历史发展轨迹，具有地域性、原始性、多样性等特色。民间文献的类型丰富，包括契约文书、碑刻、族谱、匾印、票证、账本、日记以及口述材料，各地发现整理的文献史料往往能反映当地的社会发展面貌的多个方面，涵盖多个领域的内容，涉及社会史、经济史、文化史、思想史、法制史、民族史等方面。从发掘到整理，民间文献都必须保持其内容上的原始面貌，民间文献的整理与利用，无疑是史料搜集渠道的拓宽和突破，而史

---

① 梁启超．中国历史研究法［M］．北京：中国华侨出版社，2013：42.

② 董丛林．民间文献、地方文献的界定与利用［J］．河北学刊，2018，38（4）：64.

料的归宿在于史学研究者日以继夜的史学研究。

民间文献直接反映一般民众的历史发展动态，契合了自近代以来学术界提倡的以微观历史视角解读史实的史学研究趋势，打破了传统的大历史观。著名的社会经济史学奠基者傅衣凌先生对待民间文献并将其用于自己的学术研究中的态度是极具启发性的，有学者在评价傅衣凌先生的研究角度时，称赞他的精辟见解："把个案追索与对宏观社会结构和历史变迁大势的把握有机地结合起来；强调注意发掘传统史学所轻视的民间文献（如契约文书、谱牒、志书、文集、账籍、碑刻）等史料，倡导田野调查，以今证古，等等。在他的影响下，社会人类学的民间取向逐渐得到历史学家的认同，并开始以'从下往上看'的视角和价值立场重新审视历史。"① 可见，民间文献的史料价值极高，而在不断地与官方史籍相互补充与佐证中，甚至会打破传统的一些史学谬误或偏见，在一些针对性的领域中提出值得探究和逐渐被学界所接受的新观点。

二、贵州发现的主要民间文献概述

位于中国西南地区交通中心的贵州省，山峦绵延，清川不绝，山青水秀，气候怡人，这里聚集多个少数民族，拥有独特的历史文化风景。在贵州发现的民间文献中有关少数民族的历史古籍文献是一大特色，在 17 个世居贵州的少数民族中，属于苗族、布依族、侗族、土家族和彝族的民族文献资源就占据了 53.50%②。比如，由彝族文字撰写的《西南彝志》于 2004 年被翻译整理出版，这部反映了古代彝族生产生活、阶级秩序、风俗人情及思想观念等各个方面的历史文献被誉为"彝族古代百科全书"，是研究彝族以及彝族生活聚集地区历史文化发展的重要文献史料；水族的水书是珍贵的民族历史典籍，已被列为"非物质文化遗产"，贵州有 65 部水文古籍还入选了《国家珍贵古籍名录》③，对水书的保护和研究也是硕果累累，出版了多部有影响力的著作；同样入选《国家珍贵古籍名录》的还有由贵州荔波县档案馆整理的布依族"摩经"，"摩经"是布依族人用于宗教场合的经书，现流传的布依族"摩经"是"布摩"先生的汉字记音本④，蕴含了布依族悠久的社会历史文化。

① 李伯重. 回顾与展望：中国社会经济史学百年沧桑 [J]. 文史哲，2008 (1)：18.
② 杨昌斌，陆光华. 30 年来贵州民族文献资源特征及其发展趋势研究 [J]. 凯里学院学报，2014，32 (2)：178.
③ 蔡珩. 贵州民族古籍文献再生性保护探析 [J]. 贵州民族研究，2017 (7)：76.
④ 毛建军，郑淑玉. 布依族摩经整理、出版与研究综述 [J]. 宗教学研究，2018 (3)：172.

除了这些直接反映少数民族社会历史风貌的古籍文献，还有于黔东南清水江流域发现并在学术界引起轰动的大量保存于民间的文书，学术界一般称其为清水江文书。清水江文书是一种珍贵的民间文献史料，数量接近 50 万份，类型相当丰富，如反映了当地经济社会生活的契约、清单、账单、税单、股份合同和户册等。清水江文书承载了从明至民国五百余年的清水江流域社会历史发展的各个方面，是描绘引人注目的多元清水江流域文明的珍贵史料。关于清水江文书的整理出版，成果主要有杨有赓等主编的《贵州苗族林业契约文书汇编》、张应强等主编的《清水江文书》三辑、陈金全等主编的《贵州文斗寨苗族契约法律文书汇编——姜元泽家藏契约文书》、张新民主编的《天柱文书》以及近期出版的李斌主编的《清水江文书·黎平文书》等。清水江文书中可挖掘的历史信息十分丰厚，研究意义深远，足以催生新鲜学科——清水江学，形成新的学科增长点，并将在全国的学术界中博得颇多注目。

贵州的碑刻史料也同样不可忽视。碑刻承载的历史信息反映了社会的多个方面，从不知意义的山壁涂画到内涵清明的文字刻录，无不展露一个创造文明的群体精心遗留下的历史赞歌。据调查，贵州在 20 世纪 90 年代就已发现 490 余通彝文碑刻，主要集中在黔西北彝族聚集区①，彝文碑刻见证了彝文字的流传，反映了多元和源远流长的少数民族文化；由安成祥编撰并于 2015 出版的《石上历史》一书，作者根据最新发现的碑刻史料，选择并收录了明至民国时期的 90 多通石刻，分类进行考释和注解，并注明了碑刻来源地，是黔东南碑刻阶段性研究的新成果；贵州大学出版社于 2017 年出版了《清水江文书·天柱碑刻考释》三册，选录 630 余通碑刻②，天柱碑刻的整理出版，为清水江流域文明的深入探索提供了更瞩目的宝贵史料。其他恕不一一赘述。

三、本论文集主要的民间文献探讨

本论文集收录了 2019 年 7 月 11—13 日于贵州师范大学召开的"'新时代民间文献整理与研究'学术研讨会"的部分参会论文，集中展示了参会学者们对清水江流域契约文书、碑刻铭录资料、宗族文献、口述材料以及呈现民族文化的史料等民间文献的学术探究成果，其中对清水江文书和民族碑刻文献的探讨是本论文集的主要部分。关于清水江文书的学术研究是当下国内学术界的前沿热点之一，作为一种珍贵的历史信息载体的清水江文书，被此次

---

① 王明贵.贵州古彝文碑刻［J］.民族艺术，1997（4）：139.

② 杨军昌，严进进.《清水江文书·天柱碑刻》述评——兼论民族碑刻文献的当代价值及其启示［J］.西南边疆民族研究，2019（1）：204.

参会的论文学者们以新颖的学术视角和不断深入的史学问题发掘出更丰富的历史内涵。专家学者的讨论涉及林木贸易、文字文化、人权、文献价值评述等方面。而本论文集的另一重心——碑刻文献的探究，则以贵州民族地区的历史文化特点为主要研究对象，学者们力图以掌握的碑刻资料，释解其中蕴含的民族文化精神。文集中也不乏对最新的民间文献整理研究成果的评述和对一些另辟蹊径发掘出的民间文献史料的解读，这些皆是充分利用了民间文献的重要史料价值而产生的明亮的学术之光。

民间文献的研究仍是一条需要继续深入探寻的道路，从重视到利用，从成果迭出的整理出版到鞭辟入里的系统论述，最终将为史学的发展注入新鲜血液。民间文献的解读受到地域文化差异的限制，同样也面临着被无意损毁和抢救不及时的困境，但前景是乐观的，催人奋进的，近年来学术成果的频频产生和多个相关的国家课题得以立项更是印证了这一点。

贵州的民间文献搜集整理工作仍在不断地进行着，唯有整理与研讨兼备，共享与交流兼容，才能尽可能详细地描摹出那些拥有逻辑顺序的文字排列中涵盖的历史图景，让来源于不同地方的民间史料真正展现出精彩的生命力。

贵州是少数民族聚居处，共有 18 个世居民族，长期处于官方历史书写的边缘，传统官方文献有关贵州历史，缺载或语焉不详，造成贵州历史书写具有较大的空隙。傅斯年说："必于旧史史料有工夫，然后可以运用新史料；必于新史料能了解，然后可以纠正旧史料。新史料之发见与应用，实是史学进步的最重要条件。"① 从某种意义上说，史学就是史料学。新材料所提供的新思路可以不断开辟新的研究领域，可以发前人之所未发，开出新观点或新结论，形成新成果。

贵州民间文献中有大量弥足珍贵的史料，作为最原始的历史记载，是研究贵州历史，以及研究西南和中原地方社会经济互动关系及其发展状况的珍贵史料。其中有的文献价值不低于在徽州文书、吐鲁番文书、敦煌文书、纳西东巴文书和自贡盐业契约。加强对贵州的民间文献的发掘与研究，将有利于深入了解西南民族地区的历史文化，澄清民间社会长期被遮蔽的解读空间，还原其历史演进的真实图景。贵州民间文献正热情地期待着专家学者的青睐。我们坚信，经由学人们的发掘、整理与深入研究，贵州民间文献必将推动专门史、区域史等学科的发展，并形成具有鲜明地域特色和民族特色的研究成果，从而大裨于中国当代史学。

---

① 傅斯年. 史学方法导论［M］//刘梦溪. 中国现代学术经典·傅斯年卷. 石家庄：河北教育出版社，1996：245.

目　录
CONTENTS

01

契约文书研究

"清水江文书"中的"执照"再探

徐晓光　徐　斌*

　　"执照"旧时一般指官府所颁发的文字凭证或是由政府主管部门正式签发的许可证件或牌照。① 今多指由主管机关发给的准许做某项工作或活动的资格证明。笔者于 2017 年 5 月前往锦屏县档案馆进行"执照"文书的收集整理工作，截至 2019 年 5 月，笔者从锦屏县档案馆、文书楼等处 7 万余份文书中，共整理得出除"土地管业执照"和"纳粮执照"文书以外的各类"执照"文书约 15 份，这些文书均未校对出版，而且种类较多。这些"执照"的使用范围比较广，有的相当于现代的身份证明，如陆军部执照、选民执照等；有的是纳税凭证，如令照判捐票执照和屠宰税捐执照；有的是营业执照等。它们年代不同，形态各异，功能多样，对于拓宽清至民国时期清水江主流域的"执照"类文书研究来说具有重要的意义。《清水江文书中的"执照"研究》（贵州大学学报（社会科学版），2016 年第 1 期）一文是笔者对执照文书初步浅显的研究，文章对"土地管业执照""纳粮执照"以及"锦屏清水江文书"的所谓镇馆之宝"培亮山林田土管业执照"从年代来源、内容、形式、做法等方面进行介绍分析。由于当时受到检索、人力等条件因素的限制，未能将执照类文书收集全面，存在着一定的不足和缺陷，通过本文的补充介绍，可以较为全面地得到弥补。

　　从目前收集整理出来的执照文书可以发现，"执照"这类文书种类形式多

　　* 本文得到 2018 年国家社科基金重点项目"黔桂界邻地区少数民族石体资料的搜集、整理与研究"（课题编号：18AMZ0011）的资助。原载《贵州大学学报（社会科学版）》2019（4）：149—156.

　　徐晓光，贵州师范大学原副校长、教授、博士生导师；徐斌，贵州师范大学博士研究生，贵州民族大学世居民族研究中心研究人员。

① 徐斌. 清水江文书中的"执照"研究［J］. 贵州大学学报（社会科学版），2016（1）：119.

样、涉及内容广泛、运用范围较大，还有待继续收集整理和研究。清水江流域从清朝中期已经形成了以契约为核心的经济文化圈①，这种契约文化已经辐射到当时苗侗人民生活的方方面面，很多重要的官方和民间的生产生活活动如枪支检验、查禁烟土、卖官捐、公开选举、缴纳税款等事务，都通过"执照"这类契约文书这一重要形式来完成。这些种类多样、形式各异的"执照"文书不仅体现出政府对当时清水江流域在政治、经济、文化、生活等方面的管控，在一定程度上来说当地已经形成了一套运作良好的秩序规则，维护社会的稳定和发展，也确保各项生产生活活动的顺利开展，很好地展现了当时官方与民间良好的互动关系，可以拓宽清水江流域乃至全国对"执照"领域的研究，也为研究清朝至民国时期清水江流域的政治、经济、文化提供了宝贵的历史素材和活态见证。

一、验枪执照

在近代中国，各地民间都有大量武器，清水江流域也不例外。该地民间存在着较多的枪支，且这些枪支多为官方所"批准"使用，登记在册并发给持有者相应的凭证文书。如1912年的广东，由于商团事变、盗匪问题、军团冲突、农团冲突等，民间武器的问题更令人瞩目。本节所说的民间武器是指军队、警察以外的团体（如商团、乡团等地方自卫性组织，宗族等）或个人（包括盗匪）掌握的火器，冷兵器则不列入考察范围。"民间"是对应"官方"而言的，但有时很难划清两者的界限。② 本文拟对民国时期清水江流域有关民间武器持有者的凭证文书的内容、社会影响等问题做些分析，希望通过文书的研究，浅析该时期清水江流域社会稳定情况、国家与社会关系等问题。

民国时期清水江流域有些非官方的武装团体和私人都拥有武器，这些枪支既用于自保，也是保证木材贸易顺利进行的一种力量保障。对于清水江流域民间枪支武器的来源，大概有以下三种：第一是取得官府允准"合法"购买（即本节所指的具有验枪执照的枪支）。在清朝末年，官府已经有允准大宗

---

① 徐晓光. 款约法——黔东南侗族习惯法的历史人类学考察 [M]. 厦门：厦门大学出版社，2012：241.

② 孔飞力. 中华帝国晚期的叛乱及其敌人——1796—1864年的军事化与社会结构 [M]. 谢亮生，等译. 北京：中国社会科学出版社，1990；杨念群. 论十九世纪岭南乡约的军事化 [J]. 清史研究，1993（3）.

进口枪械的先例，如光绪二十九年（1903）十一月，广东厘务局曾批准新宁县（后改名台山县）上三都一次进口团枪 1550 支。① 另一则材料也可以证明政府经常会把兵工厂生产的枪支经过一定手续卖给商团、乡团：1924 年兵工厂制定新的"民团领枪章程"，允许民团通过政府向兵工厂直接购买枪械，"所有发出新枪，均由该厂加盖枪烙，书明民团枪支字样，并编列号码，然后解送"。② 这是民间获得枪支武器最为重要，也是最直接、最安全、最合法的途径。第二是从国外、港澳、广州湾走私获得。清水江流域由于木材贸易发达，水运便利，与港澳甚至国外部分商团都有贸易往来的关系，这也为枪支的走私提供了便利的条件。在清末民初，武器走私十分严重。1904 年两广总督岑春煊奏折称："粤东地处海滨，夙称多盗。自通商以后，轮船往来，外洋快枪购置便易，匪徒恃其利器，凶焰益张。"③ 第三是枪支买卖带来大量盈利。民国初年（1912），当时被视为精利武器的驳壳手枪，"在洋界私卖，每支不过用银四十余两，一入内地，可售一百余元"，于是私运者"纷纷不绝"。④ 以上三个因素是民国时期该地民间枪支由来的主要原因，由此可以看出当时清水江流域对外进行木材贸易相对频繁，社会关系虽较为复杂多变，但相对还算稳定，官方对枪支的管控较为宽松。

1. 验枪执照的格式

验枪执照整体上用黑油墨木雕版印制，版式为长方形，设有外框栏。与其他执照不同的是，验枪执照外框栏为方形，内无图案，且非圭首形，用以区别其他类型的执照。框内上、下框以一条横线相隔。执照正文字为繁体，无标点。从右至左、由上而下竖写分三部分，首先是验枪机关、执照字号、发照依据的规定，其次是枪支所在地地址，而后方框中是其验枪的原因、验枪的部位、给予人员、落款、颁发机关以及颁发时间加盖篆体印章（见图 1、2）。

---

① 《粤海关档案》，广东省档案馆藏，第 508 号。

② 兵工厂新定民团领枪章程 [N]．七十二行商报（广州），1924 - 04 - 11.

③ 中国第一历史档案馆，北京师范大学历史系．辛亥革命前十年间民变档案史料（下）[M]．北京：中华书局，1985：444.

④ 私运驳壳者纷纷不绝 [N]．香港华字日报，1913 - 06 - 14.

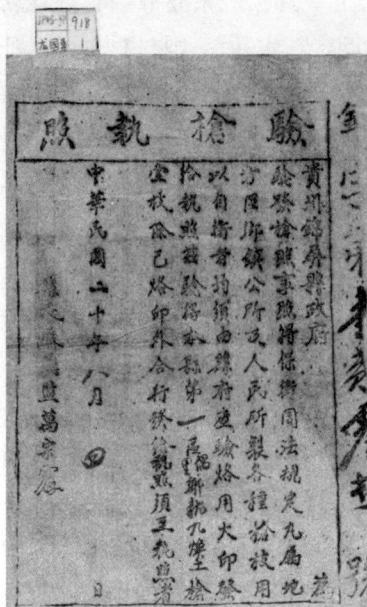

图1　民国二十八年（1939）验枪执照　　图2　民国二十年（1931）验枪执照

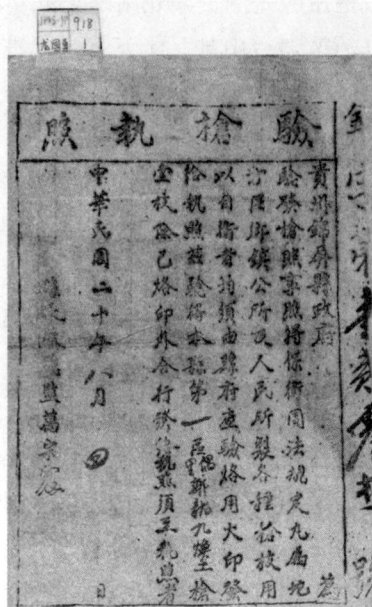

2. 验枪执照的文字内容

以民国二十八年（1939）八月锦屏县偶里乡验枪执照为例。执照格式文字共9行，最多处19字，最少4字，共计119字，其全文如下：

验枪执照

贵州锦屏县政府　　　　　　　　　　为

验发枪即事照得保卫周法规定九属地

方属乡镇公所及人民所制各种枪放用

以自卫者均须由县府查验烙用火印发

给执照兹验得本县第一区偶里乡就九烟王枪

一支保已烙印外合行发给执照须至执照者

中华民国二十年八月　　四　　　日

锦屏县□□□□监万宗□①

从这份验枪执照的内容可以看出，这份执照是民国二十八年（1939）锦屏县政府根据当时的法律法规规定用于验证该县所辖第一区偶里乡的一支"九烟

---

① 锦屏县档案馆藏：JPWS – JP918 – 1。

王枪"的。如前所述，这支枪是偶里乡公所（乡团等地方自卫性组织）通过第一种方式经过一定的手续从官方所获得的，并已经加盖枪烙，属官方承认的民间合法所持有的枪支，文书还提到加盖枪烙后，将该份执照送达该枪的持有者手中，以方便勘验。由于此类执照文书数量有限，目前仅发现几份，因此显得十分珍贵；且当前研究民国时期清水江流域民间枪支武器方面的成果十分稀少，对于弥补这一部分资料稀缺来说是很重要的，也是值得继续深入探讨和发掘的。

二、吸户及禁烟罚金执照

民国时期，贵州烟毒泛滥，这里曾是旧中国的鸦片主产区和外销地，鸦片给贵州各族人民带来的灾难十分沉痛，因而鸦片禁绝问题自然成为当局的一项重要任务。当时，无论是从种植范围、种植面积、鸦片产量、鸦片产值，还是从吸食人数看，它在贵州都是十分泛滥的。对贵州人民造成的危害主要表现在社会动荡不安、妨碍经济发展和摧残人民身心健康等几个方面。然而，在贵州省近 40 年的禁政中，虽采取了颁布禁烟法规、成立禁烟机构、烟民登记和进行施戒等举措，但仍未彻底禁绝。这主要是由于农民、地方官吏、军阀、国民政府等多方利益攸关及禁政运动缺乏全社会的支持所致。[①] 自 20 世纪 80 年代以来，有关民国时期贵州禁政问题研究的主要学者有朱建华、秦和平、莫子刚等，学术成果为数不多，以清水江文书中的吸户执照和禁烟罚金执照为视角来探讨民国时期贵州禁烟问题，更是少有。通过对这两类执照的分析研究，有利于深入认识当时贵州的社会面貌和经济状况。

（一）吸户执照

"吸户"是指民国时期对吸食大烟者的称呼，吸户执照是贵州禁烟总局发给吸食大烟者按规定缴纳烟税的牌照证明。民国时期贵州禁烟局对清水江流域的吸食大烟民众的处罚方式主要有两种：一种是对没有戒掉烟瘾的烟民，也就是执照文书中所说的吸户采取征收烟税的方式进行处罚；另一种则是通过收取禁烟罚金的方式来进行处罚。吸户执照就是采用第一种方式进行处罚后给吸户吴吉士的一份官方凭证，下面就其格式和内容进行介绍。

1. 吸户执照的格式

吸户执照整体上用黑油墨木雕版印制，版式为圭首形，设有外框栏。与其他执照外形基本一致，吸户执照外框栏为方形，框内上、下框以一条横线

---

① 李良品. 民国时期贵州禁政研究 [J]. 中国农史, 2010 (3): 116.

相隔。执照正文字为繁体，无标点。从右至左、由上而下竖写分三部分，首先是禁烟机关、吸户地址、发照依据的规定，其次是吸户姓名、年龄及所在地地址，而后写明其发照的原因、换照的方式和时间、落款、违反规定的处罚方式以及颁发机关、颁发时间并加盖篆体印章（见图3）。

2. 吸户执照的文字内容

以民国二十四年（1935）十月锦屏县高寨乡民国吸户吴吉士所获执照为例。执照格式文字共8行，最多处30字，最少4字，共计165字，其全文如下：

吸户执照

贵州省临时特货统税总局为制给吸户执照事今据锦屏二县二区高寨乡
吸户吴吉士年三十八岁遵照禁烟吸办法第五条之规定缴纳第
期照费大洋三元合行制发执照收执以凭检验此照自制给之
日起六个月为一期期满即为无效如期满后尚未戒绝者准在该管县府
申请换照堂倘有过期匿不换照情事一经查觉照章处罚不贷切此照
县局长　　　　　　　经手收款人
中华民国二十四年　十月十四日　　　　　　发给①

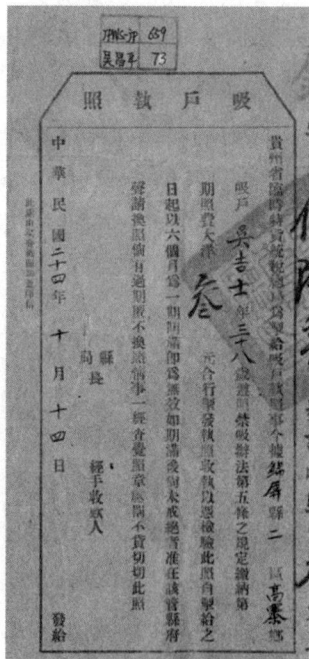

图3　民国二十四年（1935）吸户执照

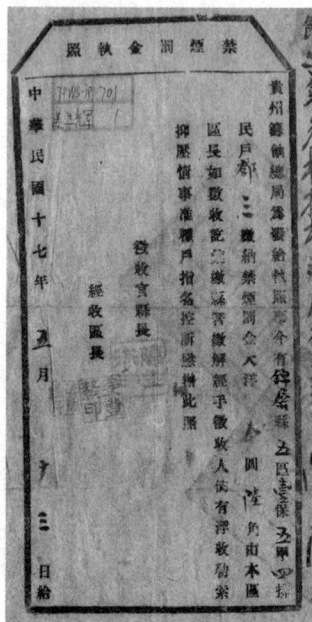

图4　民国十七年（1928）禁烟罚金执照

① 锦屏县档案馆藏：JPWS－JP659－73。

从此份选民执照文书可以看出，吸户吴吉士于民国二十四年（1935）十月经过缴纳吸食烟土罚金大洋三元后，得到禁烟总局颁发的吸户执照，从文书的内容可以清晰地了解当时已经制定出了比较完整的禁烟规则及其配套的处罚条例，如吸户吴吉士则是依据禁烟办法第5条之规定来缴纳罚金的，且有效期为6个月。另外，期满如果吸户尚未将烟瘾戒掉，还需要及时在该管县府申请更换吸户执照，倘有过期且没有戒掉烟瘾的吸户没有到当地禁烟机关及时更换执照，就会照章受到处罚，严惩不贷。这说明禁烟在当时已经形成了一套严密完整的管控处罚制度，各项措施条例都制定得很完备，且这一制度开展得较为井然有序，符合当时的时代背景，取得了一定的成效。

（二）禁烟罚金执照

如上所述，烟土给民国时期贵州各族人民带来了深重的灾难。"自民国八年（1919）以后，全省几全种烟。"① 在原来的两大产区之外，黔东苗族侗族地区的罂粟种植也大规模发展起来，部分地区用地达90%之多。② 据20世纪30年代统计，贵州鸦片最高年产量达到10万担以上，成为当时贵州农村最大的特产。其产值已经远远超过贵州其他特产桐油（产量1.8万担）、土烟、菜籽，以及其他土畜产品产值的总和。"鸦片为贵州最大宗之出产，年可输出2万担，价值一千万元。"③ 烟土的肆虐造成了清水江流域社会动荡不安，也很大程度上妨碍了当地经济的发展，还摧残当地人民的身心健康。因此，政府当局采取收取禁烟罚金的方式来缓解这一严重的事态，也就是上面提到的第二种方式。禁烟罚金执照正是这种处罚方式的历史见证，下面就其格式和内容进行介绍和分析。

1. 禁烟罚金执照的格式

禁烟罚金执照整体上用黑油墨木雕版印制，版式为圭首形，设有外框栏。与其他执照外形基本一致，吸户执照外框栏为方形，框内上、下框以一条横线相隔。执照正文字为繁体，无标点。从右至左、由上而下竖写分三部分，首先是罚金收取机关、缴纳地址、发照依据的规定，其次载明了违反规定的处罚方式，而后写明其发照的原因、缴收人和经收人、落款、颁发机关、颁

---

① 于恩德. 中国禁烟法令变迁史［M］. 上海：中华书局，1934（民国二十三年）：178.

② 1948年1月《贵州民意月刊》第4卷第4、5期合刊"全省种烟情况"。

③ 经济部资源委员会等：《贵州省农业概况调查》第4章"农产"，贵州农业改进所民国二十八年（1939）。

发时间并加盖篆体印章（见图4）。

2. 禁烟罚金执照的文字内容

以中华民国十七年（1928）五月禁烟罚金执照为例。格式文字共8行，最多处25字，最少6字，共计116字，其全文如下：

禁烟罚金执照

贵州籍饷总局为发给执照事今有　锦屏　县五区　一保五甲　四摞

民户部　三缴纳禁烟罚金大洋八圆　陆角　由本区

区长如数收讫并交县口缴解经手徽收人倘有浮收勒索

抑压情事准种户指名控诉口办此照

征收官县长　陈士孙

经收区长　姜一鳌

中华民国十七年五月十三日　　　　　　　　　　　　　　给①

此份禁烟罚金执照文书是贵州籍饷总局颁发给锦屏县第五区一保五甲的执照文书，从执照内容可以清晰看到当时禁烟罚金先由所在地县长征收，然后再由所在地区长接收，接收后区长如数收讫，经手人倘若有浮收勒索等现象，可以向上面汇报，做出相应的处罚。与吸户执照不同的是，二者虽然都是对禁烟征收资金执照文书，但征收的主管部门却有很大的区别：一个是贵州籍饷总局，一个是贵州禁烟总局；其次是征收对象不同：贵州禁烟总局征收的主要对象是吸户、贵州籍饷总局征收的对象是一保五甲集体、征收金额的力度不同。贵州禁烟总局征收的数额较少，是三元大洋，而贵州籍饷总局则多为其几倍。总体来说，二者都是禁烟的主要方式，效果也可以，在当时的禁烟运动中起到了较好的作用。

三、陆军部执照

对于清末实官捐问题，学界存在的问题一是脉络需要进一步梳理，二是有些观点需要订正。清末社会舆论对实官捐问题的主流取向是批斥、否定，力主罢废。② 这些观点散见于尹航《晚清捐纳制度研究》（吉林大学2005年硕士毕业论文）、谢俊美《捐纳制度与晚清吏治的腐败》（探索与争鸣，2000年第4期）、陈先松《试析晚清捐纳的失褚》（社会科学辑刊，2005年第2

---

① 锦屏县档案馆藏：JPWS - JP701 - 1。

② 苏全有. 实官捐的兴废与清末朝野之间的崩裂［J］. 中国社会经济史研究，2013（3）：59.

期)、钞晓鸿《清末废止捐纳实官考刻》（中国经济史研究，2009 年第 4 期）等文中。但清末当政官员中，力主开办实官捐者大有人在："北到黑龙江，南到广东，西到云南，东到山东，全国各地方督抚大员多力主实官捐。主张开办之外，当政官员还专折请奖捐输实官。"① 可见当时政府对于卖官鬻爵等事宜的管控并非都是持消极反对的态度，更多的时候是支持或者默许的，清朝清水江流域虽是"化外之地"，但或多或少也受到当时这一趋势的影响，并通过"执照"文书这一特殊的问题保存和记录下来，下文的"陆军部执照"就是这一政策在清水江流域实施的最主要的载体，通过对其格式、文字内容、功能等进行详细的介绍和分析，能较好地还原清水江流域当时是这样进行实官捐活动的。

"陆军部执照"是官方授予具有较大功勋或影响力人员一定官职的身份凭证，是证明其品级身份的官方文书。在清水江流域，笔者发现通过这一类方式获得官职的人员一般都为家庭殷实之人，要么是当地的大户，或者为大木商，且官职都为八品，职位都不是很高。在清朝，特别是清末光绪年间，由于国力渐微，自然灾害频发，为了缓解灾情，很多地方都以赈灾为由进行卖官鬻爵的活动，也好从中谋取私利，光绪二十七年（1901）二月二十六日，岑春煊还致电李鸿章，询问"顺、直实官捐外减各几成"，李鸿章复电告知："直捐五品以上暗减二七，五品以下暗减二一，虚衔封典一三。"② 可见，当时政府对于卖官鬻爵的态度是默认支持的，清水江流域虽然地处偏远，但借木材贸易之利，信息得以通达流域各地，在这种大背景下存在这类活动也在情理之中。

1. 陆军部执照的格式

陆军部执照整体上用黑油墨木雕版印制，版式为圭首形，设有外框栏。与其他执照不同的是，陆军部执照在外框栏内印有云龙图案，象征着皇室的威严，以区别于其他类型的执照。框内印有方格，左文右格式样。上、下框以一条横线相隔。执照正文字为繁体，无标点。从右至左、由上而下竖写分三部分，首先是发照机关、执照字号、发照依据序号上加盖篆体印章，其次是获封人的姓名及住址，而后方框中是其获封的原因、品级，落款是颁发机

① 苏全有. 实官捐的兴废与清末朝野之间的崩裂［J］. 中国社会经济史研究，2013（3）：59.

② 顾廷龙，戴逸. 李鸿章全集：第 28 册 电报八［M］. 合肥：安徽教育出版社，2008：137—138.

关以及颁发时间加盖篆体印章（见图5）。

2. 陆军部执照的文字内容

以光绪三十三年（1907）二月姜增文所获封的陆军部执照为例。格式文字共11行，最多处31字，最少1字，共计192字，其全文如下：

陆军部执照

陆军部为发给执照事务方司案呈准　户　部　告称议覆前署贵州

巡无林奏黔省寿捐助饷第五次请将一担光绪三十一年十一月二十三日奉

旨依议钦此抄录原奏清单知照前来查姜增文系贵州黎平府人

年三十二岁身中面白无须由武生捐银一百五十两

请给予营千总□衔传户部声捐核兴例案银数均符应请照

准相应办给部照注明三代籍贯交该生收执以杜假冒而照核实

须至执照者

曾祖　继儒　祖　彭　父　兴兆

　　　　　右给　姜增文　　　执照

光绪三十三年　　　二月　　二十五　　日

部①

此份陆军部执照是贵州黎平府武生姜增文于光绪三十三年（1907）二月通过捐银一百五十两后，得到陆军部局颁发给其的八品官职的文书执照，从文书的内容可以清晰地知道光绪年间对实官捐问题是持支持态度的，由于受封人世代捐银，功劳较丰，当时的巡抚无林，凑请政府为其加封。当时颁发此类文书比较严谨，且需要验明受封人的各项信息如五官长相、年龄等细节。可见政府是很重视这类事务的。与这份陆军部执照相比，另一份由黎郡发布的实官捐的执照文书（见图6）就显得较为单薄，无陆军部执照的正式和庄严，除年代、用印部门、获封人及获封事由不同外，其余的格式条款基本一致。从以上两份不同年代的实官捐执照文书中可以看出，清政府在实官捐问题上已经形成了一套比较完整的制度和规范，且从执照文书及其规定的相关内容就可以发现，执照文书对发照机关、执照字号、发照依据序号上加盖篆体印章，其次是获封人的姓名及住址、获封的原因、品级、落款是颁发机关以及颁发时间加盖篆体印章等都做了详尽的规定。值得注意的是，执照中还使用了留空式填写方式，方便发证机关填写执照，提高了发证机关的办事效

---

① 该执照文书由笔者2017年5月从锦屏文书楼收集所获，暂无编号（笔者注）。

率，确保执照能及时完成填写发放。

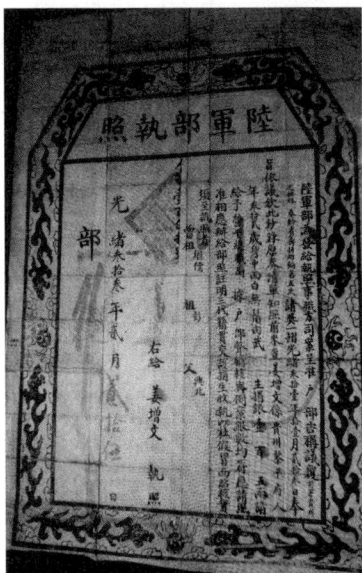

图 5　陆军部执照

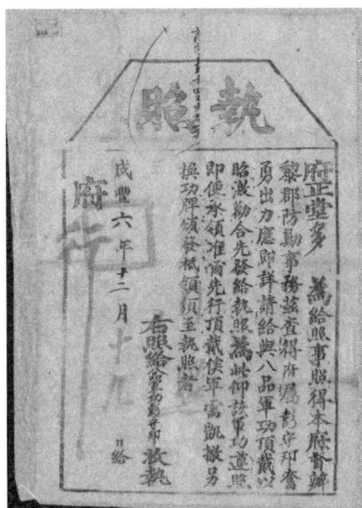

图 6　黎郡实官捐执照

四、选民执照

民国时期清水江流域社会较为繁荣稳定，经济状况良好，法治秩序稳定有序，各个方面都在政府的管控范围下健康发展，当时公民各方面权益都得到了较为良好的保障，其中体现的最为突出的就是公民的选举权。选举权是宪法赋予每个公民的神圣权利，也是公民的基本政治权利之一。民国时期清水江流域社会较为稳定，法治环境较好，公民的基本权利才能较好地得以保障。通过对民国时期清水江流域选民执照的格式内容进行分析，可以反映出法律当时在该地的实施效果和作用，为研究民国时期该地的法治发展提供了一定的参考和借鉴。

1. 选民执照的格式

选民执照整体上用黑油墨木雕版印制，版式为圭首形，设有外框栏。与纳粮执照和

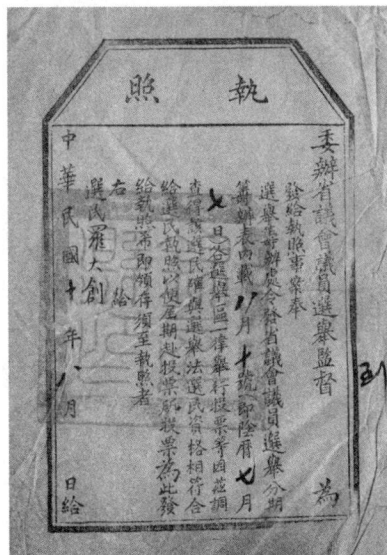

图 7　民国十年（1921）八月的选民执照

土地管业执照一样，选民执照外框栏为方形，内无图案，框内上、下框以一条横线相隔。执照正文字为繁体，无标点。从右至左、由上而下竖写分三部分，首先是发证机关、发照依据和事由，其次是选举所在地地址，而后方框中是选举的日期、选民的基本情况、选区的情况、人员的资格、落款、颁发机关以及颁发时间加盖篆体印章（见图7）。

2. 选民执照的文字内容

以民国十年（1921）八月的选民罗大创所获得的选民执照为例进行分析。执照格式文字共12行，最多处18字，最少2字，共计133字，其全文如下：

执　照

委办省议会议员选举监督　　　　为

　　　　发给执照事案奉

　　　　选举筹办处令发省议会议员选举分期

　　　　筹办表内载□月十号（即阴历七月七日）

各选举区一律奉行投票等因兹调

查得该选民确与选举法选民资格相符合

给选民执照以便届期赴投票所投票为此发

给执照希即领存须至执照者

右　　给

选民罗大创

中华民国十年八月　　　日　给①

从此份选民执照文书可以看出选民罗大创于民国十年（1921）八月经过资格验证后，具备选民资格，获得投票权利，并于农历七月七日参与选举，届时贵州省议会议员将对该次选举进行监督。这说明当时的法治秩序是很不错的，政府选举公开程度较高，人民拥有参政议政的权利，且还有监督管理机构保证选举的公平有序开展，使得权利能够在"阳光下运行"。从文书的内容可以清晰地了解当时的社会环境比较稳定，政治比较开明，法律的普及性比较得当，政府能够保证公民的各项权利得以行使，且各项权利都在法律规定的程序和范围内展开，人民享有的权利基本上是能够实现的。

五、纳户执照、令照判捐票执照和屠宰税捐执照

清朝咸丰时期多地战事兴起，清政府为了囤积军粮，加大了征收粮食力

---

① 锦屏县档案馆藏：JPWS – JP – 880 – 17。

度，这使得农民的负担日益加重。《清史稿》载："咸丰时，粤西役起，征调不时，不得不借民力。粮银一两，派差银数倍不等。事定，差徭繁重如故，且钱粮或有蠲缓，差银则歉岁仍征。"① 清朝时期征收的农业税通常分为上忙、下忙，是夏、秋两季纳税名称，源于清雍正十三年（1735）田亩纳钱、粮规定。纳户执照是清代清水江流域农户向官府交纳农田赋税的官方凭证，且钱、粮都须交纳，其格式内容与纳粮执照颇为相似，不同之处在于纳粮执照只载明缴纳粮食并未提及银钱，纳户执照则包括两者，通过分析纳户执照的格式和内容，能较好地还原清末清水江流域当时怎样进行征税活动的。

（一）纳户执照的格式及内容

1. 纳户执照的格式

纳户执照的质地为棉纸，宽高比约为3：2，用蓝色油墨木雕版印制，与其他执照的颜色有所区别。执照版式为圭首形，上、下框以一条横线相隔。执照正文字为繁体，无标点。从右至左、由上而下竖写分三部分，首先是发照机关、执照字号、发照依据等信息，在末尾处加盖篆体印章（见图8），其次是户主姓名及住址。

2. 纳户执照的文字内容

以中华民国元年（1912）十二月十日杨之福所获纳户执照为例。格式文字共8行，最多处12字，最少4字，共计75字，其全文如下：

纳户执照

> 黎平府正堂傅　为征文钱粮事
> 令处住居中林寨□□杨之福
> 完纳　原粮四斗○贰合○伍□
> 权钞玖百陆拾伍文
> 权加邓买抄八十三文
> 司　民国元年分
> 中华民国元年十二月十日　　　　　　给②

从上面的纳户执照文书可以看出纳户杨之福于民国元年（1912）向黎平府纳粮钱，所纳粮四斗二合五分，所纳钱九百六十五文，还加上其他的八十三文。如上所述清咸丰时按照农忙季节，一年改为征收两次赋税，反映了统治者巧立名目横征暴敛；到民国时期，田赋征收票据内容更为繁杂，征收的

---

① 清史稿：卷九十六"赋役仓库志"［M］. 北京：中华书局，1977.

② 锦屏县档案馆藏：JPWS－JP－880－17。

各项经费名目不少，可见当时社会除纳粮之外，其他苛捐杂税之多（如纳户执照所述，多加了钱税，遵奉财政厅令照判捐票执照增加了更多的征税条目），而且如果不能按政府规定的额数进行缴纳，会另有十倍的处罚，严惩不贷，甚至连杀猪都要上缴税金，且如有隐匿一经查实或被告发除补征税捐外应遵章照应纳税捐额另征五倍罚金三元。可见当时政府之严苛，民生之困苦。这些纳户执照和政厅令照判捐票执照是一部记录清末民初清水江流域税收制度的珍贵史料档案，对研究该地民国时期农业税的发展历史、税收制度具有不可代替的实证价值，也能推动对民国时期该地木商经济发展的研究。

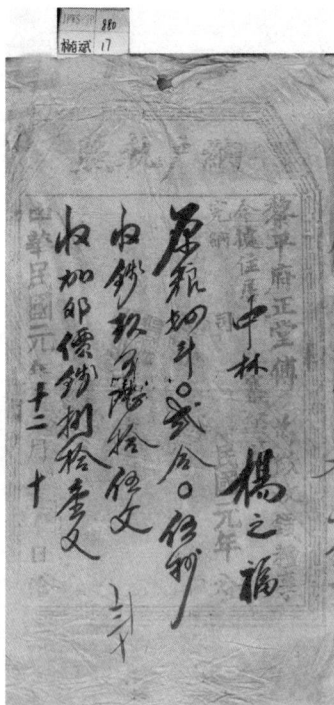

图8　民国元年（1912）十二月杨之福纳户执照

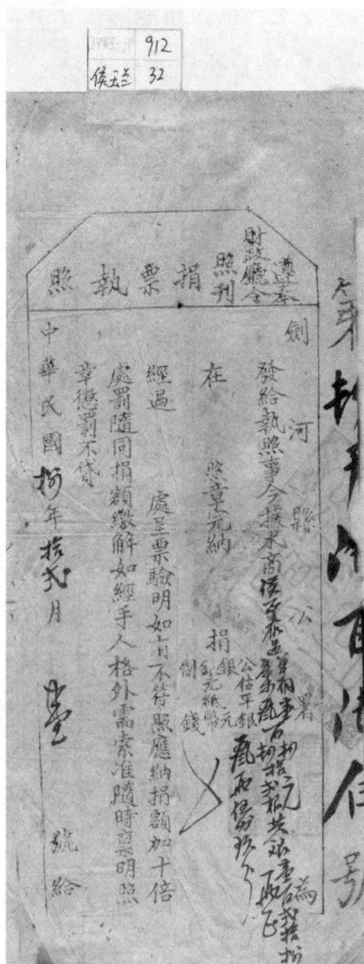

图9　遵奉财政厅令照判捐票执照

（二）遵奉财政厅令照判捐票执照

1. 遵奉财政厅令照判捐票执照的格式

遵奉财政厅令照判捐票执照整体上用黑油墨木雕版印制，版式为圭首形，设有外框栏。与纳粮执照和土地管业执照一样，遵奉财政厅令照判捐票执照外框栏为方形，内无图案，框内上、下框以一条横线相隔。执照正文文字为繁体，无标点。从右至左、由上而下竖写分三部分，首先是发证机关、发照依据和事由，其次是遵奉财政厅令照判捐票所需缴纳的各种税金的名称如平银、银元、银元纸币、制钱等，而后违反规定的处罚措施、经手人、落款、颁发机关以及颁发时间加盖篆体印章（见图9）。

2. 遵奉财政厅令照判捐票执照的文字内容

以中华民国八年（1919）十二月木商侯正太、康乐凤所获的遵奉财政厅令照判捐票执照为例。格式文字共 11 行，最多处 5 字，最少 1 字，共计 127字，其全文如下：

遵奉财政厅令照判捐票执照

剑河县公署　　　　　　　　　　　　　　　　　　为

发给执照事令据木商侯正太康乐凤单相事银两伍分玖共一百二十担

在　□□照章完纳　　□□捐　公估平银

　　　　　　　　　　　　　银　　元

　　　　　　　　　　银元纸币

　　　　　　　　　　　　制　　钱

经过　　处呈票验明如有不符照应纳捐额加十倍

处罚随同捐额缴解如经手人格外需所准随时禀明照

章惩罚不贷

中华民国八年十二月　一号　　　　　　给①

（三）屠宰税捐执照

1. 屠宰捐税执照的样式

屠宰税捐执照的质地为棉纸，宽高比约为3：2，用蓝色油墨木雕版印制，与其他执照的颜色有所区别。执照版式为圭首形，上、下框以一条横线相隔。执照正文字为繁体，无标点。从右至左、由上而下竖写分三部分首先是发照机关、发照依据上加盖篆体印章其次是户主姓名及住址（见图10）。

------

① 锦屏县档案馆藏：JPWS－JP－912－32。

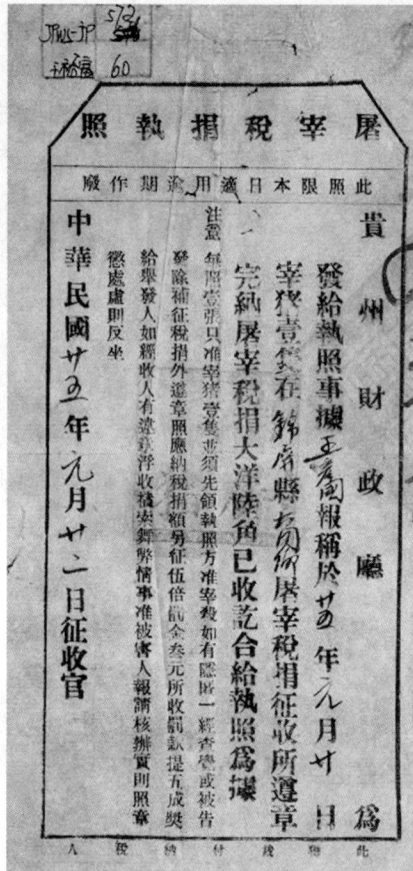

图10　屠宰税捐执照

2. 屠宰税捐执照的文字内容

以中华民国二十五年（1936）十二月十日王彦国所获纳户执照为例。格式文字共8行，最多处12字，最少4字，共计75字，其全文如下：

屠宰税捐执照

此照限本日使用过期作废

贵州省财政厅

发给执照事据王彦国报税于二十五年元月二日

宰猪一头在锦屏县□□屠宰税捐征收所遵章

完纳屠宰税收捐大洋陆角以收讫合给执照为据

注意每照一张只准宰猪一只需先领执照方准宰杀如有隐匿一经查实或被告

发除补征税捐外应遵章照应纳税捐额另征五倍罚金三元所征罚金提五成奖给举发人如经收人有违章浮收勒索舞弊事情准被害人报请核办实则惩处虚则反坐

中华民国二十五年元月二十二日　　　征收官①

结语

贵州清水江流域虽然是少数民族聚居的"化外之地",但木材贸易的繁荣发展推动着该地与外界的交流融合,政府对该地政治、经济、文化上的行政管辖与经济控制也逐渐加深,并通过保存流传下来的清水江文书中"执照"这一特殊文体得以展现出来。从以上内容看,当时"执照"的范围比较广,有的相当于现代的证,有的是营业执照,有的是纳税凭证等。"民间执业,全以契券为凭",但必须经官方核验,方能得到法律保护。② 陆军部执照、验枪执照、选民执照、吸户执照、禁烟执照、捐票执照、纳户执照是历代官府颁发给清水江流域持证者的官方凭证和所有权证明,又是所有者获得官方承认的唯一证明。除纳粮执照和土地管业执照外,陆军部执照、验枪执照、选民执照、吸户执照、禁烟执照、捐票执照、纳户执照、屠宰税执照也是研究清水江流域清末至民国时期实官捐、民间枪支、民主法治、禁烟等历史问题的第一手资料,其史料价值十分珍贵,它们作为档案资料对研究清水江流域实官捐、民间持有枪支、民主法治、禁烟问题的发展历史具有不可代替的实证价值,也能为研究清水江流域地区禁烟问题和税收制度、实官捐和法律制度提供参考,为拓宽清水江文书的研究领域提供一条有效路径。

---

① 锦屏县档案馆藏:JPWS – JP – 572 – 60。
② 徐斌. 清水江文书中的"执照"研究 [J]. 贵州大学学报(社会科学版),2016(1):120.

契约文书视域下清水江流域女子权利探析

安尊华*

一般认为，在中国传统社会里，妇女的地位比男子低，妇女从属于男子。《诗经·小雅·斯干》描述："乃生男子，载寝之床，载衣之裳，载弄之璋，……乃生女子，载寝之地，载衣之裼，载弄之瓦，无非无仪，唯酒食是议，无父母贻罪。"大意是说，生下小儿郎，睡炕床，包的是衣裳，玩的是玉璋，今后成家做君王；生下小女娃则睡地坝，包的是破衣裳，玩的是纺线瓦，坏与善她无份，今后只在厨房做酒食。《论语》亦指出："唯女子与小人为难养也，近之则不孙，远之则怨。"① 汉代刘向的《列女传》分"母仪""贤明""仁智""贞顺""节义""辩通""孽嬖"七卷，② 宣传女子应当遵守"三从四德"。此后，汉代班昭的《女戒》认为，女子的地位处于主人之下："古者生女三日，卧之床下。弄之瓦专，而斋告焉。卧之床下。明其卑弱，主下人也。弄之瓦砖，明其习劳，主执勤也。"③《女诫》宣传男主女从的观念。从汉代到唐宋时代，女子大体处于男子附属的地位。明清时期的妇女，基本上没有社会地位，女子的职能主要是生儿育女，侍奉父母和丈夫，女子无才便是德成为社会的主流意识。有研究者认为，"我们妇女生活的历史，只是一部被摧残的女性的历史"。④

然而，明清以降的妇女，在社会中的地位并非完全如学者所言，虽然，

---

* 此文原载华中师范大学 2016 年博士学位论文《清至民国清水江流域土地契约文书研究》
  第 359—381 页，有改动。

安尊华，贵州师范大学教授，博士，博士生导师。

① （宋）朱熹. 四书章句集注［M］. 北京：中华书局，1983：182.

② （汉）刘向. 古列女传［M］.（晋）顾恺之，图画. 北京：商务印书馆，1936.

③ 陈弘谋. 五种遗规教女遗规（卷上）［M］. 聚珍仿宋版. 上海：中华书局，1935（民国二十四年）：3.《五种遗规》指《养正遗规》《训俗遗规》《教女遗规》《从政遗规》和《在官法戒录》。

④ 陈东原. 中国妇女生活史［M］. 上海：上海辞书出版社，2007：504.

在中国传统三从四德的封建纲常名教的大背景下，妇女处于比较低的地位，但在局部地区，妇女的地位不是一成不变的，而是随着她们所处的家庭背景的发展变化而变化的。清水江流域的土地契约，正是从妇女参与处理土地等事务方面，记载了妇女权利和地位逐渐上升这一客观变化。某种意义上说，她们本身就具有与男子相等的一些权利。因此，不可以一概而论地认为，中国妇女就是男性的玩物，她们不都是家族制度的受害者。① 有的学者认为，妇女在家庭劳动中一步步地扮演了半边天的角色。江南地区"男耕女织"在清代中期才成为男女劳动支配性的模式。"妇女的纺织劳动在农民的家庭经济中起到了重要作用，她们在家庭中经济地位也随之发生变化，不再是男子的附庸"②，同时，"没有妇女所提供的生活服务和辅助劳动，农夫是很难顺利进行大田农作的"③。

其他地域的史料亦显示，妇女的权利和地位并非完全低贱，这主要以历史文献中的契约文书为代表。比如，阿风运用契约文书和淡新档案等明清时期地方文书档案进行研究，详细地论述了明清时期妇女拥有一定的权利和地位；④ 顾盼、张纯宁运用徽州契约文书探讨明代徽州妇女的财产继承权，妇女还拥有一定的继承权。⑤ 清水江流域的土地契约文书（包括其他文书）作为最新发现的历史文献，具有一定数量的记载妇女权利和地位相关的文书，从中梳理和解读，可以进一步探讨妇女的权利和地位问题，并在局部意义上可能颠覆传统的学术观点。当然，这些契约文书主要反映的是苗侗族妇女的情况，具有更多的地域特色和民族特色。

在汉族聚居地区，姑娘在娘家一般没有田产、房屋、山林等财产继承权，最多只能获得一些嫁妆和衣物等。美国专家白凯（Kathryn Bernhardt）在回顾已有学术成果之后，认为宋代和元、明、清各代一样，女儿从来就不曾有过在分家时获得财产的权利，她们"在分家制度中的权利只限于在成长时受到

---

① 高彦颐. 空间与家：论明末清初妇女的生活空间 [J]. 近代中国妇女史研究，1995（3）：21—50.

② 李伯重. "男耕女织"与"妇女半边天"角色的形成——明清江南农家妇女劳动问题探讨之二 [J]. 中国经济史研究，1997（3）.

③ 李伯重. 多视角看江南经济史（1250—1850）[M]. 北京：生活·读书·新知三联书店，2003；288，304，314.

④ 阿风. 明清时代妇女的地位与权利：以明清契约文书、诉讼档案为中心 [M]. 北京：社会科学文献出版社，2009.

⑤ 顾盼，张纯宁. 明代徽州妇女继承、处置夫家产业之权限——以徽州散件契约为例 [J]. 东吴历史学报，2003（9）：145—182.

抚养和出嫁时得到一份嫁妆"①。他还认为，宋代以后女儿因缺席而继承权利收缩，潜在的男性子嗣的权利得到扩张。在白凯看来，自宋以降，中国妇女在未出嫁前几乎无权利和地位。这样的观点主要源于对《唐律》《清明集》《沈刻元典章》《大明会典》和《清会典事例》的考察，忽略了中国各地的具体情况，特别是民族地区。

但在清水江流域，苗族契约中的姑娘田制度，却证明了该流域的女性在未出嫁前享有一定的财产继承权。姑娘田，是指父母送给女儿的一份田产，在姑娘出嫁时，其数量，"一般情况是送60卡（合3石）。如果某家只有一女，则往往送好田100—120卡（合5—6石）"②。

对于姑娘田，姑娘出嫁后，一般有以下几种方法：一是姑娘可以带到婆家去，算作婆家的财产。这里有规定，这是限于夫家在本寨的姑娘，若夫家在外寨，则不能带走。另有习惯是，当姑娘死后，姑娘田即退回娘家。二是姑娘出嫁后，若父母皆在，也可以把田留给老人，父母在每年插秧、摘禾之后，送20—30筒米（一筒米重半斤）的粑粑及一只鸭给姑娘，无鸭则送几斤肉。三是父母去世时，姑娘可以把田交给和她关系比较好的一个兄或弟，以后该姑娘回娘家时住在这个兄弟的家。兄或弟同样把粑粑和肉或鸭给姑娘。若无兄弟，则由其伯父、叔父代替。若是一个未婚的孤女，则由其伯父、叔父代养，代养家成为娘家，尽了义务，享有娘家的一切权利。从调查的材料看，后两种情况普遍。土地改革后，每人分得一份土地，则未婚的姑娘分得一份，可作姑娘田看待。（每份共4石）合作化时，姑娘田全部入社。每户都有姑娘田，按照惯例，每一个姑娘至少留下田3石。这个数量较大。群众同意把姑娘田入社。③姑娘田即使未被带到婆家，当父母离世后，姑娘田留下在兄弟或伯叔父家里，成为联结姑娘与娘家的纽带。从另一方面看，出嫁后的姑娘与娘家保持着良好的联系，对于她们在夫家的地位也会得到巩固。

姑娘田的使用，可以从《姜作干弟兄佃田种字（光绪十一年三月初九日）》得到佐证：

立佃田种字人侄姜作干弟兄，为因先年姑母出室，承祖母付去地名却落、冉厄二处田二丘，今我弟兄自原（愿）向姑母佃种，自佃之后，逐年上姑母租谷五百斤，不得短少。恐后无凭，立此佃种字是实。

---

① 白凯. 中国的妇女与财产（960—1949）［M］. 上海：上海书店出版社，2007：33.
② 贵州省编辑组. 苗族社会历史调查2［M］. 贵阳：贵州民族出版社，1987：34.
③ 贵州省编辑组. 苗族社会历史调查2［M］. 贵阳：贵州民族出版社，1987：34—35.

凭　　瑶光老太爷姜古盛安仁

中　　塘东寨姜超

　　　文斗总理姜名卿

　　　姜开周

本　　姜培刚

寨　　姜恩瑞

　　　姜凤祥

光绪十一年三月初九日　姜作智亲笔　立①

　　这份契约记载了姑娘田的所有权仍归姑母，其中未说明该田是否跟随姑母带到其夫家，但作为姑母的田产，其田由娘家的侄子耕种，并订立契约。这里主要写明了其侄子自愿承担租谷，并承诺从佃种之后，逐年上交租谷500斤，不得短少。这份契约充分说明了姑娘田的产权属于已出嫁的女性。

　　当姑娘田被带到夫家后，仍为产业，可以转让。《姜辛龙、姜辛贵断卖田约（嘉庆十二年三月初五日）》："为因生旧以来所有沽（姑）娘田二丘，若谷一石。坐落土名乜党老乔，夫妻商议，托手于辛贵亲手请中引到，出卖与姜之连名下。"② 徽州文书所记载的"批产为奁"，只能是为未出嫁的女儿留出田租，专门用于办理嫁妆。这种"批产"仅仅是把田租留出，并非把田的产权留给女儿，或随同女儿嫁到夫家。"批产为奁"是女儿得受父家财产的一种重要方式。女儿未构成分家的一房，但规定了未嫁女的妆奁份额，出嫁时由各房均出，与男子的聘财具有同样的性质。③ 这与清水江流域的姑娘田有着本质的区别，不可同日而语。苗侗地区的姑娘田可以随同女儿嫁到夫家，（前已述，普遍地留在娘家）表明女子具有一定的财产继承权利，虽然与男子所享有的财产继承权利并不完全相等，但毕竟拥有自己的一份田产，可以自己处置。这凸显了该流域的女子的地位并非普遍低下。姑娘田作为一种习惯，一直沿袭到新中国成立后。

　　我们以清水江下游的柳珍从娘家带到夫家的财产，自己与丈夫商议，可以出卖。她从娘家所继承的财产有山场和杉木山。《李宗楠同妻姜氏柳珍断卖

---

①　张应强，王宗勋．清水江文书（第一辑）：第9册［M］．桂林：广西师范大学出版社，2007：283．

②　张应强，王宗勋．清水江文书（第一辑）：第10册［M］．桂林：广西师范大学出版社，2007：54．

③　阿风．明清时代妇女的地位与权利：以明清契约文书、诉讼档案为中心［M］．北京：社会科学文献出版社，2009：85．

杉木契（乾隆四十三年四月二十七日）》文如下：

立断卖杉木契苗馁寨李宗楠同妻姜氏柳珍，二人商议，为因家下缺少费用无出，自愿将到妻柳珍杉木，土名王汗，又将刚套山杉木一团，又剪套山杉木一块，共三处，一既同柳珍父出卖与加池寨姜佐彰名下承买为业，当日三面议定断卖价足色纹银拾两整，亲收入手应用，即日称兑随契交，并无丝毫有缺。其木自卖之后任从佐彰修理蓄禁管业，日后长大砍伐获银多少，而李宗楠并妻不得翻悔异言，以并兄弟外人房族等争论。如有异言，俱在卖主一面承担，不关买主之何涉。恐口无凭，立此卖杉木文契存照。

约内批股数，王汗一团作三股均分，起相占乙股，起望占乙股，佐彰占、起凤占一股。刚套山一团拾式股，柳珍占乙股，出半股与佐彰，全下半股。剪套山一块共式拾乙股，柳珍占一股，也出卖与佐彰。王汗与剪套式处柳珍名下全无。日后砍伐照契均分，不得混争有误。三团土在内□照在起□家。

凭中　父姜起相
姜国儒笔

乾隆四十叁年四月廿柒日　立卖李宗楠同妻立①

《李宗楠同妻姜氏柳珍断卖杉木山场契（乾隆四十三年四月二十七日）》提及柳珍从娘家继承的财产"军乌杉木一团"，她与丈夫李宗楠商议，以纹银6.3两的断价卖与姜佐彰。② 另，《李宗楠同妻姜氏柳珍断卖杉木山场契（乾隆四十七年六月二十四日）》中，李宗楠同妻商议把柳珍所占一股之□乌山场杉木断卖姜佐彰，卖价足色纹银3.4两。③

妇女享受土地赠送与陪嫁。清水江流域的妇女到了夫家，得到娘家人的关照，享受土地陪送。如《光绪二十八年二月七日刘东甲立陪嫁赀字》中，刘东甲赠送其二姐刘太柳收花30余挑的田三丘，除粮注册，由姐夫永远管业，不得翻悔索退。原字如下：

立培（陪）嫁赀字人木杉寨刘东甲，情因二姐刘氏太柳嫁到高酿上花寨龙政刚为室，予念同胞情重，自愿将到家父母子所置地名中甲田大小三丘，收花三十余挑：半边田一丘，上抵彦远田，下抵彦远田，左抵坡，右抵彦远

---

①　张应强，王宗勋. 清水江文书（第一辑）：第8册［M］. 桂林：广西师范大学出版社，2007：6.

②　张应强，王宗勋. 清水江文书（第一辑）：第8册［M］. 桂林：广西师范大学出版社，2007：5.

③　张应强，王宗勋. 清水江文书（第一辑）：第8册［M］. 桂林：广西师范大学出版社，2007：14.

田；上来路敢觉一丘，上抵老邓田，下抵刘士南田，左抵坡，右抵路；大田敢觉一丘，上抵本主田，下抵刘宗吾田，左抵刘士南土，右抵路，四至分明。当凭房族、姻亲书立培（陪）送契约，除粮注册，永远姐夫耕管为业，不得异言，亦不得翻悔索退等情。恐口无凭，所立培（陪）嫁字是实。

亲笔

学思

凭中　刘

宾法

光绪贰拾八年贰月初七日　立①

民国十五年（1926）潘年丰兄弟三人把收禾 64 稬的田送给女儿潘九妹，表达爱护姊妹、遵照先人嘱托之心情。《民国十五年三月十八日潘年丰、潘年亨、潘年熙兄弟三人遵先遗嘱送田与姊妹契》：

丰

立送田契字人潘年享兄弟三人，情因先人遗嘱，令将枫木寨庙门口，东

熙

抵潘德成田，南抵刘大用田，西抵潘德修田，北抵刘大海田，田一丘，上 禾 陆拾肆稬，送与女儿潘久妹。兹我兄弟因遵先人遗嘱，爰将此田书字送与姊妹久 妹 名下耕管。凡我兄弟子息（媳）不复侵姑田，以体我兄弟爱姊妹、遵先嘱之心焉。今恐口说无凭，立此送字存据。

龙神保

当凭

潘德福

刘安德　书送字

中华民国丙寅年三月十八日　潘年熙等　立　　　送字②

一、妇女独立处理土地

（一）妇女独立卖土地

清水江流域的妇女独立卖出土地的习惯，起源于何时，暂时未考。但从文书所示，至少在清中叶，妇女就已经独立出卖土地了。如《道光三年三月

①　张新民．天柱文书（第一辑）：第 19 册［M］．南京：江苏人民出版社，2014：56.
②　张新民．天柱文书（第一辑）：第 16 册［M］．南京：江苏人民出版社，2014：193.

八日杨氏岩音卖田契》：

立卖田契人杨氏岩音，今因要银度用，无从得处，自愿将到土名上花冲头田三刑，收禾廿五边，又冲坑田二丘，收十六边，要银出卖。先问本家林邦鳌、林邦廷、林照于三人承买，当日议定田价纹银叁拾六两四钱。其银交与杨氏岩音入手应用，其田付与买主耕管［为］永远为业。自卖之后，不得异言番（翻）悔。今恐无凭，立此卖契存照是实。

凭　林宗有

凭中代笔　林邦文

道光三年三月初八日　　　立卖①

杨氏岩音以纹银 36.4 两的卖价把收禾 41 穑的田卖给林邦鳌、林邦廷、林照于三人，双方订立契田契，请有中人、见证人（凭），一切程序与男子卖田相同。"先问本家"，即先亲房，后地邻这一古老的习惯仍然使用。又如《道光十二年三月初四日林大妈卖田契》：

立卖田契林大妈，今因要银使用，无从得处，自己将到 东 青田三丘出卖本房林邦廷承买为业，三面言定价银二两正。其银口与卖主亲手领回应用。其田任从买主耕种，不与买主相干。今恐无凭，立有友（有）卖契为据。

敖

邦

口

道光十二年三月初四日　　　立②

与前一份不同的是，林大妈所卖的田，未记载产量。买受人为本房。无论田产卖与本家、本房，一旦出卖之后，都有约定，"自卖之后，不得异言番（翻）悔"，"不与买主相干"。

清代同治、光绪年间妇女仍独立处理田产，如《光绪某年九月二十一日杨氏救桃卖田契》："立契卖田人蒋门杨氏救桃，不幸夫亡，要钱用度，无从得处，自愿将到自己面分土名道屋场路坎脚水田壹丘，收谷肆运，内载粮税四厘，要行出卖。请中招到堂叔蒋荣才、蒋荣根兄弟二人承买，当日凭言定卖价钱壹拾叁阡（仟）叁佰八十文足。其钱卖主领清入手。其钱外不书立领字，照契凭中壹并领清。（下略）"③ "欲行出卖，无人承就"仍属于先尽亲

---

① 张新民. 天柱文书（第一辑）：第18册 [M]. 南京：江苏人民出版社，2014：140.

② 张新民. 天柱文书（第一辑）：第18册 [M]. 南京：江苏人民出版社，2014：5.

③ 张新民. 天柱文书（第一辑）：第7册 [M]. 南京：江苏人民出版社，2014：24.

房、后尽地邻的习惯。蒋门杨氏救桃卖田契与前几份不同的是，书明丈夫亡故，无钱用度的卖田原因。实际上，妇女独立处置土地产业，大多数情况属于丈夫去世，她们支撑家庭，需要资金维持生计。

清代妇女独立卖出土地的文书，一般都书明卖土地的原因，如"今因要钱度用，无处所出"，接着写明土地名称、坐落、四至。请中人问买主，然后三面议定卖价，当日交清钱，同时土地交给买主耕种。并约定，不准反悔。

开关格式为：立卖田/园地/山场/柴山契或字人（某寨）某氏某某。因为妇女嫁到夫家后，自己只提及名字，不用原姓，而冠以夫姓，作为姓与名用于正式文书之中，如杨氏岩音、龙氏见桃。有时亦将妇女的姓置于"某门"之后，再加上妇女的唤名，如潘门刘氏瑞莲、蒋门杨氏救桃、吴门蒋氏爱春等。当然也有直接使用某大妈、某婶的，如林大妈。亦红契与白契之别。如《同治七年二月十一日潘门刘氏瑞莲卖田地红契》记载：

立卖田地契人潘门刘氏瑞莲，今因缺少钱用度，无从得处，自己情愿将到土名马路冲水田大小式丘，上抵潘光汉众田，下抵潘礼发田，左抵刘姓油树，右抵路，四抵分明。欲行出卖，无人承就。请中问到潘通明名下承买，当日凭中言定价钱壹拾式千八百文整。其钱随契领足。其田买主子孙永远耕管为业，日后不得异言。今幸有凭，立此卖契存照。

光绪元年五月初七日　验（印）

　　　　　　　房亲　潘仕仁　士沣

　　　　　　　　　　　　　仕洋

　　　　　　凭中　潘通书

　　　　　　笔　　潘仕成

同治七年二月十一日（印）　　立契①

也有把土地产业的四至放在正文后再做交代的情形，如《光绪十六年十二月十五日龙氏妹娥卖柴山字》：

立卖柴山字人龙氏妹娥，今因要钱使用，无处可得，将到地名高景坡柴山一团出卖。请中上门问到本房刘永宾名下承买，当日议定价钱乙千四百五十文正。其钱亲领应用。其柴山卖与买主耕管为业。自卖之后，不得异言。恐口无凭，立有卖字存照。

计开四至：

---

①　张新民．天柱文书（第一辑）：第4册［M］．南京：江苏人民出版社，2014：196.

上抵刘士南山为界，下抵路，左抵壕沟，右抵□□。

代笔　□□汉

士南

凭中　刘

必章

光绪十六年十二月十五日　立①

到民国时期，妇女独立处置土地的权利有所扩大。这主要从文书出现的多寡体现出来。

其时，妇女独立处置土地，土地契约文书应详细书写原因、土地面积、载粮税多少，仍然保留"先问亲房，后问外人"的习惯，交易价格、土地四至、双方约定，涉及所卖土地来历和账项不清，与买主无关，一概由卖主负责等语。有时注明所议定的卖价包括酒席画字费用。如《民国十一年三月二日吴门蒋氏卖田山场红契》：

立契卖田山场等项人吴门蒋氏爱春，今因家下要钱使用，无从得处，自愿将到土名悬冲水田一连共拾六丘零一涧，收谷叁拾运，载税式亩正。所有悬冲山场田地一概在内，要行出卖。先问亲房无人承就。自己请中上门，招到蒋景耀名下承买为业。当日凭中议定卖价钱壹佰式拾阡（仟）零八百八拾文足。其钱即日亲手领清，并不下欠分文。计开下截濠与垅上九丘田山四至：上抵吴见大山横过，下抵路，左抵濠以上至见大山……四至分明，并不包卖他人寸土在内。若有来理账项不清，不干买主之事，卖主当先理落。其有酒席画字一并包括在内。恐口无凭，立卖契一纸付与买主子孙永远存照。

房族　吴见连（押）　吴走文

祖武（押）

凭团　粟永辉

凭中　吴见亮（押）　　日轩

贤

杨永成（押）　杨宗

堂

自请代笔

民国拾一年三月初式日　立卖②

---

①　张新民. 天柱文书（第一辑）：第19册［M］. 南京：江苏人民出版社，2014：50.

②　张新民. 天柱文书（第一辑）：第8册［M］. 南京：江苏人民出版社，2014：25.

蒋氏爱春还书写除帖字，把卖给蒋景耀的田地山场所载的粮赋二亩过与蒋德富，原帖如下：

> 立除帖领字人吴门蒋氏爱春，今因领到蒋景耀得买悬冲之田地山场，就契一并领清，并不下欠分文。其粮式亩兴由新里二甲吴兴长户内，过与本里本甲蒋得富户内收当。恐口无凭，立除帖领字为据。
>
> 凭契内中
自请代笔吴见昆

民国十一年三月十四日立领①

民国时期，妇女独立处置土地订立的契约，开头常书写为："立契卖田字人吴刘氏求翠""立卖田地字人刘氏月姣""立卖田契字人龙门吴氏引昭"，说明所卖的土地类别、契或字、丈夫姓加上妇女的姓，再加上名字；有时直接用丈夫姓加妇女的姓，再加一个"氏"字，如写作："立卖芳田地契人万唐氏"；也有在丈夫姓后加一个"门"字，如写作："蒋门杨氏肥妹""立契卖田字人蒋门吴氏新兰"；② 等等。从这些文书可看出，清水江流域的妇女具有独立出卖土地的权利，与男子独立卖出土地所产生的效力相同。

（二）妇女独立买进土地

妇女除了具有独立卖出土地的权利，还有独立购进土地的权利。吴门蒋氏孟香承买罗朝庭计谷 2 运的田一丘，支付钱 6000 文。③ 在《光绪二十六年七月二十日龙见德卖田契》中，等冲寨罗氏凤交用 5760 文购进收禾 12 稿的田一丘，作为自己的产业耕种管业，原契如下：

> 立卖田地契约字人演德寨龙见德，今因铁（缺）少钱用，无所出处，自愿将到土名小坪坝第八十六丘立鸡形中田，收禾拾式稿，先问房族无钱承买。请中问到等冲寨罗氏凤交承买，当日凭中言定价钱五千七百六十文整。其钱交与卖主领清。卖主其田交与耕管为业。自卖之后，不得异言。恐口无凭，立有卖字为据。
>
> 凭中　龙官保
代笔　龙秀松

光绪二十六年七月二十日　立④

---

① 张新民．天柱文书（第一辑）：第 8 册［M］．南京：江苏人民出版社，2014：26.
② 张新民．天柱文书（第一辑）：第 7 册［M］．南京：江苏人民出版社，2014：40.
③ 张新民．天柱文书（第一辑）：第 8 册［M］．南京：江苏人民出版社，2014：170.
④ 张新民．天柱文书（第一辑）：第 16 册［M］．南京：江苏人民出版社，2014：136.

　　妇女买进土地的契约文书，一般都书明妇女的村寨名，丈夫姓、门，妇女姓、名，"名下承买"或"名下承买为业"。有时写明承买妇女与卖主的关系，如家内、本房、亲房、伊（姻）亲等。如《民国四年四月三十日龙万沣卖田地契》：

　　立卖田地字人龙万沣，今因下要使用，无所出处，自愿将到土名洋仔冲田乙丘，上下抵显德田，左右抵上花共山；郎段冲田乙丘，上抵显德田，下抵喜朋田，左抵万三山，右上花共山。四至分名（明），要钱出卖。请中上门问到本房刘氏内团名下承买，当日凭中议定钱式拾柒仟二百八十文钱九一钱正。其田交与买[主]耕管为业。自卖之后不异言。恐口无凭，立有卖字是实。

　　内添一字。

凭中代笔　龙万清

　　中华民[国]乙卯年四月三十日①　　　立

　　妇女独立购进土地的契约在格式上与男子处置土地没有区别，如《民国二十五年三月二十七日杨再江卖荒坪田契》中杨氏金莲独立买荒田一坪，具有独立的买卖权利："立卖荒坪田契字人地棉村杨再江，今因家下要钱使用，无所出处，自愿将到土名美桃山荒田一坪，上下左右抵山为界，四至分明，要钱出卖，自己上门问到岑孔村杨氏金莲兄女名下承买，当面议定价钱壹拾贰仟捌佰文正。……立有卖字仔（存）照。"（下略）②

二、妇女参与处理土地

　　清水江流域妇女在参与土地事务中，类型较多，主要分为五种情况，即参与卖土地、买进土地、充当代笔人、拨换土地、订立纠纷合同等事项。

　　（一）卖土地

　　夫妻商议卖土地。妇女参与卖出土地的文书，在整个妇女处置土地的文书中最多，其中夫妻商议卖土地所占比例最大，清代、民国时期皆多。如道光八年八月十五日潘代犹与妻子商议，将油树和杉木卖出，获银2.5两，原契如下：

　　立卖油树契人潘代犹，今因家下要银用度无处，自己夫父（妇）谪（商）议，情愿将到土名同罗平油树、杉木一块，百木在内，欲行出卖。上抵

①　张新民．天柱文书（第一辑）：第16册[M]．南京：江苏人民出版社，2014：100.
②　张新民．天柱文书（第一辑）：第10册[M]．南京：江苏人民出版社，2014：281.

大路边，下抵潘姓油树，左右抵潘姓，四抵分明，无人承就。自己请中上门问到潘爵万名下承买，当日凭中言定价银式两伍钱整。其银卖主亲领入手。其油树买主子孙永远耕管为业，二家自愿。今幸有凭，立此卖契存照。

潘爵熙

凭中

笔潘万元

道光八年八月十五日　立①

这里特别强调夫妻商议，说明妻子在处理家庭事务中的权利得到丈夫逐渐认同，同时妇女正是通过参与处理土地事务实现自身的权利。文书中，"自己夫妻商议""夫妻二人商量""夫妻商议妥善""是以夫妻商议""自己夫妇商议"，从措辞上可以推断，如果妻子不同意某宗土地买卖事宜，丈夫不可以单独处置土地。足见妇女在家庭中的地位上升较高，基本与丈夫持平。例如，《同治一年十一月二十日刘文泽立卖田契》写作："立契卖田人刘文泽。今因家下缺少用度，无从出处。夫妻二人商量，自愿将到面分土名芳田游家屋脚过路田一丘。（下略）"②《光绪三十二年十一月初三日潘光槐父子卖水田字》写作："自己夫妻商议，情愿将到接买大地名冬笋冲螃海形脚水田大小六丘，上抵吕姓油树，下抵刘姓水田，左抵吕姓油树，右抵潘姓荒山，四抵分明，欲行出卖，先问房亲无人承买，自己请中上门问到□帮甘连甲父子名下承买为业。……"③ 民国时期，"自己夫妻商议"以及"夫妻商议"等在土地契约文书比清代同类契约出现中频率更多，表明清水江流域的苗侗民族核心家庭以夫妻为主，三世或三世以上同堂的传统大家庭模式走向衰落。以夫妻为核心组成的家庭，随着时代的演进，越来越稳固，成为清水江流域的主流家庭模式。

个别文书在立卖人某某的开头语中，把妻子列入，后面仍用"夫妻商议"。妻子的权利和地位与丈夫平起平坐，如《光绪三十二年一月四日胡贤廷卖油树契》：

立契卖油树人胡贤廷，今因家下要钱用度，无从得处，夫妻谪（商）议，自愿将到土名黑垵油树壹副，四至分明，上抵买主，下抵大路，右抵卖主沙边，左抵启达油树，要行去卖。先尽亲房，无钱承就。请中招到房叔胡启豪

---

① 张新民．天柱文书（第一辑）：第6册［M］．南京：江苏人民出版社，2014：124.

② 张新民．天柱文书（第一辑）：第7册［M］．南京：江苏人民出版社，2014：236.

③ 张新民．天柱文书（第一辑）：第4册［M］．南京：江苏人民出版社，2014：150.

名下承买为业，当日凭中言定价钱叁仟捌百八十文正。其钱即日领清，并不下欠分文。恐口无凭，立卖字是实。

启贤

凭中　胡贤荣

玉

亲笔

光绪叁拾弍年正月初四日　立①

而且契约中特别提及所卖土地之钱由夫妻二人所领，如《光绪三十年八月二十七日潘神寿、刘氏壹花夫妻卖水田地契》："立卖水田地契人潘神寿同元刘氏壹花，今因家下要钱使用，无从得处，夫妻二人谪（商）议，情愿将到土名滥沉冲水田壹处，大小柒丘，计谷五拾罗（箩）……欲行出卖，无人承受。夫妻二人请中上门问到刘常和名下承买，当日凭中言定卖价钱柒拾仟零捌佰文整。其钱夫妻二人亲领入手文用。（下略）"② 本契约中三次提及"夫妻二人"，并说"其钱夫妻二人亲领入手支用"，③ 这些足见妻子与丈夫地位之平等。

父子、夫妻商议卖土地。这类土地文书中，事主是男子，但男性作为家庭的主导，并未完全独断，与儿子、自己的妻子商议，达成一致后，再出卖，如《光绪二十二年十二月蒋昌凤卖田地梨树尖梨等草契》：

> 立杜卖田地、梨树、尖梨并田砍（坎）山诸木人蒋昌凤，今因为事要钱使用，无从得处，父子、夫妻谪（商）议，将到分落面下土名荒田刘家田壹涧，并小田一丘，收谷贰运，载税壹分〇〇，要行出卖。请凭问到兄嫂娘子蒋景新兄弟名下承买为业，即日三面议作卖价钱几多。其钱即日钱契两交，并不下少一文。计开四址：东抵吴姓田登岭为界，南坻△△为界，西坻△△，北坻△△四址分明，并不包他人寸土在内。其田酒席画字一概包录在内。今犹（欲）有凭，立卖契是实。

庚兄△△△

凭

伊亲△△△

△△△代笔

---

①　张新民. 天柱文书（第一辑）：第8册 [M]. 南京：江苏人民出版社，2014：210.

②　张新民. 天柱文书（第一辑）：第5册 [M]. 南京：江苏人民出版社，2014：21.

③　张新民. 天柱文书（第一辑）：第5册 [M]. 南京：江苏人民出版社，2014：164.

光绪二十二年十二月　日　立卖①

母子/女（侄）商议卖土地。母子商议这一习惯在明代就已经存在。如《天启元年潘合孙卖田契》（1621）表明，母子商议共同卖田产这种习惯在清水江流域由来已久，至少在明后期已经存在，原契文如下：

立卖田地契人潘合孙，今为时岁荒饥，母子商议，情愿将到自己祖业土名下粮田田两丘并黄蜡冲田三丘，二处计禾四把，载粮六升。凭中卖与老黄田□□□，当日三面议作价银五两正，共银是合孙母子领讫，其田付与□□□为业，日后不得异言，立此卖契为照。（下略）②

本契约中，潘合孙与母亲商议，出卖禾4把的田三丘，载粮6升，卖价银5两，母子共同领清这笔钱。母子合卖，可能是当事人的父亲去世后，其尚未能独立处理家庭事务，必须有母亲参与和扶持才能完成。再如《乾隆二十一年四月八日潘印应卖油树契》：

立卖油树人潘印应。今因母亲谪（商）议，情愿将到土（土）名马路冲油树壹块，大小彬（杉）木在内，凭中议定卖价纹银壹两零三分。其油树卖与侄潘进林、潘进德兄弟耕管，其艮（银）当时亲领得用，与后二家不得异言幡（翻）悔。立此卖契存照。

凭中　德成

代笔　赞成

乾隆二十一年四月初八　［日］　　［立］③

文书中事主一般是儿子，写作"母子商议""自己母子商议"等。也有母子联名、母女联名、母子媳联名作为事主的情形。如《同治四年七月十八日罗氏新妹、杨宗明母子卖田契》④《同治十一年十一月十六日梁氏罗秀丹、梁女引连卖田契》写作：立卖田契约人梁氏罗秀丹、梁女引连，今因要钱使用，无所出处，自愿将到土（土）名地良寨却（脚）坝田一丘，禾花一十六边，上抵汤姓为界，下抵胡姓为界，左抵溪，右应芳田为界，四至分明，要钱出卖。先问亲房，无人承买。自己请中上门问到地良本寨龙海其、海太兄弟二人名下承买为业。（下略）⑤再如《光绪二十七年一月二十日杨氏、龙建

---

① 张新民. 天柱文书（第一辑）：第7册［M］. 南京：江苏人民出版社，2014：278.
② 吴才茂. 从契约文书看清代以来清水江下游苗、侗族妇女的权利地位［J］. 西南大学学报（社会科学版），2013（4）.
③ 张新民. 天柱文书（第一辑）：第4册［M］. 南京：江苏人民出版社，2014：124.
④ 张新民. 天柱文书（第一辑）：第7册［M］. 南京：江苏人民出版社，2014：258.
⑤ 张新民. 天柱文书（第一辑）：第13册［M］. 南京：江苏人民出版社，2014：120.

江母子二人卖田契》①《光绪三十年七月二十八日杨凤娥、龙官锐母子二人卖屋地基契》②《民国十五年九月三日刘定坤母子二人卖山场字》③ 等，皆属母子联名卖土地的例子。

也有事主为妇女，文书提及"母子商议"，也属于此类。如《民国三十七年三月九日舒门吴氏子桃卖水田地契》④《民国二十七年七月八日刘氏恩环卖田契》⑤ 等。

婶母与侄儿共卖土地，如《民国十六年十月十八日杨梁氏、杨宗旺立卖田地山场阴阳地契》写作："立契卖田地、山场、阴阳地契人杨梁氏仝侄杨宗旺，今因家下要钱用度，无从得处，母侄谪（商）议，自愿将到土名大山头门首洞田式洞坎下三丘……要行出卖，（下略）"⑥ 这类契约文书的其他格式与前述的土地契约文书相同。亦有叔（伯）父与侄女共卖土地。如《道光二十一年六月九日潘明贵侄女潘桥凤卖油树地契》："立卖油树地契潘明贵、侄女潘桥凤，今因缺少用度，无从得出，自己情愿将到土名马路屋边油树一块，……欲行出卖。（下略）"⑦

母子兄弟商议卖土地。这种文书当事人是兄长，提及母亲、弟弟商议，让家人知晓，如《民国三十五年二月十七日吴德兴卖田契》："立契卖田字人吴德兴，情因远处移近，母子兄弟商议，愿将祖遗已面龙井田壹丘，号数671号，粮叁分，计谷叁运……刘修槐名下承买为业。（下略）"⑧ 有时亦写作兄弟、母亲商议卖土地。

兄弟、母亲商议卖土地。这类的当事人是弟兄二人，提及兄弟、母亲。如《同治三年四月九日游希凤、游希林立卖田油树地土契》："今因缺少用实，无从得处，兄弟母亲议，自愿将到面分土名山右坪坡牛棒地却右边田一涧……要钱出卖。（下略）"⑨

夫妻父子商议卖土地。这类契约的事主一般是男子，如《民国十一年十二月十六日吴见杰卖坟山阴阳地字》："立卖坟山阴阳地人吴见杰，今因家下

① 张新民. 天柱文书（第一辑）：第 2 册 [M]. 南京：江苏人民出版社，2014：19.
② 张新民. 天柱文书（第一辑）：第 16 册 [M]. 南京：江苏人民出版社，2014：140.
③ 张新民. 天柱文书（第一辑）：第 19 册 [M]. 南京：江苏人民出版社，2014：126.
④ 张新民. 天柱文书（第一辑）：第 1 册 [M]. 南京：江苏人民出版社，2014：240.
⑤ 张新民. 天柱文书（第一辑）：第 8 册 [M]. 南京：江苏人民出版社，2014：125.
⑥ 张新民. 天柱文书（第一辑）：第 7 册 [M]. 南京：江苏人民出版社，2014：115.
⑦ 张新民. 天柱文书（第一辑）：第 22 册 [M]. 南京：江苏人民出版社，2014：225.
⑧ 张新民. 天柱文书（第一辑）：第 9 册 [M]. 南京：江苏人民出版社，2014：137.
⑨ 张新民. 天柱文书（第一辑）：第 7 册 [M]. 南京：江苏人民出版社，2014：252.

要钱用度，无从得处，夫妻父子谪（商）议，自愿将到土名冲龙螃蟹形阴阳地己面分一穴，先尽亲房，无人承受。请中招到堂侄吴祖传、吴祖照、吴祖兰三人名下承买为业。（下略）"① 事主与妻子和儿子商议妥当后，卖出或购进土地。文书写作"自己夫妻父子商议"或"夫妻父子商议"，这类文书可能涉及儿子已经娶妻分家，但土地财产尚未完全分清，男子卖土地财产，在与妻子商议后，还需与儿子商议妥当，才能把土地卖出去或买进来。如《民国六年三月八日刘太有卖田地山场契》：

　　立契卖田地山场人刘太有，今因家下要钱用度，无从得处，夫妻父子谪（商）议，自愿将到土名祖坪蓝泥冲牛脑丘罢角水田壹截，收谷壹运，内开四至：上抵买主，下抵吴祖兴田，左抵渡沿田连洞，右抵牛脑田。……四至分明，要行出卖。请中招到族内刘良葵名下承买为业，当日凭中言定卖价钱陆仟陆百八十文正。其钱即日领清，并不下欠分文。其田买主子孙永远耕管，卖主不得异言。若有来理不清，卖主当前理落，不干买主之事。酒席画字一并在内。今欲有凭，立卖字为处（据）。

乐贤章
老四

　　　　　　　自请凭中代笔　杨
德松

　　大汉民国六年丁巳岁三月初八日　立卖②

　　兄弟夫妻商议卖土地。这类契约的事主是兄弟二人，当事人与自己的妻子分别商议妥当后，再将土地卖出。如《康熙三十三年二月二十七日潘庚保兄弟二人卖田契》：

　　立卖田契人潘庚保、口叁二人兄第（弟），今因家下要银度日，无从得处，兄第（弟）夫妻谪（商）议，情愿将到自己分上祖业水田，土（土）名岩洞脚田大小叁丘，计禾叁拾边，载粮叁升柒合伍勺整，欲行出卖，无人承就，请中在内问到潘岩明承买为业，凭中三面议定田价足色纹银柒两整。其银潘庚保晚叁人亲领用度，不欠分厘。其田付与潘岩明永远管业，在后再无异言幡（翻）悔。如有悔者，罚契内一半。一卖一了，二买二休。如有房亲兄（弟）言论，酒食昼字田□不明，在与卖主向前理落，不干得业人之事之。上凭清天，下凭地福。今不古，立此卖田契存照。

　　① 张新民．天柱文书（第一辑）：第8册［M］．南京：江苏人民出版社，2014：166.
　　② 张新民．天柱文书（第一辑）：第9册［M］．南京：江苏人民出版社，2014：50.

凭中　　月明（押）

潘俸举（押）二人共一钱

潘佰爷潘成□壹钱半（押）

卖主　潘庚保纹银伍分（押）

潘晚叁纹银伍分（押）

潘丑保纹银八分（押）

潘岩叁纹银八分（押）

代笔　刘国成（押）

康熙三叁拾叁年甲戌岁二月廿七日　立

天理仁心信行①

嫂弟商议卖土地。如《民国十五年三月十六日蒋张氏银翠典田字》中的"嫂弟谪（商）议，自将蒋太藻小冲水田大小一涧二丘，计谷拾运，要从出典"②。夫妻、孙子商议卖土地。如《民国十年十二月十一日刘良智卖田契》："夫妻孙子谪（商）议，自愿将到己面土名鸡公山水田一丘，收谷陆运……要行出卖。（下略）"③

奶（婆）孙合卖土地。这类契约的当事人是奶奶与孙子，在文书开头即交代清楚。如《民国三十五年七月三日胡氏扬妹暨孙蒋启发卖田并山场契》："立契卖田并山场字人胡氏扬妹、孙蒋启发，丈夫亡故，无钱殡葬，无从得处，只与商议，将祖遗之田地土名闪头塆水田一连式丘，计谷三运……四至分明，要行出卖。（下略）"④ 其他格式与前述卖土地的文书相同。

母子兄弟夫妻阖家商议卖土地。由于土地关乎着一家人的生计，对于出卖土地，虽然事主是男性家长，但母亲、妻子、兄弟等成员皆参与商议，这种方式体现了大家庭的团结，以及母亲、妻子女性在大家庭中的权利和地位比较重要，不可忽略。如《民国十六年四月十九日蒋昌成卖田契》："立契卖田人蒋昌成，今因家下要钱使用，无从得处，母子兄弟夫妻合家谪（商）议，自愿将到分落自己面分土名茶树冲水田二丘，收谷四运……要行出卖。（下略）"⑤ 但有时也把妇女加入事主中，如《民国二十三年十二月二十九日胡启

① 张新民．天柱文书（第一辑）：第4册[M]．南京：江苏人民出版社，2014：108.

② 张新民．天柱文书（第一辑）：第6册[M]．南京：江苏人民出版社，2014：39.

③ 张新民．天柱文书（第一辑）：第9册[M]．南京：江苏人民出版社，2014：54.

④ 张新民．天柱文书（第一辑）：第7册[M]．南京：江苏人民出版社，2014：7.

⑤ 张新民．天柱文书（第一辑）：第6册[M]．南京：江苏人民出版社，2014：167.

明、胡启豪、龙氏银莲三人卖田契》①。

以上所述妇女参与卖土地的各种类型，具有一个共同的规律，即妇女处理土地的权利呈现逐渐扩大的态势。

（二）买进土地

妇女除了卖土地，还购进土地。如《民国二十九年五月六日吴德泉卖田契》②，蒋欧阳氏桂连母子花钞洋1120圆8角从吴德泉手中买进计谷54运的田4丘；《民国二十五年十二月二十四日吴门蒋氏银秀暨子吴祖让、孙吴德大卖田契》③，伊亲蒋门杨氏凤娇、毛妹婆媳二人合买土地，用银洋420圆4角购进计谷18运的田3丘。无论合买或独买，表明了妇女具有处置土地的权利。

（三）充当凭中

绝大多数契约文书中的凭中由男子担任，但随着清水江流域汉文化的传播，妇女亦受到影响，不再单纯地充当家庭主妇这个角色。她们开始参与一些事务活动，如担任土地买卖的中人，《民国七年五月八日乐氏月桂、吴祖钧兄弟母子卖田契》：

立契卖田字人乐氏月桂、吴祖钧兄弟，母子谪（商）议，今因家下要钱用度，无从得处，自将土名溪脚老虎坡脚田中一涧，收谷三运，计开四至，左右抵买主，上抵祖芳墙堤，四至分明，民税一分五厘，要行出卖。先尽亲房，无钱成就。请中招到堂兄堂叔吴见恒名下承买为业，当日凭中言定卖价钱三十二千四百八十文正。其钱即日亲手领清，并不下欠分文，外不另立领字，酒席字在内，卖主不得异言。恐口无凭，立卖字一纸为据。

吴见煌并代笔

凭中

杨氏新莲

民国七年戊午岁五月初八日　立④

（四）拨换土地

妇女参与土地拨换，主要是为了土地使用方便。土地在分家时，按照一定原则，但时间推移之后，需要进一步完善。针对此情况，拨换土地需订立契或

---

① 张新民．天柱文书（第一辑）：第8册［M］．南京：江苏人民出版社，2014：238.
② 张新民．天柱文书（第一辑）：第7册［M］．南京：江苏人民出版社，2014：128.
③ 张新民．天柱文书（第一辑）：第6册［M］．南京：江苏人民出版社，2014：181.
④ 张新民．天柱文书（第一辑）：第8册［M］．南京：江苏人民出版社，2014：162.

合同。如《民国十六年十二月三日蒋氏杨妹暨侄景孝等再派地基田土合同》：

立合同再派地基、田土人蒋氏杨妹、侄景孝等，情因先年祖人分落，不便居坐，特请亲友吴祖澍等相议品评地方，杨妹母子等将耖禾田派景孝等耕管，任凭动土竖造，景孝叔侄自愿将大门角小园一涧连屋场田在内，任凭杨氏母子日后竖造，各管各业，壹概均匀，并无压逼等情，实系两相（厢）情愿。自派之后，不得翻悔。倘有此情，任从公论。口说无凭，立派屋场字为据。

凭亲友 杨顺凰

吴祖澍 笔

特立合同贰纸各执一纸（半字）

民国拾陆年丁卯岁十二月初三日立①

在两相情愿和均匀的基础上，蒋杨妹与蒋景孝通过亲友和证人评价地基、田土之后，双方交换土地，并强调各管各业，没有逼迫等情，不许反悔。这份合同虽未经过地方保甲的参与，同样发生效力，原因在于民间自有公平，自有公论。妇女独立参与拨换土地，表明清水江流域的妇女处理土地的权利与男子大体相同。

（五）订立纠纷合同

这类合同主要由于婚姻关系造成子女土地财产的分割、继承。如民国二十六年（1937）正月十五日舒伟吉前妻唐氏清桂所生二子与其父舒伟吉发生争论，通过房族、亲戚商议，把土名开明杉木弯界脚田三丘、老屋场田三丘、大山冲两间丘田一半、上个坝田三丘、为赶冲下截田五丘和屋基十字街路坎一墱等划归妻唐氏清桂及其二子管业。② 这类合同，双方有约定，且对土地产权划定清晰。同一天对后妻所生之子管其母之业订立合同如下：

立合同虑后字人舒伟吉、后妻阳氏巳香所生一子烈清，情因父子兄弟争论，呼唤房族亲戚谪（商）议，言定后母之私产业后母之子耕管，后母之业土名开明老虎冲田壹丘，屋脚冲园壹墱，对面大门路坎上竹山壹幅，垮内屋场壹丈式尺。存下光洋拾式元，存下元钱陆拾仟文，归存买业，不许生放，归后母之子所管。以前之老产业，以后新创，照子平分，以后勿得混争。心平意愿，日后不得翻悔异言，今幸有凭，立有合同二□为据。

外批：□□竹山契系伟吉之名□□屋场契系伟吉之名□

---

① 张新民. 天柱文书（第一辑）：第7册［M］. 南京：江苏人民出版社，2014：116.
② 张新民. 天柱文书（第一辑）：第1册［M］. 南京：江苏人民出版社，2014：251.

经

凭房族　舒伟庆

烈兴

烈

凭亲戚　唐才

盛

自荣

阳志金

笔　　伟泮

立合同二张为据（半字）

民国二十六年□月十五日　立①

（六）妇女作为栽手，与地主订立契约

妇女作为女主人，具有把土地佃与他人耕种的权利，此时，妇女充当地主。如谭氏卧姑与本寨姜世凤等把土地佃给龙万宗等人栽种杉木，所栽种的地共分为五股，地主占三股，栽主占二股。如《光绪二十二年正月二十八日龙万宗等佃契》：

立佃种栽杉木字人上寨龙万宗、姜送主、林主、化贤四人，今因佃到下寨姜世凤、登兴、登泮、登科、登高、谭氏卧姑等之山一块，……此地山主、栽手分为五股，地主占三股，栽手占二股。地主之三股又为叁拾六股。今佃到世凤伯侄二股，谭氏卧姑四股……限至五年成林，逐年挖修，栽手有分。若不挖通之土，栽手无分，恁凭主家另招别人佃种。长大成林，另分合同各执。恐后无凭，立此佃字为据是实。（下略）②

光绪三十三年（1907）正月二十八日龙万顺与姜送祖佃种谭氏卧姑等的土地栽杉木时则写作"地主占三股，栽占二股"分成。③

三、妇女典当与借贷

（一）独立借贷的权利

---

①　张新民．天柱文书（第一辑）：第1册［M］．南京：江苏人民出版社，2014：250.

②　陈金全，杜万华．贵州文斗寨苗族契约法律文书汇编——姜元泽家藏契约文书［M］．北京：人民出版社，2008：482.

③　陈金全，杜万华．贵州文斗寨苗族契约法律文书汇编——姜元泽家藏契约文书［M］．北京：人民出版社，2008：501.

一方面，妇女具有独立充当钱主的权利，放贷和典借资金给他人。清水江流域妇女充当钱主和借钱人。作为钱主，即贷出人，如嘉庆十三年（1808）十二月三日姜氏福香名用银 15 两典田一丘耕种管业。事主范述尧、范绍正缺银用，典卖田产获得银 15 两用于生计。①

另一方面，妇女亦具有独立充当贷入者、债主的权利。如同治十一年（1873）十月三十日《姜氏玉秀典契》中，姜氏玉秀用 2 丘田典借到银 1 两。②《民国二十三年二月十三日吴氏彩乔典田契》，吴氏彩乔独立用收谷 44 箩的田典借到 852 千文。③《民国三十七年三月二十日龙氏先行典田字》：

立典田字人龙氏先行，今因要谷正用，无可得处，自愿将到地名高简田一丘出典。请中上门问到彭氏求善名下承典，当面议定价谷贰拾挑。其田四至：上抵粟宏钧田，下抵龙大湾田，左抵山，右抵构，四至分明。其谷亲领入手。其田付与求善耕种，贰年为期，期满将赎。自典之后，不得异言。恐口无凭，立有典字为据。

批外：此田转佃与原典人耕种，每年甘认租谷捌挑，限至清明称付。

凭中

刘定中

代笔

民国叁拾柒年叁廿二日　立④

妇女具有独立领银和钱的领字。如《民国二十六年一月二十八日吴门蒋氏银秀全领田价并除帖字》：

立全领田价光洋并除帖字人吴门蒋氏银秀，今因领到蒋门杨氏毛妹、凤娇婆媳二人得买竹园屋角大丘并棚子田，又并桥脚桥水冲共田肆丘，其田价洋照契一概领清，并不下欠分文。本甲三图下吴祖让粮户除税一亩，队与蒋正聪、蒋华兴二户内收当。恐口无凭，立除帖领字为据。

益

凭中　吴德昌

粟连创

① 陈金全，杜万华. 贵州文斗寨苗族契约法律文书汇编——姜元泽家藏契约文书［M］. 北京：人民出版社，2008：97.
② 陈金全，杜万华. 贵州文斗寨苗族契约法律文书汇编——姜元泽家藏契约文书［M］. 北京：人民出版社，2008：460.
③ 张新民. 天柱文书（第一辑）：第 8 册［M］. 南京：江苏人民出版社，2014：233.
④ 张新民. 天柱文书（第一辑）：第 19 册［M］. 南京：江苏人民出版社，2014：84.

民国二十六年正月廿八日 德大 笔立①

母子联名订立领土地买卖价钱，再如《民国二十七年八月二十四日吴梁氏伯贞、吴德全、吴德益母子全领字》："立全领字人吴梁氏伯贞、子德全、德益，今因领到荒田蒋景耀得买老虎皮水田一连一涧二小丘之价洋贰拾陆元四角八仙正。（下略）"②

（二）母亲与儿子、女儿和儿媳商议借钱、领钱，订立收据

如道光十七年（1837）四月初四日姜氏与继子姜占魁用收谷13石的田当借到银30两，期限为36天，否则按月支付30%的月利息。到了当年七月二十二日，此业卖与姜绍熊，钱主罗天才收清银价。

立借当字人姜江氏同继子姜占魁，为因有事在司，缺少银用无出，自愿请中将到坐落土名眼翁田大小贰丘，约谷十三担，今将凭中出当与龙里司寨罗天才名下，实借过本银叁拾两整，亲手领回应用。其银言定，限至五月十五日之内 归还 ，不得短少为（违）误。今欲有凭，立此借当字。（下略）③

同治四年（1865）四月六日游氏兵香与子游希林、游希凤，用收谷3箩的田典借到钱3700文。④《民国二十年六月九日杨氏金花暨媳陶氏翠姣典田字（附：转典田领字）》："立出典田字人吴杨氏金花，率媳陶氏翠姣，今因家下要钱用度，无从得处，婆媳商议，自己请中上门问到亲房吴祖铣、吴祖魁、吴德馨叔侄名下，将本已祖人遗下产业，地名洞头大坡田，从屋背以上右边由井塘以上之田大小不计丘数，并随山场完全出典与吴祖铣、吴祖魁、吴德馨叔侄叔侄为业。（下略）"⑤ 或一起领钱："立全领田价银人吴门蒋氏银秀，率子祖让（印）、及孙德大，合家老幼领到蒋门杨氏凤娇名下得买窝孔背田一连式丘，收谷拾式运，又并茨□ 衡 田一丘，收谷一运，两处田价照卖契（印）一概领清，并无下欠角仙。（下略）"⑥

母子商议典田，获取周转资金。咸丰三年（1853）三月十日游希林、游希凤典田借到钱26千文，并转佃种该田，每年秋收后交干谷7石2斗。

立契典田人游希林、希凤，今因家下缺用，母子兄弟商议，自愿将到地

① 张新民. 天柱文书（第一辑）：第6册 [M]. 南京：江苏人民出版社，2014：183.
② 张新民. 天柱文书（第一辑）：第8册 [M]. 南京：江苏人民出版社，2014：60.
③ 陈金全，杜万华. 贵州文斗寨苗族契约法律文书汇编——姜元泽家藏契约文书 [M]. 北京：人民出版社，2008：334.
④ 张新民. 天柱文书（第一辑）：第6册 [M]. 南京：江苏人民出版社，2014：132.
⑤ 张新民. 天柱文书（第一辑）：第7册 [M]. 南京：江苏人民出版社，2014：46.
⑥ 张新民. 天柱文书（第一辑）：第6册 [M]. 南京：江苏人民出版社，2014：188.

名方田……共计谷壹拾陆运，凭中出典与杨岸芳名下，三面议作典价钱贰拾陆千文扣水。即日钱契两交无欠，领不另书。其田转请佃种，自愿议定逐年秋收临田用瓷□场市斗量干谷七石二斗，送往刘理光家收贮封号，不得短少斤合。日后备得原本对日抽约。立典契为据。（下略）①

　　文书提及"母子""夫妻商议"，未将妇女的姓氏列入。实际上，妇女的权利已体现在对出当田产的掌控中。如《姜志长、引长兄弟借当契》："立当字人姜志长、引长弟兄二人，为因父亲忘（亡）故，无银用度……我母子不敢声言。今欲有凭，立此当字为据。（下略）"②

　　母子商议借谷。1950 年杨先培与母亲商议借到黄昭汉谷子 2100 斤，限至第二年（1951）八月秋收相还，若超期则将黄土坡冲油山抵给谷主。③ 有奶孙立领条的情况。《民国三十五年七月三日胡氏杨妹、蒋启发婆孙全领蒋泰钦买田价钱扫单字》："立全领扫单字人胡氏杨妹、孙蒋启发，今因领到蒋泰钦得买闪头塆水田一连式丘，计谷叁运；又并左右柴木山二幅，田山价洋照契一概领清。恐后无凭，特立全领扫单一纸为据。（下略）"④ 扫单是典型的股市用语，也可以用在房产或者其他领域。股市上通常指某一资金利益团体，针对特定证券品种盘中挂出的所有卖单，全部买进通吃。此处作为一种凭据类型，主要用以证明买卖双方从此解除或不存在任何债权债务关系。扫，意即了结、结清、全部吸纳。

　　（三）夫妻商议典借，是妇女参与借贷的比较重要的方式

　　夫妻商议借钱、典田。《同治元年九月八日刘文泽典田字》："立典田人刘文泽，今因家下要钱用度，无从得处，夫妻谪（商）义（议），自愿将到土名……田大小三丘，收谷伍运，要行出典。（下略）"⑤《光绪二十五年十二月二十六日潘通江典水田地契》⑥ 和《民国十五年一月二十五日杨德银转典柴山字》⑦ 等，标明"夫妻谪（商）议"，说明所典的田产有妇女参与，并取得她们的同意。参与典房屋，《民国二十七年六月刘修炳典房屋契》："夫妻谪

　　① 张新民. 天柱文书（第一辑）：第 7 册 [M]. 南京：江苏人民出版社，2014：198.
　　② 陈金全，杜万华. 贵州文斗寨苗族契约法律文书汇编——姜元泽家藏契约文书 [M].
　　　北京：人民出版社，2008：233.
　　③ 张新民. 天柱文书（第一辑）：第 9 册 [M]. 南京：江苏人民出版社，2014：33.
　　④ 张新民. 天柱文书（第一辑）：第 7 册 [M]. 南京：江苏人民出版社，2014：6.
　　⑤ 张新民. 天柱文书（第一辑）：第 7 册 [M]. 南京：江苏人民出版社，2014：235.
　　⑥ 张新民. 天柱文书（第一辑）：第 4 册 [M]. 南京：江苏人民出版社，2014：145.
　　⑦ 张新民. 天柱文书（第一辑）：第 9 册 [M]. 南京：江苏人民出版社，2014：2.

（商）议，自愿将到房屋半重，要行出典。"①

立借钱人刘修炳，今因家下要钱使用，无从得处，夫妻谪（商）议，自己问到胞兄黄昭汉名下承借钱叁拾仟文正。其钱即日领清，无欠分文，此钱淮限明年正式月定还。若不还，自将屋背式橙小墙作抵，任从耕种收花，借主不得异言。今欲有凭，里借字为据。

杨宗根
凭中　胡英华
罗继松

民国式拾柒年六月廿八 ［日］　　亲笔　立②

《民国二十九年六月二日胡英楷向黄招汉借钱行息并限期归还字》记载："夫妻谪（商）议，请中上门问到瓦瑶江黄招汉承借洋四拾元正，其洋照月加四行息……限至九月相还不误。（下略）"③《民国三十年十二月二十二日吴展银、潘氏新姣典水田契》："立典水田契人吴展银、潘氏新姣，今因才孝老母去世，缺少葬费，无钱使用，是亦姊妹谪（商）议，情愿将到养老之田土名崩塘黎子树脚水田，大小拾丘，计谷贰拾捌箩，欲行出典，无人承受。请中问到吴恒顺名下承典为业，当日凭中议定典价洋肆百壹拾圆正。（下略）"④

为了生计，夫妻商议还典青苗，《民国三十八年六月二十五日吴贤儒典青苗田契》：

立契典青苗田字人吴贤儒，今因家内缺少用度，无从得处，夫妻谪（商）议，情愿将到已分土名白头江水田壹间，内开四抵，东魏姓田，南抵杨姓田，西抵业主田，北抵杨姓田，四抵分明，要行出典，无人承当。亲识姊弟陈世廷名下承典，当日凭中三面言定钞洋壹百贰元整。其羊（洋）亲手领用。其田典转典钱主耕种收花为息，典主不得言论。恐口无凭，立此典字为据。（下略）⑤

透过文书分析可知，民国时期，清水江流域的妇女儿子、丈夫等家庭成员参与借贷类事务，领钱、典卖、典当、佃种等，比清代更为普遍，可以说，妇女的权利与地位随着时代的进步逐渐扩大和提高。

---

① 张新民. 天柱文书（第一辑）：第9册 ［M］. 南京：江苏人民出版社，2014：12.
② 张新民. 天柱文书（第一辑）：第9册 ［M］. 南京：江苏人民出版社，2014：11.
③ 张新民. 天柱文书（第一辑）：第3册 ［M］. 南京：江苏人民出版社，2014：226.
④ 张新民. 天柱文书（第一辑）：第3册 ［M］. 南京：江苏人民出版社，2014：268.
⑤ 张新民. 天柱文书（第一辑）：第3册 ［M］. 南京：江苏人民出版社，2014：229.

四、结语

通过分类统计的方式，大体可看到妇女权利逐步扩张的情形。

妇女独立卖出土地文书中，本寨偏多，异寨次之，卖给同姓偏多，大体占六成。妇女独立购进的土地契约中，属于本房和亲戚关系偏多，超过五成；不属于本寨的情形亦不少，大约占三成，表明妇女购进土地时，并非完全考虑与本人的亲疏关系，而更多地考虑是否需要扩大土地经营（见表1）。此外，妇女独立买卖土地事务中，以朝代论，民国时期最多，占八成，这说明民国时期妇女独立买卖土地比清代更活跃，其权利有所扩大，家庭中的地位有所提高。

表1　女子独立买卖土地双方关系表

	与买方关系/与卖方关系																		
女子独卖	小计	母子侄	兄弟	叔侄	堂叔	堂孙	堂兄弟	本房	本族	族侄	族兄	族人	同姓	异姓	异寨				
	25			2	1	1		2	4	1	1	1	2	1	9				
女子独买	小计	母子侄	兄弟	叔侄	堂兄弟	本房	本族	亲房	本屋	家内	胞嫂	姻亲	表嫂	同姓	异姓	本寨	异寨	异村	未提
	25				1	2	1	1	2	1	3	1	1	2	2	3	3		1
合计	50（清代10，民国40）			百分比		1.39%		考察份数			3604									

资料来源：《贵州苗族林业契约文书汇编（1736—1950）》《清水江文书》（第一辑）、《贵州文斗寨苗族契约法律文书汇编——姜元泽家藏契约、文书》《贵州清水江流域明清土司契约文书·九南篇》《天柱文书》（第一辑）、《贵州清水江流域明清土司契约文书·亮寨篇》以及锦屏县文斗寨姜启贵家藏契约。

对于妇女参与土地及其他事项权利在文书中的情况，主要有两点。其一，清水江流域妇女参与土地及其他事项权利中，夫妻商议土地买卖是妇女参与处理土地等事务最多的一项。其次是母子女侄商议买卖土地。妇女参与典卖土地的比例亦不少，然后是夫妻父子商议卖土地（详见表2）。其二，妇女参与处理处分土地的方式呈现多样化，主要分为五种情况，即参与买卖土地、买进土地、充当代笔人、拨换土地、订立纠纷合同等事项。买卖土地时，有各种搭档，如夫妻、父子夫妻、母子/女（侄）、母媳、母子兄弟、兄弟夫妻、嫂弟、夫妻孙子、奶（婆）孙、姊妹（妯娌）、母子兄弟夫妻阖家商议等。

这充分说明该流域的妇女具有处理一切土地事务的权利，虽不处于主导地位，但她们是土地买卖等事务的重要参与者、见证者，随着时代的演进和区域土地经济的发展，其权利有所扩大，地位不断地得到提高。

表2　清水江流域妇女参与土地及其他事项权利统计　　　　单位：件

职能及类别	妇女参与处理土地																		作为裁手或地主订立契约	典当与借贷	享受土地赠送与陪嫁	合计
	买卖土地时，与合伙人关系														母子承买	充当凭中	拨换土地	订立土地纠纷合同				
	夫妻商议卖土地	夫妻父子商议卖土地	母子女侄商议卖土地	母媳商议卖土地	母子兄弟商议卖土地	兄弟、母亲商议卖土地	兄弟夫妻商议卖土地	嫂弟商议卖土地	夫妻、孙子商议卖土地	奶孙合卖土地	姊妹商议卖土地	母子兄弟夫妻阖家商议卖土地	与其他人商议卖土地	其他买卖土地								
清代	23	1	15		1														2	16		58
民国	58	15	48	1	1	3	1	1	3	2	2	1	1	2	3	1	2	4		25	1	175
新中国			1																	1		2
合计	81	16	64	1	2	3	1	1	3	2	2	1	1	2	3	1	2	4	2	42	1	235
百分比	34.4	6.8	27.2	0.4	0.9	1.3	0.4	0.4	1.3	0.9	0.9	0.4	0.4	0.9	1.3	0.4	0.9	1.7	0.9	17.8	0.4	100

资料来源：《贵州苗族林业契约文书汇编（1736—1950）》《贵州苗族林业契约文书汇编（1736—1950）》《清水江文书》（第一辑）、《贵州文斗寨苗族契约法律文书汇编——姜元泽家藏契约、文书》《贵州清水江流域明清土司契约文书·九南篇》《天柱文书》（第一辑）、《贵州清水江流域明清土司契约文书·亮寨篇》以及锦屏县文斗寨姜启贵家藏契约。

说明：

（1）《贵州清水江流域明清土司契约文书·亮寨篇》（高聪、谭洪沛），共计365份文书，其中妇女独立和参与买卖土地的契约文书共11份，占3.01%。

（2）《贵州文斗寨苗族契约法律文书汇编——姜元泽家藏契约、文书》（陈金全、杜万华）共收录583份文书，其中涉及妇女处置土地方面的文书共13份，占2.23%。

（3）贵州大学《天柱文书（第一辑）》[M]．共计6496份，其中与妇女有关的计210份，占3.23%。对这些资料进行综合整理。

表3 女子在参与处理土地等事务中与对方关系统计 单位：件

类别	关系种类																							合计
	父子女	母子侄	兄弟/妹	叔侄	堂兄弟	堂孙	本房	本族/族内	亲房	房叔	房孙	胞嫂	堂叔/侄	姻亲	亲戚	表兄嫂	舅甥	孙婿	族叔侄	同姓	异姓	异寨	未提	
清代	1		1	1	4		1	4				1		4	2	1			3	5	15	2	1	46
民国	1	2	6	6	8		6	20	1	3	1		9	11	15		1	1		30	58	8		187
新中国																	1			1				2
合计	2	2	7	7	12	0	7	24	1	3	1	1	9	15	17	1	2	1	3	36	73	10	1	235
百分比	0.9	0.9	3	3	5.1	0	3	10.2	0.4	1.3	0.4	0.4	3.8	6.4	7.2	0.4	0.9	0.4	1.3	15.3	31	4.3	0.4	100

资料来源：《贵州苗族林业契约文书汇编（1736—1950）》、《贵州苗族林业契约文书汇编（1736—1950）》《清水江文书》（第一辑）、《贵州文斗寨苗族契约法律文书汇编——姜元泽家藏契约、文书》、《贵州清水江流域明清土司契约文书·九南篇》、《天柱文书》（第一辑）、《贵州清水江流域明清土司契约文书·亮寨篇》以及锦屏县文斗寨姜启贵家藏契约。

再从妇女参与处理土地的双方关系来看（如表3所示），有两种情况。

一是妇女参与处理土地事务时，涉及买卖等土地双方的关系中，以异姓为主。其次是同姓，然后是本族。以下依次为亲戚、姻亲、异寨、堂叔侄以及本房、叔侄、房叔、兄弟、族叔侄、母子和父子等。其中值得一提的是，妇女参与处理的土地事务中，有异姓最多，异寨亦占一定的比例，这表明，妇女在地方经济活动中的地位日益上升，其范围不仅限于本寨、本家族内部，而是向外发展，扩大到异姓、异寨；妇女能力逐渐提高，不再是传统社会足不出户的状态。

二是妇女参与直系亲属的土地事务处理。这说明妇女在家庭中逐渐受到重视，权利在扩张。从朝代分布看，清代量少，民国量多。清代封建制度下，妇女开始独立和参与处理土地事务；进入民国，妇女参与处理土地事务占八成，远远超过清代，这表明封建制度和封建观念在该流域受到巨大冲击，妇女的权利逐渐得到实现，在家庭、家族以及区域经济社会中的地位日益上升，她们在推动区域社会进步中的作用越来越突出，不可忽略，她们是历史的创造者，这正是土地契约文书所体现的民族特色。

总之，无论妇女独立处理土地，抑或参与处分土地，民国时期皆比清代显得更活跃、更积极主动，这充分表明，该流域妇女的权利向着扩张的趋势发展着，其在家庭事务中的地位在逐步提高。不容忽视，妇女在区域经济社会中越来越扮演着重要的角色。

从牙行至混业钱庄：民国清水江的木行

——基于账簿、结单、兑条的研究

程泽时*

  明清牙行的研究，大体有法律规范的研究和社会事实的研究两种路径。就前者而言，台湾学者邱澎生讨论了明清户律编中市厘律内容的演变，提出明代中期以至清代后期，"官牙制"逐渐取代了"编审行役制"的观点。① 就后者而言，瞿同祖先生提出，尽管清朝律例规定州县官不得签发盖自己印章的牙帖，但是根据《钱谷必读》的记载，州县官签发私帖的事经常存在。② 社会事实远比法律规范丰富多样。清代贵州清水江的木材贸易，有一种独特的木材牙行制度，由茅坪、王寨、卦治三个水程相距 15 里的沿江村寨轮流充当牙行，但是它们既未领有由黎平知府签发且盖有贵州省布政司印章的牙帖而成为合法的"官牙"，又没有领有黎平知府签发的私帖。1961 年杨有赓等到锦屏调查少数民族地区近代社会经济状况，搜集了珍贵史料，并分析和描述了这种独特的木行与当江制度。③

  杨有赓等还提出汉口、洪江两地的外地钱庄，在清水江木材交易中，起到了提高效率的作用，并认为："白银是重金属，对于长途贩运周期长的木材商业，既运输不便，又易造成资金积压。于是在汉口和洪江的钱庄所发行的

---

 * 本文系 2019 年教育部人文社会科学规划项目"清水江木商账簿与地方金融制度研究"（编号：19YJA82007）的阶段性成果之一。

  本文原载《原生态民族文化学刊》2019 年第 3 期，第 30—41 页。

  程泽时，男，湖北阳新人，贵州师范大学院教授，法学博士，博士生导师。

 ① 邱澎生. 由市厘律演变看政府对市场的法律规范 [M] //邱澎生. 当法律遇上经济：明清中国的商业法律. 台北：台湾地区五南图书出版股份有限公司，2008：42.

 ② 瞿同祖. 清代地方政府（修订译本）[M]. 范忠信，等译. 北京：法律出版社，2011：226.

 ③ 贵州省编辑组. 侗族社会历史调查 [M]. 贵阳：贵州民族出版社，1988：34—58.

汉票和洪兑，便代白银流通于清水江市场。下河木商到锦屏买木，一把把现金都存入汉口钱庄，领取'汉票'，至洪江后，再将汉票兑换成洪兑。也有运货到洪江卖成洪兑，至锦屏后主要使用洪兑购买木材；也有直接运货至锦屏进行以'搭货兑账'方式进行木材交易的，即在讲生意时商定搭几成货物。锦屏商人获得洪兑后，须以此向洪江进货，洪江商人又以汉票向武汉进货，形成了以兑票为简便形式的密切相连的商品流通环节。"① 此观点得到徐晓光、单洪根和琮勋等学者们的支持。但是，我们要追问的是在清水江流域木材交易环节中有无可能产生钱庄这种金融组织业态呢？汉票和洪兑是如何获取清水江沿岸的苗人、汉人的信任，并真的成为支付木材价款的主要手段的呢？难道王寨、卦治、茅坪三埠就不能"内生"出钱庄吗？

钱庄，亦称钱铺、钱店，早在明代就出现了。早期（约 1736 年）甚至到 18 世纪 40 年代的钱庄的业务，主要是从事银两与制钱的兑换。② 在乾隆后期，钱庄逐渐从银钱兑换的基础上发展成为信贷活动的机构。③ 中国的钱庄（native bank）基本上是从大宗商品交易发展而来的。经济学者潘子豪于 1931 年在《中国钱庄概要》、学者郭孝先 1933 年在《上海的钱庄》，近代知名的民族资本家秦润卿于 1947 年在《五十年来上海钱庄业之回顾》等论著中，均提出钱庄是由煤炭业兼营货币存放发展起来的观点，或谓"当 1736—1795 年间，上海尚未开埠，其时有浙江绍兴煤炭商人在南市开设煤栈，时以栈中余款兑换银钱，并放款于邻近店铺及北洋船帮，以权子母，以后逐渐推广，独树一帜，遂为上海钱业发起的鼻祖"④。冯柳堂 1943 年在《钱庄业由来之推测》中，提出"上海之有钱庄业，必与沙船业及豆米业有密切之关系。……盖至元代，海运发达，均用沙船，岁运江南米 280 万石乃至 300 万石以上于上都（即今北平），……上海自有沙船业，而后有豆米业，……盖因豆米业之发展，北货业随之而开展，款项之进出浩大，金融之调度频繁，钱庄业顺其自然，得有创业成功之机会"⑤。要之，上海的钱庄，产生于经常性的、大宗商品交易，或是煤炭，或是豆米。清至民国时期，贵州清水江流域因持久大宗的木材交易，在茅坪、王寨（今锦屏县城）、卦治这三个沿江村寨，也产生

① 贵州省编辑组. 侗族社会历史调查 [M]. 贵阳：贵州民族出版社，1988：80.
② 张国辉. 晚清钱庄和票号研究 [M]. 北京：中华书局，1989：1—2.
③ 张国辉. 晚清钱庄和票号研究 [M]. 北京：中华书局，1989：4.
④ 中国人民银行上海分行. 上海钱庄史料 [M]. 上海：上海人民出版社，1960：6—7.
⑤ 中国人民银行上海分行. 上海钱庄史料 [M]. 上海：上海人民出版社，1960：9.

了钱庄这种基于木材交易而高于木材交易的经济组织形态。本文试图依据账簿、木行结单、兑单等新材料，论证木行兼营混业钱庄的观点，并分析何以不能跨越混业而迈向分业钱庄的金融制度原因。

一、从外求到内究：清水江木材交易票据与账簿的学术史回顾

杨有赓的观点提示了一条"外求"研究路径，即寻找清水江以外的、下游洪江、汉口等重要商埠钱庄关于木材的交易票据与账簿材料。锦屏本土学者单洪根曾花大力气，沿着当年木材水运的路线，去各商埠搜集史料。单洪根认为，"根据木业、洪油、鸦片和其他商业的需要，钱庄业在洪江应运而生。……洪江的钱庄业始于清代后期。光绪三年（1877），有合茂、中孚两家钱庄开业，光绪三十一年（1905）有钱庄二十一家，资本四万一千元（银元，下同）。民国五年（1916）有钱庄二十三家，资本二万七千八百元，另有铜元三万七千串。其中裕通祥、裕通恒、义孚康、久大庄四大银号，因信用较佳，汇兑遍及西南、中南、华东各城市。民国二十三年（1934），鸿民、开源和、裕庆昌、同义和、德盛昌、长春荣、荣丰七家钱庄总资本四十六万元，经营存、放、汇兑业务，以汇兑为主"①。单洪根所补充的洪江钱庄的史料，只是表明洪兑有可能流通至清水江木材交易之中，尚没有足够的关键证据，去论证用洪兑在三寨木行买木材的论点。

单洪根还描述："最早采运西湖'苗木'来鹦鹉洲交易的是江西帮的木商。早年黄州府盛产土布，多运往贵州'苗江'沿岸销售，江西帮商人追随黄帮经营此业者甚多，并注意和苗人搞好关系，进而采运'苗江'木材出境，到洪江、常德扎成大排再运抵鹦鹉洲销售。他们尝到甜头后，进一步立契买青山采伐，运到鹦鹉洲的'苗木'越来越多，生意越做越大。他们在洲上建'临江会馆'，故江西帮又叫'临帮'。"② 单洪根试图重建"苗木"与汉口之间历史联系，但是依然没有汉票的关键性证据作为联系中介。

单洪根在"外求"同时，也是最早发现茅坪龙茂盛木号账簿的第一人。但其并未对账簿进行解读。宋冰雁对该账簿的记账符号进行了考释。③ 唐智燕对该账簿中所夹带的两份木价结单文书进行解读，提出结算是木行主要职责

① 单洪根. 木材时代：清水江林业史话［M］. 北京：中国林业出版社，2008：62—63.
② 单洪根. 木材时代：清水江林业史话［M］. 北京：中国林业出版社，2008：64.
③ 宋冰雁. 清水江木商账簿中的记账符号考释［J］. 原生态民族文化学刊，2014（3）.

之一，并探讨了结算的货币种类。① 宋冰雁、唐智燕二位的研究主要是技术层面的研究，也属于"内究"的路径。

张应强对山客账簿的研究，代表了"内究"研究趋向。其分析一帧题名《凭折领钱》的折叠账簿，认为清末民初时，当江三寨不乏家资丰裕者出资与上河地区"山主"或"木主"合作甚或直接充当山客者。山主与外来山客联合共同充当采运木材到下游出售的"山客"，可能是这一时期一种较为常见的模式。② 该账簿发生于民国二十九年（1940），涉及的是"山客"与"棚头"之间拖木业务的结算，似乎没有联系到木行。

总之，无论杨有赓等人于 1961 年在锦屏的实地调查，还是单洪根到洪江、武汉等地调查，均没有收集到关键性证据——汉票和洪兑——去完满地重建和再现出让人信服的历史事实。无论"外求"还是"内究"的研究，均没有基于大宗经常性商品交易内生钱庄的历史规律，反思到王寨、茅坪、卦治的"三江木行"有无可能"内生"出钱庄的问题。

二、清水江三埠木行兼营"混业钱庄"

迄今发现保存于茅坪，有三家木行记录了 1921—1934 年期间的木材交易流水账的四本账簿，足资证明清水江三埠木行在充当牙行之外，还兼营混业钱庄。

（一）不同货币间的兑换

至今保存在茅坪的一本封面题载"龙茂盛，民国十年（1921）辛酉立，《流水生财》"的账簿（以下简称"账簿一"）中，其收入栏目，记载有"焕入""换入"等字样，兹照录如下：

---

① 唐智燕. 民国年间贵州清水江木价结单文书解读［J］. 原生态民族文化学刊，2016（3）.

② 张应强. 木材之流动：清代清水江下游地区的市场、权力与社会［M］. 北京：生活·读书·新知三联书店，2006：187—191.

表1 龙茂盛账簿摘录一

页码	列号	项目明细	
p1	R1	[民国十年（1921年）元月] 初三日市	
p1	R3	收焕入洋二十七元 七三五	
p1	R7		付焕洋银贰拾两 七三五
p3	R1	拾伍日市	
p3	R5	收焕入钱二仟文	
p3	R8		付焕银壹两正
p8	R1	贰月贰拾贰日市	
p8	R2	收焕入钱一千五百卅文	
p8	R4	收焕入元钱一千五百文	
p8	R8		付焕光洋一元 一五六
p9	R8		付焕光洋一元 一千五
p11	R1	贰拾伍日市	
p11	R2	收焕入元钱拾仟 肆佰文	付焕江平银伍两一钱玖分
p11	R9	贰月贰拾陆日市	
p12	R2	收焕钱五钱二百文	
p11	R4		付焕银江平贰两六钱三分
p14	R6	叁月贰拾壹日市	
p14	R7	收焕入元钱肆仟三佰贰十文	
p14	R8		付焕光洋叁元正
p17	R8	□月贰拾壹日市	
p17	R9	收焕入钱一千四百八十文	
p17	R10		付焕光洋一元 一四八
p22	R5	拾月二十壹日市	
p22	R7		付焕银拾两 八钱九分
p22	R8	收焕入元钱贰拾贰仟八佰五十	
p26	R3	拾壹月初壹日市	
p26	R5	收焕钱叁仟二百六十文	付焕光洋弍元 一六八
p29	R9	弍拾捌日市	
p29	R10	收焕入钱一仟五百六十文	付焕光洋一元

页码	列号	项目明细	
p30	R4	三十日	
p30	R6	收焕入元钱壹仟五百八十文	付焕光洋一元
p31	R1	腊月初壹日市	
p31	R3	收焕入元钱一千五百四十文	付焕光洋壹元
p31	R4	收焕入元钱一千五百文	付焕光洋壹元
p33	R1	初三日	
p33	R3		付焕光洋三元　　　一六
p33	R6	收焕钱四仟八百文	
p34	R2	初五日	
p34	R3		付焕光洋壹元
p34	R4	收焕入元钱壹仟五百文六十文	
p34	R6	初六日	
p34	R7	收焕入元钱一千五百六十文	
p34	R8		付焕光洋壹元
p36	R3	初九日市	
p36	R5	收焕入钱一千五百六十文	
p36	R8		付焕光洋乙元　　一五六

从上表可以看出，龙茂盛木行充当了钱店的功能，为过往茅坪的商民提供兑换不同货币的作用。当地通行的货币有"元钱""钱""光洋"和"江平银"四种，它们之间的兑换是靠木行来完成的。

另一本封面题载"民国癸酉年春月立，永泰和号，□钱流水，□抗日人经济，挽回我帮利权"的账簿（以下简称"账簿四"），就明确地记载了来兑换村寨的名称，兹摘录制表如下：

表2　永泰和账簿摘录

页码	列号	项目明细
p3	R3	初五日市
p3	R4	付高屯换钱壹元
p7	R4	［贰月］初六日市
p7	R5	付中黄换钱大洋壹元

续表

页码	列号	项目明细
p7	R6	付高屯换钱大洋壹元
p8	R4	［叁月］初六日
p8	R6	付中黄换洋壹元
p8	R7	收换入元钱六千六百文
p11	R1	叁月贰拾叁日市
p11	R9	付江边寨换钱 （零）用壹元
p12	R8	廿四日
p13	R3	付平茶换钱大洋壹元

　　高屯今属于黎平县高屯镇，中黄今属于黎平县中黄乡，江边寨今属于黎平县潭溪乡，均为清水江支流乌下江上游村寨。平茶1955年前属于锦屏，今属于靖州县，为清水江支流亮江上游村寨。此记录应是这些村寨居民到茅坪赶场而需要兑换货币零用。

　　（二）"信用"洪兑

　　一本封面记载"龙茂盛木号：《流水生财》，民国拾叁年（1924）甲子岁秋月立"的账簿（以下简称"账簿二"）中，其项目明细也记载有"洪兑"（见表3）。

表3　龙茂盛账簿摘录二

页码	列号	项目明细	
p91	R9	［民国拾玖年（1930）］四月二十五日市	
p92	R5	收永盛昌洪兑票壹佰圆，此上洪江元和裕宝号，五月中，九七	付龙德顺洪兑票壹佰元，此上洪江元和裕，五月起，九七

　　杨有赓等认为："木商持洪兑、汉票到锦屏后，需换成现金与山客进行木材交易。商人只消按兑票面价值的91%到95%付款即可，故转手之间，获利5%到9%。"[①] 据此账簿项目明细记载，此观点似有商榷之余地。龙茂盛木号，于民国十九年（1930）四月二十五日，从水客永昌盛收到洪兑票，该票由洪江的元和裕宝号出票，承诺五月中兑现100元现金。此处"九七"为按票面金额的97%计价，即永昌茂存97元在龙茂盛木号。同日，龙茂盛转手，

---

　　① 贵州省编辑组编. 侗族社会历史调查［M］. 贵阳：贵州民族出版社，1988：366.

将该洪兑票付给龙德顺木号（应为山客）。

另一本原封面破损不堪，隐约可以辨识出"□平福号"红色字迹，但第一页清晰记载着"民国拾陆年（1927）丁卯岁新正月二十八日立"的账簿（以下简称"账簿三"）上，其项目明细上记载有"洪兑"。

表4 □平福账簿摘录一

页码	列号	项目明细	
p158	R1	[民国拾玖年（1930）]叁月初壹日市，财源涌进	
p158	R5	收兴茂祥三月中洪兑洋三百元正	
p160	R8	[民国拾玖年（1930）叁月]拾陆日市，利胜陶珠（朱）	
p161	R6		付永茂祥三月中洪兑洋三百元正

□平福号于三月初一日收到兑现日期为"三月中"的洪兑票，直到三月十六日才支付出去。似乎"洪兑"并没有想象的那样受到茅坪木商的青睐，也没有成为水客购买木材的主要支付手段。

（三）"信用"汉票

在"账簿三"中，其收支明细出现"汗（汉）票"的简略记载，兹照录如下：

表5 □平福账簿摘录二

页码	列号	项目明细	
p45	R1	[民国拾陆年（1927）拾月]式拾式日市	
p46	R3	收兴茂祥汗（汉）票壹千五百两正	
p46	R10		付荣泰昌洋贰百元
p47	R1		付荣泰昌汗（汉）票银伍佰两正，价洋一千零一四
p47	R2		付荣泰昌光洋壹百四十元
p47	R2		付王泉泰汗（汉）票银壹千两正，价洋一千零一四

由于记载过于简略，该汉票是钱庄出票人、承兑日期等信息不清楚，但该汉票的货币单位是银两。□平福号于民国十六年（1927）十月二十二日，从水客兴茂祥收进合计面额1500两的两张汉票，同日分别付给荣泰昌、王泉泰两商号。

（四）为山客提供无息贷款和出纳服务

下引一则龙茂盛木号与山客唐本盛号之间的"结单"，该结单的收支项目明细，是从龙茂盛木号的账簿二誊写过来的，部分项目明细可以"账簿二"相互验证。

卖木廿五挂，计数一百五十九根，每毛二两四钱二分八厘，合共折毛叁佰八十六两零五分，二五二兑，立银九拾七两五钱八分，七四申洋，一百卅二元四角六分。

冬月十八日，付光洋叁拾元。

收钱六百文。廿六日，付伏银拾伍两正，七四申洋，二十元二角七分。

廿六日，付抬钱一仟三佰五十文。

腊月十一日，付光洋壹元。

十六日付经费钱式仟八百六十文。

合共付光洋伍拾一元二角七仙，钱叁仟六佰一十文，三八折银，两三钱七分，申洋一元八角五仙，二共付五十三元一角二分。

除收即找木价光洋七拾捌元三角四仙。

廿四日付光洋肆拾元　　　王寨过

上

唐本盛宝印照　腊月廿三日　龙茂盛　结单①

为了表明此结单与"账簿二"的逻辑联系，兹把"账簿二"中与唐本盛的项目明细抽出来，列表如下：

表6　龙茂盛账簿摘录三

页码	列号	项目明细		
p28	R5	［民国拾叁（1924）年冬月］拾捌日市		
p30	R1		腾	付唐本盛伏银拾五两正
p30	R2		腾	付唐本盛付抬钱一仟三百五十文
P31	R1	贰十九日市		
P31	R4	收唐本盛钱六百文	腾	付姜合顺伏钱九仟文

---

① 单洪根. 锦屏文书与清水江林业史话［M］. 北京：中国政法大学出版社，2017：152. 有图片，无录文。另见唐智燕. 民国年间清水江木价结单文书研究［M］//王宗勋，张应强. 锦屏文书与清水江地域文化. 广州：世界图书出版广东有限公司，2016：142. 不过，唐智燕将"王寨过"，识读为"王采已"，似乎有误。

页码	列号	项目明细		
p35	R5	［腊月］拾陆日		
p35	R7	收兴茂祥元钱拾伍千文	腾	付唐本顺金（经）费元钱贰仟捌百六十文
p120	R4	［腊月］廿肆日市		
p120	R7	收王启泰光洋五十元	腾	付唐本顺光洋四十元

由于"账簿二"有两处页面被撕掉而缺失的原因，"冬月十八日，付光洋叁拾元"和"腊月十一日，付光洋壹元"两笔没有出现在上表中。表中的"腾"是单字章盖戳的，显然是"誊"的别字。该项目明细誊写后，即盖"腾"字章。

从农历十一月十八日到十二月二十四日的一个多月内，龙茂盛木号为陆续山客唐本顺垫付了"伏钱""抬钱""经费"等。所谓"伏钱"应是从上游河流到茅坪的雇伏水运费用。"抬钱"应是该25挂的木材运至茅坪后，抬进龙茂盛木号的木坞，雇佣伏力的费用。

（五）为山客提供借款

下引一份己未年（1919）王寨的王清发木行与山客张双茂月记之间的"结单"，就明确记载了王清发木行为张双茂月记提供借款的记录。

承售条木拾壹卦，数柒拾柒根，每毛七两一钱八分八厘，扣毛伍佰伍拾叁两四钱七厘，二八八五扣洋文一百五十九点六七，扣招壹钱正、扣平一两五钱九分，除扣六兑银一百五七点四七，九六四兑足银一佰伍拾贰两一钱九分，扣省厘柒两一钱正、六毛二钱四分、库平六钱一分、印花四分，四共扣银八两一钱九分，品除实该木价银壹佰肆拾四两壹钱正。

又七月十九，付借去光洋式拾元，七二折，十四两四钱正。

九月十九，付伏力□银拾两另五分。

十月初一，付支用光洋贰元，七二折，一两四钱四分。

又付路费元钱五佰文，五四折，二钱七分。

十一月卅日，付江平足银贰两一钱一分。

又付支用钱贰百文，五四折，一钱一分。

又付卦子元钱贰百廿文，五四折，一钱式分。十二月初三日，付江平足银壹佰另四两另三分。

又付水子足银壹两四钱四分。

57

又付火食足银捌两壹钱三分。

合共付江平足壹佰肆拾贰两贰钱正。

上　　　品结两抵，除付外，下找尾数银壹两玖钱正。

张双茂月记宝印台照　己未　腊月初三日　王清发　　清单

该桩木材交易，山客张双茂月记先于闰七月十九日，从王清发木号借去光洋20元，按照七二比率，换算成银两，为14.4两。清单中的"王清发"为私印戳记。

（六）为水客提供存款、结算业务

下引一份1925年龙茂盛木行与水客陈长泰之间的一份"结单"，① 该"结单"的抬头就是"计抄往来表数"，表明其收支明细项目也是从流水账簿摘抄出来（见表7）。

表7　龙茂盛账簿摘录四

计抄往来表数				
收			付	
四月十八	收单桐，四十五元，折实江平银，拾叁两四钱五分，七四折洋，十八元一角七分正	七月初一	付光洋叁佰元正
廿五	收宏利昌印木，价折实江平银，贰百廿一两四钱另七厘，七四折光洋，贰佰玖拾玖元贰角正	廿四	付光洋贰佰柒拾五元
	收还光洋壹佰捌拾五元正	九月十一	付光洋贰拾元正
	收范兴泰印木，价折实江平银，十五两二钱九分，七四折，光洋贰拾元另六钱六分	廿六	付光洋五拾元正
	收谢德顺印木，价折实江平银，廿七两，七四折光洋，叁拾六元四钱八分	廿七	付光洋拾九元正
	收谢德顺桩木，价折江平银八两，七四折光洋，拾元另捌角正	廿七	付光洋壹佰另九元

---

① 龙泽江、宋冰雁提供照片。另见唐智燕. 民国年间清水江木价结单文书研究 [M] //王宗勋，张应强. 锦屏文书与清水江地域文化. 广州：世界图书出版广东有限公司，2016：142—143. 唐文对该结单的书立时间识读有误，不是"乙丑五月初五日"，而是"乙丑元月初五日"。

计抄往来表数			
收		付	
收宏利昌印木，价折光洋，壹佰四拾元正	十月初八	付光洋贰元正	
收吴寿圣木，价折江平银十四两六分，七四折光洋，拾玖元正	十一日	付光洋叁元正	
收谢德顺木，价折实光洋，壹拾叁元正	十一日	付光洋拾四元正	
收天益顺印木，价折江平银，三百一十八两八钱七分，七四折光洋，四佰卅元另九角正	廿八	付光洋拾五元正	
收天益顺桩木，折江平银九两八分，七四折光洋，拾贰元贰角七分	廿九	付光洋壹拾元正	
十二月廿八	收现光洋叁拾元正	廿九	付光洋四佰元正
已核		十一月十九	付光洋陆拾元正
补前付铜元，钱四百文，扣光洋一角七仙正，少贰分，老伯手			
捴计收光洋壹仟贰佰拾五元四角六分，共付光洋壹仟贰佰柒拾七元一角七分			
前后品除付去，实欠光洋陆拾壹元七角一分正			
龙茂盛宝行　时乙丑元月初五日　陈长泰　结单			

从上面"结单"可知，水客陈长泰曾先后从山客宏利昌、范兴泰、谢德顺、天益顺等号买进木材。显然，这份"结单"是以陈长泰为单位的收、付明细账簿。付出栏目的款项是付给龙茂盛木号。收入栏目的木材或款项，也是从龙茂盛木号收入的。收入栏目中，乙丑年（1925）四月二十五日之后有一条"收还光洋壹佰捌拾五元正"明细，应是指龙茂盛木号此前曾从陈长泰借过光洋150元。

该结单书立日期是乙丑年（1925）元月初五日，其收支明细项目的发生时段为甲子年（1924）四月十八日至十一月十九日。而"账簿二"恰好有甲子年八月初一日至腊月二十四日的流水账。二者有时间部分重叠，可以互相印证。兹从"账簿二"摘录如下：

表8 龙茂盛账簿摘录五

页码	列号	项目明细		
p12	R8	[民国拾叁年（1924）九月] 拾壹日市		
p12	R9	收陈长泰光洋贰拾元		付补谢德顺厘金光洋一元，省局
p16	R1	贰十六日市		
p16	R2	收陈长泰光洋五十元	腾	付宏利昌伏钱叁仟一百文，老荣手
p16	R4	贰拾七日市		
p16	R5	收陈长泰光洋拾九元	腾	付宏利昌光洋四元
p16	R7	贰拾八日市		
p16	R8	收陈长泰光洋九元	腾	付宏利昌厘金光洋九元
p16	R9	收陈长泰光洋壹佰元	腾	付宏利昌经费钱九百六十文
p17	R6	[拾月] 初八日市		
p17	R7	收陈长泰光洋贰元		付本记厘金光洋贰十贰元
		[拾月] 拾壹日市		
p18	R2	收陈长泰光洋叁元	腾	姜正顺光洋壹元
p18	R3	收陈长泰光洋拾肆元		付焕钱光洋一元
p23	R1	贰拾八日市		
p23	R2	收陈长太光洋拾五元		付天镒顺伏钱光洋叁元
p23	R6	贰拾玖日市		
p23	R7	收陈长太光洋拾元		付取票光洋拾元正
p23	R8	收陈长太光洋贰佰元		付天镒顺金费钱一千一百六十文
p23	R9	收陈长太光洋贰佰元，庆和福兑		付补关天镒顺木光洋拾叁元

有观点认为，"水客选定木植后，则由行户约同买卖双方根据当时行情及木材品质议定基价，经双方同意后，水客即应先付木价二分之一，其余半数俟所购木植全部放抵水客木坞内即应扫数付清"①，验之上引"结单"，似有商榷之处。水客似乎是分期分批付款的。

----

① 贵州省编辑组．侗族社会历史调查 [M]．贵阳：贵州民族出版社，1988.

（七）计息贷款

在"账簿三"中，有□平福号计息贷款的简略记录（见表9）。

表9 □平福账簿摘录三

页码	列号	项目明细	
p26	R5	［民国拾陆年（1927）六月］拾捌日市	
p26	R8	收借耀彩元钱叁拾捌千文，加四行息	付还杨氏菊秀元钱叁拾捌千文
p28	R3	贰拾捌日市	
p28	R4	收元钱伍千文，照月每千元钱三百文	付米元钱贰千八百文
p28	R5	柒月初陆日	
p28	R7	收元钱伍千文，照月每千元钱三百文	付盐钱贰千四百文
p120	R4	［戊辰民国十七年（1928）］拾月初六日市	
p120	R7	收红息洋七十元	付现之光洋贰元

贷出的有元钱、钱和洋，借贷月利率有 40% 的，也有月利率 30%（300÷1000＝30%）的。其中，有"收红息洋七十元"，应是较大额度的贷款。尚不清楚是信用贷款还是担保贷款。

在"账簿二"中，也有龙茂盛木号计息贷款的计略记录（见表10）。

表10 龙茂盛账簿摘录六

页码	列号	项目明细	
p51	R8	［民国拾伍年（1926）五月］拾肆日市	
p51	R9	收菊受元钱八十六千文，加四	付张双寿钱八百文

以上记录，没有发现为山客提供计息贷款的情形。

（八）承典田业而贷款

在"账簿二"中，有龙茂盛木号承典田业的记载（见表11）。

表 11　龙茂盛账簿摘录七

页码	列号	项目明细		
p47	R2	丙寅年（民国拾伍年，即 1926 年）贰月贰拾九日市		
p47	R3	收治魁典田光洋壹佰贰拾贰元		

此前，治魁曾将田出典于龙茂盛木号，得典价 122 元。至 1926 年农历二月二十九日赎回，向承典人返回典价。

在"账簿三"中，也有□平福木号承典田业的记载（见表 12）。

表 12　□平福账簿摘录四

页码	列号	项目明细		
p9	R3	民国拾陆年（1927）叁月初壹日市 利胜陶珠（朱）		
p9	R10		付龙章甫典田洋贰元	
p12	R1	拾五日市		
p12	R4		付龙耀瑞典田元钱贰千文	
p15	R10	［四月］拾壹日市		
p16	R5		付耀瑞典田钱壹千五百文	
p23	R2	［六月］初肆五日市		
p23	R4	收典街度牙田价八拾五千八百文	付还龙咸光元钱陆拾千文	
p26	R5	拾捌日市		
p26	R7	收街度牙典田光洋柒元，平杰过的	付还杨氏菊秀元钱叁拾千文	
p93	R6	［腊月］贰拾五陆日市		
p94	R6		付典田光洋六元	
p142	R4	［民国十九年（1930）新正月］初五日		
p142	R6		付赎田平桥家光洋拾五元	

三、清水江三埠已出现了混业钱庄

（一）水客、木行"信用"王寨、茅坪、卦治三寨的棉布商、杂货商所出的兑条

1. 三本账簿中疑似钱庄字号的记载

在"账簿一"中，其项目明细有疑似钱庄字号的记载，兹摘录制表如下：

表 13 龙茂盛账簿摘录八

页码	列号	项目明细	
p1	R3	民国拾年（1921）捌月初壹日市	
p1	R4	收兴茂祥、同盛材光洋陆佰伍拾元正，上裕茂祥兑	付天镒顺光洋贰佰壹拾贰元三角
p5	R7	拾柒日市	
p6	R3	收厚可祥江平银拾叁两六钱四分，□周胜太兑	付裕记桐子银贰拾叁两六钱四分，周胜太兑
p6	R5	拾捌日市	
p7	R2	收王祥兴江平银八十两正，上条	付杨太顺木价江平银壹佰一十一两五钱九分，过王祥兴
p7	R3	收王祥兴江平银九十八两四钱	付杨太顺木价江平银八十两，过道生元
p7	R4	收焕光洋钱一千六百文	付杨太顺木价江平银九十八两四钱，裕太永条
p10	R7	贰月贰拾肆日市	
p10	R8	收王祥兴江平银伍两一钱九分，裕太永兑	付天镒顺五佰叁十贰元
p13	R6	［叁月］拾玖日市	
p13	R8	收厚可祥元钱壹佰仟文，裕太永条	付龙增发元钱壹佰仟文
p20	R5	［拾月］拾贰日市	
p20	R6	收兴茂祥元钱六十一仟文，裕太永	付太顺华元钱六十一仟文，本手
p20	R10	拾肆日市	
p21	R1	收兴茂祥江平银卅两正，裕太永	付姜合顺江平银卅两正
p22	R5	廿壹日市	
p22	R7	潘正兴江平银拾两　八钱九分，义丰隆条	付焕钱拾两　八钱九分

页码	列号	项目明细	
p25	R2	贰拾七日市	
p25	R3	收宏顺美钱卅五仟文，永临兴条	付范祥茂元钱卅仟文，本手
p27	R5	［拾壹月］初肆日市	
p27	R6	收宏顺美江平银四十五两四钱四分	付蒋茂圣江平银肆拾五两四钱四分，永临兴条
p27	R8	收宏顺美江平银三百　四两三钱贰分	付天镒顺江平三百　四两三钱贰分，永临兴条
p33	R1	［腊月］初叁日市	
p33	R2	收王祥兴江平银卅两　钱八分	付姜合顺江平银卅两　钱八分，罗鸿顺条，初七期
p33	R9	初四日市	
p33	R10	收潘正兴江平银柒两九钱三分，发盛（顺）和兑	付合昌隆银七两九钱三分，发顺和条

　　民国十年（1921）八月以来，龙茂盛木号可能先后承认、接收和使用（即"信用"）过裕茂祥、周胜太、裕太永、义丰隆、永临兴、罗鸿顺、发顺和这七家商号的"兑条"，即以制钱、银两为单位的"钱票"或"银票"。其中，额度最大的一笔是永临兴的兑条，达300余两；可能是期票的，为腊月初三日从王祥兴接收的罗鸿顺条，注明兑现日期"初七期"，应为本年腊月初七日。其余的，均应为即期的。

　　裕茂祥、义丰隆、罗鸿顺这三家商号，还出现在"账簿二"（1924—1934）中，此外还有类似钱庄的其他商号的记载，兹照录制表如下：

表 14　龙茂盛账簿摘录九

页码	列号	项目明细	
p1	R3	民国拾叁年（1924）捌月初壹日市	
p1	R4	收兴茂祥、同盛材光洋陆佰伍拾元正，上裕茂祥兑	付天镒顺光洋贰佰壹拾贰元三角

页码	列号	项目明细		
p1	R5			付姜合顺光洋贰佰元正
p2	R8	初三日市		
p2	R9	收王启泰光洋伍拾　八角，上义丰隆兑		付本记元钱一千文
p2	R10	收王启泰元钱肆佰三十文		付蔡记光洋贰拾元
p3	R2	收王景星光洋叁拾叁元正，上罗鸿顺兑		付本记光洋拾元
p3	R3	初四日市		
p3	R4			付姜合顺光洋叁拾叁元正，罗鸿顺兑
p4	R7	初六日市		
p4	R10			临兴太过，付利贞光洋四十元，吴长手
p5	R2			临兴太过，付范时亨光洋拾一元
p6	R1	初拾日市		
p6	R2	收兴茂祥光洋贰拾贰元五角，裕茂祥条		付吴老长光洋贰拾贰元五角
p7	R1	贰拾日市		
p7	R2	收临兴太光洋壹佰元		付布光洋贰仟一百文，代上
p7	R3	收龙道生光洋叁元		付蒋茂盛光洋贰元五角，临兴太过
p9	R1	廿八日市		
p9	R2	收王启泰光洋伍拾元，裕茂祥上条		付送礼光洋叁元
p11	R1	［玖月］初叁日市		

续表

页码	列号	项目明细	
p11	R2	收王启太光洋壹佰七十元，罗鸿顺条	付焕光洋一元
p11	R3	收入焕元钱肆千五百六十文	付姜玉顺光洋一百七十元
p14	R3	拾肆日市	
p14	R5	收利顺和光洋四十六元，本楼兑条	付酒钱四百文
p15	R1	贰拾日市	
p15	R2	收罗鸿顺入钱卅七仟九佰廿文	付太和钱四仟六百文
p19	R1	拾月拾八日	
p19	R2	收利顺和光洋陆拾陆元，庆和福条	付炭钱贰仟　二十文
p23	R6	二十玖日市	
p23	R7	收陈长太光洋拾元	付取票光洋拾元
p23	R8	收陈长太光洋贰百元	付天镒顺金费钱一千二百六十文
p23	R9	收陈长太光洋贰百元，庆和福兑	付补关天镒顺木光洋拾叁元
p24	R1	三十日市	
p24	R2		付天镒顺光洋贰佰元，庆和福上条
p25	R2	［冬月］初式日市	
p25	R3	收杨厚记光洋叁佰贰拾元，罗鸿顺兑	付姜合顺木价光洋叁佰贰拾元正，上罗鸿顺兑
p28	R5	拾捌日市	
p28	R6	收兴茂祥光洋叁拾元，罗鸿顺条	付焕光洋一元，二五二
p32	R7	［腊月］初叁日市	
p32	R8	收王启太光洋一百元，元太成兑	付姜正兴光洋一百四十元正
p32	R9	收兴茂祥光洋一百四十元	付姜恒盛元钱一百文
p37	R3	贰拾壹日市	

页码	列号	项目明细	
p37	R4	入收兴茂祥光洋一百四十元，怡和福条	付姜合顺钱钱贰仟文
p37	R7		付范永兴光洋贰佰四十元
p38	R2	廿肆日市	
p38	R3	收兴茂祥一百元	付王荣、刘正太壹百卅五元三角四仙
p38	R4	收兴茂祥光洋一百卅五元三角四仙	付王启太光洋八十元
p38	R5	收兴茂祥光洋七十一元，罗鸿顺过	付天镒顺光洋七十元
p38	R6	收兴茂祥钱叁仟文	付天镒顺元钱贰仟文
p38	R7	收王启太光洋五十元	付唐本顺光洋四十元
p68	R7	［民国二十六年（1937）腊月］贰拾贰日市	
p68	R8	收福兴祥光洋八元，德和上条	付衣光洋一元，老手
p73	R6	［民国二十七年（1938）后二月］初五日	
p73	R7	收兴茂祥光洋七十壹元三角	付姜合顺光洋七十壹元三角，吉茂祥过
p96	R5	民国二十九年（1940）七月初壹日市	
p96	R6	收吉祥如光洋肆拾元，义利生过	付曾森太光洋卅元　一角九仙
p99	R2	拾月初贰日市	
p99	R3	入收王永盛昌光洋捌元	付蒋茂圣光洋贰元五角，永盛昌过
p101	R4	廿拾八日市	
p101	R5	收信义发光洋拾五元五角，永茂恒条	

续表

页码	列号	项目明细	
p101	R6	贰拾九日市	
p101	R8		付姜正兴钱一仟六百文，过兴发
p102	R1	［拾壹月］初七日市	
p102	R2		付姜正兴钱九百文，过兴发丰
p111	R6	［民国三十二年（1943）二月］初拾日市	
p111	R7	收荣茂祥光洋拾六元	付焕光洋拾元六角，何丰隆过
p111	R10	拾贰日市	
p112	R1	收荣茂祥光洋五元，永太祥过	付厘金三元、钱叁仟一百文
p113	R6	贰拾五日市	
p113	R7	收荣茂祥光洋叁元四角，永太祥	付宏盛合发光洋贰百　四元六角二仙
p113	R8	收荣茂祥光洋一百　四元六角二仙	
p116	R8	叁月贰拾玖日市	
p116	R9	收荣茂祥光洋五拾元，三门溪过	付肖正顺光洋五拾元
p119	R5	五月贰拾日市	
p119	R6	收荣茂祥光洋五拾元，信义发过	付租毛三花光洋贰元
p120	R4	贰拾六日市	
p120	R5	收荣茂祥光洋捌拾叁元，信义发过	付天镒顺景缆子光洋贰元

不仅在龙茂盛木号的两本账簿中有"疑似"钱庄的记录，而且在□平福木号的"账簿三"（1927—1930），也有"疑似"钱庄的记录，兹照录制表如下：

表15　□平福账簿摘录五

页码	列号	项目明细	
p12	R1	［民国拾陆年（1927）三月］拾五日市	
p12	R5		付龙云瑞光洋壹拾元，吉茂祥条

页码	列号	项目明细	
p13	R8	四月初五日	
p13	R10	收兴茂祥光洋伍元，何丰隆过	付丝烟元钱柒佰文
p41	R2	［玖月］拾陆日市	
p41	R4	收兴茂祥光洋肆元，上何丰隆兑	付青油元钱贰千文
p51	R6	贰拾柒日市	
p51	R10	收兴茂祥元钱一百　贰千文，吉茂祥过	付泉太伏钱肆百文
p53	R7	贰拾玖日市	
p53	R8	吉茂祥过，收兴茂祥光洋贰拾元	付还王敬记大洋贰拾元
p53	R9	何丰隆过，收兴茂祥光洋肆百廿一元	付合昌才元钱壹千文，交老元
p60	R1	［冬月］初六日利市	
p60	R9	收兴茂祥卅五元，兑阳茂顺	付舒光明治中和钱壹千文
p64	R5	初玖日	
p64	R7	吉茂祥过，收兴茂祥光洋壹拾元	付元昌路费元钱贰千文
p73	R5	贰拾贰日市	
p74	R1	收兴茂祥洋一百元，上吉茂祥	付吴恒兴木价洋玖拾捌元玖角正
p147	R3	［民国十九（1930）年二月］初叁日市	
p147	R5	收兴茂祥光洋贰拾五元，协和祥过	付陈叔父取票洋贰拾五元
p147	R6	收兴茂祥光洋叁拾元，协和祥	付振顺和取票洋贰拾贰元
p148	R4	初五日市	
p148	R5	收兴茂祥光洋贰拾元，协和祥过	付陈叔父取票洋拾六元
p148	R6	初六日市	

页码	列号	项目明细	
p148	R7	收兴茂祥光洋壹拾元，协和祥过	付教育局上伕元钱一拾八千贰百文
p152	R8	拾陆日市	
p152	R10	收兴茂祥光洋五拾元，协和祥过	付换钱光洋五元
p155	R6	贰拾叁日市	
p155	R8	收兴茂祥光洋五拾六元，协和祥过	付王顺记取票洋卅八元
p160	R7	［叁月］拾陆日市，利胜陶珠	
p160	R10	永茂恒过，收永茂祥布洋六元一角五分	付买潘洋一元
p164	R4	贰拾玖日市	
p164	R6	收兴茂祥光洋六拾元，协记过	付同兴昌取票洋八十元

2. 对于疑似钱庄的账簿记录的分析

首先，可以排除"裕茂祥""义丰隆""罗鸿顺""庆和福""元太成""怡和福""义利生""永茂恒""永泰祥""何丰隆""信义发"等来自洪江、汉口等清水江流域以外的商号。因为我们可以假定并相信三本账簿记账规则和习惯具有一致性，既然记账人已经区分了域外和域内的钱庄，并对域外的钱庄有清晰的著录，如前文所引的"此上洪江元和裕宝号"，因此，"收兴茂祥、同盛材光洋陆佰伍拾元正，上裕茂祥兑"的记叙中，"裕茂祥"应是王寨（三江镇）、茅坪、卦治等本地的商号。

其次，据1961年杨有赓等的三江镇商业调查，发现以上账簿中出现的商号有8家竟然是三江镇（即王寨）的商号，或为杂货铺，或为棉布商。其中有一家棉布商"罗宏盛"，疑似为账簿上出现的"罗鸿顺"。为了便于比较，兹将相关的1961年的三江镇商业调查表摘录如下：

表16　1920年前后杂货铺①

店名或户名	籍贯	资金（元）	年营业额（元）	利润（元）
永临兴		2000	40000	3000

据调查，"1930年前后，木材贸易兴旺，有的杂货铺转向经营木业或兼营木业"。② 因此，永临兴商号，既可以称它为杂货铺，又可以称它为木行或木号。

表17　1920年锦屏较大的棉布商表③

店主名	籍贯	资本（元）	年营业额（元）	利润（元）
周胜泰	江西	3000	30000	1500
罗宏盛	江西	2000	20000	1000
义丰隆	江西	8000	80000	4000
振太顺	湖南	200000	600000	30000
陈祥茂	湖南	100000	600000	30000
杨乾泰分庄	福建		78100	4000

上表的振太顺、陈祥茂两号，虽未出现在四账簿的明细记录中，但据《银行周报》记载："三江市面为湘鄂赣宁各省木商荟萃之区，每年交易约二百万元，多系带售汉口期票。从前仅洪江聚康驻江（笔者注：即三江镇）分庄专做汇兑，每年约做十余万两，他如振泰顺、陈祥茂两号，亦略兼做，每年各该号不过购买数万两，以致各木帮多由进口之湖南洪江售票，运现入江，咸感不便，现在中行虽在筹备期内，本星期内已购获各种期票不少。"④ 即至1919年前后，振泰顺、陈祥茂两棉布商号，兼营钱庄汇兑业务，但不能满足木帮（即水客）需要。其时，中国银行的三江支行、洪江支行可能处于筹备之中，也是看准了木材交易汇兑之商机。

---

① 贵州省编辑组. 侗族社会历史调查［M］. 贵阳：贵州民族出版社，1988：136.

② 贵州省编辑组. 侗族社会历史调查［M］. 贵阳：贵州民族出版社，1988：136.

③ 贵州省编辑组. 侗族社会历史调查［M］. 贵阳：贵州民族出版社，1988：139. 其中的"振太顺"，应是"振泰顺"的别写。理由一是该著第139—140页，就简要地典型描述了"振泰顺"商号兴衰变迁史。理由二是账簿书写中"泰"经常简写成"太"。

④ 三江（九月七日通信）［J］. 银行周报，1919，3（36）；各埠金融及商况［J］. 银行周报，1919，3（36）.

表18　1930年三江镇棉布商资本及利润分配表①

店名	籍贯	资本（元）	年营业额（元）	利润（元）
协和祥	台江	4000	40000	4000
吉茂祥	湖南	6000	60000	4000
何丰隆	江西	30000	150000	10000
庆和福	江西	2500	10000	600
永茂恒	湖南	3000	30000	1200

　　"由于木材贸易的繁荣，商品经济的发展，大量棉布从湖广经济发展的先进地区，源源运至锦屏，逐渐冲破了当地自然经济的体制结构，取代家庭的手工纺织业，棉布业渐渐兴盛起来。特别是清朝末年，棉布经营的规模壮大，出现较大的棉木商号"，黄州布、葛仙布和蕲河布"畅销于黔东南的锦屏、黎平、天柱、剑河、台江、黄平、雷山等少数民族地区"。② 此处"棉木商号"的提法，彰显了商之真义。即湖广地区以其棉布，换取清水江地区的木材，互通有无。准确地讲，因为先有木号，所以才后有棉号。在"账簿二"中，就有龙茂盛木行，接受水客的棉布，并支付给山客的记载，兹摘录制表如下：

表19　龙茂盛账簿摘录十

页码	列号	项目明细	
p54	R1	［民国拾四年（1925）捌月］初叁日市	
p54	R2	收道隆乾黄州布五疋	付道隆乾桐子价光洋廿贰元四角九仙
p56	R6	［拾月］初七日	
p56	R7	收恒裕和布九疋	付王永顺布九疋
p56	R9	收王永顺布，光洋拾九元	付常榜光洋一元
p94	R5	［民国十九年（1930）六月］初二日市	

　　① 贵州省编辑组．侗族社会历史调查［M］．贵阳：贵州民族出版社，1988：140.
　　② 贵州省编辑组．侗族社会历史调查［M］．贵阳：贵州民族出版社，1988：139.

续表

页码	列号	项目明细	
p94	R7	收张庆和布，光洋陆元	
p123	R2	［民国二十年（1931）六月］初壹日市	
p123	R4	收荣茂祥布，洋壹佰四十四元	付天镒顺布，洋壹佰四十四元
p123	R6	收荣茂祥布，洋五拾叁元	付天镒顺布，洋五拾叁元

水客道隆乾、恒裕和、王永顺、荣茂祥，在茅坪兼卖棉布。不仅龙茂盛木号接受棉布充当特殊特价物，而且□平福木号也接受棉布这种特殊特价物，在"账簿三"中也有记录，兹摘录制表如下：

表20 □平福账簿摘录六

页码	列号	项目明细	
p4	R4	［民国拾陆（1927）年贰月］初十日市	
p4	R6	收兴茂祥鼎布壹同（筒）	付王太圣鼎布壹同（筒），寿六手
p44	R4	［拾月］拾壹日市	
p44	R6	收兴茂祥大布壹同（筒）	付王太盛大布壹同（筒）
p45	R2	贰拾贰日市	
p45	R8	收正牌大布肆同（筒）	付送礼光洋贰拾元
p49	R3	贰拾肆日市	
p49	R10	收兴茂祥葛仙布壹同（筒），折洋二十三元	付家用元钱肆千文
p50	R2		付杨炳太、曹明先葛仙布壹同（筒）
p53	R2	贰拾捌日市	
p53	R4	收兴茂祥葛仙布捌同（筒）	付合昌材光洋贰拾元，交老元
p60	R1	［冬月］初六日利市	
p60	R7	收兴茂祥景布壹同（筒），价洋六十一，交银洪顺	付宋木匠元钱伍千文
p68	R1	拾陆日市	

续表

页码	列号	项目明细	
p4	R4	［民国拾陆年贰月］初十日市	
p69	R2	收兴茂祥景布陆同（筒），价洋六十一	付王松顺脚木伙钱八百文
p69	R6		付吴庆隆景布壹同（筒）
p69	R7		付合昌材景布壹同（筒）
p69	R8		付银洪顺景布壹同（筒）
p75	R5	贰拾肆日	
p75	R7	收三义和景布式同（筒），折洋一百廿贰元	付吴庆隆景布壹同（筒），价洋六十一
p75	R8		付银洪顺景布壹同（筒），价洋六十一
p121	R5	［民国十八年（1929）新正月］十叁日市	
p121	R8	收祥春德州向布一疋，洋贰元二角	付现焜大洋叁元
p122	R5	收祥春德竹布半疋	付米大洋陆元
p162	R4	［民国十九年（1930）叁月］贰拾五日市	
p162	R7	收永茂祥布，洋肆元	付买铜器贰元

　　水客兴茂祥、三义和、祥春德，从事贩木兼贩卖棉布，既是木商，又是布商。可以推断，棉布商号均是从水客逆水顺带棉布到茅坪、王寨、卦治销售开始的。

　　凡是标注"上×××兑"者，如"裕茂祥""义丰隆""罗鸿顺"等，其木行的信用最好，其钱庄的属性更突出，因为它所发行的兑票或兑条已经具有了区域性货币的功能，这里的区域指的是以王寨、茅坪、卦治为中心、以木材交易为纽带的清水江流域商圈。

　　凡是标注"×××条"或"×××过"，基本上是信用较好的木行（号）。这里的"条"是指该木行（号）发出的见票即兑的"兑条"。兹举一例如下：

　　凭条祈兑光洋七元正

　　上　系龙茂盛缆子洋

　　本利生宝号照　　癸七月初十日上癸手条

该兑条是夹在账簿之内的，且"七""手"二字盖有方形私章。该兑条是本利生宝号的主事人（私章的主人）手写的，承诺由本利生兑现光洋 7 元。该费用是因为购买了龙茂盛的缆子。该兑条还不具有近现代票据法意义上的无因性。

比如，"收兴茂祥光洋叁拾元，罗鸿顺条"这条项目明细讲的是：龙茂盛本应收取兴茂祥现金光洋 30 元，但是收取的是罗鸿顺发出的兑条，该兑条记载罗鸿顺承诺见票即兑现光洋 30 元。

这里的"过"指的是传统中国民商事习惯之一的"过账"制度。过账制度据说起源于宁波。"清咸丰之季，滇铜道阻，东南患钱荒，甬市尤甚，市中流转之钱值大减，民生日困，汹汹谋为乱。有谋以善其后者，法令钱庄凡若干家互通声气，掌银钱出入之成；群商各以计簿，书所出入，出界某庄，入由某庄，就钱庄中汇记之。明日各庄互出一纸交相稽核，数符即准以行，应输应纳，如亲授受，彼此赢绌，互相为用。自此法出，数月而事平。厥后市场交易，遂不以贤银授受，一登簿录，视为左券云云。"[1] 用现代的债法概念讲，就是指债务人的债务人（即"次债务人"），不再向债务人给付金钱，而转向债务人的债权人承诺给付金钱，即以建立次债务人与债权人之间的债务关系为手段，实现消灭债务人与其债务人之间的债务关系的目的。以"冬月廿肆日市，收兴茂祥光洋七十一元，罗鸿顺过"为例，该条项目明细讲的是：龙茂盛木号收的不是兴茂祥的光洋 71 元，而是罗鸿顺所出的兑条，该条所载的是罗鸿顺承诺向兴茂祥兑现光洋 71 元，即属于罗鸿顺发出的见票即兑现的"现金支票"。本来兴茂祥应先向罗鸿顺兑现，再向龙茂盛交付现金。但由于龙茂盛相信罗鸿顺的信用，故而信用该兑条，未收现金。即信用货币取代了金属货币。

为什么会有水客不直接向木行支付现金，而采取由茅坪、王寨等本地棉布、杂货商号"过账"的方式呢？

比如，□平福木号民国十六年（1927）三月二十九日，"何丰隆过，收兴茂祥光洋肆百廿一元"，此笔"过账"的金额巨大。同日，还有一笔"吉茂祥过，收兴茂祥光洋贰拾元"。证明水客兴茂祥是何丰隆、吉茂祥这二家王寨棉布商的债权人。结合民国十六年（1927）二月至十月，兴茂祥用布向□平福木号支付部分木价款的事实，我们有理由推断：水客兴茂祥向何丰隆、吉

---

[1] 中国人民银行总行参事室金融史料组．中国近代货币史资料第一辑清政府统治时期（1840—1911）[M]．北京：中华书局，1964：142.

茂祥等棉布商号赊销棉布，何丰隆、吉茂祥向兴茂祥出具即期或远期兑条。而兴茂祥则拿着何丰隆、吉茂祥所出的兑条，向□平福木号支付木价款。这样就形成了一个兑条的信用票据市场。其结构模型就是：

湖广棉布（杂货）→水客→运抵三寨→赊销三寨棉布商（杂货商）
→兑条→木行→三寨棉布商（杂货商）兑现
↓→水客→木材→运抵湖广。

还有一种以"布代金"的情形就是：

湖广棉布（杂货）→水客→运抵三寨→木行→水客→木材→运抵湖广。

在这条价值链条中，关键有二：一是棉布和杂货要能够在以王寨、茅坪、卦治为中心的清水江地区畅销，棉布和杂货商能迅速资金回笼，否则其所出的兑条（即期票）无法如期兑现；二是木材要湖广的岳阳、汉口等迅速销售变现，水客也能迅速资金回笼。

再次，龙茂盛和"裕茂祥"等信用最好或较好的木行（号）之间相互承认对方的兑条。虽然只有龙茂盛木行的账簿，证明龙茂盛木行接受了"裕茂祥"等信用最好或较好的木行（号）的兑条，尚没有发现"裕茂祥"等商号账簿的证据，但根据平等互利的原则，我们有理由相信这一点。因为如上表所列，民国十三年（1924）九月二十日市"收利顺和光洋四十六元，本楼兑条"，这里"本楼兑条"就是龙茂盛木号的"兑条"，即龙茂盛木号承诺兑现银圆（光洋）的"钱票"。利顺和号没有向龙茂盛木号交付现金，而交付一张龙茂盛木号发出的"钱票"。

最后，茅坪、王寨、卦治三地的信用较好的木行所发出的兑条，事实上成为区域性的货币。如前所引，吉茂祥、何丰隆、协和顺等商号的"钱票"，不仅龙茂盛木号"信用"，而且□平福号也"信用"。

（二）木行所出的"取票"

在"账簿一"（1921）中出现"取票"的记录，兹摘录制表如下：

表21　龙茂盛账簿摘录十一

页码	列号	项目明细		
p1	R2	民国拾年（1921）元月初叁日市		
p1	R8		付取票洋拾五元，肖正顺木	
p2	R3		贰月初四日市	
p2	R5			付取本记木票，光洋拾叁元五角正

页码	列号	项目明细	
p3	R1	拾伍日市	
p3	R5		付潘永茂取票八元正
p3	R6		付吴合昌隆江平贰拾玖两二钱正
p6	R5		拾捌日市
p6	R6		付合财票光洋卅贰元
p8	R1		贰月贰拾贰日市
p8	R2		付姜宏兴老宝二元，江平，五八五、五一　四
p8	R3		又付票，五锭，江平，五八五、五三七、五八六、五一七、五八七
p10	R1		贰月贰拾叁日市
p10	R4		付姜怡昌票一锭，江平，五十六五五，老平代上
p11	R1		贰拾伍日市
p11	R8		付姜兴隆取票钱叁千文
p34	R6	腊月初六日市	
p34	R7		付取票光洋三元，才福茂木
p35	R8	初捌日市	
p36	R1		付过取票光洋拾贰元五角
p36	R2		付补票光洋一元贰角，天怡
p36	R3	初九日市	
p36	R8		付取票光洋卅贰元五角

　　首先，不存在"票光洋"的概念，要么是"票洋"，要么是"光洋"。因此，"付取票洋拾五元，肖正顺木"，应断句为"付取票，洋拾五元"，即"取票"上记录的面额是5元，肖正顺应是山客，是持票人，龙茂盛木号是出票人。在"账簿二"中有一清晰的账目明细记录"纸洋"，足资辨明，兹引如下：

表 22　龙茂盛账簿摘录十二

页码	列号	项目明细
p3	R3	民国拾叁年（1924）捌月初四日市
p3	R6	付取票光洋陆拾贰元正，姜合顺木
p3	R7	付姜合顺纸洋一元

其次，"取票"按货币单位，可分为银票、银圆票和元钱票。比如，民国十年（1921）二月二十二日、二十三日，先后付给姜宏兴、姜怡昌的就有银票，其中有 50 两左右的元宝银。

最后，尚无资料表明存在其他的银号、钱庄或票号发出"取票"。因此，我们只能推断龙茂盛木号兼营银两、银圆、元钱的存储业务（比如，下表中的棉布商永茂恒，曾在龙茂盛木号存洋 15 元），并发行一定数量的钱票，并以之向山客们支付部分木价款；抑或是现金不够，发出钱票，承诺延期兑现。

上表中"取票"一般都标注了事由或用途，但是□平福木号"账簿三"（1927—1930）中关于"取票""补票"的记录，常常不标注，详见根据"账簿三"明细所制的下表：

表 23　□平福账簿摘录七

页码	列号	项目明细	
p2	R1	民国拾陆年（1927）新正月二十八日市	
p2	R8		清付永茂恒存洋拾五元
p3	R3	贰月初六日市	
p3	R6		付王太圣取票洋拾贰元
p59	R1	冬月初五日市	
p59	R9		付补票大洋陆拾元
p65	R7	拾壹日市	
p66	R6		付县局取票洋贰十五元九角
p92	R4	腊月贰拾贰日市	
p93	R4		付取票洋贰十六元
p110	R1	［戊辰年民国十七年（1928）］又贰月贰拾日市	
p111	R1		付补票发款洋廿贰元五角正
p147	R3	［庚午年民国十九年（1930）二月］初叁日市	
p147	R5		付陈叔文取票洋贰拾五元

续表

页码	列号	项目明细		
p147	R6			付振顺和取票洋贰拾贰元
p147	R10			付教育局取票洋贰拾元
p148	R3	初五日市		
p148	R5			付陈叔文取票洋拾六元
p150	R8	拾四日市		
p151	R7			付张记取票光洋五拾七元
p151	R9			付王顺记取票洋贰拾柒元
p152	R8	拾陆日市		
p153	R7			付祥记取票光洋叁拾元,即兑
p154	R7	贰拾日市		
p154	R9			付雷合顺取票洋八元
p155	R6	贰拾叁日市		
p155	R8			付王顺记取票洋卅八元
p157	R6	叁拾日市		
p157	R9			付周兴昌取票洋肆拾九元
p164	R4	［叁月］贰拾玖日市		
p164	R6			付同兴昌取票洋八十元
p164	R7			付杨兴顺祥取票洋五十贰元
p164	R8			付张复泰取票洋六元

总之,"取票"是山客们向木行提供信用的凭证,是木行对山客们负有债务的凭证。由于没有实物资料的"取票",是否计息、期间多长等问题,不能做深入分析。

四、财政主导型的地方金融制度和分散资本以减少风险的经营策略是清水江三埠混业钱庄没有迈向分业的重要原因

迄至1934年,王寨、茅坪、卦治三寨的木行仍停留在混业经营状态,没有迈向分业经营或专业化的经营状态。它们兼营棉布、钱业,但没有达到钱庄的专业化程度。

（一）清水江三埠混业钱庄在账簿与票据上的表现

迄今发现的茅坪木行账簿，均为流水账簿，没有江南地区钱庄账簿类型多。清代苏州、上海、宁波钱庄的账簿，"名目甚多，局外人往往莫名其妙。有的可以顾名思义，譬如'克存信义'是客户分户账，'利有攸往'是放款账"，"'回春簿'专记呆账"。"这些账都是清过的账，……最要紧的是两本账：一本叫'草摘'，日常往来客户近远期收支的款子，都随手记在这本簿子；另外一本叫'银汇'，凡是到期银两的收解，都先登这本簿子，再来总结。所以这两本账簿失落不得，否则人欠欠人，都难清查了"。① 另外，也有把"草摘"称为"草稿"，把"银汇"称为"银记"的。②

迄今所见的茅坪木行的票据，主要是兑条、取票，虽具有钱票功能，远没有上海、宁波等地钱庄的庄票、钱票那么早定型化（如二联支票、三联支票），且刻板印刷，仍属于手写盖戳的"任意型的钱票"。③

（二）财政主导型金融制度是清水江三埠钱庄停滞于混业而未能迈向分业的重要原因

清末民初清水江地方财政主导型金融制度，不能有效地为木材贸易提供信用。明清以来，中国的金融制度大体可以分为财政主导型金融子系统和商业主导型金融子系统，二者耦合。前者以官府铸造制钱，以代理国库为首要目标，并国库资金开办国有信用组织为基本要素，后者以私人资本开办钱店、银号和票号为基本特征。在国泰民安的盛世，二者可以相互补充。但遭遇衰颓之世，财政主导型的金融系统，就极力吸收资金，以维持官府行政系统运转为要务，不会顾及商业发展，甚至官府信用组织成为官府的"出纳"而已。这样的财政主导型的金融制度是不可持续的。鸦片战争以后尤其咸同兵燹之后，中国各地金融系统基本如此，只有租界顽强地维持和发展了商业主导型金融子系统，如上海钱庄。

1912—1935 年的贵州金融系统，尤其体现了财政主导型金融制度的特征。由于长期不能与"中央政府"保持政治一致，俨然成为"半独立的自治省"，直至 1935 年才真正与民国南京政府实现政治高度统一。长期内部政治分裂、庞大的军费开支，使得地方军阀把控的金融系统成为地方政府的"提款机"，无法为商业提供信用，也无法为木材贸易提供信用。1915 年，中国银行贵州

---

① 高阳. 高阳说清史·李鸿章［M］. 合肥：黄山书社，2008：131.

② 高仲泰. 望族［M］. 杭州：浙江古籍出版社，2008：1.

③ 张介人，朱军. 清代浙东钱业史料整理和研究［M］. 杭州：浙江大学出版社，2014：93.

分行在贵阳开业。1920 年发行兑换券 100 万元，现金准备包括银两、银圆共值票银 60 余万两，约为兑换券总额的 85%，超过当时的发行准备金比率 60%。但 1921 年后，"定黔"军兴，省内军政当局为筹措军费，平衡财政赤字，多次向该行索借巨款。截至 1925 年 6 月，借款总额达 160 万元之多，该行兑换券随之增发到 261 万元。唐继虞、刘显世强行以"尾巴票"换取该行发行准备金票银 60 余万两，造成该行库存空虚，兑换券不能无限兑现，发生贬值，曾跌落至 5 角左右。① 1926 年中国银行贵州分行被迫停业清理，至 1929 年冬结束。②

清至民国清水江地方既有民间、官府金融机构，无法满足木商和木行的经营需要。清乾隆十年（1745）黎平府设有刘广胜、同济兴典铺一家，③ 能够质押的动产范围有限，且借贷资金规模有限，押借金额一般为质押品时值的半数以下，当期半年至 18 个月，只能满足府城内居民的借贷需要。光绪初年，黎平府城有"官押当"和"官银铺"各一家。官押当由清政府经费局投资开办，并可借入低利（年息 12%）的"皇本"经营，办理金、银、饰品、绸缎、毛皮、家具、铜锡器皿等实物质押放款和吸收存款。这家当铺在民国初年由县政府财委会接管，继续经营至民国十三年（1924）农历八月初一停业。官银铺的主要业务是收兑白银为官府验收民众缴纳的"丁粮"（白银或制钱），同时经营存贷款，并在贵阳、镇远、古州（今榕江）等地设立分号或代理店，互通汇兑，延续至民国初年撤销。宣统元年（1909）六七月间，贵州官钱局在黎平设立分局。辛亥革命后，改为贵州银行，相应分局改为分银行，至民国七年（1918）五月裁撤。④

至 1874 年，山西票号已在贵阳设立分号。⑤ 另据《中国海关十年（1882—1891）报告》记载，当时重庆已设有 16 家山西票号的总号，同时它们在贵阳等地设有代办处。⑥ 另据《新纂云南通志》记载，云南本省的天顺祥票号，于同治十二年（1873）以后，曾在贵阳设立天顺祥票号。⑦ 至光绪

① 贵州省地方志编纂委员会. 贵州省志·金融志 [M]. 北京：方志出版社，1998：38.

② 贵州省地方志编纂委员会. 贵州省志·金融志 [M]. 北京：方志出版社，1998：189.

③ 贵州省地方志编纂委员会. 贵州省志·金融志 [M]. 北京：方志出版社，1998：75.

④ 贵州省黔东南苗族侗族自治州地方志编纂委员会. 黔东南苗族侗族自治州志·金融志 [M]. 贵阳：贵州人民出版社，1990：5.

⑤ 张国辉. 晚清钱庄和票号研究 [M]. 北京：中华书局，1989：102.

⑥ 张国辉. 晚清钱庄和票号研究 [M]. 北京：中华书局，1989：219.

⑦ 中国人民银行山西省分行，山西财经学院《山西票号史料》编写组. 山西票号史料 [M]. 太原：山西经济出版社，1990：66.

十一年（1885），贵阳仍设有百川通、协和信和天顺祥三家票号。[①] 其中，百川通于 1860 年开始营业，至 1918 年歇业。[②] 但至清末贵阳仅有票号分号 1 家。[③] 但是，迄今尚无资料能证明票号与清水江流域木材贸易有联系。

清末民初黎平县仅有钱庄 1 家，距离卦治、王寨、茅坪在 130 里以上，[④] 且翻山涉水。光绪二十二年（1896），黎平府官银铺主持人张锡元，办理银、钱兑换业务，辛亥革命后在黎平县城二郎坡开设"张和顺"商号，兼营存款、放款和汇兑等金融业务，与贵阳、镇远、古州（今榕江）等地钱庄常有业务往来，实质就是一家钱庄。[⑤]

1916 年中国银行贵州分行，在三江（即王寨，清代即有"木头城"之称）设立支行。当时贵州地方军队进驻洪江，并在湖南洪江设立收税处，[⑥]因而三江支行，可以与"湖南洪江收税处"建立起汇兑关系。后该收税处改为支行。[⑦] 民国九年（1920）三江支行年终汇出汇款余额为银元 237 万元。[⑧]1916 年至 1927 年中国银行三江支行，代理国库，收纳税款，发行盖有"贵州"和"三江"字样的"中国银行兑换券"，对当地政府提供借款，人称"三江银行"。[⑨] 在龙茂盛、□平福和永泰和三家木号的账簿中，均无中国银行三江支行的记录，似乎这种新式银行没有为山客和木行提供信用。究其原因主要有二：一是近代银行贷款均以不动产抵押为原则，而以不动产登记为前提。贵州省不动产登记制度至 1935 年 11 月才由贵阳地方法院试办。[⑩] 王寨、茅坪、卦治三镇商号和山客，无法从中国银行三江支行抵押贷款。二是

① 中国人民银行山西省分行，山西财经学院《山西票号史料》编写组．山西票号史料［M］．太原：山西经济出版社，1990：64．

② 中国人民银行山西省分行，山西财经学院《山西票号史料》编写组．山西票号史料［M］．太原：山西经济出版社，1990：648．

③ 中国人民银行山西省分行，山西财经学院《山西票号史料》编写组．山西票号史料［M］．太原：山西经济出版社，1990：474．

④ 清代加池寨距离黎平府城 120 里．张应强，王宗勋．清水江文书（第一辑）：第 1 册［M］．桂林：广西师范大学出版社，2007：465．据此估算卦治距离黎平府应在 130 里以上．

⑤ 贵州省地方志编纂委员会．贵州省志·金融志［M］．北京：方志出版社，1998：84．

⑥ 贵州省地方志编纂委员会．贵州省志·金融志［M］．北京：方志出版社，1998：221．

⑦ 贵州省地方志编纂委员会．贵州省志·金融志［M］．北京：方志出版社，1998：189．

⑧ 民国九年《中国银行营业报告》，转引自贵州金融学会，贵州钱币学会，贵州中国人民银行金融研究所．贵州金融货币史论丛［M］．（内部资料）1989：72．

⑨ 贵州省黔东南苗族侗族自治州地方志编纂委员会．黔东南苗族侗族自治州志·金融志［M］．贵阳：贵州人民出版社，1990：8—9．

⑩ 贵阳地方法院布告［J］．贵州高等法院公报，1936，1（1）．

木材旱运、水运过程中灭失、毁损风险较大，且不易固定、明确为特殊对象物，在没有完善的保险、货栈制度下，银行不会接受其质押。

（三）三埠商号分散投资以降低风险的经营策略是形成混业钱庄这种金融业态的重要原因

基于分散资本以降低风险的原理，三埠商号（水客、木行、棉布商、杂货商），采取混业经营策略，水客采取向多家本地商号提供信用的经验策略。鸡蛋不能放在一个篮子里，应该放在不同的篮子里，这是基本的生活经验和常识。在1921—1934年的清水江流域这个黔湘边区的乱世中，尤其如此。湖南长期处于南北政府交兵拉锯地带。贵州省内战事不断，黔军或与滇军、川军构战。兵燹、匪患、洪水等因素无不增加清水江至沅江水道的商业贸易风险。王寨、茅坪、卦治三镇的木行，同时兼营木材、杂货、棉布等商品，可以收到"东方不亮西方亮"的效果。1933年农历二月初三至初七，棉布商何丰隆号就向龙茂盛木号支付光洋116元（账簿二P110—111记录），显然是想贩卖木材了。

同样，远涉千山万水的"水客"，也不希望把自己"吊死在一棵树上"。水客兴茂祥在1921—1934年期间，不仅同时与龙茂盛、□平福和永泰和三家木号有业务往来，向三家木号预存价款，而且还向裕茂盛、何丰隆、吉茂祥、阳茂顺、协和祥、永恒茂、义丰隆、罗鸿顺、协记等9家商号提供信用，使用它们的兑条（钱票）向木行支付部分木价款。这种分散资本以降低风险的策略，可以有效地降低"水客"的风险。但是，也使得王寨、茅坪、卦治三镇的商号的平均资本规模都不大，一般都在光洋2000—30000元之间。木商号、棉布商号、杂货商号之间资本规模较为平均，很大产生相对垄断，且它们的经营均依赖于水客的资金挹注和信用供给。

五、结论

清乾隆朝以来，清水江木材贸易日益兴盛，沿江三寨茅坪、王寨、卦治成了三个最为重要木材集散地和商埠。从发生学角度讲，三寨木材牙行是先于棉布商、杂货商而出现的，也是最早从事棉布、杂货销售的棉布商、杂货商。此后，木行、棉布商、杂货商才兼营混业钱庄，它们资本单薄，仰仗水客提供信用（预存木价款、赊销棉布和杂货）。但水客所携带的汉票、洪兑，并未成为购买木材的主要支付手段，反倒是木行的"取票"和"补票"、棉布商和杂货商所出的"兑条"，成为替代现金（银两、银圆、铜元、制钱）

的重要支付手段，水客、木行、山客、棉布商、杂货商之间彼此信用对方的发出或持有的票据，彼此提供信用，形成了内部的局域票据结算体系，在一定程度上缓解现金不足的困难，也在一定程度上提高剩余商品间（木材与棉布、杂货）交换效率，促进了实现清水江与湖广地区的经济一体化。清末民初财政主导型的地方金融制度，以及三埠商号分散资本以减少风险的经营策略是清水江三埠混业钱庄没有迈向分业的重要原因。

清水江文书中的地方性知识刍议

卢祥运*

随着全球范围内知识观念和研究范式的转变，地方性知识和本土文化传统，不仅越来越得到众多学科的普遍关注和重视，而且在一些学科中已然成为其展开研究的独特视角和研究题域。清水江文书以其批量大、跨时长、涉域广、种类全的优势，及其凸显的独特性、典型性、地域性和民族性特征，不仅是贵州综合性地方文献的代表，在全国乃至世界范围内也堪为地方性契约文书的典型。清水江文书所涵盖的地方性知识和本土文化传统，值得我们加倍重视和深度发掘。此处只是略例浅释，意在引起有关专家的进一步深入研究。

一、清水江文书简介

文书，是官府、公司、行会、个人、家庭、家族等在行政管理、社会交往和经济活动中形成的公文、书信、日记、家谱、契约、合同等各种文字记录的统称。清水江文书，又称"清水江民间契约文书"，主要是指明末清初以来直至20世纪50年代约计300年间，贵州清水江中下游地区的苗、侗族林农在经营混林农业和木商贸易中形成的大量民间契约和各种交易记录的统称。历史上，因其最早由杨有赓等人发现于锦屏县的文斗、魁胆等村寨，这种文书曾被称为"锦屏林契"；又因其为当地少数民族林农所制并持有，也被一些学者称为"侗族林契"或"苗族林契"；也曾有人将清水江流域各县发现的契约文书按行政区划归属，分别称为"锦屏文书""天柱文书""黎平历史文书"；等等，不一而足。目前，最切合这类契约文书的实际地理分布状况而又为学术界广泛接受的名称仍是"清水江文书"或"清水江契约文书"。

---

* 卢祥运，贵州省社会科学院副研究员。

清水江文书从最初发现到后来的搜集、整理、研究，至今已历半个多世纪。1964 年，清水江文书首次为当时的中国科学院贵州分院民族研究所少数民族社会历史调查组成员杨有赓等人发现，并搜集抄录部分样品带回贵阳作为重要历史资料保存。在发现后的几十年里，由于各种原因，其珍贵价值并没有引起社会和学术界的足够重视。进入 21 世纪，伴随着学术界在研究范式上对地方性的知识经验、地方性的文化传统资源的重视，清水江文书的独特价值重新进入人们的视野。与此相关，对文书的整理与研究也成为热点，出现了一批研究成果和在研项目。2001—2002 年，东京外国语大学正式公开出版了杨有赓与日本的中国学专家武内房司和唐立教授合作编辑的《贵州苗族林业契约文书汇编》（一至三册），首次将此前鲜为人知的清水江文书推向了世界学术舞台。随后不久，中国史专家科大卫（David Faure）等国际著名学者也闻讯来到清水江流域进行实地考察，并对清水江契约文书的学术价值给以高度评价。此后，北京林业大学、中山大学、贵州大学、西南政法大学、贵州民族学院等学术单位不断有学者加入清水江文书的研究中。2007 年以来，贵州大学与贵州民族文化宫合作，按照联合国教科文组织"世界记忆工程"的国际文献遗产保护技术规范，运用当时国际最先进的信息科技，成功地研制开发了一套清水江文书数字典藏系统和保护管理工作平台，并于 2008 年夏在第十六届国际档案大会上成功举办专题讨论，将清水江契约文书作为"世界记忆"和"全球重要农业文化遗产"代表作之一，介绍给联合国教科文组织的文献遗产保护专家和国际学术界有关人士，使这一重要文献遗产的珍贵价值和保护利用得到了更广泛的关注。2007 年，广西师范大学出版社影印出版了中山大学人类社会学研究中心张应强等人辑录的锦屏县林业契约文书《清水江文书》第一辑，该辑分 13 册，共收集了近 5200 件文书。2010 年，贵州大学文化书院张新民教授主持的《清水江文书集成考释》获准国家清史纂修工程项目正式立项，同时，《清水江文书集成考释》（天柱卷）也被列为贵州省哲学社会科学重大项目。这些研究成果和项目的立项，进一步推动了地方政府对这些民间契约文书的保护利用的重视。2013 年，为推进民族文化大发展大繁荣，贵州省政府启动了"贵州清水江文书"系列丛书编纂出版工程，成立丛书编纂委员会，编委会办公室设在省档案局，负责丛书出版的统筹协调。可以预见，清水江文书的研究和保护利用会越来越受到重视并取得更大进展。

清水江文书作为贵州清水江流域苗族和侗族林农们创造并传承的一份独特民间文献遗产，记录了当地土著民族在历史上经营管理混林农业和人工营林业等方面的历史原貌，为世界林业法制提供了一个典型范例，被誉为"世界记忆"和"全球重要农业文化遗产"的代表作之一。据保守估计，目前文书至少有 10 多万件遗存于民间，也有专家推测清水江流域各县遗存的这类契约文书可能多达 30 万—50 万件，主要分布和保藏在清水江流域中下游的黎平、锦屏、天柱、三穗、剑河、施秉等县苗及侗族林农家中。清水江文书种类繁多、内容庞杂，尤以清代以来的林契、田契为主，也有族谱、诉讼词稿、山场清册、账簿、官府文告、书信、宗教科仪书、唱本、誊抄碑文等。清水江文书批量大、跨时长、涉域广、种类全，内容几乎涵盖全部文化领域，是清水江中下游地区社会、文化发展以及当地林农生产劳动、社会交往、风俗习惯、宗教信仰等状况最真实具体的反映，为人们了解中国封建社会后期这一地区农村社会实态，提供了不可多得的典型、丰富的原始资料。无论是对其做定量定性分析，还是做连续性追踪考察研究，都具有较高的学术史料价值。

二、"地方性知识"的观念、立场和视角

"地方性知识"对应的英文是"local knowledge"，中文可译作："本土知识""本地知识"等。地方性知识概念首先起源于人类学研究，诸如民族植物学、阐释人类学，都有自己特定的地方性知识概念。这一概念经由人类学家吉尔兹（Clifford Geertz，1926—2006）系统阐释和运用后被迅速扩展到多个领域，现在在科学哲学、法学、历史学、社会学、文化学、民俗学等领域被广泛使用。人类学意义上的地方性知识，意味着某种过去的、历史的、非普遍的、与某个地域相联系的"局域"知识。原来地方性知识有许多名称，如地方性知识（local knowledge）、本土知识或土著知识（indigenous knowledge）、传统知识（traditional knowledge）、民族科学或种族科学（ethno-science）等。一般而言的地方性知识，从字义上理解至少包含三个层面，即局限于某国家的、局限于某民族的、局限于某乡土的知识、知识体系或文化传统。

总体上，地方性知识观念的产生，同 20 世纪哲学社会科学研究回归生活世界的转向有关。哲学社会科学研究向生活世界的回归，被喻为 20 世纪思想界（尤其西方思想界）的重大转向之一。20 世纪西方哲学的生存论转向、解释学转向，反基础主义、反本质主义的后现代思潮，西方马克思主义等，无一不与回归生活世界的旨趣相关联。胡塞尔、维特根斯坦、许茨、海德格尔、列菲伏尔、哈贝马斯、赫勒等许多理论家都从不同层面、不同领域推动了这

一转向。西方思想家提出回归生活世界，主要是对自笛卡尔以来在西方（尤其欧洲大陆）盛行了几个世纪的理性主义的形而上学思辨传统的反叛。笛卡尔以来的形而上学传统中，许多思想家都喜欢在抽象思辨的大海里遨游，他们通常依附或自己发明某种概念体系，再做抽象的概念推演，以图建立起能够解释世界的最完备的思想体系。理性反思和概念演绎是这一传统认识和把握世界的主要方式。这种研究传统，习惯于把自然科学所揭示的一些因果现象、必然性、普遍性等，放大为统一的、一元的、无限的世界的普遍规律，由此建立起以理性逻辑、绝对真理、普遍规律为中心的形而上学、认识论和各种社会科学体系，而人们真实生活于其中的具体生活世界则完全从理性的视野中被放逐。这种远离生活世界的纯粹意识哲学或思辨性的理论研究，根本缺陷在于远离了人们具体而丰富的社会生活，用普遍化的方法来研究文化和社会现象，抹去其差异性、个别性、主体性，在普遍性的知识和原理中抽象掉事物存在和变化呈现出的多样性与特殊性，从而形成空泛的、大而化之的一般理论结论。回归生活世界的研究转向，意味着具体而丰富多样的生活形态，多样化的地方性生存智慧和文化传统，是我们一切普世性文化世界构建的来源和基础，我们需要高度关注它、接近它、认识它、理解它，充分重视它对我们理论研究的价值。地方性知识的观念，正是在这样的文化背景和研究取向下产生并得以广泛传播的。

文化人类学诞生于西方人对人类原始文化的认识需要，这门学科在 20 世纪后半叶的发展出现了一个新的转折。最初，文化人类学家们大都认为这门学科研究的宗旨就是发现人类文化的共同结构和文化演进的普遍规律，如进化论者所描绘出的文化演进的脉络一样。后来，学者们进一步的研究发现，各地域的原始文化呈现出的丰富多样的形态，并非西方的知识系统和概念术语所能完全把握和阐释的。于是，越来越多的学者开始重新思考知识的本性、界限和有效性等问题，并借助于对文化他者的认识反过来观照西方自己的文化和社会，终于意识到过去被奉为圭臬的西方知识系统原来也只是人为"建构"出来的，从价值上看与形形色色的"地方性知识"并没有高下优劣之分，只不过是在近代西方文明全球化的强势背景下被误认成了唯一标准的、普遍性的知识或价值形态。由此，各地域的地方性知识和文化传统逐渐引起了学者们更为广泛的重视。以吉尔兹为代表的阐释人类学研究，对地方性知识的阐释和传播做出了巨大贡献。吉尔兹在《地方性知识》一书的绪言中，清楚表明了其尊重地方性知识和不同文化传统的立场：

用别人的眼光看我们自己可启悟出很多瞠目的事实。承认他人也具有和我们一样的本性则是一种最起码的态度。但是，在别的文化中间发现我们自己，作为一种人类生活中生活形式地方化的地方性的例子，作为众多个案中的一个个案，作为众多世界中的一个世界来看待，这将会是一个十分难能可贵的成就。只有这样，宏阔的胸怀，不带自吹自擂的假冒的宽容的那种客观化的胸襟才会出现。如果阐释人类学家们在这个世界上真有其位置的话，他就应该不断申述这稍纵即逝的真理①。

吉尔兹受韦伯社会学的影响，将文化视为一张由人自己编织的"意义之网"。因此，文化的研究就不再是寻求规律的经验科学，而是一门寻求意义的阐释学科。吉尔兹的阐释人类学研究，重视文化持有者的"内部视界"，他由此提出了一种"深度描写"阐释人类学方法。吉尔兹认为，对一种文化的"意义之网"的理解与把握，是进入该文化的前提和基础。而对任一文化及其符号要素的意义之把握，必须站在该文化群体的立场上来进行。换言之，要进入和理解一种文化，首先应当把握持有该文化的群体成员本身对其文化的理解，进而在此基础上形成自己的解释系统，然后再对该文化体进行观察、理解和解释。总之，在阐释人类学视野下，地方性知识具有双重含义：从认识客体的角度讲，地方性知识是对于特定的文化实体之个别性意义的"深描"，它紧密贴近文化持有者的内部视界；从认识主体的角度讲，地方性知识是具有不同主体意识结构的认识者对于某种地方性文化所做出的阐释，其阐释结论随认识者的认识水平、知识结构、价值取向等认识要素的不同而呈现出多样性的特点②。

地方性知识的提出和强调，在文化上代表了一种文化相对主义立场。文化相对主义是承认并进而研究地方性知识的理论前提。文化相对主义的核心是承认多元文化的价值，主张不同文化间的相互尊重，维护文化和生活方式的多样性，以寻求不种文化间的理解、沟通与和谐共处为目标。由于文化相对主义强调多元文化存在的价值，在观念上就突破了西方中心论的藩篱，因此通常被划归到后现代的话语体系中，成为现代西方一元化知识观和科学观的对立面，或者说成为其必要的补充。从文化人类学的解读来看，提倡地方性知识意味着对不同民族的文化及其生活方式的承认和尊重。从某种意义上

① 吉尔兹. 地方性知识——阐释人类学论文集 [M]. 王海龙，张家瑄，译. 北京：中央编译出版社，2000：19.
② 王邵励. "地方性知识"何以可能——对格尔茨阐释人类学之认识论的分析 [J]. 思想战线，2008（1）.

讲，当前流行的西方的知识系统和科技体系本来也只是地方性知识中的一种，但在今天却几乎成了评判一切的标准，成了真理的代名词，人们经常不自觉地以它为标准，认为一切不符合这个标准的便是非科学的，甚至是反科学的。因此，西方的知识系统和科技体系也被认为是全球范围内普遍有效的知识。相对而言，各民族、各地区传统社会长期使用的、今天仍然保留下来的一些知识，被认为是局部有效的，超出一定的范围就不再有效，它们被称作地方性知识。这种知识在近代西方文明广泛传播的大背景下，通常被认为是落后的、无价值的、可有可无的，甚至有时被认为是有害的、迷信的，或者注定是要消亡的。地方性知识在研究中被引入和重视，在一定程度上纠正了上述观念，代表了一种文化相对主义立场。事实上，可能世上罕为人知的极少数人使用的语言和知识在把握现实的某个方面比自以为优越的西方文明的任何一种语言和知识都要丰富和深刻。地方性知识不仅不是"反科学""反客观"的，而且和那些自以为掌握着真理的绝对主义以及自以为是的一元主义相比，它反而代表了一种对真实世界和真实历史的把握更为客观、更为深入、更为切实的认知态度和方式。

地方性知识的观念渗透多个领域，显示出了极为丰富的内涵，可以与多种不同的知识和文化的诠释视角相对照。在哲学上，地方性知识与普遍性知识相对照，地方性知识的提出，某种程度上解构了普遍性知识的观念，使得普遍性知识只是被人们视为科学上的某种理想化的抽象结果，进而使得人们对知识本性的认识更加接近于真实知识本身。就文化和知识的扩张进程来看，地方性知识与全球性知识（global knowledge）概念相对照，地方性知识无疑就其扩张的程度和范围不如全球性知识，而全球性知识也只不过是某种取得支配地位的地方性知识的扩张结果而已。在社会学领域，地方性知识又与公民知识（citizen knowledge）和精英知识（expert knowledge）的分析视角相对照而更多地接近公民知识的内涵。人类学与民俗学研究上的大、小传统之分，也暗含着对地方性知识和文化传统的重视。原初之意①，大传统是少数有思考能力的上层人士创造出来的，小传统则是大多数不识字的农民在乡村生活中逐渐形成发展起来的，而小传统的内涵更多地与地方性知识的内涵相契合。

---

① "大传统"和"小传统"这两个概念，是由雷德斐（Robert Redfield）在《农民社会与文化》（*Peasant Society and Culture*，*The university of Chicago Press*，1956）中正式提出来的。余英时. 文史传统与文化重建［M］. 北京：生活·读书·新知三联书店，2004：395.

此外，还有法学上传统知识的称谓与现代知识概念相对，以及民族科学与一般科学相对等问题。事实上，地方性知识一经提出就意味着，尽管各种知识的运用情境和范围不同，但在本性上我们都认为它们具有同样的本性，同样的价值，能够满足不同的社会需要。所谓地方性知识，我们不能简单地将其视为一种地域性的知识类别或知识体系，在更大的意义上，它代表着一种知识观念或对知识的认知方式。它不单单是一种适应于特定时空、情景、范围（国家、民族、地域等）的知识类别，而是整个 20 世纪中后期知识观念变革的产物。地方性知识表达了这样一种意蕴——由于知识总是在特定的地域和文化情境中产生并得到辩护的，所以我们对知识的考察，与其关注、提炼其中蕴涵的普遍性准则，不如首先着眼于分析和重视形成这些知识的具体情境，揭示这些知识与具体情境之间存在的各种联系。

三、文书中的地方性知识例释①

地方性知识，代表着一个地方在语言、文化、信仰、习俗、生活方式、生存智慧等方面的独特性，是一个地方独特的"文化标识"。文书作为一定区域内人们社会交往中形成的一种文字记录，作为一定区域内人们生活经验的一种表达方式，无疑是地方性知识的重要载体，其中蕴含着十分丰富的地方性知识。清水江文书中的地方性知识，涉及面广、内容丰富、底蕴深厚，堪称一座地方性知识的宝库。以下只是略例浅释，主要从文书中地方性语言的使用方面，对其中的地方性知识略加注解和说明。

例1：

GT—WKZ—028

GT—009—011

吴杨氏白姣卖屋场地基契（民国二十年三月二十八日）

立契卖屋场地基字人吴杨氏白姣。今因移远就近，自愿将到己面分地名瓦窑江寨中杨家门口楼内屋场地基一连二屯连间②，又并左右内外岩场③在

---

① 文书例子选自《清水江文书集成考释》（天柱卷）项目成果自己参与点校的部分内容，注释侧重于揭示地方性知识的内涵方面。选录的契约文书前面的数字符号编排，是该项目成果对文书来源地等信息的数据编号，以便于研究者查阅检索。

② 二屯连间：屯，也写作"坉"，作名词时有村庄、兵营、河港靠船之处、小山等含义，此处是当地人指称屋基地块的量词单位。二屯连间，指两块屋基地连在一起的情形。

③ 岩场：疑指"院场"，即居于房屋前后左右，与其搭配在一起的平整过的空地，主要用于晾晒谷物、摆置宴席以及农闲时开展各种活动等。

内，计开四抵：上抵黄昭汉，二家檐水共滴①；左抵大路；下抵大路；右抵良进并买主园。日后起屋言水落出岩场外②，其屋场路由左手边出入大路，所行走码头下江担水一并在内。又并门口右手边路坎脚屋场地基一屯，四至：上抵大路；下抵刘良富、昌凤；左抵买主屋场坎脚连间；右抵大路内外左右岩场在内。日后起屋檐水落出岩场外，二家檐水共滴，其路由右手边出入大路，上下行走码头下江担水一并在内。二处四至分明，要行出卖，自请中证问到刘良葵名下承买为业。当日凭中三面言定，时价大洋拾陆元整。即日钱契两交，并不下欠分文。外不书立领字。自卖之后，任从买主竖造，不得异言，并不包卖他人寸土。今欲有凭，立字为据。

凭中　刘修海　杨序柏

中华民国二十年三月廿八日　立

（文书原持有者：刘宜彬；来源地：翁洞镇克寨村光明组）

例2：

GT—WKZ—036

GT—009—017

立合同以防后患（民国二十七年正月二十二日）

立合同以防后患字人刘良汉、刘良葵、刘修武等，情因我房族刘昌凤早年过继，不得甘心，欲搕③。今又习唆刘良创之妻每日来我等家中凶打恶骂，无论遭在何人面上④，我等同心共计抵敌，不得那人闪卸⑤，如有那人闪卸者，祖人不佑，子孙不昌。以后有福同享，有祸同当。特立合同叁纸，各收一纸存照。

立合同叁纸□□

凭中　粟玉阶　梁思传　罗继松

自请代笔　刘修银

---

① 檐水共滴：文书中把檐写作簷，簷，同檐，下同。历史上，清水江地区房屋多为木制，下雨时水沿木檐低矮处滴下，地面自然成沟，即为檐水沟。檐水共滴，指双方以檐水沟为界判。

② 日后起屋言水落出岩场外：起屋，建造房屋。言水，即屋檐水。

③ 欲搕：搕，敲击。《集韵》："克盍切，音榼。取也。又击也。"词语如：搕诈（敲诈）；搕拌（障碍；挫折）；搕碰（撞）等。欲搕，时常想找茬，挑起矛盾。

④ 无论遭在何人面上：遭，文中字形右边稍异，点下一横，下接"田"字，再下接"日"字，疑为"遭"字的地方性写法。全句意为无论何人遭受到对方"凶打恶骂"等情形。

⑤ 不得那人闪卸：那人，哪一个人；任何人；全都。闪，逃避。卸，古同卸，放下。全句意为任何人都不能逃避退缩。

民国贰拾柒年正月廿二日　　立

　　　　　　　　（文书原持有者：刘宜彬；来源地：翁洞镇克寨村光明组）

例3：

GT—WKZ—012

GT—009—020

立卖屋场地基契约（民国五年二月二十六日）

　　立契卖屋场地基人刘昌琪。今子刘良创、刘良文，今因家下日食难度，父子商议，情愿将到祖遗土名瓦窑江中间寨正屋基壹坉①，内开四至：内抵卖主刘昌弟，二家言水共沟②；外抵刘修煌屋基，二家言水共沟；左抵刘良宜屋基连间；右抵大路，四至分明。右并③内屯屋基壹间：内抵买主；外抵买主；左抵刘昌弟连间，右抵阳沟路，四至分明。右并瓦窑江中间寨，黄土园屋基壹坉，至开四至：内抵岩场；外抵刘良宜园，左抵刘昌弟屋场园连间，右抵岩场，四至分明。其有所卖屋基，四至阳沟④壹并在内。又并我祖遗己面所行走码头江部一并出卖，自请中证上门，招到房内刘良汉、刘良葵、刘良先，三人名下承买为业，卖主任凭买主开垦修整笒造。即日凭中三面言定，时价钱贰拾贰仟捌百捌拾文正。即日钱契两交，并不短少分文，外不书立领字。一卖一休，卖主毫毛不留，其有来历不明，卖主向前理落⑤，不干买［主］之事。此糸两家情相意愿，并无压逼笒落（络）等情。今欲有凭，立此卖契一纸，付与买主子孙永远存照。

　　立领卖屋场地基钱人刘昌其、（刘）良文、（刘良）创，今因领到刘良汉、刘良葵、刘良先，三人得买瓦窑江中间寨屋场内外二地，砍上⑥黄土园屋基一地，照契一并领清，并不下欠分文。今欲有凭，立领字为据。

　　　　　　　　　　　凭中　刘昌弟　杨德松　杨炳灿

中华民国丙辰年贰月廿六日　　立卖　亲笔　刘良创

　　　　　　　　（文书原持有者：刘宜彬；来源地：翁洞镇克寨村光明组）

----

① 屋基壹坉：坉，文中字形上"屯"下"土"，或为误写，或为"坉"字的地方性写法。

② 言水共沟：言，同檐。言水，即屋檐水。

③ 右并：或应为又并，下同。

④ 阳沟：露出地面的排水沟。民宅里能够晒到阳光的用于排水和堆放垃圾的沟或水池叫阳沟。

⑤ 理落：当地方言，有应对、解决、处理、平息（由"来历不明"引起的争端和纠纷）等含义。

⑥ 砍上：砍，同坎。砍上，指示方位，田、沟、路等的上方。

例4：

GT—WKZ—030

GT—009—026

立卖瓦窑江横塘洞坎上山墦契约（民国二十五年三月二十六日）

立契卖田禁山字人杨承湘、杨承隆、杨德培。今因家下要钱用度，无从得处，叔侄商议，自愿将到己面土名瓦遥江横塘洞坎上山墦一幅，内开四至：上抵杨姓墦；下抵江心；左抵刘良汉；右抵刘修武。又并尖头岩棵对河荒田五丘①（又并柴山在内），内开四至：上抵刘修海、刘良德界横过；下抵江心；左抵刘修武山齐弯②上；右至修海山田。又并和尚冲钟形柴山一幅：上抵修黄；下抵刘修林；左抵修林；右抵良汉田坎。四至分明，先尽亲房无钱承受，请中上门问到瓦遥江伊亲③刘良汉名下承买为业，当日凭中三面言定，卖价钱贰佰柒拾陆仟捌佰文正。其钱即日一并领清，并不包卖他人寸土在内。其山田卖与买主子孙永远耕管为业，卖主不得意言④，恐口无凭，立卖字是实。

凭中　杨顺汉　刘昌凤

中华民国廿五年后三月廿六日　德禄　笔　立卖

（文书原持有者：刘宜彬；来源地：翁洞镇克寨村光明组）

例5：

GT—WKZ—039

GT—009—052

刘修举、刘修武领钱字（民国二十七年九月二十八日）

立领山墦阴阳字人⑤刘修举、刘修武。今因领到刘良葵得买咸食坡⑥岩冲口阴阳芳山芳坡⑦地基价钱玖拾贰仟捌佰捌，其钱照契领清，并［不］下欠分文。恐后无凭，立领字为实。

凭契中笔

---

① 荒田五丘：丘，当地人指称田地的数量单位，类似于"块"，一丘田即一块田。
② 弯，同塆，山沟里的小块平地或长条形坡地。
③ 伊亲：伊，疑为"姻"，或由音近而误写。姻亲，由婚姻关系而结成的亲戚。
④ 不得意言：意，同异；意言，即异言，不同的看法和意见。
⑤ 立领山墦阴阳字人：清水江流域的一些山坡地，既可用作阴地（墓地），亦可用作阳地（耕地），此两方面的权利均出卖为阴阳两买。
⑥ 咸食坡：当地地名。参考其他文书，另有"喊食坡""寒食坡""寒习坡"等不同书写。
⑦ 芳山芳坡：芳，即荒，如此书写与当地人的发音有关，当地方言将"荒"发为"芳"音。

代笔　刘修银

民国贰拾柒年九月廿八　立领

（文书原持有者：刘宜彬；来源地：翁洞镇克寨村光明组）

一个地方人们独特的生存环境、生产方式和生活习惯，成为其地方性知识的主要来源。清水江文书中的地方性知识，与当地人们具体的生产、生活情景有着十分密切的关联。这种关联，在文书中通过特殊的字、词、句的语言表达和使用呈现出来。如上面例文中的"屯""坉""丘""间""幅"等字词，作为当地人对田地、屋基、山林等的指称量词，显然具有突出的方言特征，是当地人生活经验的凝结和表达；而"理落""山墦""檐水共滴""无论遭在何人面上""不得那人闪卸"等词句的应用，在语言表达上极富地方特色，且这些词句背后所反映出的也正是当地人们极具地方性的生存环境和生活形态。"山墦"一词，显然和当地人生活的自然地理环境和丧葬习俗有关，而"檐水共滴"反映出的则是当地民族村寨房屋比接相连的群居生活方式。总之，透过文书中特殊的语言表达，我们可以发掘其中诸多极具地方特色的生活形态和文化习俗，发掘其中诸多地方性知识的成分和元素。

运用阐释学的立场和方法，发掘文书中的地方性知识，可以为不同语言和文化共同体之间的沟通和理解提供一个阐释个案。任何一种语言和文字都只是人们生活中用以进行表达交流的工具，它所表达的内涵和陈述的意义，或是其中某一语词使用的对错等，通常都只是针对该语言或文化共同体内人们约定俗成的规范和认同而言的。一旦超出原共同体而进入新的共同体，更为重要的就不是语词符号运用对与错的是非判断问题，而是语词和文字符号在新语境下运用的意义阐释问题。不仅对错的标准不能从新共同体的知识立场出发将其绝对化，而自身作为"局外人"，面对另一文化或语言共同体，对其所谓"错误"的判断也应当十分慎重，尤其在地方性文书的整理诠释中。上面例文中将"院场"写成"岩场"、"坎上"写成"砍上"、"檐水"写成"言水"、"异言"写成"意言"、"荒山荒坡"写成"芳山芳坡"、"姻亲"写成"伊亲"、"塆"写成"弯"，以及"咸食坡""喊食坡""寒食坡""寒习坡"等对同一地方的不同称谓表述等情形，如果我们单从汉语言表达规范的角度看，无疑都存在正误与对错之分，而当我们一旦进入地方性知识的场域，这些都不成其为重要"问题"，其对与错不仅不重要，我们反而还可以透过所谓的"误写""误读"，揭示之所以产生这种"误写""误读"背后的文化和语言上的原因。这也可以说是一种对地方性知识的发掘。又如，汉语中的"据"字，繁体字为"據"，异体字为"拠"，又因"处"字的繁体字为

"处"或"處",因而文书中通常将"据"字,写为左边"扌"旁,右边一"处"字,或直接写成"处"字。对于此种书写,因其已得到当地人们的普遍理解、认同和接受,具有"普遍性"和"通行性",我们便不能简单判定其为错别字,这是一种正确对待地方性知识的态度和立场。

　　总之,就语言和文化的传播演变而言,一种语言文字及其所承载的文化在传播过程中都会发生演变,而一旦其演变结果在某一局部区域获得了人们普遍的理解、认同和接受,且在生活中逐渐通用,进而在语言和文化(或其要素)上形成了地域共同体,演变的结果也就由此具有了地方性知识的内涵和意义。对此,我们就不能再简单地以原有的知识立场来判断其对与错,而应当从地方性知识的立场出发,从共同体内部"局内人"对它的理解出发,对其给予充分的理解和尊重,并进一步发掘其背后隐藏的各种联系,揭示其真实的意义与内涵。语言在传播过程中形成的地方性要素如此,各种习俗与文化在传承中衍生出的地方性要素也无不如此。

贵州清水江流域林业契约文书整理和研究综述

马国君*

　　"森林是人类文明的摇篮，也是人类社会健康发展的保障。森林作为陆地生态系统的主体，具有巨大的生态效益、社会效益和经济效益。历史实践证明，一个国家只有保持充足的森林资源和拥有良好的生态环境，才能实现经济社会的可持续发展。因此，研究和了解人类历史时期的森林生态史，反思人类的行为及其后果，是建设我们世代繁衍生息的美好家园的重要一环①。"历史上，我国是林业大国，森林生态系统分布广阔，在典籍中都留下了诸多记载。然而随着人口的增加，城市的建设，人类对木材、林副产品需求的频繁，"人工营林"得到了规模发展，而"人工营林"的发展必然要留下诸多文献记载。值得一提的是，贵州省黔东南清水江流域苗侗地区原为"丛林密茂，古木阴稠，日月穿不透"的深山箐野之地②。有明以降，随着"皇木"采办和人工营林的大发展，目前留下了大批明代以来"人工营林"契约文书，内容涉及山林权属确认、转让，山林管护、山林纠纷处理诸多方面，是目前我国发现保存最为完整的林业契约文书系统，曾对维护该流域"人工营林"的持续稳定发挥了积极作用，故展开其研究，对于今天贵州民族山区的生态文明建设、山地经济发展、民族地区林业文化遗产的传承、保护和申报有着重要的历史借鉴价值。因此要发掘此类契约文书的历史价值，首先就得对当前有关清水江流域林业契约文书的搜集、整理和研究情形做一系

---

　*　本论文系国家社科重大招标课题"西南少数民族传统生态文化的文献采集、研究与利用（16ZDA156）"阶段性成果。

　　　马国君（1977 生），男（苗族），湖南麻阳人，贵州大学历史与民族文化学院博士，教授，贵州省哲学社会科学学术带头人，主要从事西南环境史、民族史、边政史研究。

①　樊宝敏，李智勇. 中国森林生态史引论·前言［M］. 北京：科学出版社，2008：1.

②　杨有庚.《姜氏家谱》反映的明清时期文斗苗族地区经济文化状况［M］//贵州六山六水民族调查资料选编（苗族卷）. 贵阳：贵州民族出版社，2008：192.

统梳理，然后才能深入具体地进行"人工营林"问题的探讨，为深化这一研究题域，本文拟从清水江流域契约的发展、林业契约文书的搜集、整理概略，以及近代学人对林业契约文书的研究情况诸方面加以说明之。

一、清水江流域林业契约发展、搜集和整理概略

契约文书是历史变迁生动的载体，史料价值弥足珍贵。我国契约文书的历史悠久，具有类型丰富、数量多、分布广等特点，如按民族群体文字书写类型进行划分，大致可分为以汉字为主体的契约，以及各少数民族在族际互动进程中，所形成的原生契约等①。此类契约在清水江流域以及邻近地区的典籍文献中早有记载，一直延续到民国时期。如（宋）朱辅著《溪蛮丛笑》"木契"项载，"刻木为符契，长短大小不等，冗其傍，多至十数，各志其事，持以出验"②。（明）沈瓒著《五溪蛮图志》"合木契"条载，"财务借贷，寄托以竹木，刻记于其上，分中剖之，各收其半。如符节然。彼此取与，无违期约。一有遗亡，则艰于取与也"。接着又言，"合木契，昔诚有之。然亦为其于未受教化以前之制度。今则其于财务之借贷，与业产之买卖典押，亦皆系用契约字据之如民家"③。（乾隆）《黔南识略》卷二十三《永从县》载，黔东南地区"苗田向无弓口亩数，计禾一把上田值一二金，下田值五六钱不等，不立纸契，以木刻为凭，近亦有知用契卖者"。（嘉庆）《古州杂记》载，"苗人素不识文字，无文券，即货买田产，惟锯一木刻，各执其半以为符信"④。现存黎平增冲《道光二十九年正月九日府正堂示碑》载，"一议别寨接的木刻，不肯齐追捉者，罚钱五十二千文"⑤。（光绪）《黔南职方记略》卷六《下江厅》载，当地苗民"当买田土亦用木刻居多"。（民国）刘介著《苗荒小纪》载，在今都柳江下游地区，"苗民于诉讼、买卖、集会、交际等各要件，以无文字记载之故，虽感绝大困难，然终不肯为学……，故产业典卖契

① 李红香. 湘黔桂毗连地带历史时期"契"与文书的关联性研究［J］. 贵州大学学报（社会科学版），2014（3）.
② 符太浩. 溪蛮丛笑研究［M］. 贵阳：贵州民族出版社，2003：66.
③ （明）沈瓒. 五溪蛮图志［M］.（清）李涌，重编. 陈心传，补编. 伍新福，校点. 长沙：岳麓书社，2012：77.
④ （清）林溥. 古州杂记［M］//黔南丛书（第十一辑）. 贵阳：贵州人民出版社，2010：100.
⑤ 石瑞青. 从现存碑刻内容看增冲传统文化的变迁［M］//贵州六山六水民族调查资料选编（侗族卷）. 贵阳：贵州民族出版社，2008：317.

券，亦无文字可凭，甲若以其产业典卖于乙，乃央丙为中人。甲取木以刀砍之成缺，凭丙以授予乙，是即为契。缺之多寡，视典卖价之多寡而殊。如一缺准银十两，乙当买价为百两，则甲需砍十刀是也，汉人称为砍木刻。甲若与乙发生借贷关系，则不砍木刻，而结草为契，即债务者，以草一本准银十两。若借债权者本银十两，则取草十本结之，凭中以授债权者是也，故殷富之家，茅草木棍，充满其箱箧，是则所谓契券，而珍藏宝贵之物也"①。等等，不一而足。

从以上材料看，清水江流域及其邻近地区的契约，如以文字符号所载的载体进行划分，大致可以分为木契、草契和纸契等。所谓"木契"，指当事人双方取一木，刻画所记双方遵守事宜，故言木契；"草契"，系"不砍木刻，结草为契"者；"纸契"，是以纸作为契约载体的称谓。值得注意的是，以上资料需要说明之处有三：其一是清水江流域及其毗邻地带的苗侗诸民族群体所用的木契从文献记载看，一直使用到民国时期，时间跨度约800年，反映了这一契约的实用性、有效性。如在当时处在杂居状态下的清水江流域及其毗连地带的各少数民族，本来语言不通，因而用汉文字书写契约会引起理解上歧义，进而造成纠纷，而刻画符号却可以避免语言上的障碍，此外，这样的契约凭据原材料随处可得，造价远比当时价值昂贵的纸张低，加之易保管，不易毁损等特点，故在保存效果上较纸质契约更佳。其二是随着族际互动的频繁，在考虑与外界的联系交往以及内部使用的方便，当地各族居民实施规范汉字文书与本民族文书双轨制并用的契约体系，即纸契和木契。需要一提的是，涉及"木契"这样的民族契约，在后来的民族学田野调查，侗族居民还一直在使用，此在以后民族学田野调查中可以窥豹一斑，他们的语言中依然还有"木契"（$1\mathrm{im}^4$）这一语言词汇②。其三是随着中央王朝经营的深入，法定汉文字使用日趋普遍，各少数民族契约凭据才逐渐转换为通行用汉字书写，刻木为契的习惯开始慢慢地退出了历史舞台。需要指出的是，因为历史记载有限，此类契约与林业的关系怎样，目前还没有查找到确切的文字记载，对此还有待后之贤者努力做出准确回答。可以确定的是，随着田野调查的深入，在清水江流域出现一些汉字记侗语文书，这些文书就涉及林业管护的诸多问题③，敬请学界引起关注。

① 刘介. 苗荒小纪 [M]. 上海：商务印书馆，1925（民国十四年）：23—24.
② 梁敏. 侗语简志 [M]. 北京：民族出版社，1980：5.
③ 龙耀宏. "载岩"及《载岩规例》研究 [J]. 贵州民族学院学报，2012（3）.

　　历史上，清水江流域及其毗连地带各族居民，在判案过程中，在认定某案成立与否时，"皆用筹以记之"，这样的筹"多至一二百等，少亦二三十等。每举一筹曰某事云云，其人不服则弃之。又举一筹曰某事云云，其人服则收之"① 等。资料中的"筹"，从判案过程中，内容涉及判决事宜真假、事宜内容，以及处理过程，等等，也是一份典型的非文字书写文书，这些内容应该引起我们的注意，因为有明以降，随着林木贸易的扩大，肯定会涉及林木、山场诸事纠纷的处理。

　　但可以肯定的是，随着"皇木"采办在南方的规模扩大，清水江流域林木规模贸易甚为兴盛，为了林业生态系统的稳定，清水江流域人工营林得以迅速发展，并形成了一系列维护人工营林持续稳定的社会规约，这样的社会规约就形式言，必然包括汉字书写的契约文书，因其所书内容以林业为主，故学界将其称为"林业契约文书"，文书内容涉及山场买卖、山林租佃、林木管护、林木贸易诸多方面。这样的契约因其具有财产归属、纠纷处理等社会功能价值，长期以来，各林农家户通过樟箱、烟熏、晒契约等方式，使得大多数文书存留至今，资料价值弥足珍贵。牛津大学柯大卫教授说："锦屏林业契约非常珍贵，像这样大量、系统地反映一个地方民族、经济、社会发展状况的契约在中国少有，在世界上也不多见，完全有基础申请为世界文化遗产。"北京大学段宝林教授说："林业契约是国宝，要加强保护，要注重调查研究契约的非物质文化内涵。"贵州大学张新民教授说："清水江文书涉及木材贸易活动的内容颇多，足可反映各地商人云集，木材运输繁忙，多民族协商互动的经济文化图景。结合其他文献认真加以分析，完全可以填补诸如徽州文书研究、福建文书研究缺乏西南地区经济文化的内容，考察地域范围不够广泛的空白或缺憾。同时透过木材采运贸易活动的历史性分析，也能反映商业活动对西南地区社会经济文化结构的影响，揭示国家社会整体经济文化变迁的生动地域面相，探寻资源循环、交换、流转的运动方式，了解商贸活动后面的权力背景或人际交往模式，以'小历史'的方式丰富'大历史'的历史叙事学内容，以'大历史'的方式提升'小历史'的历史叙事学意义。"② 复旦大学朱荫贵教授认为："清水江文书的发现和整理研究，为今后更长期的历史文明文化研究和从更广泛的角度研究中国社会奠定了坚实基础，

---

　　① （弘治）《贵州图经新志》卷五《镇远府》之"风俗"。
　　② 张新民. 走进清水江文书与清水江文明的世界——再论建构清水江学的题域旨趣与研究发展方向［J］. 贵州大学学报（社会科学版），2012（1）.

能够使中国的社会科学研究在某些领域和课题上具有更加鲜明的中国特色，并大大增强站在世界学术研究前沿的可能性。"① 等等，不一而足。正因为如此，学界对清水江林业契约文书的关注自 20 世纪初期就已经开始了，如民国学人萧蔚民、胡敬修②等，他们的研究"已明确提到青山买卖订立契约的详细情况"③ 等。由于当时社会动荡，政府和学界难以对此展开规模性的搜集、整理和研究，故多为介绍性质，但不能不说为后之研究者提供了资料搜集线索。真正大规模展开清水江林业契约文书搜集、整理、调查和研究工作，还是中华人民共和国成立以后的事情了。

清水江文书搜集之初，学界将其称为"锦屏文书"，原因是该流域的文书搜集地首先是从锦屏县开始，如 "1960 年 4 月，锦屏县档案馆刚建立时就开展了征集少数民族档案工作，林业契约文书被圈定在征集范围之内"。1984 年该县县档案局，"共征集到清乾隆二十八年至宣统三年的契约原件 280 余份"。"1998—1999 年底，共征集到清代契约原件 2875 份，复制件 34 份。"④ "2005年 1 月至 9 月，档案局又征集到契约原件 1576 份，山林座簿 3 本。"⑤ 值得注意的是，除锦屏档案馆外，锦屏县公安局也多林业档案的收藏⑥。此外，清水江流域其他县，以及贵州省内的一些大学也有部分林业契约文书搜集，如"1961 年，贵州大学历史系师生已开始关注清水江流域的研究，并有针对性地开展了当地民族分布和林业状况的调查，搜集了不少碑刻和林业契约资料"⑦ 等。

如前文言，清水江文书内含有该流域历史时期各族群众生活、劳作、交往的复杂历史信息，种类繁多，内容丰富，藏量巨大，史料价值珍贵，并在地方政府和学界不断努力下，也引起了贵州省委省政府的高度关注。2006 年

---

① 张新民．萤火集［M］．成都：巴蜀书社，2013：120.
② 马国君，李红香．近六十年来清水江林业契约的搜集、整理和研究综述［J］．贵州大学学报（社会科学版），2012（4）.
③ 钱宗武．清水江文书研究之回顾与前瞻［J］．贵州大学学报（社会科学版），2014（1）.
④ 吴才茂．近五十年来清水江文书的发现与研究［J］．中国史研究动态，2014（1）.
⑤ 刘守华．走进锦屏，走近山林契约——中国精品档案解析之二［J］．山西档案，2001（1）.
⑥ 贵州省编辑组．侗族社会历史调查［M］．贵阳：贵州民族出版社，1988：68—82. 从该书记载看，当时涉及林业文书的档案号有："锦屏县公安局档案芬特号 2 目录号 2 卷号 1""锦屏县公安局档案芬特号 2 目录号 2 卷号 28""锦屏县公安局档案芬特号 2 目录号 2 卷号 99""锦屏县公安局档案芬特号 2 目录号 2 卷号 166""锦屏县公安局档案前特号 2 目录号 2 卷号 200""锦屏县公安局档案芬特号 2 目录号 2 卷号 321"等。
⑦ 钱宗武．清水江文书研究之回顾与前瞻［J］．贵州大学学报（社会科学版），2014（1）.

贵州省成立了由副省长蒙启良领军的文书抢救保护领导小组，使得文书经历40 余年的自发搜集后，步入了有领导、有组织、有目标的抢救、保护新时期①。黔东南少数民族民间文书的抢救保护工作从锦屏一县，一时间迅速发展到台江、剑河、三穗、天柱和黎平等6 县②。清水江流域各县契约文书收集工作迅速开展，成绩斐然，如"2007 年，锦屏县档案局仅在河口乡加池村姜绍卿一家就征集到1217 件契约。2009 年，在平略镇平鳌村姜承奎家，征集到1349 件契约"③ 等。以2011 年10 月为界，据统计，当时清水江流域的黎平、天柱、锦屏、剑河、三穗、台江等6 县档案馆，文书入藏总数已高达103556件。其中黎平档案馆藏24320 余件，天柱档案馆藏14000 余件，剑河档案馆藏8000 余件，锦屏档案馆藏36482 余件，三穗档案馆藏19542 余件，台江档案馆藏1212 余件等④。至2016 年，"锦屏、黎平、三穗、天柱、剑河和台江各县公藏机构收藏的山林契约、族谱、诉讼词稿、山场清册、账簿、官府文告、书信、宗教科仪书、唱本、誊抄碑文等各类文书30 万份以上，单就锦屏212个村现存契约文书超过10 万件"⑤ 等。从文书征集地看，锦屏县档案馆征集的林业文书主要是加池、平鳌、文斗、瑶光等地契约最多，小江、魁丹、瑶白等其次，再次是新化、隆里等地。2017 年，笔者带领课题研究组部分成员到锦屏县、三穗县、黎平县等调研，其中黎平县档案馆馆藏文书量已经达10万余件。此外，在黔东南州的凯里、黄平、丹寨等地也发现有不少民间林业契约文书，部分已经征集入藏档案馆⑥。

值得一提的是，以上主要为政府层面的清水江林业文书搜集、整理工作情况，但私家很早也加强了清水江林业文书的搜集整理工作，如贵州省民族研究所杨有赓先生在1960—1990 年30 余年间，共搜集文书有853 件之多。另外还搜集了与之有关的《皇本案稿》《夫役稿》《山场底簿》等⑦，反映清代苗族山林租佃关系的契约文书凡245 件，"大致可分成三类，第一类是山林租

---

① 吴苏民，等."皇木案"反映"苗杉"经济发展的历史轨迹［J］.贵州文史丛刊，2010（4）.

② 张异莲.谈"锦屏文书"称谓问题［J］.贵州档案，2013（1）.

③ 龙令列.锦屏文书：走向世界的杉乡记忆［M］.北京：中国文化出版社，2016：25.

④ 张新民.天柱文书·序［M］//天柱文书（第一辑）：第1 册.南京：江苏人民出版社，2014：2.

⑤ 陈金全，郭亮.贵州文斗寨苗族契约法律文书汇编——易遵发、姜启成等家藏诉讼文书·前言［M］.北京：人民出版社，2017：2.

⑥ 王宗勋.试论清水江木商文化［J］.贵州大学学报（社会科学版），2108（2）.

⑦ （日）唐立里特.清代贵州苗族的植树技术［J］.肖克之，译，农业考古，2001（1）.

佃契约 35 件，第二类是含租佃关系的山林断卖契 100 件，第三类是苗族地主木商姜述盛购买含租佃关系的山林 110 块的文契 110 件"①。又如 2004 年 10 月，西南政法大学陈金全教授在文斗做田野调查时，通过复印收集了近 5000 件契约文书等②。据调查目前各地方院校还有诸多学者在清水江从事研究过程中，搜集的文书有的也达数千件之多，如凯里学院的龙泽江、吴才茂、谢景连等人，他们皆是清水江文书的研究者，也在不断地收集尚未被档案部门、其他学人发现和利用的清水江文书。据吴才茂教授透露，截至 2013 年，凯里学院苗侗博物馆"现已收集有清水江文书原件，复印件近万余份。另外，凯里学院图书馆通过与清水江流域各县的村民合作，试图建立清水江文书数据库，业已彩色扫描原件数千份"等③。徐晓光教授从 2007 年开始，就带领团队对黔东南小江流域的契约文书进行调查。在剑河的盘乐村，天柱的柳寨，锦屏的翁寨村、坪地村等，共收集包括林业契约在内文书约 800 件④。贵州省文化宫高聪等人还在锦屏县敦寨镇九南村、平秋镇圭叶和石引侗寨，通过摄图方式搜集到文书 1600 余件⑤等。相信随着清水江林业问题研究的深入，这些私下搜集的文书都将会不断的整理出版，学界等着这些成果的问世，以积极的推进贵州民族山区生态建设和山地经济的发展，为黔省"守住发展和生态两条底线"战略服务。

　　同时通过单位合作，共同搜集、整理出版文书的也不少，如中山大学张应强教授与锦屏县档案馆合作⑥，贵州大学张新民教授与天柱县档案馆合作⑦，省档案馆与黎平、三穗、台江等县档案馆合作，凯里学院与黎平县档案馆合作等展开文书搜集、整理和研究工作，目前合作成绩显著，合作范式为学界接受。2018 年 5 月 17 日，锦屏县人民政府与中山大学历史人类学研究中心签订合作协议，双方将共同编辑和出版大型丛书《锦屏文书》等。

　　概之，目前以上三类文书的搜集、整理形式都积极推动了清水江林业契约文书的搜集、整理工作，尤其是第三类档案搜集整理模式，不但持续有效

①　杨有赓.清代清水江林区林业租佃关系概述［J］.贵州文史丛刊，1990（2）.
②　梁聪.清代清水江下游村寨社会的契约规范与秩序——以文斗苗寨契约文书为中心的研究［M］.北京：人民出版社，2008：1.
③　吴才茂.近五十年来清水江文书的发现与研究［J］.中国史研究动态，2014（1）.
④　徐晓光.黔东南"小江契约文书"的地域性研究［J］.贵州社会科学，2011（10）.
⑤　高聪，谭洪沛.贵州清水江流域明清土司契约文书·前言（九南篇）［M］.北京：民族出版社，2013：13.
⑥　刘守华，潘祥.翻开杉木林背后的人间约定［J］.中国档案，2006（4）.
⑦　张新民.天柱文书（第一辑）：第 1 册［M］.南京：江苏人民出版社，2014：1.

地推进了清水江文书的搜集整理工作，而且也整合了不同单位的优势资源，进而培养了一批研究人员，对于展开清水江林业契约文书的研究、学术交流发挥了积极作用，这可以说是一种较好的推动模式，应该引起学界注意，也希望大家提出更好、更完善的建议。

需要注意的是，随着文书搜集、整理工作的顺利推展，清水江林业文书整理出版也以不同形式迅速展开。如1959年黔东南苗族侗族自治州工商联、锦屏县工商联合编《锦屏县木材行业史料》（稿本）；1964年贵州省民族研究所调研组对锦屏县进行调查，形成了《锦屏半殖民地半封建社会经济调查报告》；杨有赓先生撰写的《锦屏侗族地区社会经济调查》（后定名《侗族社会历史调查》）①；等等。然以上不同类型出版的书，并不是以清水江林业契约文书作为主要内容出版。其后以清水江林业契约文书为主体影印出版的专书不断增多，并且甚为丰富。如以（日）唐立、杨有赓、（日）武内房司等整理出版的《贵州苗族林业契约文书汇编（1736—1950）》（凡3卷），收录有文斗契约文书计800余件，其中，第一卷于2001年出版，收录1736至1950年山林买卖契约283件；第二卷于2002年出版，收录契约574件，包括山林契约90件、村规民约及纠纷调解凡45件，民国契约20件；第三卷主要是对以上诸类文书的研究成果，内容涉及清水江林业的管理、林业种植技术诸多方面。

此后，国内学者整理出版的清水江文书也不断增多，如陈金全等整理出版的《贵州文斗寨苗族契约法律文书汇编——姜元泽家藏契约文书》《贵州文斗寨苗族契约法律文书汇编——姜启贵等家藏契约文书》《贵州文斗寨苗族契约法律文书汇编——易遵发、姜启元家藏契约文书》②，张应强、王宗勋等整理出版的《清水江文书》（共三辑计33册搜集文书近20000件），吴大华等整理出版的《林业经营文书》，高聪、谭洪沛等整理出版的《贵州敦寨明清土司契约文书》（亮江篇），张新民整理出版的《天柱文书》（第一辑计22册搜集文书近8000件），王宗勋整理出版的《加池四合院文书考释》（凡四卷计1200余件文书），贵州省档案馆整理出版的《贵州清水江文书·黎平卷》《贵州清水江文书·三穗卷》《贵州清水江文书·黎平卷》《贵州清水江文书·剑河卷》，李斌整理出版的《黎平文书》（第一辑计22册搜集文书近8000件），

---

① 贵州省编辑组. 侗族社会历史调查 ［M］. 贵阳：贵州民族出版社，1988.
② 陈金全，郭亮. 贵州文斗寨苗族契约法律文书汇编——易遵发、姜启成等家藏诉讼文书 ［M］. 北京：人民出版社，2017.

龙泽江、傅安辉、陈洪波等整理出版的《九寨侗族保甲团练档案》①，政协天柱县第十三届委员会整理出版的《天柱古碑刻考释》（上中下）②，等等，以上诸学人整理的出版文书，数量大，类型丰富，具体情况见表1：

表1　目前整理出版的清水江契约文书概略

出版书名	出版社	出版时间
《贵州文斗寨苗族契约法律文书汇编——姜元泽家藏契约文书》	人民出版社	2008 年版
《清水江文书》（第一、二、三辑，凡33册）	广西师范大学出版社	2007、2009、2011 年版
《林业经营文书》	贵州民族出版社	2012 年版
《贵州清水江流域明清土司契约文书》（亮寨篇）	民族出版社	2014 年版
《贵州清水江流域明清土司契约文书》（九南篇）	民族出版社	2014 年版
《天柱文书》（第一辑，凡22册）	江苏人民出版社	2014 年版
《贵州文斗寨苗族契约法律文书汇编——姜启贵等家藏契约文书》	人民出版社	2015 年版
《加池四合院文书考释》（凡四卷）	贵州民族出版社	2015 年版
《贵州清水江文书·黎平卷》（第一辑1—5册）	贵州人民出版社	2016 年版
《贵州清水江文书·三穗卷》（第一辑1—5册）	贵州人民出版社	2016 年版
《九寨侗族保甲团练档案》	贵州大学出版社	2016 年版
《贵州清水江文书·黎平卷》（第二辑6—10册）	贵州人民出版社	2017 年版

---

① 龙泽江，傅安辉，陈洪波. 九寨侗族保甲团练档案［M］. 贵阳：贵州大学出版社，2016.
② 政协天柱县第十三届委员会. 天柱县古碑刻考释［M］. 贵阳：贵州大学出版社，2016.

出版书名	出版社	出版时间
《贵州清水江文书·三穗卷》（第二辑 6—10 册）	贵州人民出版社	2017 年版
《贵州清水江文书·剑河卷》（第一辑 1—5 册）	贵州人民出版社	2017 年版
《清水江文书·黎平文书》（第一辑，凡 22 册）	贵州民族出版社	2017 年版
《贵州文斗寨苗族契约法律文书汇编——易遵发、姜启元家藏契约文书》	人民出版社	2017 年版

　　值得一提的是，上表诸类整理的已出版的文书来源还甚为有限，如《清水江文书》（第一、二、三辑，凡 33 册），搜集的主要是锦屏县平鳌寨、岑梧寨、林星寨、魁胆寨、文斗寨、加池寨等近 30 村寨，搜集地主要在河口、隆里等乡镇展开。查锦屏县有 212 个村（社区、居委会），目前已经展开搜集文书的村寨还不到 1/7。《天柱文书》（第一辑，计 22 册）出版搜集的文书主要为天柱县白市镇对江村、地样村、新舟村、大山村，石洞镇摆洞村、冲敏村，江东乡大坪村，渡马乡共和村，蓝田镇地锁村，远口镇远洞村，瓮洞镇黄巡村、岑板村、翁东村、克寨村、大段村；高酿镇优洞村、地良村、上花村、丰保村、春花村、地坝村、木杉村、勒洞村、甘洞村、邦寨村，等等，凡 10 乡镇 30 余村，另还有凤城镇、邦洞镇、坪地镇、社学乡、注溪乡、地湖乡等没有文书呈现。而且据调查，以上诸地目前也有诸多文书出现，有的乡民还特意要求课题组成员到他家去拍照文书，足见文书搜集的数量还甚为有限。

　　这里，《贵州清水江文书·黎平卷》（第一辑，计 5 册）、《贵州清水江文书·三穗卷》（第一辑，计 5 册），共 10 册；《贵州清水江文书·黎平卷》（第二辑，计 5 册）、《贵州清水江文书·三穗卷》（第二辑，计 5 册）、《贵州清水江文书·剑河卷》（第一辑，计 5 册），共 15 册。以上三县文书主要为贵州省档案馆主编，于 2016 年、2017 年在贵州人民出版社出版。黎平县"地处云贵高原边缘之斜坡地带，国土面积 4444 平方公里，辖 25 个乡镇（街道），403 个行政村，21 个居民委员会"亦遗存诸多文书。《贵州清水江文书·黎平文书》（第一辑，计 22 册）由李斌主持，出版黎平县档案馆搜集整理的黎平文书，此辑搜集文书主要地点是罗里乡、孟彦镇、岩洞镇、水口镇、永从镇、大稼乡、坝寨乡、肇兴镇、平寨乡、尚重镇、茅贡乡、双江镇、九潮镇、敖市镇、龙额镇、口江乡、德化乡、洪州镇、顺化乡等，目前还有地坪、雷动等乡镇未征集到文书，还望下一步的征集工作有很大突破①。从上可见，目前出版搜集整理的清水江文书就地域分布范围言还十分有限，文书搜集的种类也存在诸多不足。

此外，《加池四合院文书考释》（凡4卷）主要搜集地为锦屏县河口乡加池村，收录文书1200余件，有75%左右是记录和反映林业以及管护林业的②。《贵州清水江流域明清土司契约文书》（九南篇）系高聪、谭洪沛主编，于2013年在民族出版社出版，收录文书凡448件，整理出版的也主要是锦屏敦寨镇九南村龙立财、龙运勤、龙本明、陈宏林等4家文书③。《贵州清水江流域明清土司契约文书》（亮寨篇）亦系高聪、谭洪沛主编，于2014年在民族出版社出版，搜集文书计355件，整理出版的主要是锦屏县敦寨镇亮司村龙玉林、色界村平星组龙胜榜、龙池村龙立群等3家文书④等。

以上诸类出版的均为大型规模出版的清水江文书。除了以上大部头影印出版的清水江文书外，涉及清水江林业契约的出版物还有．锦屏林业志》，该书收藏有林业契约9件，"附录"有林业契约16件；《天柱县林业志》"附录"有林业契约30余件⑤；《黔东南苗族侗族自治州志·林业志》，该书第三章收录有林业契约13件⑥；《侗族社会历史调查》第二编"林业生产"中收录有林业契约21件，并首次介绍了杨有赓先生收集的文斗上寨260件份山林买卖契约和山林租佃契约；谢晖等主持《民间法》⑦ 第3、4卷，凡2卷，共收入林业契约130余件，其中收录"康熙年间林契3件、卖地卖木林契18件、卖木不卖地林契10件、佃种林契21件、卖栽手林契13件、外批研究31

① 李斌．贵州清水江文书黎平文书·前言［M］．贵阳：贵州民族出版社，2017：4—5.
② 王宗勋．加池四合院文书综述［M］//加池四合院文书考释．贵阳：贵州民族出版社，2015：5—6.
③ 高聪，谭洪沛．贵州清水江流域明清土司契约文书·前言（九南篇）［M］．北京：民族出版社，2013：12.
④ 高聪，谭洪沛．贵州清水江流域明清土司契约文书·前言（亮寨篇）［M］．北京：民族出版社，2014：11.
⑤ 天柱县林业志编纂领导小组．天柱县林业志［M］．凯里：凯里市第一印刷厂，1995.
⑥ 黔东南苗族侗族自治州地方编纂委员会．黔东南苗族侗族自治州志·林业志［M］．北京：中国林业出版社，1990.
⑦ 谢晖，陈金钊．民间法：第3卷［M］．济南：山东人民出版社，2004.

件、卖地林契 7 件、分银合同 10 件、当借抵换林契 8 件，其他类 12 件①"；《贵州苗族古籍总目提要》一书的"铭刻类""文书类"等，共涉及林业契约提要 117 件②。此外，《黔东南苗族侗族自治州志·文物志》《黔东南文史资料》等也有收录。

值得一提的是，以上文书搜集面还十分有限，就质地言，主要是纸质文书，还有诸多其他质地的文书还没有搜集到，而且还十分有限。如在清水江流域民间，还有数以千计散落在各个村寨的碑刻、摩崖石刻等，此类乡土文献的内容与林业纸质文书两者相互印证，可以完整的反映当时的林业发展历史状况。此类林业资料也引起了学界关注，目前出版整理的有：王宗勋、杨秀廷整理的《锦屏林业碑文选辑》，本书涉及 51 通林业碑刻，主要有《六禁碑》《平鳌营造风水碑》《平鳌培植风水林碑》等；姚炽昌校点的《锦屏碑文选辑》搜集林业碑刻有 18 通，主要有《九南水口山护林碑》《大同章山禁碑》《彦洞严禁碑》等；安成祥编撰的《石上历史》，其中涉及清水江流域林业碑刻有 10 余通，如锦屏县彦洞《光绪严禁盗砍焚烧践踏木植碑》③、麻江县小鸡场《民国蓄林护山碑》④；《天柱古碑刻考释》（上中下）⑤ 也搜集有部分林业碑刻；陈金全、郭亮整理的《贵州文斗寨苗族契约法律文书汇编——易遵发、姜启成等家藏诉讼文书》一书搜藏林业碑刻有《本寨后龙界碑》《青山界防火公禁碑》《甘乌林业管理碑》等 30 余通等⑥。此外，在清水江流域新编志书中也多有林业碑刻资料，如《天柱县林业志》中收录有《遵古重补》《镇远司董司》《永定章程》《木商会碑记》《锦屏天柱县知事布告》《锦屏天柱木行主家议决维护旧章条件封禁碑》《封禁碑刻》⑦ 等。从上述可见，目前这样的碑铭整理的还很不够，需要引起大家的关注。

总体看，清水江流域林业契约文书数量大、内容丰富、种类繁多，具有很强的归户性、连续性等，展开其研究对深入清水江林业问题研究有着积极

① 李良品，杜双燕．近三十年来清水江流域林业问题研究综述 [J]．贵州民族研究，2008（3）．
② 李锦平，李天翼．贵州苗族古籍总目提要 [M]．贵阳：贵州民族出版社，2008．
③ 安成祥．石上历史 [M]．贵阳：贵州民族出版社，2015：44．
④ 安成祥．石上历史 [M]．贵阳：贵州民族出版社，2015：166．
⑤ 政协天柱县第十三届委员会．天柱县古碑刻考释 [M]．贵阳：贵州大学出版社，2016．
⑥ 陈金全，郭亮．贵州文斗寨苗族契约法律文书汇编——易遵发、姜启成等家藏诉讼文书 [M]．北京：人民出版社，2017：265—298．
⑦ 天柱县林业志编纂领导小组．天柱县林业志 [M]．凯里：凯里市第一印刷厂，1995：315—320．

意义，对于推进贵州民族山区经济发展和生态建设有着重要的借鉴价值。但是目前这些搜集整理的文书来源还十分有限，还有诸多地方有待政府和学界的进一步努力。其中有的已经影印出版的文书，是通过筛选的，这样的文献整理办法可能会丢掉很多有用的地方社会信息。此外这些已经出版的文书多重整理，对乡土文献释读还存在诸多不够，有的释读几乎是停留在内地的文化解读基础之上，缺乏清水江文书的地域性本土性的解读等，甚至有的新闻报道还停留在21世纪初的认识水平，对此应该引起了政府、学界和新闻界的关注，希望有更多紧跟文书研究的现状，研究又切合清水江实际的大成果问世。

二、清水江林业契约文书研究回顾

如前文言，清水江林业契约文书是忠实记载了有明以降500余年的人工营林发展的"活化石"，史料价值弥足珍贵，随着它的规模发现，清水江林业契约文书也得到了深入研究，翻检学术研究内容，大致可以归纳为民族法学研究、区域经济研究、林业生态本土知识研究以及契约文书的数据库建设研究等几大类型，以下由此展开讨论。

（1）民族法学研究

民族习惯法是一种地域性的知识①，"它是独立于国家制定法之外，依据某种社会权威和社会组织，具有一定的强制性的行为规范的总和"②。大量遗存清水江流域的林业契约文书从其内容看，其间有涉榔规款约的文字书写，具有了明显民族法的性质③，为协调林农社会关系有着重要依据凭证作用，某种程度上为我们提供了破解该流域历史上林业经济法律关系和民族地域社会与法不可多得的资料。目前，从民族法学层面展开清水江林业契约文书研究的学人主要有徐晓光、吴大华、陈金全、罗洪洋、梁聪、程泽时等。

专著有徐晓光的《清代清水江流域林业经济法制的历史回溯》④《清水江流域传统林业规则的生态人类学解读》⑤《原生的法：黔东南苗族侗族地区的

---

① 徐晓光. 原生的法：黔东南苗族侗族地区的法人类学调查［M］. 北京：中国政法大学出版社，2010：4.
② 高其才. 中国习惯法论［M］. 北京：中国法制出版社，2008.
③ 单洪根. 林业契约与林权改革［J］. 林业经济，2010（8）.
④ 徐晓光. 清代清水江流域林业经济法制的历史回溯［M］. 贵阳：贵州人民出版社，2006.
⑤ 徐晓光. 清水江流域传统林业规则的生态人类学解读［M］. 北京：知识产权出版社，2014.

法人类学调查》①，梁聪的《清代清水江下游村寨社会的契约规范与秩序——以锦屏文斗苗寨契约文书为中心的研究》②，吴大华的《林业契约文书》，程泽时的《清水江文书之法意初探》③，高其才、王奎等的《锦屏文书与法文化研究》④，等等。

特别值得一提的是，徐教授在高度评价清水江林业契约价值时指出，清水江林业文书研究以后要特别"探讨契约与林业经济、契约与民族地区社会及法律秩序、契约与苗侗传统法律意识，该地与内地林业契约不同的文化背景等，从而深入研究民族地区社会结构与家族结构经济利益调整的深层次问题"等。温佐吾教授指出，"在文斗及清水江一带的苗乡侗寨，人们从明清时期就开始探索山林的永续经营，不仅积累了山田互补、林粮间作的本土营林知识，也沉淀出以契约为载体的林权制度，明确山林所有、使用、收益、处置等不同层面的权属，有效规范经营行为，调节管理林业市场，维护家庭和村寨的团结稳定，保障大规模人工造林和自然资源的可持续利用。值得深思的是，在没有林权证的时代，为什么当地人就靠'契子'——而且大部分是没有官印的'白契'，顺治入籍前甚至是插岩为界，就能够有效维系如此大规模的营林及生产生活秩序？'白契'在文斗及周边村寨非常受尊重和珍视，其约束力完全不亚于甚至超过现代市场经济中盖了公章的合同。可以说，契约精神正是清水江 500 年林业繁荣的社会基因之一"⑤。从以上两位教授在研究清水江林业问题的感受可以看出，这些经验之谈恰为以后清水江林业契约研究指明了研究方向，应该引起大家的注意。

论文有罗洪洋的《清代黔东南文斗侗、苗林业契约研究》⑥《清代黔东南文斗林业契约补论》⑦《清代黔东南锦屏苗族林业契约的纠纷解决机制》⑧《清代地方政府对黔东南苗区人工林业的规范》⑨《清代黔东南锦屏苗族林业

---

① 徐晓光. 原生的法：黔东南苗族侗族地区的法人类学调查［M］. 北京：中国政法大学出版社，2010.

② 梁聪. 清代清水江下游村寨社会的契约规范与秩序——以锦屏文斗苗寨契约文书为中心的研究［M］. 北京：人民出版社，2008.

③ 程泽时. 清水江文书之法意初探［M］. 北京：中国政法大学出版社，2011.

④ 高其才，王奎，等. 锦屏文书与法文化研究［M］. 北京：中国政法大学出版社，2017.

⑤ 李丽. 契约精神：五百年林业繁荣的"社会基因"［N］. 贵州日报，2010 – 12 – 07（10）。

⑥ 罗洪洋. 清代黔东南文斗侗、苗林业契约研究［J］. 民族研究，2003（3）.

⑦ 罗洪洋. 清代黔东南文斗林业契约补论［J］. 民族研究，2004（2）.

⑧ 罗洪洋. 清代黔东南锦屏苗族林业契约的纠纷解决机制［J］. 民族研究，2005（1）.

⑨ 罗洪洋. 清代地方政府对黔东南苗区人工林业的规范［J］. 民族研究，2006（1）.

契约之卖契研究》① 等，徐晓光《锦屏林业契约文书研究中的几个问题》②
《清代黔东南锦屏林业开发中国家法与民族习惯法的互动》③《黔东南侗族传
统林业生计及其习惯法规范》④《锦屏林区民间纠纷内部解决机制及与国家司
法的呼应——解读〈清水江文书〉中清代民国的几类契约》⑤《黔东南小江流
域的林契及相关诉讼问题》⑥《油茶的家族种植与相关诉讼研究——清水江林
业契约文书的侧面解读》⑦，陈金全等《论清代黔东南苗寨的纠纷解决——以
文斗苗寨词状为对象的研究》，⑧ 程泽时《清代锦屏木材放洪纠纷与地役权问
题——从加池寨和文斗寨的几份林契谈起》⑨《市场与政府：清水江流域"皇
木案"新探》⑩，林芊《从天柱文书看侗族社会日常纠纷与协调机制》⑪，杨
化冰《清水江文书中有关林地边界的习惯法研究》⑫，杨军昌等《从证据学视
角看清水江文书的功能与价值》⑬，张阳阳《清代黔东南契约习惯法与国家法
的冲突与调适》⑭，等等。

① 罗洪洋．清代黔东南锦屏苗族林业契约之卖契研究［J］．民族研究，2007（4）．

② 徐晓光．锦屏林业契约文书研究中的几个问题［J］．民族研究，2007（6）．

③ 徐晓光．清代黔东南锦屏林业开发中国家法与民族习惯法的互动［J］．贵州社会科学，
2008（2）．

④ 徐晓光．黔东南侗族传统林业生计及其习惯法规范［J］．原生态民族文化学刊，2010
（2）．

⑤ 徐晓光．锦屏林区民间纠纷内部解决机制及与国家司法的呼应——解读《清水江文书》
中清代民国的几类契约［J］．原生态民族文化学刊，2011（1）．

⑥ 徐晓光．黔东南小江流域的林契及相关诉讼问题［J］．原生态民族文化学刊，2012
（1）．

⑦ 徐晓光．油茶的家族种植与相关诉讼研究——清水江林业契约文书的侧面解读［J］．
原生态民族文化学刊，2014（3）．

⑧ 陈金全，侯晓娟．论清代黔东南苗寨的纠纷解决——以文斗苗寨词状为对象的研究[J]．
湘潭大学学报（哲学社会科学版），2010（1）．

⑨ 程泽时．清代锦屏木材放洪纠纷与地役权问题——从加池寨和文斗寨的几份林契谈起
［J］．原生态民族文化学刊，2010（4）．

⑩ 程泽时．市场与政府：清水江流域"皇木案"新探［J］．贵州大学学报（社会科学
版），2016（1）．

⑪ 林芊．从天柱文书看侗族社会日常纠纷与协调机制［J］．贵州大学学报（社会科学
版），2014（1）．

⑫ 杨化冰．清水江文书中有关林地边界的习惯法研究［J］．贵州大学学报（社会科学
版），2015（5）．

⑬ 杨军昌，戴泽军，丁正屏．从证据学视角看清水江文书的功能与价值［J］．贵州大学
学报（社会科学版），2016（4）．

⑭ 张阳阳．清代黔东南契约习惯法与国家法的冲突与调适［J］．原生态民族文化学刊，
2017（3）．

　　其中，罗洪洋在其文章中一直坚持认为林业契约的作用发挥"并不在于有国家法的保障，而在于林区苗民形成了一套本地的契约纠纷解决机制……而苗族习惯法则是契约效力的后盾"。此文将契约与地方习惯法的关联性进行了分析，为打开90%以上"白契"的存在解开了谜团。值得注意的是，后有的白契的习惯法也是清朝以来，朝廷承认的"苗例"，因而清水江林业契约实际上是受到民间习惯法与政府法的双重保护，故在清水江诸多林业契约文书都写有，"鸣官究治""送官究治""禀官究治""执官究治"等字样，"官"就是指官府。因为有的林业纠纷的发生最后还要通过地方政府进行仲裁，对此必须引起学界的关注，进而深化"白契"与国家法的关联性研究，因此在重习惯法研究的过程中，不能忽视国家政府，也只有这样才能深化白契与政府法的相关研究。

　　值得一提的是，森林火灾对人工营林影响甚大，一旦管护不当，数年间的努力将付之一炬。对此，也引起了学界的关注，如《清代清水江流域的火灾及其社会应对》① 就提及民间习惯法对森林火灾有严厉的规定，轻者要赔偿损失，对于放火没有导致火灾者也要处以罚金，严重者"按曩昔专制时代，人命无权自由，必捉'火殃头'全家大小丢入火墠烧死"②。此外，涉及这一题域的研究有《黔东南苗族侗族自治州志·林业志》第六章《森林保护》第一节《森林火灾与防护》③、《雷山县志》之《林业篇·火灾防范》④ 等。

　　言及习惯法还得关注民俗与林业生产管理的关系，如神判等。夏之乾认为，"神判是一种企图以超自然力量来鉴别和判定人间是非真伪的习惯法，它是一种最高和最后的判决手段，当事者必须无条件接受。通常是以一种极端残酷、危险乃至致死的方式加之于当事者身上，凡能经受住这种严厉考验者，以为其有神保护，表明其清白无辜；反之被认为是遭到神的惩罚，而被判定为过"⑤；梁凤荣认为，"神明裁判又称神判法，是初民社会常用的一种司法审判方式，即基于人们对神的敬畏和信仰，借助神的权威判断是非曲直的一

---

① 代少强，魏冬冬. 清代清水江流域的火灾及其社会应对［J］. 广西科技师范学院学报，2016（5）.

② 张应强，王宗勋. 清水江文书（第一辑）：第11册［M］. 桂林：广西师范大学出版社，2007：212.

③ 黔东南苗族侗族自治州地方编纂委员会. 黔东南苗族侗族自治州志·林业志［M］. 北京：中国林业出版社，1990：150—155.

④ 贵州省雷山县志编纂委员会. 雷山县志［M］. 贵阳：贵州人民出版社，1992：447—449.

⑤ 夏之乾. 神判［M］. 北京：生活·读书·新知三联书店，1990：2.

种审判方式"①；等等。从此看，清水江流域通过"鸣神"断事也可讲是民族法学研究的重要内容，对此展开研究的学者有潘志成、梁聪等的《清代贵州文斗苗族社会中林业纠纷的处理》②，以及王宗勋的《浅谈锦屏文书在促进林业经济发展和生态文明建设中的作用》等。王宗勋认为，在清水江中下游，有三种情况人们往往要请神仲裁，即"一是村寨的长老和领袖调解无效，申诉双方仍坚持自己的诉求，但在'无讼'的观念影响下双方都不愿向官府申诉要求解决；二是经村寨长老和领袖调解、官府判决之后仍无效，双方仍继续坚持自己的诉求；三是双方均坚持自己的诉求，但既不想通过长老、更不想惊动官府。在这三种情况下，人们便请神了断，俗称鸣神。双方约定时间，持争执山林的契约文书和鸡或狗一只到庙里，当着神面诵念山林契约文书内容，提出诉求，指出双方有错误，发毒誓，而后将鸡或狗宰杀，请神决断。鸣神之后，在契约和神祇威力重压之下，理亏的一方一般都会以适当的方式向另一方道歉认输"③等。王宗勋先生是喝清水江的水长大的，是土生土长的清水江人，他对鸣神习俗的理解深化了我们对清水江流域民间林业纠纷处理在地域性研究的重要性。目前涉及这一研究的论述有《清代清水江下游村寨社会的契约规范与秩序——以文斗苗寨契约文书为中心的研究》第四章《文斗契约文书的特征及其作用机制》④，《民间文书与清水江地区的社会变迁》第四章《从理讲、鸣神到鸣官：纠纷解决机制的多元化》⑤等。另外，论文有《鸣神与鸣官：清代清水江流域民间纠纷多元解决机制试探》⑥等。

特别值得一提的是，以上诸类研究皆为学界对汉字林业契约文书有涉民间法的研究，可是在清水江的部分地区，还有汉字侗语文书也引起了学界关注，如龙耀宏著《"载岩"及〈载岩规例〉研究》一文，指出随着汉字的传入，当地的各族居民为了兼容本民族与外界联系的实际，对其林业契约文书的相关内容直接用汉字记侗语的方式书写。有的地区还采取口契与埋碑相结

---

① 梁凤荣.《尚书·吕刑》司法理念与制度管窥［J］.河北法学，2011（10）.
② 潘志成，梁聪，等.清代贵州文斗苗族社会中林业纠纷的处理［J］.贵州民族研究，2009（5）.
③ 王宗勋.浅谈锦屏文书在促进林业经济发展和生态文明建设中的作用［J］.贵州大学学报（社会科学版），2012（5）.
④ 梁聪.清代清水江下游村寨社会的契约规范与秩序——以文斗苗寨契约文书为中心的研究［M］.北京：人民出版社，2008：158—167.
⑤ 吴才茂.民间文书与清水江地区的社会变迁［M］.北京：民族出版社，2016：67—87.
⑥ 张光红.鸣神与鸣官：清代清水江流域民间纠纷多元解决机制试探［J］.贵州大学学报（社会科学版），2017（2）.

合的方式，这样的双结合契约形式，对于山场林木稳定生产也发挥了习惯法管护的积极作用，对此展开研究的学者主要有杨庭硕、罗康隆、崔海洋①等学人。其中，论文有罗康隆等著《"栽岩"的神圣性与社区"资源边界"的稳定——来自黄岗侗族村落的田野调查》②，杨庭硕等著《论习惯法对稳定林地边界的价值——以加池寨现存林契文书为研究对象》，等等。杨文通过清水江苗侗林地几类边界设置方式如栽岩、埋碑、挖地坎等研究，认为"在明清时期国家政策无法触及的黔东南苗族、侗族人工杉木栽种繁盛的偏远山区，在历史上其经营却得到了长足发展。在林地中为了确保生产者的权益归属明确，对宜林地边界严加管理，务使明晰可辨，当地习惯法为其提供了主要的制度保障。然而习惯法没有明确的文字记载，而且随着时间的流逝，人们的记忆变得模糊不清，逐步被世人淡忘。但流传至今的契约文书却能为习惯法的价值和意义提供客观的物证"，如文书一般书写有："现凭栽岩为界""左凭沟"等③。故加深清水江林业契约文书书写内涵的研究，对于深入探讨习惯法在民间的作用有着积极意义，对此应该引起学界关注。

需要注意的是，这样的习惯法执行，与当地的款组织、团组织、地方官府亦有着密切的联系，如《光绪三十二年十二月二十日罗耀坤、罗承烈父子盗偷杉木界约》载"立盗偷杉木戒约字人岑孔村罗耀坤、罗承烈父子二人，为因石引寨刘开厚与罗成元各伙所在魁穴溪口坎有杉木一百余株，为我父子人心不古，所在十一月十九日被民父子偷去杉木五根，后被罗成元查出，连赃拿获，当即禀报众团人等，本要将民父治众。后蒙团等劝解，公罚拾有，此木依然退与刘罗二人，父子与众款赔礼了局无事拾有，民父子自愿悔错，立有戒约付与伊二人手存，以后永远不得重犯等情。倘如以后二人不论家中、半途、至伊二人山中老木子木、家中猪牛被掳被盗，查出是民父子勾串家中盗偷，山中盗砍，悉从众团地方治众，或者仰众团送官究办，二罪归一可也。日后不得异言，倘有异言，我父子自愿凭有地方乡团立有永远盗偷戒约，付与伊二存照提实为据"④ 等，其中"父子与众款赔礼了局无事拾有"，就体现

---

① 崔海洋. 人与稻田——贵州黎平黄岗侗族传统生计研究［M］. 昆明：云南人民出版社，2009：390—391.
② 罗康隆，彭书佳. "栽岩"的神圣性与社区"资源边界"的稳定——来自黄岗侗族村落的田野调查［J］. 中央民族大学学报（哲学社会科学版），2015（3）.
③ 杨庭硕，李亚. 论习惯法对稳定林地边界的价值——以加池寨现存林契文书为研究对象［M］//锦屏文书研究论文选集. 北京：世界图书出版公司，2015：343—353.
④ 龙泽江，傅安辉，陈洪波. 九寨侗族保甲团练档案［M］. 贵阳：贵州大学出版社，2016：157.

了在该件林木偷盗纠纷案件中款组织的力量。从此件契约可见，关于地方林木纠纷的处理涉及了地方习惯法、款组织及官府等，故敬请大家在研究清水江林业契约文书内容中，加深对这一问题的关注，在研究习惯法进程中应当注意地方组织、官府的力量，只有这样才有可能系统全面的理解清水江林业契约文书的内涵。

总体言，目前从民族法学展开清水江林业契约文书研究的学术队伍庞大，硕果累累，其中涉及这一问题研究的专著及清水江契约法律文书汇编者就有20余部之多，论文近100篇，已经成了清水江林业契约文书研究中一道独特的风景线。相信在以后还会有更多的研究成果出现，我们期待着这样的大作。

（2）区域经济研究

清水江流域为沅江干流上游区域，流域面积1.7157万平方千米①，涉麻江、凯里、丹寨、黄平、施秉、镇远、三穗、黎平、雷山、剑河、台江等县市，流域内气候温暖湿润，雨量调匀，适宜林木速生丰产，为我国南方重要人工营林基地。历史上这一地区林业经济甚为发达，成了当时贵州山地经济发展的典范。（乾隆）《黔南识略》卷一《总叙》载，"黎平之民富于木，遵义之民富于蚕"，"黎平"，即清朝的黎平府，辖境涉及今锦屏、黎平、从江、榕江诸县；"木"，即人工营林。从资料可见，当时清水江流域林业经济的发展。（嘉庆）《百苗图》载，生息在清水江沿岸的清江苗、黑仲家等"以种树为业，其寨多富"②。（光绪）《黎平府志》卷三《食货志》载，"黎郡产杉木，遍行湖广及三江等省"，"杉木岁售百万斤，在数十年前，每岁可卖二三百万金，今虽盗伐者多，亦可卖百余万"。（咸丰）《黔语》卷下《黎平木》载，"黔诸郡之富最黎平，实唯杉之利"。据研究，即使到了清代晚期，地方政府每年"从清水江上征收的木材贸易税折合人民币为1.6亿元，其木材贸易总量如折合人民币为20—30亿元"③。锦屏一县木业，有清一代每年营业总值最盛时"曾达二百万元，最低亦约七八十万元，平均每年均在百二十万元之谱"。民国时期，（日）《新修支那省别全志（贵州省）》载，"贵州出产的木材，出自省内第一产地清水江的上游地区以麻江县属的下司，下游地区以锦屏及天柱为集散地"。"锦屏位于贵州省东端，紧邻湖南省境，坐落于清水江两岸，是贵州省第一木材集散地。在此聚集的木材呼为'广木'。由清水江

---

① 柴兴仪. 中华人民共和国地名词典·贵州省 [M]. 北京：商务印书馆，1994：439.

② 李汉林. 百苗图校释 [M]. 贵阳：贵州民族出版社，2001：171.

③ 吴中伦. 杉木 [M]. 北京：中国林业出版社，1984：1.

水运，经常德，供给汉口及扬子江沿岸一带。历来集散额约达三十万株，三百万元至六百万元。支那事变勃发后，由于消费地域的闭锁，其供给量顿减，年约四万至五万株，成交额仅约百数十万元。但锦屏作为贵州第一木材市场的地位依然未变。"进而又言，运送至锦屏的木材，以杉木为主，"锦屏县治附近出产年约四至五万株。小江出产大木二千至三千株、小木五万至六万株。亮江大木约一万株、小木约达三万至四万株。瑶光河所产木材材质系清水江流域最佳者，大小木五万至六万株。高哨河大木约一万株。巴拉河大木约一万株。马尾河大木约一万株"①。民国学人陈心传补编《五溪蛮图志》亦言，"盖木材之行销于武汉下游者，自有东湖、西湖两种"，"西湖木则产自沅水上源，经黔东剑河、锦屏、天柱、三穗等县，集于洪江，沿沅水经洞庭湖西，以运汉者是也。以出自苗疆，又曰'苗木'。其质料通长坚实，不易朽烂，在木材中最为上色，故销售也最大"。"据湖北鹦鹉洲竹木厘局货税比较，平均年收厘税四百余万元，税率为值百抽十，则物之估价四千余万元。其中东湖木与竹两项，约各占十分之二。西湖木之货价，估值应占十分之六，约为二千四百余万元。以五成山价计之，亦应为一千二百余万元。"② 等等，不一而足。从上可见，有清以降，清水江流域人工营林之发达。

值得一提的是，历史时期遗留下来的清水江流域诸多林业契约文书可以对此得以充分反映，故引起了学界高度关注。从林业契约文书展开其区域经济研究亦引起了学界高度关注，著名学者有单洪根、罗康隆、张应强、万红等。

专著有：张应强的《木材之流动：清代清水江下游地区的市场、权力与社会》③，罗康隆的《清水江流域人工营林业研究》④，沈文嘉的《清水江流域经济与社会变迁研究（1644—1911）》⑤，单洪根的《锦屏文书与清水江林

① （日）支那省别全志刊行会. 新修支那省别全志（贵州省）［M］. 杨德芳，译//民国贵州文献大系（第五辑下册）. 贵阳：贵州人民出版社，2016：86—87.
② （明）沈瓒. 五溪蛮图志［M］.（清）李涌，重编. 陈心传，补编. 伍新福，校点. 长沙：岳麓书社，2012：259.
③ 张应强. 木材之流动：清代清水江下游地区的市场、权力与社会［M］. 北京：生活·读书·新知三联书店，2006.
④ 罗康隆. 清水江流域人工营林业研究［D］. 昆明：云南大学，2003.
⑤ 沈文嘉. 清水江流域经济与社会变迁研究（1644—1911）：北京：北京林业大学，2006.

业史话》①　《锦屏文书与清水江木商文化》②　《木材时代：清水江林业史话》③，王宗勋的《清水江木商古镇：茅坪》④，等等。以上诸书都对清水江流域山场买卖、山林租佃、林木贸易等有深入研究，是探讨是区林业经济重要的参考书。目前，涉及这一研究的专著还有《相际经营原理——跨民族经济活动的理论与实践》⑤　《人类的根基：生态人类学视野下的水土资源》⑥《美丽生存——贵州》⑦《清代至民国云贵高原的人类活动与生态环境变迁》⑧《寻拾遗落的记忆：锦屏文书征集手记》⑨　《民间文书与清水江地区的社会变迁》⑩《文化生态视阈下的黔东南侗族》⑪《黔东南苗族历史文化研究》⑫《黔湘桂侗族非物质文化遗产跨区域保护和传承研究》⑬《清代清水江流域社会变迁研究》⑭ 等。

论文有：万红《试论清水江木材集市的历史变迁》，沈文嘉《清代清水江流域林业经济与社会发展论要》，凌永忠《雍正年间"开辟苗疆"对商业经济的影响》，等等。万文认为，"这些契约主要是乾隆、嘉庆、道光、咸丰乃至同治年间的山林买卖契约和租佃契约，是极为珍贵的少数民族文献资料，特别是山林租佃契约，是研究山林生产关系独一无二的历史资料。从这些契约中可以看到当地山林的占有、买卖、租佃关系以及木材的生产、贸易的历史"⑮。凌文认为，随着苗疆的开辟，"目前学界在清水江侗族、苗族地区收

①　单洪根．锦屏文书与清水江林业史话［M］．北京：中国政法大学出版社，2017.
②　单洪根．锦屏文书与清水江木商文化［M］．北京：中国政法大学出版社，2017.
③　单洪根．木材时代：清水江林业史话［M］．北京：中国林业出版社，2008.
④　王宗勋．清水江木商古镇：茅坪［M］．贵阳：贵州民族出版社，2017.
⑤　杨庭硕．相际经营原理——跨民族经济活动的理论与实践［M］．贵阳：贵州民族出版社，1995.
⑥　杨庭硕，吕永锋．人类的根基：生态人类学视野下的水土资源［M］．昆明：云南大学出版社，2004.
⑦　杨庭硕，罗康隆．美丽生存——贵州［M］．贵阳：贵州人民出版社，2012.
⑧　马国君．清代至民国云贵高原的人类活动与生态环境变迁［M］．贵阳：贵州大学出版社，2012.
⑨　王宗勋．寻拾遗落的记忆：锦屏文书征集手记［M］．广州：世界图书出版广东有限公司，2015.
⑩　吴才茂．民间文书与清水江地区的社会变迁［M］．北京：民族出版社，2016.
⑪　罗康智，谢景连．文化生态视阈下的黔东南侗族［M］．北京：民族出版社，2016.
⑫　罗义群．黔东南苗族历史文化研究［M］．北京：民族出版社，2016.
⑬　曾梦宇，胡艳丽．黔湘桂侗族非物质文化遗产跨区域保护和传承研究［M］．北京：民族出版社，2016.
⑭　李斌．清代清水江流域社会变迁研究［M］．贵阳：贵州民族出版社，2016.
⑮　万红．试论清水江木材集市的历史变迁［J］．古今农业，2005（2）.

集到大量的买卖山林的文书契约，从这些契约可以看到木材已经高度商品化①。绝大多数契约集中出现在乾隆以后，是因为"开辟苗疆"后，清水江木材贸易声势浩大，木材市场繁荣，为山林买卖提供了一种现实基础"②。此外涉及这一问题研究的还有《清水江文书与清水江流域社会变迁刍论》③《锦屏文书：穿越五百年的木商文化遗产》④《明清至民国时期清水江流域林业开发及对当地侗族、苗族社会的影响》⑤《清代西南商业发展与乡村社会——以清水江下游三门塘寨的研究为中心》⑥《侗族传统人工营林业的社会组织运行分析》⑦《侗族传统家族制度与清代人工营林业发展的契合》⑧，《清代贵州清水江流域林业契约与人工营林业的发展》⑨《清代清水江流域林业经济与社会发展论要》⑩《财产所有权保障与清代锦屏人工林业经济繁荣》⑪《从锦屏县平鳌文书看清水江流域的林业经营》⑫《清水江林业契约的制度经济学分析》⑬《试论清水江木商文化》⑭ 等。

　　林业碑刻也是清水江林业文书重要构成部分，深入其研究可以弥补纸质文书记载内容之不足，为了稳定林木生产的正常进行，规避林业纠纷，此也是推进林业经济大发展的重要内容。如《从"清浪碑"刻看清代清水江木业

---

① 沈文嘉. 清代清水江流域林业经济与社会发展论要 [J]. 古今农业, 2005 (2).

② 凌永忠. 雍正年间"开辟苗疆"对商业经济的影响 [J]. 贵州文史丛刊, 2008 (3).

③ 吴述松. 清水江文书与清水江流域社会变迁刍论 [J]. 贵州大学学报（社会科学版）, 2012 (2).

④ 龙令洌. 锦屏文书：穿越五百年的木商文化遗产 [N]. 贵州政协报, 2010 – 5 – 12 (3).

⑤ 石开忠. 明清至民国时期清水江流域林业开发及对当地侗族、苗族社会的影响 [J]. 民族研究, 1996 (4).

⑥ 张应强. 清代西南商业发展与乡村社会——以清水江下游三门塘寨的研究为中心 [J]. 中国社会经济史研究, 2004 (1).

⑦ 罗康隆. 侗族传统人工营林业的社会组织运行分析 [J]. 贵州民族研究, 2004 (3).

⑧ 罗康隆, 杨成. 侗族传统家族制度与清代人工营林业发展的契合 [J]. 广西民族研究, 2009 (3).

⑨ 罗康隆. 清代贵州清水江流域林业契约与人工营林业的发展 [J]. 中国社会经济史研究, 2010 (3).

⑩ 沈文嘉. 清代清水江流域林业经济与社会发展论要 [J]. 古今农业, 2005 (2).

⑪ 赵大华, 罗洪洋. 财产所有权保障与清代锦屏人工林业经济繁荣 [J]. 贵州警官职业学院学报, 2005 (5).

⑫ [日] 相原佳之. 从锦屏县平鳌文书看清水江流域的林业经营 [J]. 原生态民族文化学刊, 2010 (1).

⑬ 郭蓓. 清水江林业契约的制度经济学分析 [J]. 中共贵州省委党校学报, 2011 (6).

⑭ 王宗勋. 试论清水江木商文化 [J]. 贵州大学学报（社会科学版）, 2018 (2).

"争江案"》①《从卦治〈奕世永遵〉石刻看清代中后期的清水江木材贸易》《从有关碑文资料看清代贵州民族地区的林业管理》② 等。需要注意的是，清水江流域林业经济的发展是一个不争的历史事实，由于文献资料庞杂，故展开其研究，还需要学界进一步努力深入，总体言，清水江流域林业经济相对民族法学研究言，还显得明显不足。

（3）林业技术研究

如果说前文所言的民间习惯法、政府法令与经济刺激是推进清水江流域人工营林的制度保障和经济保障外，那么林业技术就是推进林业生产的技术保障，为清水江流域人工营林的发展提供了智力支持，此类问题引起了生态人类学、林业科技史、林学诸学科专家的高度关注。值得一提的是，清水江流域属低海拔地区，历史上为原始常绿落叶阔叶林分布带，这一地区又冷又湿，不适合以杉木为优势树种等"人工营林"的生长，但为了改变这一现状，当地各族居民进行了一系列的技术改造，如"开坎砌田，挖山栽杉""林粮间种""栽杉种粟""混林种植"等，这样的技术引起了学者关注，如杨庭硕、沈文嘉、罗康隆、吴声军、马国君等。论文有：杨庭硕等的《清水江流域杉木育林技术探微》③，沈文嘉的《清水江流域林业经济与社会变迁研究（1644—1919）》《清代清水江流域侗、苗族杉木造林方法初探》，吴声军的《清水江林业契约之文化剖析》④ 《从文斗林业契约看林业经营的长周期性——〈清水江文书〉实证研究系列之一》《从文斗林业契约看人工营林的封闭性——〈清水江文书〉实证研究系列之二》《从文斗林业契约看人工营林的连片性——〈清水江文书〉实证研究系列之三》等，马国君等的《清水江流域林区时空分布及树种结构变迁研究》⑤《清水江流域人工营林育苗法类型及其影响研究》⑥，罗康隆的《民族文化在保护珍稀物种中的应用价值》，

---

① 王会湘. 从"清浪碑"刻看清代清水江木业"争江案"［J］. 贵州文史丛刊，2008（4）.

② 吴大旬. 从有关碑文资料看清代贵州民族地区的林业管理［J］. 贵州民族研究，2008（5）.

③ 杨庭硕，杨曾辉. 清水江流域杉木育林技术探微［J］. 载原生态民族文化学刊，2013（4）.

④ 吴声军. 清水江林业契约之文化剖析［J］. 原生态民族文化学刊，2010（3）.

⑤ 马国君，罗康智. 清水江流域林区时空分布及树种结构变迁研究［J］. 原生态民族文化学刊，2013（3）.

⑥ 马国君，肖秀娟，张坤美. 清水江流域人工营林育苗法类型及其影响研究［J］. 贵州大学学报（社会科学版），2018（2）.

等等。杨文认为，"清水江流域，特别是低海拔区段，在不甚遥远的历史时代，并无连片的杉木林，而是呈现为以常绿阔叶树为主的亚热带季风丛林。在考虑到杉木自身的生物属性，更适合于高海拔疏松肥沃土壤的种植，足见杉木种植范围的下移，理应与当地各民族的杉木育林技术密切相关"。沈文认为，清水江流域苗侗民族"借鉴汉民族杉木造林方法，并结合本民族固有的农耕传统，创造性地形成了一整套从播种、育苗、栽种到管理的颇具特色、行之有效的杉木造林方法。侗族、苗族的这种传统造林方法保证了山林资源的永久可持续利用，并与以林契为代表的契约制度共同揭示了清水江流域林业生生不息、长久不衰的奥秘"①。吴文认为，林业是一个具有长周期、封闭性、连片性的行业，此类性质在清水江林业历史文化中都有表现，深化其研究对于探讨清水江林业本土知识内涵有着积极意义。马文通过清水江林业乡土文献与官方记载的文献综合比对，认为清水江流域人工营林的发展除了各族居民对当地环境有深入了解外，关键是掌握了一整套人工育林、山林管护等本土知识，这样的知识在维护人工营林的稳定方面发挥了积极作用。如在人工育林方面他认为，清水江流域各族居民在育苗中就掌握了实生苗法、树兜发芽法、刀耕火种法、树皮发芽法、扦插法等类型，这样的育苗类型多层次的为人工营林的稳定提供了幼苗来源，这种育苗方法目前学界对此还关注不够，应该引起学界的关注。罗文通过对贵州雷公山自然保护区，当地格头村苗族居民在适应所处生态环境的过程中，积累了丰富的本土生态知识，如在珍稀物种秃杉的保护进程中拥有一整套成熟的技术，使秃杉能在半驯化的环境下成活繁衍，并稳定扩大其群落规模②。他的这一研究，对于今天我国珍稀秃杉的保护有着积极意义和现实价值，应该引起我国林业部门、各保护区同人的关注。

尹绍亭先生在《雨林啊胶林》一书中言，"大自然不喜欢整齐划一，不喜欢单调独生，而喜欢混杂、参差、多样。她造化的乃是万物汇聚，万象众生"③。尹先生深刻而富有哲理的话语对于本研究有着重要的指导价值。清水江流域的人工营林生产是"混农林生产"，这样的林业经济对于病虫害的预防有着积极功效，也造就了清水江流域人工营林的辉煌。另外，彭泽元、覃东

---

① 沈文嘉，董源，等．清代清水江流域侗、苗族杉木造林方法初探［J］．北京林业大学学报（社会科学版），2004（4）．

② 罗康隆，吴声军．民族文化在保护珍稀物种中的应用价值［J］．广西民族大学学报（哲学社会科学版），2013（4）．

③ 尹绍亭，深尾叶子．雨林啊胶林［M］．昆明：云南教育出版社，2003：1.

平在其《锦屏县集体林区林业产权制度改革实验调查报告》一文中写到，"从（锦屏）林业生产来说，单一的树种不利于病虫害的防治，混交林更利于树木的生长"①；吴中伦在其《杉木》一书写到，"混交林这种造林方式，从历史来看，可以提高杉木单位面积的产量，很少有病虫害发生"②；贵州大学杨仁厚教授说："近半个世纪以来，锦屏曾多次被林业部门和林学专家们评定为国家级林业模范，文斗苗寨和魁胆侗寨则是锦屏林业传统及成就的典型代表。文斗苗寨的林农们对林粮间作和人工营林拥有自己一套独特而行之有效的科学认知和实践技艺，正是这些乡土知识造就了清水江流域五百年来'混农林系统'的持续繁荣"③。目前涉及这一研究的论文主要有《清水江杉木"实生苗"技术的历史与传统农林知识》④《清水江流域杉木育苗、种植技术及其生态学意义》⑤《清水江文书"杉农间作"制度及"混交林"问题探微》⑥《清水江流域人工林拓展与本土知识的关联性研究》⑦《清至民国黔东南桐油产业兴盛成因及生态后果探微》《清水江流域传统杉木混农林系统》⑧《略论侗族林农对我国南方林区传统育林技术的贡献》⑨《浅谈锦屏文书在促进林业经济发展和生态文明建设中的作用》⑩《历史时期黔东南地区的林业变迁研究》⑪

① 彭泽元，覃东平. 锦屏县集体林区林业产权制度改革实验调查报告［M］//贵州民族地区生态调查（贵州民族调查卷十八）. 贵阳：贵阳市实验小学印刷厂印刷，2001：139.

② 吴中伦. 杉木［M］. 北京：中国林业出版社，1984：367.

③ 李丽. 契约精神：五百年林业繁荣的"社会基因"［N］. 贵州日报，2010 - 12 - 07（10）.

④ 徐晓光. 清水江杉木"实生苗"技术的历史与传统农林知识［J］. 贵州大学学报（社会科学版），2014（4）.

⑤ 徐晓光，徐斌. 清水江流域杉木育苗、种植技术及其生态学意义［J］. 中央民族大学学报（自然科学版），2017（4）.

⑥ 徐晓光. 清水江文书"杉农间作"制度及"混交林"问题探微［J］. 原生态民族文化学刊，2013（4）.

⑦ 马国君，李红香. 清水江流域人工林拓展与本土知识的关联性研究［J］. 古今农业，2014（2）.

⑧ 任永权，蒋瑶，陈文波，等. 清水江流域传统杉木混农林系统［J］. 原生态民族文化学刊，2017（3）.

⑨ 杨顺清. 略论侗族林农对我国南方林区传统育林技术的贡献［J］. 贵州民族学院学报（社会科学版），1996（1）.

⑩ 王宗勋. 浅谈锦屏文书在促进林业经济发展和生态文明建设中的作用［J］. 贵州大学学报（社会科学版），2012（5）.

⑪ 张坤美. 历史时期黔东南地区的林业变迁研究［D］. 贵阳：贵州大学，2016.

《锦屏县魁胆侗族发展林业生产的基本经验》①《锦屏县林业调查》②《从锦屏县平鳌文书看清水江流域的林业经营》③ 等。

值得一提的是，人工营林发展与种子的获取、培育等有着直接的关联性。如谚语云："种子饱满，苗木壮，一代更比一代强""育苗不施肥，辛苦化成灰，若要苗木长得好，多施肥料勤薅刨""育壮苗，早薅刨，不薅刨，草吃苗"等。清水江文书涉及人工营林发展进程中的种子的采选、保种、育种等一系列本土知识技术内涵，也引起国外学人的高度兴趣。如日本学人唐立里特著《清代贵州苗族的植树技术》、马国君著《清至民国沅江流域油桐业拓展与本土知识的关联性研究》等，其中唐文内容涉及人工营林种子培育法、病虫害预防诸多方面。马文从油桐籽母树的选择，御寒保种、育苗、防止白蚁等展开了深入探讨，其研究结论对于今天推进清水江流域民族山区林业文化遗产的保护、传承和利用有着积极意义。需要一提的是，目前有涉该流域的人工营林林业技术的专著研究，亦主要在各大专著的篇章节有所提及，如《天柱县志》第九篇《林业》④，《雷山县志》之《林业篇》⑤，《天柱县林业志》第三章《森林培育》、第六章《森林保护》⑥，新编《天柱县林业志》第五章《林业有害生物防治》⑦，《锦屏县林业志》第四章《森林培育》⑧，《黔东南苗族侗族自治州州志·林业志》第四章《森林培育》⑨，《杉木》第七章《杉木的良种选育》，第八章《杉木实生苗培育》、第十三章《杉木造林办法》

---

① 杨有赓. 锦屏县魁胆侗村发展林业生产的基本经验 [M] //贵州六山六水民族调查资料汇编（侗族卷）. 贵阳：贵州民族出版社，2008：421—433.

② 王家烈. 锦屏县林业调查 [M] //贵州六山六水民族调查资料汇编（民族理论政策民族经济卷）. 贵阳：贵州民族出版社，2008：428—437.

③ [日] 相原佳之. 从锦屏县平鳌文书看清水江流域的林业经营 [J]. 原生态民族文化学刊，2010（1）.

④ 贵州省天柱县志编纂委员会. 天柱县志 [M]. 贵阳：贵州人民出版社，1993：442—492.

⑤ 贵州省雷山县志编纂委员会. 雷山县志 [M]. 贵阳：贵州人民出版社，1992：424—454.

⑥ 天柱县林业志编纂委员会. 天柱县林业志 [M]. 凯里：凯里市第一印刷厂，1995：99—153.

⑦ 天柱县林业志编纂委员会. 天柱县林业志 [M]. 天柱：天柱县包装印刷厂，2012：134—141.

⑧ 锦屏县林业志编纂委员会. 锦屏林业志 [M]. 贵阳：贵州人民出版社，2002：89—142.

⑨ 黔东南苗族侗族自治州地方志编纂委员会. 黔东南苗族侗族自治州州志·林业志 [M]. 北京：中国林业出版社，1990：47—98.

等。以上诸书有关人工营林管护技术对于深化清水江流域人工营林生态建设有着重要历史借鉴价值，需要引起读者注意。

综上可见，从目前有关清水江流域人工营林研究成果看，还没有一本专门从清水江林业契约论及流域内林业生产技术的专著，随着研究的深入，这一问题的研究将会得到系统的梳理，我们盼望这样的成果问世，以指导今天贵州的山地经济发展和生态文明建设，为我省的"守住发展和生态两条底线"战略服务。

（4）其他

随着清水江林业契约文书研究的深入，学界同人大多习惯于关注林业契约文书文本所反映的内容研究，而较少关注民族文化与所处生态环境的互动关系。功能学派认为"文化是人们用来加工改造自然的工具"①，"人要生存就必须向自然索取，以满足生存的需要。但由于人是社会的动物，所以这种索取要靠社会，于是人要在其社会中创造出文化来，以借之于实现对自然的索取。因此理当认识'文化'这一工具的效用，这就是文化的功能，也是功能学派得名的原因。该学派的研究结论为，文化是一个内在由众多文化因子有机结合起来的整体，这个整体在其运动中系统地发挥其功能，以满足文化持有者的生存需要。从这种理解出发，他们以为民族研究的任务就是研究文化的运作及各个因子的功能及其因子间的关系，以便为社会的发展做有效控制"②。就清水江林业契约文书言，它是生息在该流域的各族居民在经营人工营林文化的重要载体。就文书中苗语地名言，可以发现清水江流域森林生态系统的变迁，这不是人类孤立活动的结果，而是经过苗族文化加工改造所处自然生态系统的产物。

清水江流域主要生息的是百越族系和苗瑶族系的民族，因此他们的民族语地名在清水江林业契约文书中有诸多的反映，对此杨庭硕、王宗勋、马国君、李艳等学人，对此都做了一定梳理。其中，论文有：杨庭硕、朱晴晴等的《清水江林契中所见汉字译写苗语地名的解读》，王宗勋的《清水江文书整理中的苗侗语地名考释刍议》③，马国君、张振兴、张颖洁等的《外来物种入

---

① 杨庭硕，罗康隆，潘盛之．民族文化与生境［M］．贵阳：贵州人民出版社，1992：2.

② 杨庭硕，罗康隆，潘盛之．民族文化与生境［M］．贵阳：贵州人民出版社，1992：21.

③ 王宗勋．清水江文书整理中的苗侗语地名考释刍议［J］．原生态民族文化学刊，2015
（2）.

侵灾变治理的困境与对策研究——以清水江三板溪库区"水白菜"泛滥为例》①，李艳的《从地名的含义看清水江苗族杉木林区文化与生态的互动》②，等等。以上诸文涉及的苗语地名有："乌漫"（有狼出没的河流）、"乌楼""党周"（老虎活动的场所）、"兄赔早""皆也轻初""皆赔蜡""乌晚祯尧""皆幼脚""培故"（松树坡）、"皆也得"（杉木林）等等。侗语地名有"岑榜"（高坡）、"岑嫩"（果子坡）、"岑美瑶"（枫树岭）、"抱嘎"（猴栗树坡）等等。从上可见，清水江苗语、侗语地名在文书中书写形式一般体现为：（1）汉字译写苗语侗语地名；（2）纯粹用汉字音译书写苗语侗语地名；（3）纯粹用意译方式书写苗语侗语地名；（4）音译与意译各半用汉字译写苗语侗语地名③；等等。据杨庭硕先生的研究，清水江流域林业契约文书采取此类命名办法有利规避纠纷的产生，这样的命名体系对于展开其生态智慧研究有着积极意义。王宗勋通过对清水江文书中苗语侗语地名命名的类别、翻译和书写形式进行了探究，这样的文书地名书写反映了苗、侗、汉等民族居民在规避人工营林边界纠纷的智慧。因此展开清水江林业契约文书中苗语、侗语地名的研究，对于深化林业契约文书研究有着积极意义，对此应该引起读者注意。因此清水江林业契约文书还需要语言学的学者参与，以深化这一问题的研究。

值得注意的是，正因为清水江流域林业契约文书甚为重要，如何整理、保护、搜藏等，也引起了学界关注。研究成果主要有张新民的《清水江文书整理利用与清水江学——从〈清水江文书集成考释〉的编纂整理谈起》④、胡展耀的《中国苗族混农林契约文书著录整理规范问题思考——以〈中国苗族混农林契约文书·姜于休家藏卷〉整理校注为例》⑤、龙泽江等的《关于建立锦屏文书数据库的思考》⑥、廖峰《清水江文书信息数据库的建设》⑦ 等。清

① 马国君，张振兴，张颖洁. 外来物种入侵灾变治理的困境与对策研究——以清水江三板溪库区"水白菜"泛滥为例［J］. 原生态民族文化学刊，2014（4）.
② 李艳. 从地名的含义看清水江苗族杉木林区文化与生态的互动［J］. 贵州大学学报（社会科学版），2016（4）.
③ 杨庭硕，朱晴晴. 清水江林契中所见汉字译写苗语地名的解读［J］. 中央民族大学学报（哲学社会科学版），2017（1）.
④ 张新民. 清水江文书整理利用与清水江学——从《清水江文书集成考释》的编纂整理谈起［J］. 贵州民族研究，2010（5）.
⑤ 胡展耀. 中国苗族混农林契约文书著录整理规范问题思考——以《中国苗族混农林契约文书·姜于休家藏卷》整理校注为例［J］. 贵州大学学报（社会科学版），2012（1）.
⑥ 龙泽江，等. 关于建立锦屏文书数据库的思考［J］. 凯里学院学报，2010（2）.
⑦ 廖峰. 清水江文书信息数据库的建设［J］. 贵州大学学报（社会科学版），2012（2）.

水江林业契约文书信息量大，内容丰富，涉及的专业知识甚多，故要深入了解其间的社会、民族、经济、文化诸多方面，需要学术界的互动交流，需要学者们实地踏勘，学界呼唤有更多的清水江流域成果问世，以为我国的生态文明建设贡献更多的地方智慧、地方经验、地方技术。

从上可见，清水江林业契约文书其实早已经存在，只不过在历史发展进程中，以汉字为主体书写形式文书，逐渐代替了各民族诸类原始契约。随着清水江林木贸易规模的扩大，以及其特殊的社会功能，故为各民族搜藏至今，其间的内容具有重要的史料价值，也是民族地区非物质文化重要载体，因此展开其搜集、整理和研究，具有重要的历史价值。

清水江文书研究著名专家张新民教授言，"清水江文书乃是珍贵的历史文化遗产，亦为罕见的地方性系统文献，认真抢救、征集、整理、归纳、分类，将其作为一项系统工程有计划、有步骤地分期分批公布出版，在积累大量原始文献资料的前提下，通过各种地方史志、族谱乡规和契约文书的综合性比勘互用，当有利于深入了解西南民族地区的历史文化，有利于独具特色的综合性区域学学科的形成，有利于利用新资料开辟诸如民族史、经济史、法律史、社会史等众多学科新的研究领域，有利于澄清民间社会长期被遮蔽的解读空间，有利于完整而全面的大型清史的编纂，有利于还原中华民族生存、生活和发展历程的真实历史图景，有利于地方经济文化的可持续发展，有利于以清水江文书为核心材料整合侗族大歌、鼓楼建筑群等其他民族文化资源申报世界非物质文化遗产，实可谓文献整理和学术研究史上的一大盛事，必将更好地推动多种交叉学科齐头并进地发展，形成难得的学术繁荣局面"①。陆绍阳教授言，"任何文化都是有根的，这些根脉里深藏着人类创造新生活而不懈努力的足迹，记录着文化的起源和文明的进程"，清水江流域苗侗地区的林业契约文书就是如此，甚为珍贵。张应强教授言，"清水江文书主要包括清代以来的契约文书、族谱、诉讼词稿、山场清册（坐簿）、账簿、官府文告、书信、宗教科仪书、唱本、碑文等，广泛涉及清水江流域自清代以来社会、政治、经济、文化生活的各个不同领域。它们是清水江流域清代以来实际发生过的社会经济关系的原始记录，以民间保存的方式得以遗存至今，是非常珍贵的第一手资料，既是清水江流域各民族传统文化和地方性知识的重要载

---

① 张新民 . 走进清水江文书与清水江文明的世界——再论建构清水江学的题域旨趣与研究发展方向［J］. 贵州大学学报（社会科学版），2012（1）.

体，更是开展人文社会科学研究的资料宝库"①。贵州省原省长王朝文言，"文斗是锦屏县清水江边一个普通的苗族村寨，但它却引起了国内外法学、历史学、人类学等各领域专家的极大兴趣。令学者们大为惊叹的是，如此一个地处偏远、至今仍不通公路的寨子，竟能完好地保存这如此之多的清代契约文书。在一般人看来，大量的契约文书多应出现在历史上文化经济比较发达的地区，像文斗这样的一个交通不便、经济落后的少数民族村寨中是不会有如此多的契约文书的。其实这样的认识是错误的，在中国古代，民间签订契约是伴随着交易等经济行为发生的，但凡有交易，多有契约，无论是文化发达的汉族地区，还是经济落后的少数民族山乡，都是如此。我幼时生活的黄平苗族地区也是这种清代遗留的契约，只不过其数量远不能与文斗相比。文斗的苗族同胞所收藏的这万余份清代契约文书以及在锦屏范围内数量更多的契约再一次证明了苗族是有着丰富多彩的民族文化的。除了契约以外，苗族民间还存留有大量的习惯法石碑、寨规民约、理词、法谚等习惯规则，这些共同构成了苗族绚烂多姿的法律文化，它是苗族文化的集中反映，有甚厚的基础。苗族传统法律文化是苗族人民在长期的生活及与其他各族人民的长期交往中形成的优秀智慧的结晶，也是中华法系极其宝贵的历史遗产，我国学者必须重视和抢救这一珍贵的历史文化遗产，通过调查整理和深入研究，做出应有的贡献"② 等。从张新民教授、陆绍阳教授、张应强教授，以及贵州省原省长王朝文先生的讲话，足见清水江契约文书的价值之大，对此应该引起学界和政府的关注，以加深其研究，真正为我省生态文明建设提供历史经验和智力支持。

值得一提的是，以上分类也基本显示出了学者对清水江林业契约文书研究的情况，由于文书本身性质的多样性，其学者在研究中也扮演了诸多研究领域身份的学者，如徐晓光教授、杨庭硕教授等，他们对林业契约的研究不仅涉及民族法学，同时也涉及了林业研究的诸多内容，这样研究的缘故亦是因为文书的性质所使然。

三、小结

总体看，目前清水江流域林业契约文书从搜集、整理和研究诸多方面，

---

① 张应强. 文献与田野："清水江文书"整理研究的方法 [N]. 贵州日报, 2015 - 10 - 15 (16).

② 陈金全，郭亮. 贵州文斗寨苗族契约法律文书汇编——易遵发、姜启成等家藏诉讼文书·序一 [M]. 北京：人民出版社, 2017：001.

都取得了可喜的成绩，为进一步深化清水江流域林业文化研究打下了坚实基础。值得一提的是，作为贵州民族山区林业文化遗产载体的清水江文书，学界应该如何挖掘其间的林业文化内涵，传承和保护我国优秀的林业文化，目前还存在诸多不足，大致体现如下：其一就搜集方面言，目前还主要集中在黎平、锦屏、天柱诸县一些有限的范围内展开，对其他县乡镇的还有诸多没有体现，如黄平县，前文云贵州省原省长王朝义先生曾言及，"黄平苗族地区也是（有）这种清代遗留的契约"，但就目前来看，学界和政府还没有搜集到这样的文书，对此应该扩大契约文书的搜集范围，各地方档案馆应该担起这样的责任来。再查目前已经搜集的契约文书言，文书的类型还甚为单一。就整理方面言还主要体现在文字的影印上，对文字的研究存在诸多不够，没能读出贵州民族林业文化的味道来。而且有的影印本为明显经过挑选的文书，这样就无法全面深入的通读文书。就研究方面言，同一性问题研究较多，而对文书本身的研究还存在严重不够。其二是对清水江林业契约文书的类型在文书中的表达，各类林业文书的差异，以及林业契约文书与林木生产的关联性还缺乏准确的判别，对此应该引起学界关注。其三是我们对契纸文书关注的很多，而对政府文告、摩崖、碑刻长期关注不够，使用研究资料较为单一，对大传统文献、方志文献缺乏关注。其四是对同一类文书文字表达的差异性缺乏深刻的关注，如山场权属转让文书中的所有权、经营权、出佃权在文书中的表达形式怎样，在文书类型上又是怎样体现的，在目前的研究中还存在诸多不足等。

盘乐文书的文献价值浅析

龙泽江 *

　　盘乐村位于剑河县磻溪乡东南部，距乡政府所在地 7.5 公里，距剑河新县城 108 公里。全村辖 3 个自然寨，12 个村民小组，175 户，821 人，国土总面积 520.34 公顷，其中耕地面积 542.70 亩。

　　盘乐村契约共搜集了 265 份，分别来源于 7 户家庭，其中龙运锡户 50 份，龙昌熙户 36 份，龙运楷户 46 份，龙运海户 20 份，龙运焯户 63 份，龙生源户 44 份，潘年超户 6 份。原件现收藏于凯里学院博物馆。按文书内容分类，盘乐文书以田契为主，其次为山林契，再其次为税费单据，其他还有一定数量的土地纠纷判决和调解文书，以及兄弟分关和卖妻书等婚姻与家庭关系文书。对于历史上无文字的侗族而言，在侗族社会内部产生的民间文书具有重要的经济史与社会史研究价值。本研究试对盘乐文书的文献价值做初步分析。

一、丰富了特殊田产计量单位"稱（边）"的概念内涵

　　清水江文书中具有地域特色的田产计量单位有把、稱（边）、捞等，其与斤的换算关系，不同乡镇之间有很大差异。盘乐文书中有两份田契便提供了稱（边）与挑也即斤之间换算的示例。这两份文书即龙运锡户收藏的"龙有泉兄弟五人卖田契"，前一份为白契，落款日期为同治七年（1868）六月初一日，后一份为红契，落款日期为同治七年（1868）六月初七日，同时增添了验税日期为同治十年（1871）十月二十七日，两份田契的卖方均为龙有泉兄弟五人，买方均为盘乐村龙林保，田名均为登落田一丘，交易价格均为 620 文，代笔和凭中均为彭胜兰。显然，这是记录同一宗交易的两份文书，其中一份应为抄件。从字体来看，后一份文书增添的验税日期和验税编号与正文

---

　　* 龙泽江（1970 年生），凯里学院原生态民族文化学刊编辑部研究员，主要研究方向为清水江文书和区域社会经济史。

的字体乃至代笔和凭中的签名字体均相同，显然，这份文书应为验税时重新誊录的抄件。两份文书的田产计量方式不同，前者产量计为禾花 12 边，后者计为收花 1 挑。那么，按一挑约 100 斤计算，则 1 稨（边）约合 8.3 斤。

关于稨（边）的讨论，根据天柱县遗存民间文献《三里均摊案》[①] 的记载，天柱县由义上半里（今高酿镇部分及坌处镇）1 稨（边）为 6 手，重 18 斤。而循礼里即今天柱县石洞镇 1 稨（边）为 4 籽。这说明稨（边）在各地的重量不同，其下级单位有籽、手，还有卡（同"挈""秆"）[②]。稨（边）的上级计量单位还有"把"。但在天柱和剑河县文书中，尚未发现稨（边）的上级计量单位为把的情形。把、稨（边）为十进制关系的文书主要发现于锦屏县和黎平县，如锦屏县平秋镇 1 把为 10 稨（边），与之类似，锦屏县文斗寨则是 1 把为 10 卡（同"挈""秆"），锦屏县《道光十五年林星寨彭启华立典田契》[③] 和《同治七年藕洞寨龙加辉母子立典田契》[④] 两份文书的原文中都注明了"每挈六斤"，而《苗族社会历史调查（二）》则记载从江县加勉寨 1 卡为 5 斤[⑤]。根据文书线索及田野调查，锦屏、黎平一带 1 卡重 5—6 斤，1 把重 50—60 斤。

二、提供了清代侗族村寨田赋负担的典型案例

盘乐村龙运锡户文书中有一宗清代田粮征收票据，共计 33 份，其中，交纳土司火烟米的执照 7 份，清江分府征收采买军粮执照 25 份，义仓捐谷执照 1 份。从这宗文书可以管窥清代侗民的田粮负担概貌。

征收火烟米的执照最早为道光十六年（1836），最晚为咸丰三年（1853），断断续续，可能档案有遗失或由其他家户保管的缘故，花户名称有时是龙和保、龙邦乔二人，有时就龙邦乔一人，如下引用所见到的最早一例和最晚一例。

---

① 张新民. 天柱文书（第一辑）：第 17 册［M］. 南京：江苏人民出版社，2014：7.
② 唐智燕. 清水江文书中特殊计量单位词考源［J］. 原生态民族文化学刊，2018（4）.
③ 张应强，王宗勋. 清水江文书（第二辑）：第 4 册［M］. 桂林：广西师范大学出版社，2009：277.
④ 潘志成，吴大华. 土地关系及其他事务文书［M］. 贵阳：贵州民族出版社，2011：35.
⑤ 贵州省编辑组. 苗族社会历史调查（二）［M］. 贵阳：贵州民族出版社，1987：34.

执照1：

赤溪司杨　收到下敖寨龙和保、龙邦乔道光十六年分火烟米二升二碗，道光十六年十一月廿八日给凭存照。

执照2：

赤溪司杨　今收下敖寨民龙邦乔完咸丰三年分火烟米二升二碗，赴司完纳，给凭存照，咸丰三年十月初四日给。

赤溪司即赤溪湳洞蛮夷长官司，明初设，由杨、吴二姓分别世袭正副长官，清初杨、吴俱改为土千总，管辖地盘主要是今剑河县南明和磻溪两个侗族乡镇及锦屏县部分侗族及苗族村寨①。"火烟米"是黔东南地区土司对少数民族征收秋米的名称，从龙邦乔花户长期火烟米为二升二碗来看，税额很轻，是清代中前期贵州"苗疆"实施轻徭薄赋政策的体现。如乾隆元年（1736）上谕永除"新疆"②苗赋："因思苗人纳粮一事，正额虽少，而徵之于官，收之于吏，其间经手重垒，恐繁杂之费，或转多于正额，亦未可知。惟有将正赋悉行豁除，使苗民与胥吏，终岁无交涉之处，则彼此各安本分。虽欲生事滋扰，其衅无由。况蠲免'新疆'苗赋，原属皇考圣意，朕此时当敬谨遵奉，见之施行者也。用是特颁谕旨，著总督张广泗出示通行晓谕，将古州等处新设钱粮尽行豁免，永不征收"（《清高宗实录·卷二十三》）。赤溪司属清江厅管辖，而清江厅属新开"苗疆"六厅之一。新设钱粮豁免之后，就剩下交纳土司的少量火烟米了，是象征性的。

但是，从道光十九年（1839）至咸丰四年（1854）16年不间断出现了16份征收采买军粮执照，花户名称有时为龙乔乾，有时为龙邦乔，征收额每年为七升。从咸丰五年（1855）至同治七年（1868）之间15年未见军粮采买执照，这期间正是贵州咸同苗民起义，既有可能是政府豁免，也有可能是侗民抗拒不交。从同治八年（1869）至光绪三年（1877）9年间，又不间断出现了9份军粮采买执照，花户名称为龙林保，且从同治十二年（1873）始，每年采买米增至五斗二升，增加了7.4倍，光绪元年（1875）又升到五斗二升五合。以下分别引用本家族的最早一例和最晚一例采买执照：

执照3：

清江分府刘　为征收采买兵粮米石事，今据下敖寨花户龙乔乾赴仓完纳道光十九年分采买米柒升，道光十九年十二月廿四日收。

---

① （清）胡章纂修《乾隆清江志》卷四"户口"。

② 此处"新疆"在清代指"新开贵州苗疆"，即雍正改土归流时开辟的"苗疆"六厅。

执照4：

清江军民府吕　为发给事，照得浦洞下敖盘乐寨花户龙林保完纳光绪叁年分采买米伍斗二升五合，光绪叁年九月初十日给。

从采买执照均有"赴仓完纳"或"完纳"字样看，名为采买，实为强制摊派。当时举人唐树勋曾禀告贵州巡抚张亮基："计采买每谷一石，给银一两三钱。但各乡市斗，实溢省斗之三，加以尖量，每斗溢二三升。是买乡谷一石，已得省斗二石，实合京斗三石零。"①

龙氏家族文书中，还有一份义仓捐谷执照，录文如下。

执照5

［府字第捌拾玖号］清江军民府陶　为发给事，照得下敖寨花户龙林保捐纳光绪四年分义仓谷壹石零伍升，光绪四年十月廿八日给。

义仓捐谷不仅不给价，而且数额大，并且也是强制摊派的。如下面一份义仓捐谷告示②：

委办黎平府属田谷委员候补州、县正堂何、刘

钦加盐运使衔特授思南府调署黎平府正堂加十级纪录二十次周　为

札饬催收事，案奉局宪，行奉抚宪，通饬各地方捐办义谷以备荒歉一案，当经会同在城设局委绅劝办并出示传谕札调各总甲里长到局，遵章书捐，造具各捐户花名清册，并出具承认结状，限本年秋收照缴在案，除将认捐谷数汇造总册，会同详报抚宪、局宪外，兹届秋成，亟应缴足入仓，以归实际，合行会札催收。为此札仰该总甲里长乡团等遵照，即便照依该处新捐义谷壹千贰百叁拾斤，如数催缴，存积本处仓内，勒限八月内扫数全收，毋任颗粒短少。倘有抗延不出之户，许即指禀提究。如徇情不禀，将来临仓验谷，尚推为花户抗缴，姑无论果否咎在花户，均惟该总甲里长等是问。至所收数目，仍于收清后赴府报明，听候查验。其有上年旧捐义谷未经入仓者，此次均各一律缴足存仓，不容再有拖欠。此系奉上宪专摺奏办要件，该总甲里长等毋稍玩忽违延，自干重究，切速，特札。

札仰嘉池总甲里长姜显韬、姜恩瑞等遵照

光绪十三年八月初六日

以上文书显示，清代中前期贵州侗族的田粮负担较轻，自道光年间开始

---

① （清）罗文彬，王秉恩．平黔纪略：卷十二［M］．贵州大学历史系中国近代史教研室，点校．贵阳：贵州人民出版社，1988：313．

② 本告示发现于锦屏县加池村。

加重，至清末达到顶峰。

三、比较全面客观地反映了侗族妇女的权利和地位

在盘乐文书中，不乏女性参与土地买卖的事例。如龙昌熙户第 15 份文书"谌模元卖田契（光绪十九年七月初四日）"和第 19 份文书"龙有谋卖田契（光绪二十二年十二月初九日）"的田产购买人都是龙门彭氏金妹，后一份文书还注明"其田交与买主子孙永远耕管为业"，由此可推断彭金妹为寡妇，夫亡后主持家计。而龙生源户第 41 份文书"吴祖鉴卖田地字（民国二十八年六月二十一日）"的田产购买人为"本寨龙氏爱秀、爱多二人"，应为未婚姊妹。而龙运海户第 14 份文书的"彭门吴氏女彭文瑛卖田契（民国二十八年十一月二十八日）"的买卖双方都是女性，全文如下：

立卖田契字人彭门吴氏女毛彭文瑛名下，今因要钱应用，无所出处。自愿将到土名高寅洞岭田二丘，收花伍担。上丘上抵潘姓田，下抵彭姓田，左抵沟，右抵彭姓田。下丘上抵小沟，下抵坪，左抵沟，右抵彭姓田为界。两丘抵清，要钱出卖。自己请中上门问到本寨龙氏引善、引弟二人名下承买为业，当日凭中议定价钱贰佰贰拾贰千捌佰文整。其钱领清，不欠分文。其田交与买主管业。自卖之后，不得异言。若有不清，卖主理落，不干买主之事。恐口无凭，立有卖字为据。

凭中彭元顺

代笔彭樊

中华民国二十八年十一月二十八日　　立卖

本文书立契人的称谓有点特别，为"彭门吴氏女毛彭文瑛"，此处之"毛"应指男孩，但前面加"女"字则有歧义，立契人或为母女，或为母子，而购买人则为"本寨龙氏引善、引弟二人"应为未婚姊妹。以上契约说明，未婚妇女可以独立置办田产，已婚妇女则在更大程度上是以夫家身份主持家计，代幼子处置不动产。

姑娘出嫁时，娘家会赠送一部分田产，名为"姑娘田"，也有赠送山林的。姑娘对从娘家带来的不动产有一定的处置权，如田产可以出租，特殊情况下可以出卖，但要征求娘家的同意。正常情况下，姑娘年老去世后，"姑娘田"要还回娘家。如盘乐文书中龙运焯户第 4 份文书"龙老乔、老仔立清白字（道光十年十月初二日）"便是一宗姑娘田的纠纷调解文书。龙老乔、老仔说岑领之田是姑娘之田，而龙乔田、帮乔则称是其父价买之田，有契为据，

但闹到官府也没解决问题，最后通过神前发毒誓和地方头人劝和才平息了纠纷。

虽然女性有购买和出卖田产的权利，但这种权利在很大程度上是依附于男性或男权的，女性在家庭和社会中的权利和地位都是相对的或有限的，侗族妇女并未摆脱"在家从父、出嫁从夫、夫死从子"的纲常名教的束缚。如龙运焊户第11份文书"龙林乔等分家合同（光绪三年十月二十二日）"，这是一份继嗣文书，长房龙林照与妻彭氏生女无男，无奈过继胞弟龙林乔之子龙有仁为儿，并声明"田园产业一概付与有仁"，所有田产、菜园、柴山及屋地一半"俱是有仁之业"，而亲生女并不能继承家产。又如龙运焊户第13份文书"王金保立休书（光绪十二年八月初一日）"，赤溪坪（今锦屏县城）王金保通过媒人娶得湖南靖州梁桂香为妻，过门数载而夫妻失和，于是王金保以纹银21.8两将梁氏卖与盘乐寨杨宗德为妻，"其银当中交与亲夫入手领足"，"日后不得籍故反悔等情"。可见，女人出嫁后就是丈夫的私有财产，可以由丈夫买卖。靖州与锦屏虽然分属两省，却是邻县，步行在一日行程之内。王金保敢将梁氏出卖，可能娘家势弱。如果娘家势强，即使女方有不守妇道的把柄被男方抓住，也只敢立休书一封，通知娘家领回别嫁，而不敢直接出卖。

四、从中可以透视侗族民众建构汉化宗族的脉络

清朝雍正改土归流后，侗族受汉文化影响加深，侗民普遍使用汉姓，名字也逐步由少数民族的子父连名向汉族的字派字辈演变。黔东南苗族侗族原无姓氏，取名的规则是在本名之后连父亲之名，同样，父名之后连祖父之名，从下到上若干辈名字连起来便成了苗族侗族的口传谱系。从盘乐文书中看到，盘乐村侗民原先使用的也是子父连名，如龙氏家族文书中最早的先祖为乾隆嘉庆年间的龙老乾（田），老乾之子为乔乾（田），乔乾之子为邦乔，邦乔之子林乔、林照、林和、林保，林字派之下家族人名为有德、有贤、有财、有谋、有彬、有生等。也就是说前三世老乾—乔乾—邦乔为子父连名，第四世林乔还有子父联名的痕迹，而林照、林合、林保等则属汉族字派取名，到了第五世"有"字辈已完全采用汉族字派了。

龙运海户的文书中有六份民国二十四年（1935）至民国二十六年（1937）的捐资修建总祠的收条，这与笔者在天柱县柳寨龙步钊家发现的收条属于同一类，以下将两家的收条各引一幅做比较。

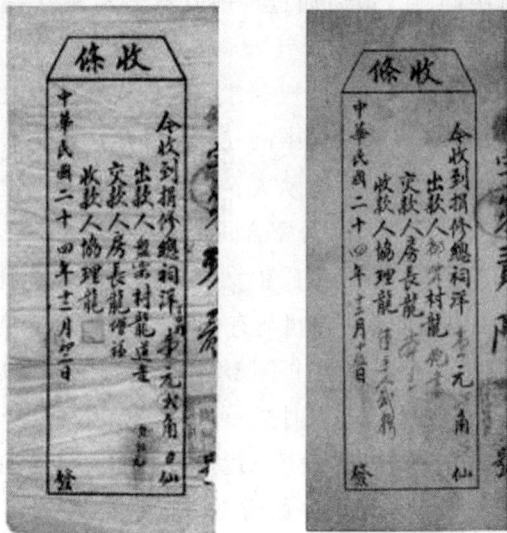

图1　龙氏捐修总祠收条

　　以上两份捐修总祠的收条，左边为剑河县盘乐村龙运海户藏，右边为天柱县柳寨龙步钊户藏。二者纸张大小、字体及书写格式均相同，应是捐修同一座龙氏宗祠的收条。查盘乐村及柳寨附近均无龙氏宗祠，距盘乐约40公里，而距柳寨约20公里的天柱县高酿镇地良有一座龙氏宗祠，修建于民国二十二年（1933），然而此龙氏宗祠并未称总祠。距此最近的龙氏总祠是位于与天柱县毗邻的湖南芷江县大龙乡的龙氏总祠，供奉龙氏宋代始祖龙宗旺。从地良龙氏宗祠的《建祠修谱序》可知，天柱、锦屏、剑河三县毗邻地区的小江流域侗族龙氏大多数认同龙宗旺为始祖。其序言如下：

　　尝闻建祠修谱，所以敬宗睦族，意至善也。溯我始祖旺公，发迹大龙，庙貌享祀，早已隆盛于数百年之前矣。厥后子孙繁衍，星罗棋布于黔东，距离先人发迹之地几二百里之遥。春秋二祭，欲睹本支之后裔，尊卑老幼、子子孙孙、衣冠济济、礼乐雍雍于一堂者，不亦难乎？吾祖在天之灵，不无随地而格，与其远陈俎豆，孰若近建宗祠。爰于民国二十二年，岁在癸酉春三月，作递、作彩、作三、作庆、作新、之沛、均槐、作孝、作仁、宜春、均玉、之文、之寿、之能、作鼎、家友、庆吉、作乡等立祠于地良浩寨，不周稔而告竣。此固若子若孙奋发敬宗之热忱，亦抑仗吾先祖灵气垂庇，以致成功之远也。祠宇虽云堂皇，尊卑终须有别。民国三十年辛巳，复议凑资修谱，阅数月而功完矣。此后昭昭穆穆、子子孙孙、振振绵绵，上绍先祖之芳型伟烈，下启后人枝茂流长，世世续修，是所厚望于孝子贤孙也，是为序。民国三十年辛巳岁仲冬月谷旦。①

可见，通过改汉姓，用汉名，到建祠修谱，建构汉族祖先历史记忆，侗族民众建构了汉族文化身份认同。

五、余论

盘乐文书主要来自 6 户龙氏家庭，除龙生源户外，其他 5 户龙氏均属同一祖公，即盘乐嘉庆年间契约中的龙老乾（田）之后代，因而这 5 户文书应作为一个家族整体考察。咸丰年间，天柱爆发了侗族农民起义，起义军在九龙山（今天柱县石洞镇）建立根据地，起义军与乡团武装多次在此发生战斗，为了避免受战乱牵连，龙生源的高祖父龙仁官（宽）从天柱柳寨搬到剑河盘乐。笔者在柳寨龙生海户文书中就发现一份同治元年（1862）十一月二十日龙仁官卖田契，将一丘收禾八十五稨（边）的田以价钱十钱五百文卖与柳寨龙青者。而龙生源户藏文书中，最早在盘乐购买田产的时间是同治三年（1864）十一月二十二日，购买人为龙仁钱兄弟三人，同治五年（1866）二月十日第二宗卖田契的购买人才是龙仁官。光绪二十年（1894）龙仁官夫人去世，向龙林保、龙林照、龙林合等本地龙氏讨要阴地安葬，立有"龙林保等送阴地字（光绪二十年三月十三日）"，契约全文如下：

立愿送阴地字人龙林保、龙林照、龙林合，龙有生、龙有德兄弟父子名下，情因柳寨避叛寄居盘乐人龙仁官父子名下，倏忽光绪二十年妻身亡故。因家艰难，难搬故乡安葬。兄弟商酌，自愿将送阴地一棺，坐落地名登高平老迁，作巳山亥向。实送一棺，不与后葬为茔。诚恐后人籍此争端，自愿立出送字，永为证矣。

凭中　吴桥富　彭胜兰　杨再魁

亲笔　龙有谋

光绪二十年三月十二日　立

这份契约中既明确了龙仁官从柳寨迁来避叛寄居盘乐的身份，也明确说明阴地只送一棺之地，不许后葬。故后来仁官去世后，只能归葬天柱柳寨，从而夫妻分葬两地。在田野调查中听到，盘乐本地人说龙生源原本不姓龙，已故龙生源老人曾拿他的龙氏家谱给我看，但盘乐龙氏却说他的家谱是向别

---

① 李斌，等. 民间记忆与历史传承——贵州天柱宗祠文化述论［M］. 成都：四川大学出版社，2014：151.

人买的。而柳寨作为一个龙姓单姓村寨，也有他姓改姓龙的情况，但在柳寨龙姓老人中，却并未听到对龙生源姓氏的质疑。这似乎说明，在传统农耕社会，基于对有限资源的竞争，本地人与外来人之间即使共同生活了150多年，相互之间的界限或鸿沟依然存在。

贵州岑巩契约文书中"典"之辨析

姜　明*

　　典是中国土地交易中的一种特殊形式。尽管有学者认为早在西周中期,典当关系就已经发生。① 而唐代田宅等不动产的典当已经较为频繁。至宋代,已经出现"典田宅者,皆为合同契,钱、业主各取其一,此天下所通告,常人所共晓"② 的现象,说明这一时期,典已是全国普遍存在的土地交易方式了。从明清到民国政府,都在法律中对典进行了相关的规定,但是由于民众在具体的土地交易的民事活动中因地域差异和生活所需等原因,发展出了大量各具特色、灵活多变的土地契约方式,典的性质乃至于其契约格式,都出现了许多模糊不清的现象,使得它成为引起相关的法学和历史学界共同关注

---

　*　姜明(1971年生),男,贵州天柱人,凯里学院人文学院副教授,贵州原生态民族文化研究中心研究员。主要研究方向为区域社会史与清水江文书。

　①　张传玺. 秦汉问题研究 [M]. 北京:北京大学出版社,1975:58.
　②　名公书判清明集 [M]. 中国社会科学院历史研究所,宋辽金元史研究室,点校. 北京:中华书局,1987:149.

探讨的重要课题之一。① 学术界关于典的性质，大体上有以下两种看法。

其一，有学者认为典是借贷活动的一种，出典土地等标的是因为要获取借贷的钱物而进行的抵押或担保。如俞如先即认为："典卖（相对于承典方则为典买）是一种借贷双方进行典当交易时，出典方按出卖方式（包括绝卖）同承典方订立契约的一种特殊形式，典卖实质是一种活卖，为民间典当的特殊形式。"② 多数清水江文书的研究者也认为"典"属于民间借贷活动。如程泽时就认为，典田契的性质应该是借贷契约。借方能够出典、出当、出抵的产业，是借贷活动成立的信用担保，因此断定："大量的借贷活动被记录在典契、借契、抵契、当契中。"③

其二，有相当一部分学者将典契认可为"活卖"的同义，④ 寺田浩明代表着日本学界"关于中国土地契约关系内在结构的新见解"⑤，他认为"'典'是今后仍可能通过返换原价款而取回管业正当性（即与对方的关系仍然是

---

① 目前学界关于典契的研究，主要有杨国桢. 明清土地契约文书研究［M］. 修订版. 北京：中国人民大学出版社，2009；［日］滋贺秀三，等. 明清时期的民事审判与民间契约［M］. 王亚新，等编译. 北京：法律出版社，1998；曹树基，刘诗古. 传统中国地权结构及其演变［M］. 上海：上海交通大学出版社，2014；龙登高. 地权市场与资源配置［M］. 福州：福建人民出版社，2012；黄宗智. 中国历史上的典权［M］//清华法律评论：第一卷 第一辑. 北京：清华大学出版社，2006；吴秉坤. 清至民国徽州田宅典当契约探析——兼与郑力民先生商榷［J］. 中国经济史研究，2009（1）；吴秉坤. 典制的借债担保渊源——以民国时期徽州借贷契约为案例［J］. 合肥学院学报（社会科学版），2012（3）；吴秉坤. 再论"活卖"与"典"的关系［J］. 黄山学院学报，2012（1）；赵晓耕，刘涛. 中国古代的"典""典当""倚当"与"质"［J］. 云南大学学报，2008（1）；刘高勇. 论清代田宅"活卖"契约的性质——与"典"契的比较［J］. 比较法研究，2008（6）；周翔鹤. 清代台湾的地权交易——以典契为中心的一个研究［J］. 中国社会经济史研究，2001（2）；李力. 清代民间土地契约对于典的表达及其意义［J］. 金陵法律评论，2006（1）；吴向红. 典之风俗与典之法律——本土视域中的典制渊源［J］. 福建师范大学学报（社会科学版），2007（2）. 而利用清水江文书进行典契的研究，主要有瞿见. 清中后期黔东南文斗寨苗族典制研究［J］. 民间法，2012（1）；张应强，胡腾. 锦屏［M］. 北京：生活·读书·新知三联书店，2004；程泽时. 清水江文书之法意初探［M］. 北京：中国政法大学出版社，2011；盘应福. 清代中后期清水江下游文斗苗寨的产业信贷方式——基于对"借当契"与"典契"的讨论［J］. 生态经济评论，2013（1）；崔尧. 清代贵州清水江流域典当制度初探——以清水江文书为视角［J］. 现代妇女（下旬），2015（1）；等等.

② 俞如先. 清至民国闽西乡村民间借贷研究［M］. 天津：天津古籍出版社，2010：212.

③ 程泽时. 清水江文书之法意初探［M］. 北京：中国政法大学出版社，2011：37.

④ 陈志英. 宋代物权关系研究［M］. 北京：中国社会科学出版社，2006：140—147.

⑤ ［日］岸本美绪. 明清契约文书［M］//［日］滋贺秀三，等. 明清时期的民事审判与民间契约. 王亚新，等编译. 北京：法律出版社，1998：302.

'活'的'买卖'），而'卖'则意味着一旦把管业的正当性赋以对方就不能够再以返换价款的方式重新取回（即与对方的关系完全断'绝'了的'买卖'）"①。另外，杨国桢将典定义为"债务人直接以土地在一定期限内的经济收益抵算利息，交由债主掌管收租，谓之典"②，这显然这是将典视为了一种借贷形式。同时，杨国桢还根据土地的使用权和处分权，结合契式的分析，提出典"实际上是活卖的一种形式"③。这一点与寺田浩明基本一致。曹树基和刘诗古同样将典认为是借贷契约类型中的"活卖"，通过对押租和典的对比分析，将土地出典称为"有回赎权的出卖"，或者"交纳押金的转让"④。李力则认为，"在清人的观念中，典被看作是卖的一种特殊类型。如果说绝卖是即时清结的卖的话，典卖便是需要经过一个过程的卖。这个过程的第一个阶段是典，而找帖是其第二个阶段，在第二个阶段以后，卖的过程便终结了"⑤。

其三，以上诸位学者虽然有些人认为典属于借贷，有些人认为典属于卖契，但是基本都认为典就是"活卖"，差异在于典到底是属于借贷形式还是买卖行为，但以黄宗智为代表的另一种看法认为，典"其实是一个西方现代法律所没有的、附有回赎权的土地转让制度，一旦出典，使用权便即转让，当出典人仍然保留以有利条件回赎土地的权利"⑥。

我们在贵州岑巩地区搜集到了相当数量的典契、当契。通过对这些契约，以及相关的"借字""领价清白字""退字"等土地契约的分析，我们对以上学界关于典和典契的看法产生了一些疑虑，以下将通过对岑巩契约文书中的典契及相关土地契约的梳理，并将之与"借贷""活卖"做比较，分析典契的性质及其在贵州岑巩地区的活态呈现，并以此就教于前辈方家。

---

① ［日］寺田浩明.权利与冤抑——清代听讼和民众的民事法秩序［M］//［日］滋贺秀三，等.明清时期的民事审判与民间契约.王亚新，等编译.北京：法律出版社，1998：200.

② 杨国桢.明清土地契约文书研究［M］.修订版.北京：中国人民大学出版社，2009：27.

③ 杨国桢.明清土地契约文书研究［M］.修订版.北京：中国人民大学出版社，2009：28.

④ 曹树基，刘诗古.传统中国地权结构及其演变［M］.上海：上海交通大学出版社，2014：26.

⑤ 李力.清代民间土地契约对于典的表达及其意义［J］.金陵法律评论，2006（1）：118.

⑥ 黄宗智.中国历史上的典权［J］.清华法律评论，2006（1）：1.

一、典契的分析

(一) 典契与当契

在岑巩地区的契约文书中，我们发现"典"与"当"往往相互混用，而且大多数的情况下，也不对这两种契约类型进行区分。① 那么典契与当契是不是一样性质的契约呢？我们先来看一份岑巩县下木召黄俊群家藏的官印契纸。

典 契

贵州省政府财政厅发行官契纸　　字第叁壹玖叁号。

承典人姓名：李其芬。不动产种类：田。

坐落：鲁溪屯。

面积：一丘。

价值　　典价：陆拾元。　　　出典年限　　应纳税额：壹元捌毛。

东至　　南至　　西至　　北至

立当田字人黄贵州。今因祖之业地名鲁溪屯屋门首大路坎下三角大田一丘，凭中出当与李其芬名下，价洋陆拾元正，其洋领清无欠。自当之后，任从钞主下田耕种，黄姓不得异言。每年干帮差壹千弐文。每元折价柒千五百文。凭中立当契一纸为据。

中人　胡先壵

中华民国二十八年元月十八日出典人　黄贵州

注意：

一、本官契纸每张征纸价银币伍角，如经手人格外多取，准人民指控。

二、凡典当不动产成立契约，均应购领本官契纸。

三、购领本官契纸成契后，应照章投税，由征收官署填给纳税凭证，附粘契尾。

四、购领本官契纸后，如有遗失或误写作废及其他事故时，由购领人据实呈明，备价另购。②

这份官印契纸中值得注意的是，契纸的题名为"典契"，而其中填写的民间立契的契约类型却是"当田字"。则可以知道，在政府看来，典与当实质上

---

① 杨国桢认为，当是在典的基础上，每年另加纳粮银若干。杨国桢. 明清土地契约文书研究 [M]. 修订版. 北京：中国人民大学出版社，2009：27. 但是从岑巩地区的典契和当契内容来看，二者契约内都有"干帮差钱"（即纳粮银）的情况，并无差别。

② 《民国二十八年元月十八日李其芬官印典契》为岑巩县黄俊群家藏文书。

是没有什么差别的，因而同一契纸上典与当混用并未引起争议和辨别，并且在契纸后的"注意"中的第二条，也将典当连用。

下面我们再将典契与当契做一下比较。

民国二十一年正月二十八日李同春弟兄立典田契

立典田契人李同春弟兄。今因得受祖业座（坐）落地名马弓坪白虎山田式丘，请凭中证上门出典与吴玉堂父子名下耕食，三面议定青红价钱壹百壹拾阡文整，其钱典日亲手领足，无欠分文。自典之后，任从吴姓下田耕种，业主不得异言，每年邦［帮］差钱式百文，收差无字。今欲有凭，特立典契一纸为据。

凭中　吴志均　吴世顺

民国二十一年正月十八日同春　亲笔　立①

民国十六年正月十六日陈松培弟兄立当田契字

立当田契字人陈松培弟兄。今将祖手得买之业，坐落地名上塘家垅牛角丘田大小三丘，又代竹林角田一丘，一共二处之田，计谷二十一挑，亲自请凭中证上门除当与陈金坤叔侄名下耕种，三面议定时值当价青红钱一百二十千文正，其钱当日凭中亲手领清，并无下欠分文。自当之后，任陈姓下田耕种，当主不得异言，每年干帮差钱四百文，收差无字。日后收赎，价到契回。恐口无凭，立当契为据。

凭中　王致祥　杨万钱曾宪章
代笔沈开泰

民国十六年阴历正月十六日陈松培弟兄　请立②

上面这两份契约一份是立于民国二十一（1932）年的典契，一份是立于民国十六年（1927）的当契。我们将二契在格式和内容上进行比较，可以发现二者之间的差别仅仅在于当契中多了"日后收赎，价到契回"这一句，而恰恰这一句，本应是作为典契的题中之义。我们搜集到的岑巩契约文书中一共有 37 份典契，81 份当契。整理归纳之后发现，典契基本都没有书写关于回赎的词句，写明回赎的反而多是当契，虽然大多数当契只写了"日后收赎，价到契回"，或"不论年月远近，价到契回"等不限定收赎时间的情况。

综上所述，我们的判断是，在贵州岑巩地区，典契与当契是相互通用、

---

① 《民国二十一年正月二十八日李同春弟兄立典田契》为岑巩县李泽江家藏文书。
② 姜明. 贵州岑巩契约文书研究［M］. 贵阳：贵州人民出版社，2018：236.

混同为一的。① 当契在这里其实就是典契的不同写法。

（二）典契中的权属变化

田土出典之后，土地的权属关系相应也发生了变化，其中主要是使用权（或处置权）和收益权发生了转移，但是土地的所有权并没有发生转移。以下列契约为例：

同治四年十月初十日刘酉山立典契

立典契刘酉山。今将己面坡上门首田一丘三股，凭中出典二股与族弟致森名下，得受青红钱□□□□□正，其钱领清。自典之后，钱主耕种，典主不得异言，每年帮差钱四十文。恐口无凭，立契为据。

凭中 平川兄以道兄

外批：同治九年赎清。

同治四年十月初十日 立②

这份契约中清楚说明了"自典之后，钱主耕种，典主不得异言"，也就是说，田土典出去后，虽然所有权还在刘酉山手里面，但是田土耕种的使用权以及土地经营而来的收益权已经转移到了刘致森手里。而有些文书中因为出典的是基薗和山土，所以在协议"银主"权利的时候，就增加了可以"修理、住坐、耕种、蓄禁、砍伐"等方面的权限。由此可知，出典的时候，转移的不仅仅是土地上的使用权，还包括相关的土地处置权和收益权。

另外，典田契中还存在一个问题，即是田土出典之后，其田土上应该缴纳的差役钱、采买银、夫马钱等官府的赋役义务，是否也一并转移到了买主的手里呢？先看下面一份典土契约：

道光□年十二月二十日李占武弟兄立典田契

立典田契人李占武弟兄。得买德一伯父之业，地名婆树田大小二丘，载粮一斗，凭中出典与刘仰上弟兄三房名下，当日得受足色价银一百一十五两正，其银亲手领明无欠。自典之后，任刘姓上田耕种，李姓不得异言，其差粮夫役□□不与刘姓相干。恐口无凭，立典契为据。

凭中 孔昭伯 刘超干 刘永全 德一伯

---

① 曹树基和刘诗古将杨国桢所说的"抵押期间，出押者保留土地所有权和使用权"的交易方式称作是"当"。但是在岑巩地区，符合这一点，并且或是不动产作抵，或是动产作抵的并不是当契，而是借字。曹树基，刘诗古. 传统中国地权结构及其演变 [M]. 上海：上海交通大学出版社，2014：18.

② 姜明. 贵州岑巩契约文书研究 [M]. 贵阳：贵州人民出版社，2018：70.

计刘姓戤子

道光□年十二月二十日　占桂笔　立①

　　这一份典契中有一句比较关键的话为"其差粮夫役□□不与刘姓相干"，则差粮夫役等赋税义务还是由业主来承担。这是因为出典土地虽然发生了"离业"，但是并没有进行推收过割和拨户手续，其所有权仍在原来的业主手里，因此差粮夫役等土地上的国家义务仍然由业主承担②。这一点也反过来表明，正因为差粮夫役等国家义务仍然由出典人承担，因此所有权也仍然在他的手里面。

　　将典契与岑巩契约文书中的"请帖字"和"认字"结合起来，能够看到出典的土地再以租佃的方式回到原业主的手里面进行耕种的情况。如下举两份契约：

道光十四年十一月二十四日陈元达立典田契抄白

　　立典田契人陈元达，今将阎落面分祖业一处，地名陈家坡小垅茶油林湾坎下田二丘，又坎下长田二丘，并小田二丘，中垅田一连三丘，共田大小九丘，随田荒熟在内。凭中出典与姚胜儒弟兄名下，议定典价大铜钱二十三千文正，其□钱亲手领明，并无后欠。自典之后，任从银主下田耕种，陈姓不得异言，每年帮差钱六十文，收差不用帖，不限远近，价到田回。恐后无凭，立典契为据。

凭中　龙胜松　杨万再陈元聘

代笔李宗之

---

① 姜明. 贵州岑巩契约文书研究［M］. 贵阳：贵州人民出版社，2018：305.

② 龙登高认为，随田所必须向政府交纳的地租或资产税，通常由典权人在约定期内交纳，因为他在此期间享有了田地的用益权。但是也可以由双方约定，钱主（典权人）将规定税额交给业主（出典人），再由业主交给官府，以避免因为交税人改变而与官府之间可能引起的麻烦。（龙登高. 地权市场与资源配置［M］. 福州：福建人民出版社，2012：77.）刘高勇引乾隆朝《山东宪规》中"活当产业，例不投税，将钱粮漕米，按则覆定数目，填写契内，令当主照数目自行赴柜，仍用原户名投纳执票为凭，以省推收过割之烦，并免胥役勒索之弊。"材料认为，官方之所以不要求出典的地亩过割粮差，是因为典契回赎的可能性很大，因而没必要在订立典契时进行推收过割，以避免日后回赎的时候再行推收过割。按照这一说法，应该仍是由出典人交纳差钱。（刘高勇. 论清代田宅"活卖"契约的性质——与"典"契的比较［J］. 比较法研究，2008（6）：31.）但是从本文文书1官印契纸上仍然写有"每年干帮差壹千式文"的内容表明，岑巩地区的典契当契中多为钱主将规定税额交给出典人转交官府的情况，应当还是从所有权未发生转让的角度进行解释为宜。

道光十四年十一月二十四日　立①

道光十五年九月初四日陈元达立请帖字抄白

立请帖字人陈元达，今请到姚胜儒弟兄名下所典之田，地□陈家坡小垅田大小一丘，请（转）耕种，不得□□，秋收之日，请主上田均分。恐口无凭，立请帖为据。

抄白

凭中　龙胜松　杨万再陈元聘

道光十五年九月初四日　代笔　李宗之　立

外加契夏氏同男老四加价钱八百文。②

依两份契约中所描述的情况来看，很有可能是陈元达在道光十四年（1834）十一月二十四日将田产典给姚胜儒弟兄名下，次年（1835）九月初四日又以请帖字的方式将其中一丘田请转回来自己耕种。在这两份契约中，陈元达的产业发生了两次转移，一次是典给了姚胜儒弟兄，另一次是从姚氏兄弟那儿把典出的部分产业请转回来耕种。陈元达仍然享受自己出典的部分田产的使用权，而姚氏兄弟以典价作为投资，在契约所指定的田产上的收益则来自地租而不是土地经营方面的收益。

（三）典契的回赎

典与卖之间重要的区别，即是否可以回赎。《大明律·户律·田宅·典卖田宅》中已经规定了典的"回赎"问题："……其所典田宅、园林、碾磨等物，年限已满，业主备价取赎，若典主托故不肯放赎者，笞四十，限外递年所得花利追征给主，依价取赎。其年限虽满，业主无力取赎者，不拘此律。"③ 在岑巩地区，典契中是否存在着回赎呢？我们先看下列一份契约：

道光十四年十二月二十七日杨光宗立当契

立当契人杨光宗。今将地名地铺小湾山土一股、酿水垱山土一股、庙山后垱土一块、门首大田中一股、半湾田一连两边山土在内，又村司庙田二丘，亦〔一〕连山土在内数处，内分受己面得当、得买之业荒熟一并出当与＜刘＞刘金泽名下，实受价青钱二百六十九千八百文整，其价亲手领明无欠。自当之后，任从刘姓耕种、开挖、砍伐，杨处不得异言，每年干帮差五钱，收不用帖。恐口无凭，立契为据。

---

① 姜明.贵州岑巩契约文书研究［M］.贵阳：贵州人民出版社，2018：232.
② 姜明.贵州岑巩契约文书研究［M］.贵阳：贵州人民出版社，2018：233—234.
③ 大明律［M］.怀效锋，点校.北京：法律出版社，1999：56.

凭中　杨光洁　刘光华　杨光才

代笔　杨通元

道光十四年十二月二十七日　杨光宗（押）　立

朱笔外批：刘铣未分之业。

徐本加批：共有门首大田中段归杨通福承买，先已赎清，以泰笔批。

加批：此契杨昌柱道光二十四年十二月十四日赎庙后土一块，收价钱九千六百文，金泽笔批。

加批：此契山土归刘光华承买于道光廿七年十二月二十六日赎清，以泰笔批。①

这份当契中，后面的三条"加批"注明了杨光宗所当田土后来的去向。其中，"门首大田中段"和"契内山土"后来卖出，而"庙后土一块"则被杨昌柱赎回。显然明清时期关于"典"定期回赎的规定，② 在岑巩地区民众的田土交易中确实得到了实施，尽管很多契约中并没有写明回赎的期限，往往只是模糊写为"日后收赎，价到契回"。再看下一份当契：

宣统元年二月十二日刘玉□立当研房字

立当研房字人刘玉□。今将己面得受之门首□房一所出当与堂□□召南名下青红钱二十八千□整，其钱领清，无欠分文。□当之后，其有修整多□以作当价加价，兄凭族人毫无异言，现［限］二□年满方能赎取，期内□取赎。恐口无凭，立当契一纸为据。

中凭正元　魁元　异元　占元　恺元　□元叔

宣统元年二月十二日　男□□□③

这份契约中规定了回赎的期限，但这不是限定出典人回赎的时间，而是限定出典人"二□年满方能赎取"。为什么反而要限定多少年之后业主才能回赎呢？这是因为承典人在典权交易中的收益仅仅来自对标的物的管业和处置，不到一定的年限，难以收回当时支付的典价。因此这是为了保护承典人的利益而设立的条件。

我们在岑巩契约文书中发现了出典之后业主进行回赎的"退字"，可与典

①　姜明. 贵州岑巩契约文书研究［M］. 贵阳：贵州人民出版社，2018：269.

②　《大清律例》中乾隆十八年定例以前的规定和《中华民国民法》规定的回赎期限都是三十年。（清）徐本，三泰，等. 大清律例：卷九 户律·典买田宅［M］. 刘统勋，等续纂//文渊阁四库全书：672 册. 台北：台湾商务印书馆有限公司，2008：546；《中华民国民法·物权》，第912条. 中华民国十八年十一月三十日颁布。

③　姜明. 贵州岑巩契约文书研究［M］. 贵阳：贵州人民出版社，2018：312—313.

契进行相互印证。试举下列契约为例：

民国十二年正月二十六日刘玉周等立退字

立退字人刘玉周、玉牒，侄世星、世魁、世勋等，今因先年祖手得典李姓之业，地名岩湾嘴田二丘，又店边菌土一块，河溪屯对门坟门首土三块，过马河拱桥边田一丘，又湾内水田一丘，桃树坡荒熟土块一股。今岁李元发备价赎取，曾于年先祖典契字约尚未清出，具［据］玉周叔口称价钱八十千文，其有价钱折数收赎光洋二十八元，经凭人证领清，自愿叔侄立出退字一纸，交与李姓，日后执出典契，以作故纸，口说无凭，立退字为据。

外批：原笔添湾田字二颗。

　　　　　　　　　　　　　　　　　凭中　伍芳位　胡先智

民国十二年正月二十六日世勋　亲笔立①

这份契约中写明刘玉周等"先年祖手得典李姓之业"，今年"李元发备价赎取"，虽然不知道回赎的期限是多少，也找不到当时订立的典契字约，但是刘玉周等仍然认可了李姓出典之后的收赎权利，因而将土地退还给了业主。

（四）转典契约

转典契约指的是典权人将得典的田土等产业转手再典给第三方的文书。典权人在这里转让的是田土的使用权、收益权等（即典权）。

下面我们先来看一份转典契：

道光十五年十二月十五日陈元达立转典田契抄白

立转典田契人陈元达因日食难度，无从得处，自愿将先年得典元聘之田一处，地名陈家坡小垅中垅圆田一丘，照依原田价凭中转典与姚胜斌名下，得受原价青钱四千文正，其钱当即亲手领明。自转之后，其田任从银主下田耕种，转主人等不得异言，恐后无凭，立转典契为据。

内添："青"字一个　　立老契一纸

抄白

　　　　　　　　　　　　　　　　　　代笔李宗之

　　　　　　　凭中　姚昌亨　杨万再　郑伯先陈元聘

道光十五年十二月十五日　立②

这份文书中写明，陈元达转典给姚胜斌的田地乃是"先年得典元聘之田

---

① 姜明．贵州岑巩契约文书研究［M］．贵阳：贵州人民出版社，2018：252—253.

② 姜明．贵州岑巩契约文书研究［M］．贵阳：贵州人民出版社，2018：233.

一处，地名陈家坡小垅中垅圆田一丘"。值得注意的是，这份文书中写到"照依原田价凭中转典与姚胜斌名下"，也就是说，陈元达虽然是转典田土，但是转典的价钱却还是跟原来的典价一样。这应该是陈元达将承典的田地收益权完全转给姚胜斌，因而收取的价格跟原价一致。

不过，转典的价格，也未必都按照原价来转让，我们可以再看看下举咸丰年间的一份转典文书：

咸丰十一年十二月初十日杨通银杨通元立转典契

外批：五谷丰收

立转典契人杨通银、杨通元。今将先年得典杨姓之业，坐落地名良柳坪土一股，凭中出转典与杨光全叔侄名下承手，三面议定青红钱四千文整，其价堂弟亲首（手）领明，堂兄并无后欠，任从堂兄上土耕种，堂弟不得异言，每年干帮二十六文正，收差不用字，价到土回，立转典契为据。

代笔　张启秀

凭中　杨照红

咸丰十一年十二初十日　通银　通元　立契①

这份文书虽然是转典文书，但是其交易价格并没有言明按照老契的价格来进行，而是由转典人、承典人和中人三方商议决定，则土地转典的价格未必再以原来的价格成交。

有时候田土的转典不止一次，而是多次转典，如下举之文书：

同治四年五月十八日杨光道弟兄立转典契

立转典契杨光道弟兄。今将先年得受杨昌银得典刘致书之业，坐落地名朱楼坡屋场与沙地一契，价四十六千文，今请凭中照原契价转典与刘致贞名下□□□钱四十六千文正，其钱领清，无欠分文，所帮差钱仍照原契。日后业主与昌银收赎，致贞照原契领价，不与光道弟兄相干。恐后无凭，立典转契为据。

代笔　杨光志

凭中　刘殿□

外批此契赎清无用

同治四年又伍月十八日　杨光道弟兄　立②

---

① 姜明.贵州岑巩契约文书研究［M］.贵阳：贵州人民出版社，2018：258—259.

② 姜明.贵州岑巩契约文书研究［M］.贵阳：贵州人民出版社，2018：307.

这份契约表明，杨光道弟兄转典出去的屋场和沙地，原本是刘致书的产业，刘致书典给杨昌银，杨昌银后来又典给杨光道弟兄，现下杨光道弟兄又将这份产业典给刘致贞。在这份契约中可以看出，其标的物的权利转让已经达到四次之多。以转典而论，也已经达到三次。另外，契内外批说到"此契赎清无用"，按照契内"日后业主与昌银收赎"的说法，并且从契约最终收藏于刘伦兴家中来判断，则后来这块田地或有可能是被业主刘致书或其后人将典出去的这份产业赎了回来，这样算来，其地权的转移至少又增加了一次。岑巩地区乡村地权转移的频繁和复杂，由此可见一斑。另外从清水江文书中转典文书的情况来看，转典的次数亦有达到六次以上的情况，[①] 则清代以来典权转移的频繁和复杂，在很多地区都普遍存在。[②]

值得注意的是，这份转典契约的立契人是杨光道弟兄，而非最初的承典人杨昌银。[③] 则大致上来说，转典文书的立契人，不管典权转移了多少次，订立者乃是最近一个承典人。另外，契约中"日后业主与昌银收赎，致贞照原契领价，不与光道弟兄相干"的规定，写清了转典的收赎程序：一是如果田地的原持有人要收赎，那么应当直接向当下承典人收赎；二是收赎的价钱，也是直接交给当下承典人，而不是中间经过出典人转手。这样钱权交易不经过中间出典人的转手，直接由业主向当下承典人交易，使得交易非常明晰，不会出现程序混乱的情况，另一方面也说明，不论是典契还是转典契，都需要交代清楚典田地和转典的详细情况，就是为了日后收赎的时候可以作为交易的依据。

---

① 即黄敬斌、张海英举出的锦屏县加池寨"转典"的例子，文书内容详见张应强、王宗勋.清水江文书》第一辑，第二册，文书编号分别为1-1-6-063、1-1-8-026、1-1-8-039、1-1-8-052、1-1-8-057、1-1-8-069。转引自黄敬斌，张海英.春花鱼鳞册初探［M］//张新民.探索清水江文明的踪迹——清水江文书与中国地方社会国际学术研讨会论文集.成都：巴蜀书社，2014：15—16.

② 黄宗智.中国历史上的典权［J］.清华法律评论，2006（1）：17.

③ 黄敬斌、张海英认为"转典"是最初的承典人将其权益转让给第三人。但是从这份杨光道弟兄转典文书来看，转让权益的并非是最初的承典人杨昌银，而是本契的出转典人杨光道弟兄。同样转典的收益获得者亦是杨光道弟兄，而非是最初的承典人杨昌银和业主刘致书。黄敬斌，张海英.春花鱼鳞册初探［M］//张新民.探索清水江文明的踪迹——清水江文书与中国地方社会国际学术研讨会论文集.成都：巴蜀书社，2014：15.

二、典非"借贷"辨析

学界有相当数量的学者认为，典的性质或是"质押"，或是"担保物权"，或是"用益物权"，虽然比较特殊，但总之是属于借贷契约中的一种。对于学者们的这种看法，笔者从分析和整理贵州岑巩契约文书的情况来看，不能完全同意，兹将理由分析如下。

（一）典权收益的来源

典契与借贷契约之间的差别，首先在于典权收益来源的不同。简单来说就是典不还利息，而是转让管业权和收益权，借则要还利息。

我们先来看下列一份典当契：

公元一九五〇年正月二十二日田氏母子立当田契字

立垱（当）田契字人母子田氏、刘德贞。今将分受祖遗之业，坐落地名猪楼坡水洞门首田一丘，共子粒十挑，请凭中证登门出垱与刘世榜名下承垱，三面言定值垱价米二老石，即日亲手□足领好，并无后欠升合。自垱之后，业主请转耕种，每年干任谷子二老石，晒干箱净，秋收后□足。若（写）粿谷不清，以作加价，此田另拨别人耕种，业主不得异言。每年干邦粮谷二老斗，业主充纳，不管钱主之事。若田遇天干、水打、虫蝗，谷主下田分花。两相情愿，恐口无凭，立写垱字一纸为据。（下略）①

在这份典契中，刘世榜从典当中可以获得的收益分成两种情况：一是"业主请转耕种，每年干任谷子二老石"。即出典人田氏母子亲自或招佃耕种，则需要每年交谷子二石给刘世榜，如果不能按时交清，则"此田另拨别人耕种，业主不得异言"，即刘世榜可以另行招佃耕种。二是如果田土"遇天干、水打、虫蝗"，收成不能保证的时候，谷主（这里应该就是典权人）则"下田分花"，直接获取分成地租。

我们再来看一份典型的"借字"契约，为了方便讨论，兹将其全契内容照抄如下：

民国二年二月初八日陈德诗弟兄等立借钱字

立借钱字人陈德诗弟兄等。今因家下缺少钱用，无处设凑。弟兄商议，请中上门借到陈金黄名下承借青红大钱二十千文正，其钱那日亲手领足，分文无欠。自借之后，言定每年每千加二行息，五十一月收利，上会不误。如

---

① 《民国三十九年正月二十二日田氏母子立当田契字》为岑巩县刘德州家藏文书。

误，自愿将祖手之业，地名上街路以边己面屋基作抵。如有利息不周，任从钱主住坐、耕种、管理，借主人等不得异言。其钱不知远近相还。恐口无凭，立借字一纸为据。

凭中　钟英梁　夏贵廷　罗仁元

代笔　陈发清

　　民国二年二月初八日　　亲眼仝立借①

　　在这份"借字"契约中，陈德诗弟兄因"缺少钱用，无处设凑"，因而向陈金黄借"青红大钱二十千文正"，契内"言定每年每千加二行息，五十一月收利"，明确规定了所借钱款的利息率和收受利息的时间。为了保障出借人的利益，再行规定"如误，自愿将祖手之业，地名上街路以边己面屋基作抵，如有利息不周，任从钱主住坐、耕种、管理，借主人等不得异言"。也即是说，在未能及时还利息的时候，才会将自己抵押的屋基任从钱主（即出借人）管业，以抵还所借钱款的利息。

　　总之，承典人的收益产生于可以转典土地的管业权而获得的典价，以及耕种土地的收益，或者招人佃种的地租收入；而出借人借贷的收益则来自于利息，以及可以预期的债务人未能偿还利息而转让抵押物的所有权。二者之间有着明显的差别。

　　（二）物权转让时间上的差别

　　典契与借贷之间的第二个差别，是在物权转让的时间上不同。典是即时转让"离业"，而借贷是未能按时还利之后才转让田土等抵押物。

民国三十年正月初六日刘世德立当田文字

　　立当田文字契人刘世德。今因分受之业，坐落地名神虎岭屋后头大路上路外边田一连三丘，其之田水仍照老沟灌润，业主自愿请凭族中上门，出当与刘玉沛父子名下承当钞洋一百一十元文正，其洋笔下领清，并无下欠分文。自当之后，其田之洋三面言定，其洋每元照是扣成钱七千文正，其田当日任从钱主下田耕食，也［业］主不得异言。其田每年干帮差钱七角，收差无字。日后收赎，价到契回。恐口无凭，特立当契一纸为据。

凭中　刘世清　刘世荣　刘世钊

代笔　沈大邦

　　民国三十年正月初六日　　刘世德亲眼请笔　立②

---

① 姜明. 贵州岑巩契约文书研究［M］. 贵阳：贵州人民出版社，2018：242.
② 《民国三十年正月初六日刘世德立当田文字》为岑巩县刘德涛家藏文书。

这份当田契中写明"其田当日任从钱主下田耕食"，应是在订立典当契约的当天，就将出典的标的转让给了典权人刘玉沛父子，任其管业和获得收益。

而在"借字"中，物权的转让则并不在订契之时。

民国七年正月十八日刘世芝立借钱字

立借钱字人刘世芝。今因无钱度用，亲自上门借到刘玉林名下承借青红钱叁拾阡文正，其钱借日领清。自借之后，每千每年干赁利谷壹斗，限自秋收晒干箱净□足，不得短少。若有短少，自□□□木召对坝□□□秧田一丘作抵，冬时本利无□，刘玉林明岁下田耕种，世芝不得异言。今口无凭，立抵借约为据。

凭中 刘星奎 刘世勋

民国七年正月十八日 世芝亲笔 立①

这份"借字"契约中明确写出"冬时本利无□，刘玉林明岁下田耕种"，即物权的转移并没有发生在订契的时候，而是发生在刘世芝冬时不能还清本利之后的第二年。

三、典的性质

在分析了岑巩契约文书中典契的活态文本，辨别了典与借贷契约之间的差异之后，我们可以大致上判断出典的性质。

杨国桢在追溯了土地买卖之后推收过割的发展历史之后认为：

明朝政府把推收过割税契的时间和编造黄册统一起来，是为了加强对户籍和税粮的控制，防止"产去税存"的情况……土地交易的时间和推收过户的时间实际上存在的距离，难免有许多流弊，从契约关系而言，当时处理产税脱节的办法，是规定在土地成交到推收这段时间，实际管业的买主必须津贴粮差，而由卖主输纳。这种变通，形式上可以避免税粮无着，但它又使出卖的田地变成一种"活业"，卖主在推收之前，可以借口"卖价不敷"要求加找田价，或借口"无从办纳钱粮"要求加贴，或者由于经济情况好转要求赎回，而买主在推收之前，又可以把田地转卖给第三者等等。这样，实际发生过的买卖行为便蜕变为貌似典当、抵押的关系。②

显然，杨国桢认为典既是一种借贷契约形式，又在"实际上是活卖的一

---

① 《民国七年正月十八日刘世芝立借钱字》为岑巩县刘伦兴家藏文书。

② 杨国桢. 明清土地契约文书研究［M］. 修订版. 北京：中国人民大学出版社，2009：20.

种形式"。曹树基也认为典就是活卖,并以列表的形式区别了典与卖(绝卖)、押租、抵押、租佃等契约的差异。① 但是在其列表中,我们恰好能够发现典与借贷契约的差别,② 正是在于典权的收益来源于土地本身,而抵押的收益来源于利息,且不能从抵押物中获利。(不管这个利息是钱还是谷。③ 曹氏在表格中将谷息型抵押的收益标为产品,似乎并不完全合理。)当借贷人无法偿还债务时,钱主可以获得抵押物,但是这个时候其借贷关系已经结束。因而,将典归类于借贷契约中,似乎说服力不够。

龙登高认为,典"指地权所有者出让约定期限的土地控制权与收益权,获得现金或钱财,期满之后,备原价赎回。出典人通常必须'离业',将土地经营权转交典主'收租抵息',不另外计算利息。其特色是约定期限内土地物权转移与经营收益来偿还借债。也就是土地租金——资本利息之间的交易,通常实际上还是土地经营收益——放贷资本之间的交易"④。长野郎认为,"土地的出典,虽说不是土地所有权的完全转移,但也可看为是类似的方式。土地出典,原为土地所有权一时的转移",⑤ 他因而判断"典地可以说是走向卖地的一个过渡的桥梁"⑥。寺田浩明则认为,"典"和"买"的关系,与其以用益权的设定和所有权的转移这一近代法的框架来加以对比,毋宁说当时通常都是用"活卖"向"绝卖、死卖"逐渐移行的框架来理解的。⑦

岸本美绪在《明清契约文书》中,对典的性质总结如下:

关于典的性质,当时讨论的情况是"有人看成担保物权,有人视为用益物权,也有人作为付有条件的买卖,还有人理解为附有回赎条款的买卖,总

---

① 曹树基,刘诗古. 传统中国地权结构及其演变[M]. 上海:上海交通大学出版社,2014:27

② 目前我们搜集到的岑巩契约文书中并没有发现押租或类似押租这样的交纳押金租佃土地的契约类型。

③ 岑巩地区的借字中谷子既可以是所借的标的,本身也可以作为利息来还账。如下列岑巩县刘伦兴家藏文书《道光二年四月十五日姚秀云立借谷字》:立借字人姚秀云。今借到刘闇斋执掌清明会之谷七石六斗,其谷每石干任利谷五斗,不得短少升合。恐口无凭,立字为据。凭中 洪如松代笔杨明[升]道光二年四月十五日 立

④ 龙登高. 地权市场与资源配置[M]. 福州:福建人民出版社,2012:52.

⑤ [日]长野郎. 中国土地制度的研究[M]. 强我,译. 北京:中国政法大学出版社,2004:118.

⑥ [日]长野郎. 中国土地制度的研究[M]. 强我,译. 北京:中国政法大学出版社,2004:159.

⑦ [日]寺田浩明. 权利与冤抑——清代听讼和民众的民事法秩序[M]//[日]滋贺秀三,等. 明清时期的民事审判与民间契约. 王亚新,等编译. 北京:法律出版社,1998:200.

之几乎没有统一的见解"（杉之原）。结果，中华民国民法把"典"作为位于质权和留质权之间的某种担保物权式的权利，而"满洲国民法"则将其置于各种用益物权的末尾。关于用近代法的范畴来理解"典"这一概念的种种尝试，可以参见吴佩君的论文（吴）。当然，对于试图把"典"直接解释为近代法范畴的观点，一直存在着批评。如清水和杉之原等人指出，与其在近代法体系中找"典"的对应物，还不如说"典"有与西洋历史上如"法兰克时代的古质权"等古代的各种质权形态更相近的一面。他们都认为中国的"典"属于向"作为一种担保制度的近代质权"发展中的一种过渡形态。①

综上所述，笔者的看法是，典不应该被纳入借贷契约类型之中，也不完全属于买卖契约。它应该是中国传统社会一种特殊的土地转让制度。正如黄宗智所说，典"允许他当价格下降时'抛弃其回赎权'，亦即免'负担于其物价格'，而于价格上涨时，可以由找帖权获得利益"。② 因而典可以被视为随着价格的变化和经济的波动在回赎和买卖之间进行不同程度滑动的一种交易方式。在贵州岑巩地区，典的性质、价格、加价、转典方式以及其土地回赎期限等交易行为及其契约格式呈现出非常复杂而多变的情况，其实这正是本来应该制度化的契约规范保持相当的灵活性以适应民众生活需要的活态体现。

四、典的社会影响

典契的发展，是土地所有权分离的结果。黄敬斌、张海英从春花鱼鳞图册的记载中分析认为，"业主"（即承典人）对于土地拥有传统意义上的"所有权"，实际权益可能仅限于收益权和让渡权，而"田主"（即出典人）的权益则接近传统意义上的"使用权"，可能普遍实际耕作土地，尽管可能实际是佃农的身份，对于土地的占有却是相当牢固的，而"业主"对某丘田地拥有的权利则可能变化更快，他们与土地的实际关系大概较为疏远，可能仅限于将土地当作一种能产生稳定收益的资产来加以保持、积累和转卖。③ 在出典土地的时候，田土的耕种权（或者说使用权）也存在多种不同的情况，程泽时

---

① ［日］岸本美绪. 明清契约文书［M］∥［日］滋贺秀三，等. 明清时期的民事审判与民间契约. 王亚新，等编译. 北京：法律出版社，1998：296.
② 黄宗智. 中国历史上的典权［J］. 清华法律评论，2006（1）：13.
③ 黄敬斌，张海英. 春花鱼鳞册初探［M］∥张新民. 探索清水江文明的踪迹——清水江文书与中国地方社会国际学术研讨会论文集. 成都：巴蜀书社，2014：10.

在研究典契的出典之田由谁耕种的问题上，就注意到了三种不同的情况：一是承典人耕种收获；二是出典人继续耕种，不过身份变成"佃户"，承典人收租；三是承典人另招佃户耕种。① 清代福建农村土地典当，还在土地所有权分离的情况下进行，田面权和田底权均可用于典当。田底权的典当，债务人由于是名义上的土地所有人，使用的是一般的典契，只是出典的是土地田底的收益（大租）。田面权的典当，债务人由于名义上是佃户，故使用特殊的典契，出典的是耕作权和田面的收益（小租）。②

典契的发展，有学者认为还跟高利贷资本对农业经济和土地所有权的入侵有着很大关系。如杨国桢认为："在土地可以相对自由买卖的条件下，高利贷资本往往侵蚀和吞没债务人的土地所有权，引起土地的转移，即在土地抵押担保的基础上，又发展了直接的土地典当。土地典当是高利贷资本向土地资本转化的一种方式，又是土地买卖的一种病态，也是地主兼并土地的惯用手法。"③ 但是长野郎的看法则有不同："从出典的性质上看，这种制度，不是单纯土地担保的资金通融，是在一定期间，把土地委于资金通融者之手，并且不能如期偿还的时候，土地所有权就成为永久的转移了。"④

将典视为一种"担保物权"和"用益物权"的转让，是从典的客观效应的立场进行的定性，但这不能完全解释出典人出典田土的动机。从民众自身的生存策略上来看，典应该是民众避免土地完全绝卖出去的一种土地交易模式。民众在一般的情况下，不会选择将土地出售，因为农业社会中土地是生活最基本的保障，直接失去土地最终所有权的绝卖，是在最后不得已而为之的选择，如果能够有缓冲和转圜的余地，使得以后还有可能拿回土地的所有权和使用权，是民众之所以愿意选择典当而不是绝卖土地的根本目的。保留回赎的权利，也是典与借贷相比更能保护土地权利的方式。因为借贷需要冒着高利贷盘剥的危险，如果不能还利，又失去了保护土地的主动权（即不能回赎），那么失去土地之最终所有权的可能性就会大大增加。因而，典是保护土地最终所有权的一种策略。围绕着典的种种民间习惯，很多都是为了实现保护土地最终所有权这一目的而设置的。黄宗智认为，典"包含帝国晚期不

---

① 程泽时. 清水江文书之法意初探 [M]. 北京：中国政法大学出版社，2011：38—40.

② 杨国桢. 明清土地契约文书研究 [M]. 修订版. 北京：中国人民大学出版社，2009：336.

③ 杨国桢. 明清土地契约文书研究 [M]. 修订版. 北京：中国人民大学出版社，2009：26.

④ ［日］长野郎. 中国土地制度的研究 [M]. 强我，译. 北京：中国政法大学出版社，2004：120.

断增长的商业化了的小农经济的市场逻辑。它还体现了一种生存伦理,该伦理源于面对不断的生存危机的经济。一方面,根据土地永久所有权的前商业理想,它对那些不能够继续以所有地糊口的人给予特别照顾,允许他们无限期回赎土地;另一方面,根据市场逻辑,它允许买卖获得的典权本身,甚至允许买卖因涨价而获得的那部分赢利"①。

典的出现与发达,对中国土地制度和社会经济生活都产生了很大影响。龙登高等认为,一方面,典契与金融资本的融通,强化了个体农户的独立经营,增强了其抵御风险的能力;另一方面,典契的发达,减缓了土地所有权的买卖,有效地抑制了土地集中的趋势。② 故而典实为中国民间一种反土地兼并的经济制度,它保护了小农的经济利益免遭高利贷资本的侵蚀,使土地不致于过分集中,因而抑制了土地的兼并。从另一个意义上来说,"它可以是融资,也可以是亟待救急的办法,但更重要的是通过对出典人有利的回赎条件来维护农村中处于患难中的人们的土地权利的习俗。后者其实是历史上的典权的最关键的一面"③。这种"仁治"的办法有效地缓解了基于土地关系引起的社会矛盾,稳定了乡村社会秩序,故而这也是中唐以来,典的出现乃至于逐渐活跃的原因所在,明代以来政府认可、支持并将典合法化,清代一度规定典不用交税,④ 正是中央王朝"扶弱抑强"的政策中对小农经济进行扶持和保护的体现。

---

① 黄宗智. 中国历史上的典权 [J]. 清华法律评论, 2006 (1): 1.
② 龙登高, 林展, 彭波. 典与清代地权交易体系 [J]. 中国社会科学, 2013 (5): 140—141.
③ 黄宗智. 中国历史上的典权 [J]. 清华法律评论, 2006 (1): 2.
④ 乾隆二十四年规定"凡民间活契典当田房,一概免其纳税,其一切卖契,无论是否杜绝,俱令纳税。其有先典后卖者,典契既不纳税,按照卖契银两实数纳税。如有隐漏者,照例治罪"。(清) 徐本,三泰,等. 大清律例:卷九 户律·典买田宅 [M]. 刘统勋,等续纂//文渊阁四库全书:第 672 册. 台北:台湾商务印书馆股份有限公司,2008: 547.

从清代清水江流域林木买卖活动看家庭经济状况

宋家永*

乡村家庭经济是中国古代经济史的重要内容，林木买卖活动是个体家庭经济的主要钱物交易形式之一，影响到家庭开支的盈缺和家庭的生产生活。探究清末时期清水江流域林木买卖的情况和特点，有利于了解当时当地家庭经济的运转状况和认识当地家庭的经济生活，有利于厘清清末中国乡村家庭经济史的发展脉络，充实中国清代经济史有关家庭经济运作方面的内容。

贵州清水江属长江水系的沅江，其流域位于整个黔东南的苗族、侗族等少数民族自治州。明朝以后，清水江就起到了沟通长江流域和贵州地区的重要作用。到清代，清水江流域的沿江建制有了调整，流域内的行政建制有都匀府、镇远府、黎平府、平越直隶州等。① 清水江流域的林木贸易经济发展到清代已经是一个完整的体系，林木买卖活动涉及多个方面的内容，与土地租佃关系相似的林木佃栽、林木山场出卖、木商行的运行及影响、林木与私人物产共同出卖、伙买伙卖等。而家族宗亲关系的紧密连接又对林木买卖活动的规模、地区上的限制或集中方面有重要影响。林业经济与家庭生产密切相关，那作为家庭经济的一部分，从分析林业生产经济的状况便可尽可能把握住家庭经济的状况，这是本研究需要探讨的内容。

一、清水江清代林木买卖研究的学术回顾

关于清水江流域的林木经济活动研究，自贵州清水江学建立后，可谓硕

---

* 基金项目：2018 年国家社会科学基金一般项目《清水江流域民间借贷契约文书研究》（18BZS139）。

宋家永（1994 年生），女，贵州清镇人，贵州师范大学 2018 级中国史硕士研究生．

① 林芊．贵州民族地区社会历史发展研究——以清水江为中心、历史地理的视角 ［M］．北京：知识产权出版社，2012：绪论．

果累累。早期关于清水江林木契约与社会经济关系的研究成果主要有张应强的专著《木材之流动：清代清水江下游地区的市场权力与社会》①，这部书借助区域社会史理论，主要论述了清代清水江下游的木材流动，探究其背后的社会政治经济关系，以及在国家权力渗透到清水江流域的背景下，清水江木材贸易机制的变化与发展，是清水江流域林业经济研究中颇有影响力的著作。学术论文主要有杨有赓的《清代清水江下游苗族林契研究》②，作者分析了清水江文书山林契约中的租佃关系，总结出苗族社会经济的特点，还提及了清代道光后清水江流域林业贸易衰落的原因，对清水江林木贸易的研究有了初步的诠释。在通过清水江文书探讨当地民族经济关系的问题上，杨有赓先生还发表了一篇名为《清代苗族山林买卖契约反映的苗汉等族间的经济关系》③的文章，作者在林木买卖契约研究的基础上，试图展现清代清水江苗汉之间的经济关系轮廓，总结出客商带来的汉文化对当地经济文化发展的促进作用，更重要的是，文中还指出地主与商人的结合形成了清水江的商品及地主经济特点，对清代清水江社会经济做出极具重要的概括性定义。

近期关于清水江流域林业经济研究的成果，专著上主要有徐晓光的《清水江流域传统贸易规则与商业文化研究》④，此书重点在清至民国时期清水江木商及其衍生出的文化、经济、思想、贸易规则等方面做出系统全面地分析，从而进一步了解西南地区少数民族的经济文化形态，是清水江木商问题和木材贸易规则研究上的最新成果。论文上主要有林芊的《清水江流域林业经济制度史研究的几个问题——清水江文书·林契研究之三》⑤，作者提出清水江流域林业经济仅游走在个体家庭为主导的生产经营中，由此注定此地的林业经济并不会具备大规模的商业效益，且林业产权也逐步向个人集中，表明了这是一种林业生产的小林农社会经济性质，对研究清水江流域林业经济制度的方向提供了重要借鉴。关于清水江林木问题的研究，还有徐晓光的《清水

① 张应强．木材之流动：清代清水江下游地区的市场权力与社会［M］．北京：生活·读书·新知三联书店，2006．
② 杨有赓．清代清水江下游苗族林契研究［Z］．贵阳：苗学研究会成立大会暨第一届学术讨论会，1989：132—139．
③ 杨有赓．清代苗族山林买卖契约反映的苗汉等族间的经济关系［J］．贵州民族研究，1990（3）．
④ 徐晓光．清水江流域传统贸易规则与商业文化研究［M］．北京：社会科学文献出版社，2018．
⑤ 林芊．清水江流域林业经济制度史研究的几个问题——清水江文书·林契研究之三［J］．贵州大学学报（社会科学版），2016，34（5）．

江文书"杉农间作"制度及"混交林"问题探微》① 一文，作者在基于清水江文书的研究上，对贵州史书上记载的林农间作制度进行了较全面的分析，再对"混农林"的历史意义问题做了初步的论述及"混林作业"如何带来经济与生态效益。王宗勋也在其《试论清水江木商文化》② 文章中，从清水江木商文化与"皇木采办"、客商的渊源，佃造山林和人工营林的存在与关系，理出清水江下游木材经济的贸易渠道，并在最后对探究清水江的林木生产性质做了定义，即封建林业生产关系。

除了关于清水江流域林木经济问题的研究，关注到家庭问题与林木经济关系研究也有一些成果，主要有罗康隆、杨成共同发表的论文《侗族传统家族制度与清代人工营林发展的契和》③，文章主要证明了清代清水江下游侗族人工营林的发展演变与当地家族制度密切相关，主要表现在家族成员对家族制度的遵循与传承对当地的林木贸易发展起到了保障作用，产权契合是家族制度与人工营林的重要特点。王宗勋在《文斗三老家及其契约文书》④ 一文中，探讨了文斗寨"三老家"家族势力对当地林业经济的影响，对契约文书的经济作用给予很高的评价，肯定了清水江大家族势力对木材贸易繁荣做出的贡献。李士祥的论文《有清以来清水江流域农村家庭问题探微——以清水江文书为中心的考察》⑤，作者对清水江的家庭类型、人口、财产做了详细地梳理，指出了清水江流域的家庭结构和经济特点，即联合家庭与核心家庭与当中的"共财"与"异财"的关系，以此将清水江流域的家庭问题引入清水江学的研究中。

以上学者的研究涉及清代清水江流域林木买卖和木商经济的成果较多，但目前关于专门研究清代清水江流域家庭经济状况的成果还稍显不够，本文就收集到的史料和文献，试图从林木买卖活动看家庭经济状况的角度，做一些浅薄的分析。

---

① 徐晓光. 清水江文书"杉农间作"制度及"混交林"问题探微 [J]. 原生态民族文化学刊，2013，5（4）.
② 王宗勋. 试论清水江木商文化 [J]. 贵州大学学报（社会科学版），2018，36（2）.
③ 罗康隆，杨成. 侗族传统家族制度与清代人工营林发展的契和 [J]. 广西民族研究，2009（3）.
④ 王宗勋. 文斗三老家及其契约文书 [J]. 原生态民族文化学刊，2011（2）.
⑤ 李士祥. 有清以来清水江流域农村家庭问题探微——以清水江文书为中心的考察 [J]. 贵州大学学报（社会科学版），2019，37（2）.

二、清代清水江流域的家庭概述

要了解清水江的家庭经济状况，对其家庭结构的认识必不可少，所以可由此作为探讨清代家庭功能的依据。而清代清水江的家庭结构移民特殊，不仅有本地人组建的家庭，还有外地移民组建的家庭。清代家庭结构多样，最主要的是直系家庭、核心家庭、家族家庭。家庭人口平均为五人，且是一对夫妻与未婚儿女同住的家庭一般称作核心家庭；父母健在且有多对已婚子女的家庭是家族家庭；父母健在且只有一对已婚子女的家庭称为直系家庭。而就家庭的人口规模而言，人口多的也可以称作大家庭，人口少或人口为五人左右的则称作小家庭。清水江的家庭结构类型大抵如此。对清水江流域家庭结构的划分，对研究家庭经济状况相当重要。一是家庭结构体现了家庭的主要劳动力占比，对家庭的经济收入和支出等方面影响重大。二是家庭结构反映了家庭功能的实施程度。这是由于家庭成员的数量和他们之间的关系对于家庭功能的实现至关重要，家庭结构直接反映了一个家庭的基本状况，把握了家庭的基本状况，才有益于了解分析家庭经济的情况。邢铁老师在其作品《唐宋家庭经济运行方式研究》中也提出，在家庭经济史的研究中，应更看重家庭结构[1]。

在清代，清水江流域除了本地人组建的家庭，还有外来客民来此建立的家庭。清代的清水江流域是苗、侗等少数民族的聚集区，仅黎平府辖地就有苗寨 220 余处[2]。雍正七年（1729）开始改土归流后，清水江与外界联系逐渐增多，大部分苗寨都归清政府派遣的流官管辖，外来客民流入清水江并定居的不在少数。这些外来客民穿插居住在各苗寨，与当地居民进行着频繁的经济交流。这样，清水江流域的家庭就不仅有当地土著建立的家庭，还有客民来此定居后建立的家庭，两者的家庭经济又有一定的差别。因为客民很难在当地购得土地，而清水江居民当卖或承买土地物资财产的首选买卖对象是他们的宗亲近邻，所以"客民当买田土则又寥寥"[3]。未真正融入当地居民的客民，为了生存，他们有的承佃耕种地主的土地，而落居为"蓬户"。往后随着移民的涌入与定居，清水江居民已逐渐是"汉多苗少"[4]。

---

① 邢铁. 唐宋家庭经济运行方式研究［M］. 北京：人民出版社，2018：34.
② 黔南职方纪略［M］. 台北：成文出版社有限公司，1974：156.
③ 黔南职方纪略［M］. 台北：成文出版社有限公司，1974：157.
④ 黔南职方纪略［M］. 台北：成文出版社有限公司，1974：160.

总而言之，在清水江流域，由于家庭结构的不同，所体现出的家庭经济规模和运作方式也不同。清代的清水江流域，林业经济与纺织业同时成为支撑清水江流域家庭经济的主要经济产业。《黔南职方纪略》就对清水江流域内的黎平府有这样的描述："山多种木、棉，苗妇勤于纺织，杉木荣林到处皆有。"① 所以，清代乾隆年间后，清水江流域的林业生产就已经具有规模。林业经济已逐渐成为清水江家庭重要的经济产业之一。大量的林木契约已经说明，清水江林业经济已发展得相当成熟和繁荣，邻省邻府的客民前来与当地居民进行贸易的亦不在少数。以杉木为主的林木买卖、租佃等经济活动，直接影响了当时清水江流域的家庭经济状况。

三、林木经营中的家庭经济状况

（一）林农间作的家庭农业生产模式

家庭的主要功能包括生产功能，生产功能是生活功能的保障，而清水江流域的家庭农业生产模式把这两者很好地结合了起来，也就是说，家庭经济与林木生产密切相关，林木与农产品种植对于土地的有效利用得到了有益调节，有利于家庭林业经济的稳固发展。清代清水江流域"山多栽土树，宜杉"②，杉木的种植是当地家庭农林生产的主要经济产品。从事林业生产的林农在种植杉木之前，会预先栽种一些农作物来松络土性，从而使土质受益养活杉木。他们多选择麦子和苞谷等农作物来松土质，这样既能在一定程度上满足家庭的基本粮食需求，又能使种植杉木的土地资源得到充分利用，这种林木经济的生产模式被一些学者称作农林间作③或杉农间作④。

林农间作的家庭生产模式是清水江林木买卖活动的基础，是家庭林木经济得以继续发展的根本。林农间作的具体方式是，林农种植树木时需要测算每棵林木的种植间距，为了使杉木更易成木，养木之前还需养土，也就是将土地上的乱草焚烧晒干后，再撒到幼木地里保养土性，以保护木芽，促其生长。杉木的养成需要耗费林农大量的时间和精力，杉秧需三五年才能成材，20 年才可斧柯出卖。林农间作的生产模式，使一般林农在进行林业经营的过

---

① 黔南职方纪略 ［M］. 台北：成文出版社有限公司，1974：157.
② （清）爱必达. 黔南识略 ［M］. 台北：成文出版社有限公司，1969：146.
③ 林芊. 贵州民族地区社会历史发展研究——以清水江为中心、历史地理的视角 ［M］. 北京：知识产权出版社，2012：140.
④ 徐晓光. 清水江文书"杉农间作"制度及"混交林"问题探微 ［J］. 原生态民族文化学刊，2013，5（4）：11.

程中，也保障了家庭必需的农作物种植生产，维持了生计，还有效地利用了土地资源和促进林业的发展，是清水江流域极具特色的农业经济生产模式。林农间作是清水江林业经济发展与家庭生产相结合的产物，兼顾以农为本和家庭经济副业的发展，充分体现了清水江流域家庭农业劳动生产方式上的智慧。

（二）家庭缺银使用而产生的大量林木买卖契约

清代清水江的林木买卖活动，很大部分是家庭之间小规模的经济往来活动，但之中用于交易的银钱数目足以缓解一个家庭的经济困难。清水江流域关于缓解家庭开支和银钱用度苦难的林木契约的数量不在少数。清水江流域的居民并不把林木当作一种完全的营利性质的商品进行交易买卖，卖主所属的林木是其属于的个人财产，数量有限，而且杉木成材年限长，需耗费大量精力，一般核心家庭并不能做到大规模量产。林木买卖契约中卖主通常会写清出卖"理由"（这个无不显示了一个家庭在经济方面的生存困境），既笼统又简单地将其描述为"为因缺少银用，无出……"如下面这份林木例契：

> 立断断卖杉木约人石连受、石得勋，为因缺少银用，无出。自己愿将地名亚王杉木半冲，大小有三十余珠（株），系作两股平分，本名所占一股，栽股土股。今凭中立断卖与本寨□□石茂勋、石正邦二人名下得买为业。当日凭中三面议定断价银壹两四钱七分，亲手收回应用。其杉木自断之后凭从买主修理蓄□长大发卖，并不许卖主房族弟兄子至（侄）内外相干。如有相干拘在卖主理络承当，不干买主之事。一断一了，父断子体。今欲有凭，立此断字存照。
>
> 内均添落七字。
>
> 代笔中　石□勋
>
> 道光十年七月初五日立断①

在家庭经济运行中，银钱的使用必不可少。这种林木卖出的动因大都是为了换取银两贴补家用，可将其视作一种维持家庭经济收入的主业。如以上例契所示的林木买卖形式是多个亲族一起"伙买伙卖"，这也是一种常见现象。林木产权的转移，对于一个普通家庭来说往往携着大额的银钱流动，这些都是家庭经济生活中的大事。按《黔南识略》中记载，当时的清水江，一斗米的市价最便宜时也要 2 钱左右，如上述例契所示，一股林木约有 15 株杉木，买主出价就高达"壹两四钱七分"，这对一个普通的核心家庭来说绝对是

---

① 李斌．贵州清水江文书·黎平文书：第6册［M］．贵阳：贵州民族出版社，2017：67．

一笔丰厚的收入。

林木买卖活动中不菲的银钱交换，又直接影响到一个家庭的经济盈缺，甚至会延伸到同一地区的某个族姓的范围内。在清水江，与林木相关的买卖活动大都是以缓解家庭紧张的经济，虽然这并不能成为支撑每户家庭开销的全部渠道，却直接缓和了家庭的收支矛盾，很大程度上益于一个家庭的生存和延续。

（三）林木买卖活动中的宗亲家庭关系

林木买卖活动中，买卖双方之间大都存在着亲属关系，即在林木买卖活动中，家庭中存在经济往来以宗亲为先的家族观念。林木经济的运行很大部分存在于家庭亲族之间的交易往来，买卖双方不仅一人，他们各自之间又有宗亲血缘关系，甚至存在着买卖双方皆同属亲房族的现象。清水江文书中有不少"兄弟""叔侄""父子"断卖和承买的林契。如下面这份林木契约：

立佃栽杉木约人本寨中房杨三格，为因缺少费用无出，自愿将到土名八板山杉木一块上抵田、下抵半冲、左右抵岭，四字分股。此山全栽分为贰股均分，本名出卖栽手一股与土股（与）下房杨承恩、杨承枝、杨承和、杨承礼率侄文秀、文暄、文清父子六人名下承买为业，当日凭中三面议价铜钱陆佰二十文整，亲手领用。其杉木自卖之后任凭买主子孙修理管业，卖主不得异言。倘有外人争论，俱在卖主一面，不干买主之事，一卖一了。今恐后无凭，立此断卖文约存照。

凭中　杨三应
代笔　大伯承谟

光绪十九年二月二十日立①

例契典型地反映了宗亲之间以林木买卖为联系的经济来往，同姓宗亲虽然分了房，但经济来往密切，这是出于信任和林木买卖以"亲邻"为首的原则。这是因为在清代，中国农村社会还残存着氏族制的"产不出户"思想②，这就使清代清水江流域还存在着强烈的宗系家族观念。即使是外来客商要来清水江流域做林木贸易的生意，也要顺从当地的宗亲观念。

宗亲观念不仅体现在清水江流域家庭之间的经济来往中，外来客商也要遵从这个原则才能与当地人进行木材贸易。清朝中期，在实行了大规模的改

---

① 李斌. 贵州清水江文书·黎平文书：第20册［M］. 贵阳：贵州民族出版社，2017：356.

② 傅衣凌. 明清农村社会经济　明清社会经济变迁论［M］. 北京：中华书局，2007：24.

土归流后，苗疆得以开拓，客商来到黔东南进行林木贸易活动更为频繁方便，为了和当地人建立和谐的林木贸易关系，客商还必须和当地人"认同宗"①，否则，就不能轻易与他们建立木材贸易关系。这种有着强烈的宗亲意识的文化思想交流，贯穿在清水江林木贸易活动中。这种观念不仅体现在财产继承和土地地权转移上，在林木买卖中也有着很大的影响：一方面是当地民众对本寨私有土地的保护，杜绝外来客民的侵占，维护当地家族稳固的宗系关系；另一方面则形成了特有的林业经济区域，家庭以出卖营利为目的而种植林木，就免去了滞售的风险。降低了家庭经营的林木经济，维持了家庭的经济收入，同时，也为家庭经营的林木买卖带来不菲的经济效益。

综前所述，清水江流域繁荣的林业经济活动，至少在清代，始终伴随着同宗家族经济往来的观念对家庭林木买卖活动的影响，这也是清水江流域家庭经营的林木经济的重要特点。

四、林业契约类型及承载的家庭经济情况

（一）杉木为主的林木山场买卖

清代清水江流域的林木交易以杉木为主，与杉木和杉木山场有关的买卖契约在清水江文书中占据了很大数额，杉木是当地林农家庭的重要财产并成为主要的经济来源。以随机收集的 652 份清代时期的清水江黎平地区的林木买卖文书为参照，其中，与杉木与杉木山场相关的契约文书就共同占据了81%，与杉木相关的文书占据38%，与杉木山场相关的文书占据42%。这也表明，在清代时期的清水江流域，杉木与杉木山场产生的经济效益已经是林木买卖活动中的主流。因此，分析与这两个名词相关的契约文书，对了解当地家庭经济生活具有重要的意义。杉木是家庭重要的农业产品之一，与其有关的买卖活动对整个家庭经济收支影响不言而喻。而除一般杉木等林木的买卖，如前所述，"林木山场"的买卖在清水江流域也是相当活跃甚至相当重要的。"林木山场"已经是一个极具经济价值的名词，拥有深厚的历史内涵②。这里列举两份相关文书以做分析：

---

① 杨庭硕．相际经营原理——跨民族经济活动的理论与实践［M］．贵阳：贵州民族出版社，1995：44.
② 林芊，杨春华．清水江文书中的林业生产：侧重方法论及林农生产的视角——清至民国西南内地边疆侗苗地区土地关系研究之一［J］．贵州大学学报（社会科学版），2017，35（3）：31.

立断卖杉木山场人杨丕烈、丕成弟兄二人，缺少费用，自愿将祖遗杉山土名境奔聚一块，左凭岭、右凭冲凭田、上抵盘路、下抵田岭嘴为界，四字分明。杉木三股均分，栽手占一股，山主占贰股。山主山杉木今请中出断与石文秀先生名下承买为业，当面中议定价银三两七钱整，即日交清入手收回应用，其杉木自断之后凭从买主管业修整。恐有不清，卖主一力承当，一卖百了。今恐无凭，立此断字存照。

凭中　笔　石希照

道光十三年五月初八日立断①

立断卖祖父山场杉木字人石山明，为因生理缺少银用无出，自己问到愿将土名磉住杉本（木）一块系作六股均分，本名所占一股左平冲、右平土地会为界、上抵清溪□回坎以下为界、下抵江河。四至分名（明），六股均分，本名分请中出卖一股本兄石山静名下承买为业。当日凭中议定断价元银一两四钱八分正（整）。亲手领受应用，杉木□断之后凭从买主修理管业，不干卖主之事，一卖一了，永无异言。恐后无凭，立此断杉木□□存照为据。

内添一字。

凭中　石长应
代笔　石永望

道光二十八年四月十八日立断②

两份例契有一个共同点，就是出卖的林木山场皆是祖上遗承下来的财产。虽说并不代表清水江的林木山场都是祖上遗产，但"祖遗"山场的存在，就给林木山场的经营提供了丰富的经验，而林农又能继续开拓新的林木山场，这就有利于林木的生产，且通过买卖关系被集中占有，就形成了不可小觑的规模。也就是说，在清初或清代以前，清水江流域已有专门育林的大片山场，那是一种"郡内自清江下至茅坪二百里两岸，翼云承日，无隙土，无漏阴，栋梁宋桷之材，靡不备具，坎坎之声铿訇空谷，商贾络绎于道……"③的盛况。林木山场的承买，成了大家族占据大量林木产品的方便途径，大片成林的经济林地给当地的林木经济带来大好趋势，迎合了外地水客到清水江收购

①　李斌. 贵州清水江文书·黎平文书：第 14 册［M］. 贵阳：贵州民族出版社，2017：172.

②　李斌. 贵州清水江文书·黎平文书：第 5 册［M］. 贵阳：贵州民族出版社，2017：129.

③　（清）爱必达. 黔南识略［M］. 台北：成文出版社有限公司，1969：147.

大量成材林木的经济需求，外地来的商人水客与当地林农产生了密切的经济联系。清水江流域如黎平、锦屏、剑河、天柱等地都是著名的林木市场。林木山场通过买卖进行私人占有，对大规模的林木生产有着相当大的助推力。清水江文书中"林木山场"这个名词的频繁出现，足以说明当地林木经济的繁荣，成片的山场林木作为经济产品进行频繁的贸易活动，是长期支撑着当地家庭经济的主流，杉木是家庭主要的经济产品，其卖出所得的银钱，占据了大部分的家庭经济份额。

（二）林木契约中"股"地占据和买卖

为方便经济交往，林木买卖活动中常以"股"数表示卖方占据林木份额的数量。"股"是物质财产的数量单位，可以表示房屋、土地、山林等所占份数，细分为大股、股、小股。如以下例契所示：

立断卖杉木人并山约人石成章、石学义弟兄二人，为因无银使用，自愿将祖遗杉山土名高面，左平成壁、右平士后、上平光辉、下平溪；又打龙罪杉山一块左平石基、下平冲、上平岭；又打龙格杉山一块左平之杰、右平良善、上平岭、下平半冲；又打龙罪与杨怀英共杉山一块左平冲、右上平岭、下平之芳；又打龙与之荣共杉山一块左平田、右平佩璋、上平岭、下平冲。以上杉山五处俱系四大股均分，弟兄五人共占一大股，此股分为八小股，二人各占一小股。又岑朝杉山一块与杨有庆共，左右上俱平火路、下平田。此杉山三股均分，弟兄五人共占一大股，此股分作八小股，二人共占一小股。又定白柴山一块三十八股，成章占二股，学义占一股并银两在内。又锦蒙败桃柴山并杉木在内作八股，均分二人各占一股，一切应得之业请中出断卖与石文琇名下承买为业，当日凭中议定价色银伍两伍钱整，即日兑清，分文无欠。杉山并柴山断卖之后，凭买主修理蓄禁为业，卖主并无异言，恐有不清，卖主向前理落。口说无凭，立此断约，永远存照。

凭中　石补往

代笔　石国正

道光十二年八月初二日立断①

这份例契是股数划分的典型，把一座杉山所承载的价值细分为数大股，家庭成员占据的股份数划分得相当详细。股份的划分由来已久，常见于"林地山场""分关""栽股""土地"等类型的契约文书中，有着经济单位数量

---

① 李斌.贵州清水江文书·黎平文书：第14册［M］.贵阳：贵州民族出版社，2017：164.

的概念。股数的占有和买卖，都直接影响到家庭经济的发展。股份的分别占有，使同个家族的核心家庭之间有着密切的经济联系，同时，还明确了家族家庭成员之间经济关系和权界细化①。同片林场的股份划分，同样也体现了家族家庭成员之间的合作共赢关系。例如，对于共同占有股份的林木山场经营，他们之间就可以共享经营经验或轮作，以保证林木的正常生产。通过股份制，还可保障家族经营的林业生产得以在集体投资的情况下做到集体受益②。所以，股份制才可以广泛流行于各类契约立定中，这在当时的经济模式下不失为是一种最合理的分配方式。

亲系共占物资股份或共同出卖所占股份，买卖双方共同立约，这之中又涉及共占股份的亲属之间的相互协调。林木买卖中，股的划分与继承无不表明了家庭物资财产的状况。林木契约里，多个卖方所得银钱的合理分配，无不涉及各自家庭的经济收支问题。但这种股份占有情况又因频繁的各种财产股份买卖而有着集中和分散的表现。根据清水江文书内容来看，在当地的林业买卖活动中，林地或林木股份的买卖仍是一种常见现象。所以，即便是因为在清代的清水江流域还存在着亲族社会里需要遵循的"先尽亲房"原则③，家族家庭经济就具有了稳固性及继承性。而核心家庭为主的经济状况，依然会随着林木买卖活动不断的发生着变化，这种变动对核心家庭的经济是绝对不容忽视的。

（三）木商行规

木商组织促进了大家庭林木贸易规模的扩大，同时以连环的关系，带动小家庭获得更丰厚的林木贸易利润。在清代清水江流域就已经出现了成熟的"木商行"组织，以下是一份黎平县孟廖镇岑湖村保存的"木商行规"文书：

窃思利本至公，放利者必多怨，心原一理，任理者自和平。我处僻壤之区，虽无奇产，惟恃地舆所出籍用，□□贩木植者十有九，获利息者百无三。因嗟不遵上例，下客独擅其长，爰思率由旧章。山客或沾其益，是以公同会议仍设行于孟廖，罗闪惟冀，凡我同盟，必交单于两岔河口，至此主客三面□是行规，须要银木两交方□□。买者绝求让之毙（弊），卖者免失木之虞，

---

① 张明，林芊. 清水江文书中"股"的特殊称谓、分配机制及其社会关系 [J]. 地域文化研究，2019（1）：34.
② 徐晓光. 清水江流域传统贸易规则与商业文化研究 [M]. 北京：社会科学文献出版社，2018：229.
③ 林芊. 凸洞三村：清至民国一个侗族山乡的经济与社会——清水江天柱文书研究[M]. 成都：巴蜀书社，2014：385.

岂非上下均平，省得尔我争论。所有条规列于左：

一议山客投店必须本地，违者将木充公；

一议当行之处必要守江，如有木失，问店赔还，惟洪水不论；

一议下河客上江买木，即或议妥价钱，务到行银木两交。如私行买卖，倘不测之处，不关当行之事；

一议招缆具在，店主取讨不准自带，店主亦不得当照，已柱现价；

一议芒岭罗峒乃近行之处，江步如客有水敷价，不敷者当主于店主代开售后补足；

一议买卖必须二比情愿方可落盘，如有妄喊叩价者，鸣象公司；

（一）议买卖当二比情愿，业经一言喊断，至（之）后不准翻悔以乱行规，违者禀官究治。

光绪二年十月二十日立

光绪二十年，岁次一来三月初一日立牌①

这份木行规约，使清水江流域的林木贸易活动有了更为清晰的细则。木商行控制下的清水江流域林木买卖讲究"银木两交"，这在一般的林木买卖契约中也有体现。银木两交的原则写进了他们制定规约的原因中，主要是为了实现"买者绝求让之毙（弊），卖者免失木之虞"的情况，保障林木买卖顺利进行。木商行为林木买卖提供了保障和信息交流，在清水江林木买卖中堪任重要角色。而且木商行的存在与经营以及清水江林木贸易的发展，使得大批江淮湘赣等地的木商纷纷涌入清水江进行贸易活动②，这就促进了清水江流域上下游与外地之间的经济与思想文化交流。

清水江流域从业林木买卖繁荣，已成"□□贩木植者十有九"，家庭经济收入来源的形式拓宽，从业家庭普遍存在。木行的出现，树立了林木经济行业的规范，收利更益。通过规范和约定的形式改善"获利息者百无三"的状况，林木买卖的良性获益增长了家庭收入，有益于家庭经营的农林经济的发展，林木产品自然也成为支撑家庭生存的重要财产。但是，一般核心家庭的林木买卖活动往往规模有限，卖出所得也只够支撑家庭日常或紧急需求的消耗，这种家庭的林木买卖活动范围有限，亲邻乡绅优先，他们和外来木商直接进行贸易活动的概率不大。能够和外来客商有长期和频繁林木贸易活动的

---

① 李斌. 贵州清水江文书·黎平文书：第3册［M］. 贵阳：贵州民族出版社，2017：351.

② 王宗勋. 试论清水江木商文化［J］. 贵州大学学报（社会科学版），2018，36（2）：52.

很大程度是占据大规模林木产品的家族家庭，这是一种链接式的贸易活动，所以核心家庭与客商的林木贸易可以说是通过家族家庭间接完成的。这种宗亲观念笼罩下的不同家庭结构之间的贸易模式，维持了清水江林木买卖和经营的兴盛和发展，给核心家庭和家族家庭都带来了不同程度的经济利益。

五、结语

清代清水江流域的林木买卖活动是支撑当地家庭经济的主力之一。家庭生产作业的林木以杉木为主，并有大量的林木山场买卖活动。家庭经营的林木买卖形式多样，股份制的划分和亲族之间的共卖共买，产生的银钱的交易都直接影响了家庭的收入和开支。在强烈的宗亲观念影响下，这种林木买卖活动始终伴随着宗亲"垄断"的束缚，但也使林木贸易活动得以顺利进行并给一般核心家庭的林木买卖做保障。随着客商涌入当地进行频繁的木材贸易，清水江流域的林木经济发展得相当繁荣，林木买卖活动带来的家庭经济利益十分可观，占据大规模林木产品的家族家庭与客商的交流更为直接频繁，木商行的出现规范了这种贸易活动，提升了家庭林木买卖的效益。不同的家庭结构和投入成本不同，这种经济利益又是有差异的。这里，本研究为清水江流域林木活动中如何看待家庭经济的问题只提供了一个探索思路和有限的分析，关于清代清水江流域的家庭经济在林木买卖活动中如何运行和呈现怎样的规律，则需要更深入的探讨。

02

碑刻研究

从碑刻看清水江流域木材运输的
"江步"规则与生态保护

严奇岩*

清水江流域是贵州苗族、侗族的聚居区，历史上长期以林业开发和木材贸易而闻名。清水江流域的木材运输主要靠水运。木材运输势必涉及各方利益的协调，由此必要制定相关的管理规则。清代民国时期为维护木材运输和贸易秩序，民间有一套"江规"，包括当江制度和江步规则。目前学界对木材贸易中的当江制度已有探讨①，而对木材运输中的"江步"的研究，现只对"江步"组织的由来及其变迁做探讨②，其他方面尚欠研究。故本文以收集到的碑刻资料为基础，拟对清水江木材运输中"江步"的运行情况及其生态保护价值进行粗浅的探讨。

一、"江步"与木材运输

"江步"，为清水江木材运输过程中的地方性专有名词，指清代民国时期清水江流域各河流由沿岸附近的村寨就近享有所有权，包括灌溉权、捕鱼权、

---

* 基金来源：国家社科基金项目：近 300 年清水江流域林业碑刻的生态文化研究（13BZS070）。

严奇岩（1971 年生），男，汉族，江西萍乡人，贵州师范大学历史与政治学院教授，博士，博士生导师。

① 代表性成果有：严奇岩．"当江制度"与清水江流域的生态变迁——以碑刻资料为考察重点［M］．中央民族大学学报（哲学社会科学版），2016（4）；管志鹏．清代清水江木行制度的变迁——以"当江"制度变迁为例［J］．原生态民族文化学刊，2013（2）；曾梦宇．"当江"制度与民族地区经济发展的保护研究［J］．原生态民族文化学刊，2017（4）；秦秀强．江规：清代清水江木材采运贸易规范考察［J］．原生态民族文化学刊，2010（1）；等等。

② 程泽时．从"江步"到"散夫合同"：清代清水江流域放木组织的市场化变迁［J］．湖北大学学报（哲学社会科学版），2018（1）．

采砂权和运输权等。新中国成立后，分江分段垄断木材放运的"江步"制度才正式废除。"江步"在传统文献中很少记载，而多见于民间文献，特别是碑刻资料。

（一）"江步"的划分与木材运输

清水江木材主要依靠水上运输，沿江各寨为垄断木材放排的权利，各自划分自己的"江步"范围，并以刊碑形式予以确认。一个"江步"即对应于沿江一个村寨的管辖范围，"江步"的划分多为木材运输较多的清水江支流。从碑刻看，"江步"的取得遵循两大原则，即属地原则和开发原则。

锦屏县偶里乡皆阳嘉庆六年（1801）《界限碑》①载：

余地金耸边隔之界限，所有江步地断自祖。藕洞塘凭留纪溪路，上抵境景漒坡脚以下拱桥脚乌山溪口，上从奢老坡头，过步帽沮，上阴登坡分界，乌怛为中溪。藕洞塘下抵凭卦治上来小溪，即乌鳌溪，凭溪上至藕洞为界，慨属金耸，四抵之内山场、陆水沿河，后代子孙永远管业。界内山坡各自努力勤栽杉、茶二树，以为养命度活之原。若谁家有木植砍伐下河，每株定取租江步银八厘，以当大小事件公项。倘有余积，俱与忠厚正直之人经理，免碍私吞宇留办公之费。因嘉庆四年山客姜时敏砍界内杉木植，藕洞塘挑排，随湾随放，始取江步银八厘为准，后代永远抽取，定有章程为据，遂照管业是实。

偶里原名"藕洞"，偶里乡皆阳龙氏家族山场陆水的范围"凭留纪溪路，上抵境景漒坡脚以下拱桥脚乌山溪口，上从奢老坡头，过步帽沮，上阴登坡分界，乌怛为中溪。藕洞塘下抵凭卦治上来小溪，即乌鳌溪，凭溪上至藕洞为界"，"四抵之内山场、陆水沿河，后代子孙永远管业"。该范围内的山场及"江步"属于龙氏家族所有。即藕洞塘下抵卦治的乌鳌溪为龙氏藕洞塘的"江步"范围。"所有江步地断自祖"，说明龙氏家族拥有的藕洞塘"江步"由来已久。这是有关"江步"较早的记载。偶里的"江步"说明"江随山主"的属地原则，即江河所有权归所在地两岸山林或土地所有者所有。

除属地原则外，还有一种"江步"源于开发，即谁开发谁受益。锦屏县铜鼓镇高柳村下寨，至今保存嘉庆十六年（1811）《永定江规碑》，记载锦屏高柳与鬼鹅（今向家寨）争江的故事："本系同谱宗族"的高柳和鬼鹅两个村寨，同属亮江西岸，乾隆九年（1744）高柳寨向、龙二姓与鬼鹅向姓合力

---

① 原碑无额题，碑名为笔者所加。王宗勋，杨秀廷. 锦屏林业碑文选辑［M］. 锦屏：锦屏地方志办公室，2005：53.

疏通亮江河自鬼鹅至难标共 15 里一段，承运木商木植。即碑文所载："高柳之龙、向二姓及鬼鹅向姓，合力开自鬼鹅寨门首起至难标止共一十五里。竣工之后，河道顺流，遂与上下沿河民分段放运客木，以取微利，江步之所由来也。"① 正因为高柳寨居民参与河道治理，从而取得了在这段河道代客放木的权利，也即"江步"的权益。

从高柳和鬼鹅两寨取得"江步"看，沿江各寨村民分段疏通开发河道，并因此获取木材分段运输权利，这样把沿河居民参与同修浚河道义务与他们在相应河段放运木材的权利联系起来。因此，高柳寨与鬼鹅共同获得亮江自鬼鹅至难标段的"江步"是遵循于开发原则。

"江步"的划分，使清水江流域各河段分别为各村寨或各家族所有私有下面根据碑刻材料列举清水江支流的一些主要"江步"。

乌下江分上河与下河两个"江步"。咸丰元年（1851），罗闪、孟彦等 26 寨寨老商议，在锦屏固本乡培亮村立《拟定江规款示碑》，明确清水江支流乌下江的"江规"，即"上河木只准上河夫放，不可紊乱江规；下河夫只准接送下河，须要分清江界"②。

清水江支流亮江河又称"八步江"。锦屏王寨（三江镇）今残存的光绪九年（1883）《八步江规碑》规范了亮江从"头步"村寨到"第八步"村寨之间"分步"放运木材各取其利的基本规范。③ 残碑通过划分"江步"，明确沿江各村寨的权属范围及其放运木材的江段。光绪十八年（1892）锦屏县王寨《永远遵守碑》落款为"实帖亮河八步江晓谕"④。事实上，亮江沿河村寨分享着放运木材的利益，一寨管一段，一寨送一段，分八段由八地人承运，依次是洞浦、娄江、八洞口、稳江、赛地、下高、银洞、亮江等八个地点交接木材。木到亮江口由茅坪人接运至茅坪木坞。⑤

清水江支流八洋河包括腊洞河、婆洞河和八洋河等河段。其中，腊洞河发源于启蒙镇高孟坡东麓，流经玉泉、金茂、中寨和丁达后汇入婆洞河，而婆洞河为八洋河上游，八洋河在平略镇注入清水江。这三段河历史上都有木材运输的"江步"。

腊洞河为腊洞三寨所有，其"江步"范围是从腊洞河源头至丁达村腊洞

---

① 贵州省锦屏县志编纂委员会. 锦屏县志［M］. 贵阳：贵州人民出版社，1995：896—897.

② 锦屏县林业志编纂委员会. 锦屏县林业志［M］. 贵阳：贵州人民出版社，2002：459.

③ 锦屏县林业志编纂委员会. 锦屏县林业志［M］. 贵阳：贵州人民出版社，2002：456.

④ 王宗勋，杨秀廷. 锦屏林业碑文选辑［M］. 锦屏：锦屏地方志办公室，2005：45.

⑤ 锦屏县林业志编纂委员会. 锦屏县林业志［M］. 贵阳：贵州人民出版社，2002：248.

河汇入婆洞河交汇处，全长 10 多公里。

婆洞河的"江步"分上婆洞和下婆洞两步。即是以巨寨村寨伍门口盘兴塘为界，盘兴塘以上由上婆洞管理，该河段的木材由上婆洞人放运；盘兴塘以下到栗木塘归下婆洞管理，过此河段的木材均由下婆洞人接放，到八洋河的栗木塘后将木材清点交给归朝人继续下运。①

八洋河又称"四步江"。木材从上游放运至寨早后，由寨早人接运后，依次交给岩寨、干溪和桂花盘等村寨，然后交给八洋人接运至八洋河口，最后由平略人接运至"三江"木埠。② 因平略地处八洋河口，八洋过往的船只，运送木材凡走清水江去平略的都要收过河费③。这就是锦屏县平略镇南堆光绪九年（1883）《永远遵照碑》中提及的"八洋河规"。这些过路费分成比例：南堆人占 1 股、平略人占 3 股④。

天柱县瓮洞镇的"江步"为当地巨姓望族——胡氏所垄断。瓮洞镇民国二十五年（1936）《胡氏宗族公议碑》记载："我始祖景春公洪武初年由江西移居瓮洞，迄今数百余年。所有江边码头乃系我始祖景春公遗留之业，该二溪所辖放排等事，概归我胡姓管理，以免紊乱河规。"从胡氏公议的族规看，瓮洞胡氏的"江步"包括以下内容：一是胡氏宗族享有"二溪"的所有权。"二溪"指瓦窑江和翁瓦溪，归瓮洞胡氏宗族所有，享有放排、扒船的"江步"专利。二是胡氏垄断两溪沿岸出产木材的运输权，严禁异姓放排。即碑文规定"放排下托（口）至洪（江），概归胡姓扒放，不准异姓擅入；不准挟带异姓放排，混乱秩序"。三是胡姓宗族将流经瓮洞的清水江上起六尺滩，下至湘黔分界处视为自己的江步管辖范围。该范围内"所有江边码头"为胡氏宗族所有，在此范围内异姓不得从事放排、扎排、扒船和搬运等业务。虽然清水江干流的木排可自由经过瓮洞，但如木排被冲散，需要重新扎排、搬运等业务，则由胡氏族人承担。

---

① 锦屏县启蒙镇志编纂委员会. 启蒙镇志［M］. 昆明：昆明膺达印刷有限公司，2013：459.

② 锦屏县林业志编纂委员会. 锦屏县林业志［M］. 贵阳：贵州人民出版社，2002：248.

③ 2017 年 11 月 17 日研究生郭茂平、朱玉哲等实地考察，抄录碑文，采访村支书李才海等人。

④ 碑位于平略镇南堆村脚田坎上，额题"永远遵照"，碑由三块青石板组成，中间一块稍宽，两边的稍窄。均 180 厘米，宽 106 厘米，厚 8 厘米，上有碑帽，两侧有夹杆。该碑文为官府裁决书，全文 5000 多字，今平略镇南堆村支书李才海先生藏有光绪九年官府判决书的复印件。

（二）"坝步"与木材运输

拥有"江步"的各支流或小河由于水量有限，往往是趁暴雨水涨后放运木排；而在小溪流或旱季水少的河流，运输木材往往需要拦河筑坝，蓄水放排。一坝为一段，一坝为一步，从而出现与"江步"对应的"按坝分江"的"坝步"。

鉴江河系天柱县境主要河流，流域内均属宜林地带，鉴江也成为放运木材的重要河道之一。今天柱县邦洞镇织云街保存民国六年（1917）立下的天柱县行政公署指令碑。《天柱县行政公署指令碑》① 载：

> 鉴江木植由狮子口放下，令改由鱼塘上放下，木植经过柱境内一律开放；除狮子口以下坝仍照族规抽收外，所有狮子口以上之坝，按寨名规定如下：鱼塘下中坝八步，下下六步，车坝下下一步；黄秋江下中坝九步，下下坝三步，下上一步；美陆下中坝七步，下下坝一步，下上坝一步；织云下中坝九步，下下一步，下上坝一步；平溪上中坝三步，下下坝五步，下上坝一步；赖洞下中坝二步，下下四步；邦洞下中坝三步，下下坝四步，下上坝二步。

碑文规定所有狮子口以上的坝步，按鱼塘、黄秋江、美陆、织云、平溪、赖洞、邦洞等寨规定命名。这里"按坝分江"的"坝步"也就是鉴江河邦洞段的"江步"。

（三）"江步"纠纷的解决

清水江流域，"山多田少，土产者惟有木植，需用者专靠江河，户富贩木以资生，贫者放排而为业"②。由于木材运输带来巨大收益，放运木排是重要的经济来源，沿江各村寨因"江步"而纷争不已，官司不断。与清代"清江四案"之一的"争江案"类似，清水江各地的"江步"案也持续不断。兹列举启蒙镇腊洞和剑河县南加镇的"江步"案予以说明。

锦屏县启蒙镇腊洞溪的江步管理在启蒙镇玉泉村光绪十四年（1888）《万载示谕碑》③ 有记载。碑文载，蜡硐（今写成腊洞）三寨多次严禁地稠等地借腊洞河经玉泉等地放运木材，以免冲坏田坎、桥梁。即光绪六年（1880）木商杨光庭强行借道拖木，腊洞村民状告黎平府，邓在镛知府出示严禁，禁

---

① 政协天柱县第十三届委员会. 清水江文书·天柱古碑刻考释（中）［M］. 贵阳：贵州大学出版社，2016：122.

② 锦屏县固本乡培亮村咸丰元年（1851）《拟定江规款示碑》。锦屏县林业志编纂委员会. 锦屏县林业志［M］. 贵阳：贵州人民出版社，2002：459.

③ 位于锦屏县启蒙镇玉泉村公路边，额题"万载示谕"，今已断为上、下两截，部分字无法识读。

止从腊洞等处拖运木植；光绪十年（1884）卦治木商文耀普、龙义刚等在地稠砍伐木材后又要从腊洞河放运，黎平知府周开铭判令木商"遵依旧章，仍由八飘等处老路经过"；光绪十四年（1888）木商龙绍先等又雇夫多人强行将木植从腊洞拖放，黎平知府周开铭再次重申，"所有地稠木植俱从后坡拖放，不准再由腊洞马鞍地方经过，免致践坏田亩"。经过腊洞三次告官，政府发布三次禁令之后，光绪十四年（1888）三月，胜诉方玉泉和对江村龙定杰等13位头人将政府颁发的三次禁令勒石刊碑。

其中，光绪十四年（1888）的禁令如下：

钦加盐运使衔特授思南府调署黎平府正堂加一级记录三次　周（开铭）

出示严禁事。案据蜡硐民龙子溶、龙泽高、龙起贤、龙连勇、龙远凤等来府具呈词称，蜡硐地方向来木植并未经过，曾蒙前府有示禁上讵。去岁龙绍先藐示拖放，控蒙提讯断结以来，木植仍由后坡拖放，永不准出蜡硐马鞍地方。具结在案。殊龙绍先藐断凌欺，雇夫多人又将木植拖放，民寨因见势凶，不敢理阻，只得恳免坏粮田等情，据此，除批示外，合行示禁。为此示，仰蜡硐马鞍地方乡团及木商人等一体知悉，嗣后商民等遵照前断，所有地稠木植俱从后坡拖放，不准再由蜡硐马鞍地方经过，免致践坏田亩，兹酿事端。倘敢抗违，□前藐玩，许其扭禀来辕，定即从严究办，决不姑宽，凛遵毋违，特示。

玉泉村、对江村头人：

龙定杰、姜在显、龙师典、欧堪龙、龙恒勇、龙起昌、龙子希、龙□谨、龙起洲、龙人光、龙贵汉、龙人明、龙文选

光绪十四年三月初八日　示

宝庆府石匠陈秀乡

事实上，腊洞三寨的木材由腊洞河放运出境。碑文"蜡硐地方向来木植并未经过"是针对外地木材而言，即禁止地稠等地的木材经腊洞河从玉泉等地放运。与腊洞有一山之隔的地稠，不属于腊洞河流域，其周边也无溪流，正常情况下木植只能靠人工抬运后，转运到八飘等地放运出去，而地茶、八飘、八里等地虽有溪流，但属于钟灵河上游，离清水江主干流较远，地稠木植走八飘线路，路途更远，花费时间更长，运输成本更高。因此，地稠、地茶、八飘、八里等地的木材通过玉泉村的腊洞河拖运较近便。

特别是光绪十四年（1888）"龙绍先藐断凌欺，雇夫多人又将木植拖放"，这种大规模商业放运行为势必侵害腊洞三寨的"江步"权利。因此，《万载示谕碑》表明，光绪年间，腊洞三寨前后八年时间一直在维护自己的

"江步"权益，严禁地稠等地木材拖运过境。

剑河县南加镇南孟溪为清水江支流，是木材放运的主要通道，故取得南孟溪的管理权就取得木材的运输权，因而南孟溪成为南孟与周边村寨争夺的对象。

南孟溪分为"两步江"。习惯上南孟溪的所有权以鱼梁洞为界限，以上归康中寨管理，以下归南孟寨管理。从光绪年起，南孟寨与毗邻的里格寨（今里合寨）为南孟溪自鱼梁洞以下河段的放木权而多次发生纠纷且上诉。据南孟村民国四年（1915）《万古千秋碑》载，"控经屡任廳主，均未断结"。光绪二十二年（1896）清江厅判决，"南孟溪所出木植归南孟寨民撬放，里格寨军民不得恃强混争"。南孟寨以此立碑为据。民国三年（1914）里格又上告剑河县，李知县根据两寨人口数将南孟溪分为 12 股，其中，南孟分得 8 股。里格分得 4 股。南孟寨民不服，民国四年（1915）四月南孟寨龙正才等到贵州第一高等分庭上诉，结果是撤销李知县的判决，维持光绪二十二年（1896）的判决结果，即南孟小溪向为南孟寨人打鱼、放木之处，经由南孟小溪所出木植，由南孟寨民撬放并收夫价，而"里格寨军民不得恃强混争"[1]。至此，南孟寨最终赢得了南孟溪的管理权。

从碑文看，南孟寨赢得南孟溪"江步"的理由有三：一是属地原则，南孟地处南孟溪畔，南孟溪有三公里长的河段在南孟境内。由于南孟寨占有两岸的杉山，而里格寨的山林远离南孟溪。二是历史传统，南孟寨苗族世居此地打鱼、放木，里格寨汉族迁居此地较晚。三是南孟村曾将光绪二十二年（1896）官方判决南孟溪属南孟管辖的告示立碑予以确认。

二、"江步"与生态保护

由于清水江流域山地多，交通不便，木材运输只能由清水江及其支流运送。木材的运输过程中，难免会对江河堤坝或农田水利设施造成破坏，进而出现了一系列的关于江河与农田水利管理或保护的碑文。这些有关"江步"的碑文多是涉及河道疏通、堤岸保护，水利设施的保护与维修，不仅有利于木材的运输，也有利于当地的生态环境的保护。说明当地在发展木材贸易的同时，也注重对江河与农田水利的保护。

---

[1] 剑河县南加镇南孟村民国四年《万古千秋碑》，石碑今已毁，拓片存于剑河县档案局，该拓片部分文字脱落，无法识读。

（一）"江步"与江河保护

"江步"说明，古代江河使用权为流经的村寨或家族私有。如天柱县远口镇鸬鹚村民国元年（1912）《磨而不磷碑》载，"鸬鹚村江河上至油榨滩头为界，下至新团白泡湾止"为当地吴姓所有，"河中凼枭、江边河坎并无有异姓人等参插一岩一石，祖人流传自来无明上纳国税，下收权利，历有年所耕管无异，诚古制也"。清末，"陈姓肆行无忌，没古没今，涂改粮册，偷栽凼枭，国税插罩河间，希图霸占，以致缠诉不休"。陈姓挑战吴姓的江河专享权，天柱县知县"批示河下权利悉归吴姓独享"，"陈、吴二姓所争之大枭、新团凼，除木之权利归吴姓独享外，其余各项权利仍归陈、吴及地方上共享，不得据为私有。① 至今远口镇清云村矮寨公路坎下的清水江岸边有通刊刻年代不详的石碑，阴刻"吴姓河下界址"。这是清水江远口至鸬鹚江段人们从事渔业和打捞洪水漂流木材的界碑，即远口街上吴姓打鱼、捞取洪水漂流木材只能到碑界为止，本寨杨姓人只能从该碑以下至鸬鹚寨范围内为止，严禁越界。②

由于江河私有，在清水江才出现买卖河塘以捕鱼或毒鱼的契约。今锦屏河口乡加池寨姜绍烈家族保存的契约中，有份乾隆六十年（1795）四月的契约文书，内容为加池寨民众将集体所有的寨脚顽列河塘以银四钱价格出卖于本村姜廷德，任其"下塘毒鱼管业"③。

"江步"规则对江河的保护体现在两方面：一是设立"江步银"，作为江河堤坝日常维修及管理基金；二是严禁在江河内采沙取石、割草药鱼、淘金等破坏江河的非法行为。

江河堤坝日常维修及管理基金，是为"江步银"，源于木材运输收取的过江费。如锦屏县偶里乡皆阳金耸山嘉庆六年（1801）《界限碑》，载"界内山坡各自努力勤栽杉、茶二树，以为养命度活之原。若谁家有木植砍伐下河，每株定取租江步银八厘，以当大小事件公项。倘有余积，俱与忠厚正直之人经理，免碍私吞宇留办公之费。因嘉庆四年（1799）山客姜时敏砍界内杉木植，藕洞塘挑排，随湾随放，始取江步银八厘为准，后代永远抽取，定有章

---

① 民国元年《磨而不磷碑》，现立于远口镇鸬鹚公路边新踱口处。参见政协天柱县第十三届委员会．清水江文书·天柱古碑刻考释（中）［M］．贵阳：贵州大学出版社，2016：117.

② 政协天柱县第十三届委员会．清水江文书·天柱古碑刻考释（下）［M］．贵阳：贵州大学出版社，2016：414.

③ 锦屏县地方志编委会．锦屏县志（1991—2009）（下册）［M］．北京：方志志出版社，2011：1274.

程为据，遂照管业是实"①。这是"江步银"征收标准与使用规定，可见，偶里乡皆阳龙氏家族"江步"由来已久，但"江步银"开始于嘉庆四年（1799）。"江步银"作为村寨公共事务基本经济来源，其中包括江河保护维修的基金。另外，平略镇甘乌民国十年（1921）《公议条规碑》也规定："木植下江，每株正木应上江银捌厘，毛木肆厘。必要先兑江银，方许放木；谁人砍伐木植下河，根头不得瞒昧冲江。"② 其中，"江银"即"江步银"。

沿江各村寨享有"江步"权利，收取江步银，也有保护江河的义务和行为。民间碑刻提到禁止在各村寨的江步内采砂取石、割草药鱼、淘金等，足可见当地对江河生态环境的保护行为。如天柱县坌处镇清水江边的大冲寨袁、杨、姚三姓"历来管之河界，由渡船口下至抵卷苗垒"。民国初期兴文里等因修桥铺路，需要采岩石，于是"纠匠潜入我境长浪滩脚，霸将河边岩石折打"，大冲寨三姓人等到天柱县府告状，县长胡吉卿断案：除禁止越界采石淘砂外，强调"当有学粮为重，不许无分之人割草，妄号塞垒药鱼"③。

清水江下游天柱、锦屏县的江河盛产砂金。历年来各地众多淘金者的非法淘金采砂、乱采滥挖行为，对河道生态环境造成了严重破坏，不仅造成水污染，影响粮食收成，而且毁坏堤岸，影响河道灌溉、排洪，甚至危及沿河两岸群众生命财产安全。为此，天柱县坌处镇抱塘村道光十一年（1831）《永禁碑记》载："此溪之内，不准人进溪淘砂，致坏水坝田塝。如违，公同送官究治。"④ 天柱县竹林乡地坌村（地兴团）道光二十九年（1849）"地兴众田、桥户等议立"的《公议禁碑》，除了规定严禁放运木材毁坏田坎、桥梁外，还公议沿溪不准淘金。⑤

---

① 王宗勋，杨秀廷. 锦屏林业碑文选辑［M］. 锦屏：锦屏地方志办公室 2005：53.
② 木材按规格分正木、脚木、毛木和筒子等。民国年间，清水江流域木材贸易采用"龙泉码"的计量方法，即根据木材水眼以上 7 尺处（眉高处）的眉高围和一定长度（包长）等两方面决定其规格或价格。正木指在包长范围内长 3 丈以上的木材，其中根据长度和围度不同，又分分吗、小钱、中钱、大钱、七钱、两码和双两码等规格；而围度虽达到某一包长范围内的码级，但长度不够该规格的包长，视为脚木；凡长 2 丈 4 尺，围度不足 1 尺者为毛木（也称子木）；木材围度达标而长 6 尺者为筒子。参见锦屏县林业志编纂委员会. 锦屏县林业志［M］. 贵阳：贵州人民出版社，2002：259.
③ 天柱县坌处镇大冲回龙庵民国五年《永垂万古碑》，参见政协天柱县第十三届委员会. 清水江文书·天柱古碑刻考释（中）［M］. 贵阳：贵州大学出版社，2016：331.
④ 政协天柱县第十三届委员会. 清水江文书·天柱古碑刻考释（中）［M］. 贵阳：贵州大学出版社，2016：380.
⑤ 政协天柱县第十三届委员会. 清水江文书·天柱古碑刻考释（中）［M］. 贵阳：贵州大学出版社，2016：336.

（二）"江步"与农田水利的保护

清水江是"杉木之乡"，木材主要依靠江河运输，而江河沿岸的水利设施影响清水江木排的运输。每年因运木而破坏良田、损坏水利设施的现象时有发生，故田主和山主之间、林农和粮农之间、排夫与农夫之间常因木材运输发生纠纷，而这些矛盾的解决，必须协调好林粮关系的利益冲突，从中体现了民间智慧。

木材漂流中会产生巨大撞击力，会冲毁田坎堤岸，导致农田坍塌，不但毁坏农田，还毁坏沿江的水利设施，影响农业生产。

天柱县邦洞镇章程村光绪二十年（1894）众等同立的《不准开江碑》记载：

> 该处溪沟窄狭，沿溪一带粮田甚多，全仗车水灌养，且该处桥梁甚密，向来示禁不准冲放木植，以免损坏。在案兹据该民等请示，前来，除批示外，合再出示严禁。为此示，仰人和团诸色人等知悉明后，贩木商人由旱道肩运出河，不得由溪冲放木条杉桐，以免冲坏田桥车坝。倘敢故违，一经告发，定即提案严惩，并将所有木植概行充公，决不姑宽。其各凛遵毋违，特示批公禀。已凭该地田高水低，车堰甚多，碍难放水，自乾隆五十七年（1792）立有碑记，不准开江放木，自应仿照旧章，不得违禁。病民该生民等，系为保全地方起见，应照准此谕。①

章程村由于"地田高水低，车堰甚多"，"向来示禁不准冲放木植，以免损坏"，特别是"自乾隆五十七年（1792）立有碑记，不准开江放木"，无奈光绪时期"木商到处入山砍木"，冲江放木，村民"情不得已，只得恳请示禁等情"。因而，光绪二十年（1894）再立《不准开江碑》，规定："贩木商人由旱道肩运出河，不得由溪冲放木条杉桐，以免冲坏田、桥、车、坝。"②从乾隆五十七年（1792）到光绪二十年（1894）再次立碑，时隔102年，可见，农民为保护农田水利设施，同木商进行着长期的斗争。

沿江各寨维护自己"江步"利益，其理由是保护农田水利。如前文所引锦屏县启蒙镇玉泉村光绪十四年（1888）《万载示谕碑》，蜡硐村民三次告官，严禁地稠等地的木材借腊洞河放运经过玉泉等地，其理由是蜡硐三寨

---

① 政协天柱县第十三届委员会清水江文书·天柱古碑刻考释（中）[M]．贵阳：贵州大学出版社，2016：348.

② 政协天柱县第十三届委员会．清水江文书·天柱古碑刻考释（中）[M]．贵阳：贵州大学出版社，2016：348.

"田少粮重，专靠两冲田亩养活通寨人民"，因"两冲之田尽皆沙土"，"木植一过，顺水推沙，不止田地尺寸无存，连水坝、桥梁俱归乌有"，且"蜡硐地方向非地稠等处木植经过之路"。因此，《万载示谕碑》表明，多次严禁地稠等地木材拖运过境，主观意愿是维护自己的"江步"利益，客观上有利于保护农田、堤坝和桥梁等。

放木冲江对国家、社会和个人都是不利的，故家族或村寨为保护农田及其灌溉系统，禁止放木的诉求是"为公私两便事"，故往往得到官府的认可，从而保证林农和木商兼顾农民的利益。因此，木排运输涉及农田水利保护的石碑多为官判民立。

清水江流域为混农林经济区，混农林经济区关键是要协调好林业与农业发展关系。粮食生产和木材生产都是清水江流域人民的衣食之源，两者都很重要，不可偏颇。田主与林农为各自利益进行博弈，双方达成一定的妥协。碑文在保护农民利益同时，也兼顾林农和商人利益，体现了对林农和田主利益的协调，从而达到"利农便商"目的：

一是明确村寨水利设施保护的范围。天柱县蓝田镇三合贡溪村光绪二年（1876）《遵古重补碑》载明"自团菌以上，贡溪至注溪，桥梁坝枧一共四十八部"①，说明沿溪从团菌至注溪一带48座桥梁、堤坝或水枧受到保护。

二是明确划定放木的特定河段。如锦屏平略镇地芽立有乾隆五十四年（1789）《水坝约示碑》，规定"举凡所过木植，众人议定由黄莲洞放至响水坝止"②。言下之意，其他河段因水利设施较多而不准放木。天柱县邦洞镇织云村民国六年（1917）《天柱县行政公署指令碑》，规定"鉴江木植由狮子口以上放下，今改由鱼塘以上放下，木植经过柱境内一律开放"③，并对故意刁难木商放木的行为予以处罚。如《天柱县行政公署指令碑》也记载，木商王吉昌将买来的木材，"因水泛涨放至鱼塘、黄秋江等处，潘秀松等以为有损堰坝，害及农田，出面拦阻"，王吉昌状告官府，"经勘讯明确，具参查王吉昌开江放木，系经前县拟定条规，详奉前龙巡案使批准在案，并非出自私

---

① 天柱县林业志编纂领导小组. 天柱县林业志［M］. 凯里：凯里市第一印刷厂，1995：315.

② 锦屏县地方志编委会. 锦屏县志（1991—2009）（下册）［M］. 北京：方志出版社，2011：1513.

③ 政协天柱县第十三届委员会. 清水江文书·天柱古碑刻考释（中）［M］. 贵阳：贵州大学出版社，2016：122.

意"①。潘秀松等被告除赔偿木商损失外，还被勒令将条规勒石竖碑于织云街上，以示处罚。

三是罚款或收取过坝费，作为维修水利设施的基金。（1）木材过坝，收取坝费。"坝费"与"江步银"类似。天柱县邦洞镇织云村民国六年（1917）《天柱县行政公署指令碑》规定，鉴江河"坝费"征收标准为"每杉桐一元，下上坝抽收坝银八毫，下中坝四毫，下下坝五毫；每杉条一根，下上坝收坝费二文肆毫，下中坝一文八毫，下下坝一文二毫"②。碑文规定上、中、下三段坝按步分段抽收坝费。（2）对破坏堤坝的行为，给予赔偿或罚款。锦屏平略镇地芽村乾隆五十四年（1789）"众等立"的《水坝禁约碑》，规定放木过坝，如堤坝被毁坏，"当即照旧整理"，如果不愿整砌，"罚银三两以为整砌急需之费"，可见，罚银是作为水利设施的维修基金。

四是垄断放排权，是为了更好地保护水利设施。锦屏平略镇地芽村乾隆五十四年（1789）"众等立"的《水坝禁约碑》，规定"所过木植，不许自放，亦不许请别村人拖运。毋论放水拖运，先说定必要众人运送，扶木过坝，坝坏亦在放木人"③。碑文利用江步规则，规定木商木植，不许自放，亦不许请别村人拖运，而是要由河流所经村寨当地人放木，且收取一定劳务费，其理由外村人放木过坝，为省时图便，直接让木材随水冲过堤坝，不会爱惜堤坝而扶木过坝；而当地人放木过坝，会爱惜自己的水利设施，小心翼翼由众人扶木过坝。这样，即使坝受损，也不追究木商的责任。垄断放排权，除了体现"利益均沾"外，也反映当地人的生态关怀。

三、结语

清代民国时期，清水江流域木材运输中"江步"的取得遵循属地原则或开发原则，且主要是以江河流经村寨的山林或土地的所有权为准，享有"江步"权益的村寨必然对该河段两岸的山林和土地拥有集体所有权。"江步"规则的重要特征是排他性，即只允许本村寨人放运木材，外村人不得借道放木，特别是不准雇外地人拖运。换言之，木材集运只能随江就夫，外村人不得越

① 政协天柱县第十三届委员会. 清水江文书·天柱古碑刻考释（中）[M]. 贵阳：贵州大学出版社，2016：122.

② 政协天柱县第十三届委员会. 清水江文书·天柱古碑刻考释（中）[M]. 贵阳：贵州大学出版社，2016：122.

③ 锦屏县地方志编委会. 锦屏县志（1991—2009）（下册）[M]. 北京：方志出版社，2011：1513.

江揽运。因而"江步"最大特点是垄断木材放排权，严禁外村人放排，从而保证本村寨人的放排收益。

从分布看，"江步"多分布于木材运输频繁的清水江支流，这些支流流经的村寨各自画地为牢，明确自己放排的势力范围。历史上沿江各村寨为获得"江步"权益而产生的纠纷不断，而矛盾的解决往往是在官方的协调下，故与"江步"有关的石碑多为官判民立。

"江步"管理将权利与义务统一，各村寨以保护江河及农田水利为出发点，划分"江步"范围，垄断木材放运权，客观上有利于保护农田、堤坝和桥梁等，而在木材运输实践中，也确实加强对江河及农田水利的维修与保护，做到江河利用与保护的统一；而官方和民间一直努力协调木材运输与农田水利的利益冲突，解决林业和农业发展的矛盾，这些对今天河长制的推行有一定的启示意义。

清水江流域"择吉冢"类文书中的"风水观"与生态环境保护

杨军昌*

　　清水江自西向东从贵州黔南都匀市贯穿黔东南的丹寨、黄平、凯里、施秉、台江、剑河、三穗、锦屏、天柱等县市，进入湖南后汇入沅江，干流全长514公里，流域面积17157平方公里①，"流域人口约450万，其中苗、侗等少数民族人口占总人口的75%"，是全国苗、侗、布依、水、瑶等民族的主要聚居区和苗侗文化中心区，有着丰富的文化资源。② 清水江流域，自清代以来即成为中国南方重要的林业生产区，因其源源不绝的林木输出而显示出其富饶的森林资源，如流域锦屏县，"在新中国成立之初，全县拥有活立木（林地中生长着的林木）9000万立方米，全县深林覆盖率接近90%"。③

　　对清水江流域完好的自然生态及展现出的锦绣河山，著名人文学者余秋雨有"以美丽回答一切"④ 的赞语。

　　自明末以来500年间，清水江流域之所以能青山长在，绿水长流，与其区域内的生态环境有直接联系，对之，已有不少学者从自然地理、社会规范、民风民俗及政府政策等方面进行过研究与揭示，成果琅琅然于各种载籍。这里，仅对自清代以来留存的涉及的"择吉冢"文书予以讨论，以为清水江流域的自然生态保护状景提供一个人文历史的观察视角。

---

　　* 基金项目：国家社科重大招标项目"西南少数民族传统生态文化的文献采集、研究与利用"（项目编号：16ZDA156）；中国喀斯特地区乡村振兴研究院（贵州大学）"民族传统生态文化与贵州乡村振兴重大问题研究"（项目编号：2018GDGD – ZKY002）。
　　杨军昌（1963年生），男，侗族，贵州石阡人，贵州大学博士、教授、博士生导师。

① 舒彩前．清水江文书概念考析［J］．贵州大学学报（社会科学版），2017（2）．
② 杨军昌，杨蕴希．清水江流域民族教育文化遗产与乡村旅游融合发展研究［J］．西南民族大学学报（人文社会科学版），2018（5）．
③ 张恒．保护清水江文书　传承历史文化记忆［J］．当代贵州，2016（16）．
④ 余秋雨．以美丽回答一切［EB/OL］．新浪网，2010 – 07 – 25.

一、清水江文书中的"择吉冢"文书

在已经收集整理并出版的清水江文书①中,许多涉及风水观念。这种文书大约有下面三类:一是村规民约中的公山——"龙山"管护和风水培植;二是林业生产与林地买卖中对林木保护的约定;三是坟冢买卖契约及坟冢选择等体现在丧葬风习中的风水观念②。

上述三类文献中最能表现风水观念的,在于丧葬行为中的"择吉冢"以及"龙山—风水宝地"的培植与管护上。清水江流域民间的"择吉冢",即通常所说的选择阴宅、墓地,亦即观察、选择墓地(阴宅)风水的行为。为"择吉冢"进行堪舆风水的行为实践者多为风水先生,而堪舆的环境则与大、小不等的"龙山—风水宝地"紧密相连。龙山中的"龙"由龙崇拜观念演变出来的。所谓"龙山",即是依据山脉的走向延伸趋势而确定的能"藏风""得水""乘生气",可给人们带来吉祥福祉的山岭、山丘或山脉。民间认为,古之风水以龙山为吉地,以山的气脉集结处为龙穴,在吉地的龙穴作墓地或建宅,可以得到吉祥。清水江文书中,"龙山"在指称范围上是一个弹性的概念,既指具体的墓穴所在地,又指阴宅所在的山岗岭坡,还指环绕一个村寨或数个村落的山脉山岭,即"龙脉",因记载的事项不同而范围各异。但不管范围大小,对其堪舆的风水先生通常被称叫地理先生,或简称地师,如一件光绪二年(1876)二月二十七日文书中写道:"请到高冲村刘文举地理先生承龙理脉……"③ 又如一件光绪二十七年(1901)七月二十五日文书写道:"立请地理先生字人龙大清。"④ 清水江文书中反映出的"地理先生"及其堪舆风

---

① 清水江文书是继徽州文书之后发现的较大规模的地方文书群,存世数量达 30—50 万份,绝大部分为土地买卖、植树造林、山林管护和木材贸易等活动的契约,被中外学者誉为"世界记忆"和"全球重要农业文化遗产"代表作之一。现已出版面世的清水江文书主要有.清水江文书》1—3 辑(广西师范大学出版社,2007、2009、2011 年版)、《天柱文书》第一辑 22 卷(江苏人民出版社,2014 年版)、《清水江文书·黎平卷》(22 册,贵州民族出版社,2017 年版)等。

② 对清水江流域丧葬习俗及风水观的研究,已有如下主要研究成果:程泽时.锦屏阴地风水契约文书与风水习惯法[M]//谢晖,陈金钊.民间法[M].济南:济南出版社,2011:257—271;李鹏飞.风水争讼之"遵批立碑万代不朽"碑研究[J].长河师范学院学报,2015(1);李鹏飞.有冤难申终和解——清水江文书所见一桩风水纠纷事详解[M]//高其才,王奎.锦屏文书与法文化研究.北京:中国政法大学出版社,2017.

③ 张新民.天柱文书(第一辑):第 10 册[M].南京:江苏人民出版社,2014:80.

④ 张新民.天柱文书(第一辑):第 10 册[M].南京:江苏人民出版社,2014:125.

水行为，在王振江、李士祥和朱永强的清水江文书研究中都有较多介绍①。在此，本文暂将地师堪舆风水所修的文书称为"择吉冢"类文书（本文中亦表达为"择吉冢"文书），特择其中"立课佳城"② 三例以示，以晓其端。

"立课佳城"例1：

登山祥审得一新地。柳星二宿发脉摇动，老龙精气辞楼下殿，转井鬼成胎形，家名曰黄龙出洞形。龙浪灈、沙如勒，屯军宾主，正东南之美。由此观之富而且贵，非前从着眼之未功；造化留心与福善，故祖积有心地，应有此地耳。

立土者兼金盘针丁未丁丑分金，立金局借库消纳而去。龙穴沙水四端不假尽列。备表于单，是为万古平安之佳城也。

地名坳岭山新地一穴，日后令尊百年之后进葬另立课单

末学堪舆凤城唐天常渠阳吴正荣

乾隆三十五年三月初三日申时进葬太凄姜氏永远发达吉课

永远兴隆③

"立课佳城"例2：

新劈地势，赏观富贵之祖坟，必得山川之正气。云贵龙重重穿出帐，贱龙无帐空雄怅。帐若多时贵亦多，三山齐出缩者为贞；倘水不如山之拱秀，官当迎则迎之焉。右擒左攫，前官后鬼，合宾主，正东南之美；阴落有脊，入首星辰从顶而起；纯阴纯阳、天乙太乙、蟹水虾须、微茫交揖，前对数峰，应如梅花秀丽，富而且贵；金星开窝扦取水，案外寅峰高插天，贵应子孙贤；数峰插天外，积善公卿；水星拱明堂，合襟前对曰前亲。

不偏不倚为端口，葬法其斯之谓数。查丙午丁发脉转未到穴，坤立坤兼未三分，丁未丁丑分金，善人必天之克相，将相公候是此焉出，荣华富贵何莫不由。有福之家，正是牛眼洞鉴之佳城，合乎吉地，留心与造化之人葬也。

---

① 王振中. 清水江文书所见清、民国时期的风水先生［M］//张新民，朱荫贵. 民间契约文书与乡土中国社会. 南京：江苏人民出版社，2014；李士祥，朱永强. 18至20世纪中期清水江文书所体现家庭成员生死观［M］//张新民. 探索清水江文明的踪迹. 成都：巴蜀书社，2014.

② "佳城"，即墓地、阴地。在清水江流域，基于风水的考虑，常有请地师堪舆以拨换、调换或购买阴地的事宜。墓地一俟确定，地师必出具相应的"课地"文契，而文契的开头均标有"立课佳城""择吉地课单"等字样。虽然"择吉冢"行为在清水江流域早已存在，但该则文书却是笔者所见时间最早的"择吉冢"文书。

③ 张应强，王宗勋. 清水江文书（第一辑）：第7册［M］. 桂林：广西师范大学出版社，2007：133.

丁酉时……若有应对无差错，五分纹银谢师钱。

凭中李钟科　贵

乾隆四十二年六月初八日　未时迎棺下塘

渠阳地师吴正荣①

"立课佳城"例3：

新劈地势。查迢迢山发迹，如祖宗而生子生孙；汩汩水流长，自本自根而分枝分派。云辞楼下殿不远千里而来，问祖寻口岂可判途而止，贵龙重重穿出帐，贱龙无帐空雄帐；贵龙多字穿心个，富龙只从旁生卫，喜者起而郎伏，伏郎起此龙气旺力无比。砂云：左有功曹爵禄，右有转送金箱，前有登明甲马红旗，后有天罡金娥。云水之曰：第一养生水到堂，贪狼星照显文章，受脉已龙入首配作异山。乾兼已亥三分，庚戌辰分金水归，癸去变作阴火阳木之局。故而生死之玄穷也得合万水只从天上去贵得明师口。观音坐莲台生成净瓶秀丽，童子朝拜，日有千人拱揖，夜照万展明灯。有福之家，勿怪前人着眼之未功，造化留心与福善，阴阳有福者，正是牛眼洞鉴之佳城也。

丙午年……辛卯月……癸未日……乙卯时

乾隆五十一年二月初九日卯时安葬母亲范氏地名党早

人杰地灵
地师吴正荣②

从文献来看，以往研究苗、侗等民族的丧葬文化习俗，大都专注在葬前做"指路"以"超度亡灵"等法事的民族特征上。其中，用于指路的"理论"是各民族口耳相传遗留至今的各路"指路经"，通过清水江文书中的"择吉冢"文书，我们也看到与"指路"相伴的还有"择吉冢"等"风水"事项。即是说，流域民众在中原风水观的日渐浸润及地师的直接而又竭力的作用下，风水理念在不断增强，除建房、置寨、修路、塔桥等事要考虑风水外，对于亡者的安葬，更是要根据风水观念做出判断和选择，于是地师的"择吉冢"堪舆风水行为便不断地得以进行，如上的"立课佳城"或"择吉地课单"等文书便不断地被其出具和传世。而相随之，是下葬时间的选择和系列的丧葬环节。那么大致上说，自清代以来苗、侗等民族丧葬习俗文化，

---

① 张应强，王宗勋. 清水江文书（第一辑）：第7册［M］. 桂林：广西师范大学出版社，2007：137.

② 张应强，王宗勋. 清水江文书（第一辑）：第7册［M］. 桂林：广西师范大学出版社，2007：149.

呈现出的是融丧葬前的"择吉冢"与丧葬中的"指路"安葬两个环节于一体，"择吉冢文书"与"指路经"则是这一文化中两个环节礼法文本的遗存。如同"指路经"是丧葬中的礼法理论文本一样，"择吉冢文书"也可视为丧葬中的礼法理论文本，但其中明显充斥着风水的观念及其对生态环境的诉求。

二、"择吉冢"文书中的风水观

吉冢的地理核心在于风水。一般而言，清水江流域丧葬行为中的"择吉冢"，不仅是实际的墓葬行为，同时其行为背后亦有着浓厚的观念形态，这个观念形态即是中国传统文化中的风水观。中国古代丧葬文化中，人的死葬不仅是找到一块墓地、立碑入土就为安葬，而是非常重视理想的坟冢地理。理想的坟冢地理叫作龙穴，即风水地理学中的"龙真"。"龙真"的地理表现是"气精"充实，其如《葬经》所说："葬都，乘生气也。经曰：气乘风则散，界水则止，古人聚之使不散，行之使有止。"① 即安葬死者的坟冢，一定要选择能凝聚生气的地方。故此，"择吉冢"是一套寻找"龙真"的方法，即循着龙脉寻找能够生气凝聚的吉穴——"龙穴"。同时，龙穴还需风水相配，"风水之法，得水为上，藏风次之"②，因此风水地理学重视"山环""水抱"，即山环可保生气不散，水抱可使生气凝聚。概而言之，择吉冢的风水地理有三个重要的概念：一是真龙（龙脉），二是砂（山），三是水。寻找和确立吉冢相应也有三个步骤：首先，寻查龙脉；其次，观察龙脉环周的砂、水形势；最后，在符合山环水抱的理想地理形势下，采用罗盘精准确定坟冢位置，即"穴的"。这就是传统坟冢风水理论中的"龙真""穴的""砂环""水抱"，再加上"向"，即构成风水地理中所谓的"地理五诀"。

上引三件择吉冢文书，就是典型的风水地理理念的表述与实际活动的演示。例1文书文字第一部分中所谓"佳城"，意即好的坟冢，即吉冢。用"佳城"一词比喻吉冢，源自南宋人胡寅（1098—1156）诗："平和梦奠处，郁郁佳城启。"好的坟冢在地理上要观察山脉走势，重在龙脉及精气聚散间关系，这在该文书中写作"老龙精气"；文书中"富而且贵，非前从着眼之未功；造化留心与福善，故祖积有心地"，意即吉冢带着人生富贵荣华，得吉冢是死者

---

① 陈梦雷. 古今图书集成·艺术典堪部：第47册665卷［M］. 台北：鼎文书局，1976：6870.

② 陈梦雷. 古今图书集成·艺术典堪部：第47册665卷［M］. 台北：鼎文书局，1976：6870.

生前的善行所修得，而又可持续于子孙后代。第二部分则是寻找和定位"吉冢"的方式。对吉冢的准确定位，一般是用罗盘辨别方位，即文书中的"金盘针丁未丁丑分金"，用此方式找到的穴冢呈"龙穴沙水四端不假尽列"的形势，该文书中"龙""穴""沙""水"，表述的即为上述所言之"龙真""穴的""砂环""水抱"；"龙、穴、沙、水四端，不假尽列"意即该处穴位置合于龙脉，且呈现山环水抱，即该处是"龙真"。可见，例1其实为中国传统"风水地理"整体观的简要表述。

上列三件文书的立写时间，第一件为乾隆三十五年（1770），第二件为乾隆四十二年（1777），第三件为乾隆五十一年（1786）。三件文书时间上前后相隔17年，尽管在"择吉冢"的"理论"表述上略有差异，但内容基本一致，而且时间越后风水地理观念越明细。如例2与例1，未出其左右，只是表述稍有细化，如对龙脉的堪舆折出了"贵龙"与"贱龙"两种形态，将砂与气数的关系描述为"三山齐出缩者为贞"，亦即引入《周易》"乃利贞"的观念①。而例3不仅进一步折出了"贵龙""贱龙"与"富龙"的差异形态，而且对风水地理的用词术语更为规整，其中"云龙""云砂""云水"都是对风水观念进行直接明确的表述。类似上述"择吉冢"文献在清水江流域各地清代和民国的文书中都能见到，亦即"择吉冢"作为一种丧葬文化习俗在民国时期仍然盛行。

三、"择吉冢"文书中"风水"观念的生态保护价值

传统风水理论尽管繁杂错综，但根本在水环山抱，故此，《葬经》说"风水之法，得水为上，藏风次之"，简约地说，就是水生气、山聚气，由此说明山、水之重要。从自然地理上看，山地能蓄水生气，一定为林木茂盛之环境，如此看来，注重风水观念及其行为在另一种哲学层面上，成了生态环境保护最原始的保障机制，而体现在"择吉冢"文书中的"风水"观念，则具有了生态保护的重要价值。

"择吉冢"的"风水"观念中所具有的生态保护价值，主要通过"择吉冢"丧葬行为作为一种生命观显示出来。换句话说，风水与生命观念的密切关系，将择吉冢中的"风水"观念自然地赋予了生态保护的意义。墓葬形式

---

① 《易经·乾卦·象传》原文："大哉乾元，万物资始，乃统天。云行雨施，品物流形。大明终始，六位时成，时乘六龙以御天。乾道变化，各正性命，保合太和，乃利贞。首出庶物，万国咸宁。"

最先也非汉族自然的墓葬形式，如《周易·系辞·传下》所云"古之葬者，厚衣之以薪，臧之中野，不封不树"。与汉族一样，清水江流域苗、侗等民族早先也不实行墓葬。据资料显示，自明代以来墓葬逐渐盛行起来，于是有了寻找"龙真"的风水行为，如葬礼中烧"疏"与"卖阴地契"等墓葬事项①，"择吉冢"文书更是墓葬礼法的产物。墓葬及伴随而来的"择吉冢"习俗，其根本在于风水地理中蕴含着的厚重的生命观。

首先，"龙真"风水与人的生命联系了起来。"龙真"风水不仅在安息先人灵魂，更关乎后世子孙的福祉，即通俗所说的"山管人丁水管财"。"砂"（山）势预示着后世人丁的兴旺，"水"势关乎子孙后代的财运，于是在龙真的定位上就特别看眼，故有所谓的"左青龙右白虎，前朱雀后玄武"的寓意。由于风水关涉家族或家庭成员生命的安康富贵、事业的繁荣昌盛，所以"择吉冢"不仅是一种单纯的风水行为，更是一种生命哲学。

这种能让逝者入土为安，并寄托着庇佑后世的风水观及其风水行为，渐以成了清水江流域苗、侗等民族的丧葬文化。上引乾隆三十五年（1770）的"择吉冢"文书中写道的"由此观之，富而且贵，非前从着眼之未功；造化留心与福善，故祖积有心地"，就表达出为故世者择吉冢，是关涉后代的富贵与事业发达的理念祈望。一件宣统三年（1911）七月二十八日"阴地分关合同"文书"地学自有天理，自得地理，修心地乃得阴地。是知古不生贤发贵，福荫财丰，无不自风水中之合法而来者"②的话语，明确地宣称了风水与福荫后代密切相关的生命哲学。而在一件道光、咸丰间的文书中③，则将培护风水视作营造与促进本地社会"人文蔚启（起）"的祈望：

> 立合同蓄禁坟山杉木字人姜克顺叔侄、姜凤灵恩瑞叔侄、大明凤池叔侄公孙人等。所共有老三公坟山一处，地名阜冉依母猪形，四抵俱破冲为界，窃频未蓄禁杉木虽以成林，因内外人心不古，藉公入私屡屡妄砍蓄禁难成，因约我三公人等，每公出钱三百文全行再议，凭此修理蓄禁，以后不准内外人等妄破。若有妄砍挪获得口众罚钱三午三百文。俏或三公内人势情有股妄砍者，挪获抗口我等三公内一体同行秉公法究。此议之后各自父谕子而子征

---

① 席克定．灵魂安息的地方［M］．贵阳：贵州人民出版社，1990：145.
② 张新民．天柱文书（第一辑）：第10册［M］．南京：江苏人民出版社，2014：273.
③ 该件文书原件因时间落款部分文字损毁，故文书时间不详。但从文书内人物姜克顺叔侄、姜凤灵恩瑞叔看，应是道光、咸丰间锦屏县加池寨人物。

孙，愿我等蓄禁山丰林而坟滢洁，人文蔚启后裔昌隆永远发达。此合同为据。①

文书中将培护风水与清水江流域民族社会"人文蔚启"相关联的思想，无疑是流域既让死者入土为安又借之依托风水庇佑后世的生命哲学的升华。这种生命哲学实质即为"择吉冢"文书的思想基础和对未来个体生命的预期，如一件乾隆三十二年（1767）十一月初十日的"择吉冢"文书中预测说，死者归葬吉冢四年之后，"辛卯未年内定生贵子，己酉丑年家业兴，寅午戌年田产进，申子辰年播声名，日后果然见较验，代代相传莫忘情"②。同时，它更是民族社会未来生命的起点，如一件阴宅诉状文书中写道："蚁等祖遗地名高良坡山场一所，世代栽蓄管业。蚁等始祖以来知此高良坡是吉地……第苗夆寨、乌山寨一带命脉，生灵有关。"③ 高良坡是龙脉吉地，它关乎着苗夆寨、乌山寨两寨生灵的未来前景。

风水观念还与苗、侗等民族原始信仰相融一体。风水观念在形式上是一种自然崇拜，实际上则为祖先崇拜。明代以来清水江流域民族社会流行着自然崇拜习俗，并且在自然崇拜中融入祖先灵魂崇拜，认为祖先灵魂不死、灵魂不灭。即一方面他们有"枫树"妈妈始祖植物，另一方面又有在丧葬中通过"指路"将死亡者送归北方祖先地的祖灵信仰。一旦风水观念成形、固化，其自然便与原始信仰相互交融，将表现于祖先崇拜的植物崇拜，演化为以墓穴构筑起的家族空间的风水崇拜，将祖灵信仰从神往北方回到了安葬现实，让祖先安魂于斯地的水风龙真，加重了在地的现实性。于是，原始信仰神学的想象与实地的风水哲学融合后，一种以生命哲学为内涵的风水信仰便建构了起来。

体现在"择吉冢文书"中以风水为核心的生命哲学，对保护自然生态具有重大意义。"风水"本身是一种自然地理形态，当它与人类现实生活密切联系起来，尤其与"重厚葬"风俗联系起来后，对自然风水的敬畏与追求，也就无形间成了保护自然生态的社会伦理，"择吉冢"文书实际上反映了一套完整的自然生态与社会行为中天地人合一的生命观，于是对风水的保护便成了

---

① 张应强，王宗勋. 清水江文书（第一辑）：第 10 册［M］. 桂林：广西师范大学出版社，2007：452.

② 张应强，王宗勋. 清水江文书（第二辑）：第 1 册［M］. 桂林：广西师范大学出版社，2009：4.

③ 张应强，王宗勋. 清水江文书（第三辑）：第 3 册［M］. 桂林：广西师范大学出版社，2011：369.

社会文化行为。如清水江文书中经常有强调"后山"保护的告诫，因"后山"被视为龙脉，事关一村（寨）、一族、一姓的兴衰，故要保护后山的山势辽远雄伟，有龟背"玄武"之气，又要维护其景观秀丽开阔，呈"朱雀"之象，为此后山往往便成了"禁地"，不能开山破坏，林木只能蓄养而不准砍伐。这样由风水表现出来的自然地理的山、水、林便以"禁地"的"身份"被保护了起来。又因龙脉还可加以培植增强风水，如文书中所言"自古及今，随其蓄禁，培补阴阳风水"①，于是为配风水村寨都鼓励营造风水林，以护坡防险、涵养水源，并由此使民众潜移默化地形成了对自然生态自觉地加以保护的积极行为。即是说，风水观本身内涵的生态保护意义，更在于作为信仰的风水观念，也作为一种内化的生态观念，对破坏自然生态的行为产生"法"意义上的约束性作用。孔子"山川之神足以纲纪天下"的警示，表明了营造风水就有培植山川之神气，强化风水观就足以"纲纪天下"的意涵，而这里的"纲纪天下"即是树立起的一整套保护自然生态的理念、制度和行为。

四、"择吉冢"文书"风水观"与生态保护实践

严格地讲，历史上清水江流域民族社会没有留下有如儒家文化传统那样，将自然比喻为"天下之大道"观念意识的自然生态理念的经典文献，因此很难察看到《孟子·梁惠王·上》所说的"草木荣华滋长之时，斧斤不入山林"的生态经验总结。但从上述分析不难看出，清水江流域民族社会倚重坟冢风水地理所形成的风水观念意识，其实即为民族社会自然生态观念在社会生活中的常态化反映（清水江流域民族社会的自然生态观是一个多方面多层次的体系，风水观所及仅其一重要侧面），因此在"择吉冢"文书中表达出的天、地、人一体的自然生命一体观，及其相应的制度行为，在很大程度上是苗、侗等民族民众以保护自然生态为目的的实践自觉性的真实写照。在此特引相关文书一组，以视流域天柱、黎平、锦屏等地民众经由风水观而来的生态观念及其生态保护实践之一斑。

其一，天柱县清嘉庆九年（1804）"坟山风水事宜凑钱告状合同"，其曰：

立合同人蒋万秀、友邦、元韬、秀后等，情因白水洞坟山被杨福交所卖，私条经死命脉，即日请凭地方向面理讲，昂然不尔。众等上县具控，日后所费盘缠，绍依人丁钱粮。口口所获，日后有分之子孙，不得异言。今欲有凭，

---

① 张新民．天柱文书（第一辑）：第10册［M］．．南京：江苏人民出版社，2014：146．

立合同寔实。

圣相收

嘉庆九年十一月廿四日立①

该件文书述及蒋万秀诸人对白水洞家族坟山被私自出售行为，并产生"经死命脉"（龙脉）的严重后果进行起诉以保护本家龙脉完好之事。这起以家族为中心"依人丁钱粮""凑钱告状"的事件，无疑在保护龙脉的过程中，实际上也使当地的生态环境得到了保护。

其二，黎平县道光二十八年（1848）"禁成古树以培后龙"文书。其曰：

立让出字人龙绍彬、绍灼、绍口、绍辉弟兄四人。为因众等刘新辉、吴国文开基先祖胡汉武、武有利、曾亨文、杨芳贵、杨通政、通口等，因求到龙姓弟兄荒山一所，弟兄自愿将祖父得买景马冲山一块，上冲抵二层坎子为界，主山左边劈岭为界，右边凭塘埂劈上坡登岭，包通景马温并已都将，下抵老枫树劈上登坡顶，山脚到迅抵首坎，四至分明。今弟兄自愿付与众人禁成古树以培后龙，永做古记。从人补过周悦纹银二两五钱整。自让之后永无异言，今恐人信难凭，立此字约永远发达存照。

凭中　族兄绍宏　石隆基

绍灼　笔

道光二十八年十二月十三日立

文书追述了迁住新居的几姓人户通过购买山地，为培植后山龙脉封山育林，"禁成古树以培后龙"事宜。流域民族社会的民间经验表明，群体性的、主动培植风水林的自觉行为，无疑有益于生态环境有效保护，人与自然的和谐共生，以及生态系统内的良性制衡。该则文书即为这类民间经验的事例反映，无疑可使人们对流域民众的生态行为有了深一层的认识。

其三，锦屏民国十七年（1928）"立聚议公山规条合同"。其曰：

立聚议公山规条合同字人启蒙寨孟德房杨国干、国礼、杨文富，高寨房杨纯钞、纯海、杨和均、盛滋，果境房杨世训、杨家训、家明，盘妹房杨昌方、杨秀彬、秀乾，高凸房杨家楣、家楹五房人等。诚恐寨内人心不古，乱将公山并阴地杉木等项私行发卖，是以公同聚议，自今以后五房人等各照后议规条行事，如有何房人不遵规条者，四房共同与其抗衡。所有合同条规开列于后。

——议公山阴地永远不准发卖

---

①　张新民. 天柱文书（第一辑）：第7册 [M]. 南京：江苏人民出版社，2014：169.

——议公山杉木不准那人私卖，势必五房主事人一齐临场始行可也

——议若何人请地师于公山内看泻地者，不许将阴地谢师

——议公山冲岭之田坎上只许修坎高一丈五尺，一丈五尺外有杉木者，乃系公山之木

——议倘有外人盗葬我等公山之内并偷公山之木，若有人知者务要报明五房主事人，凡我众聚议之人务宜同心协力认真理楚，倘有何人因循躲闪不集理者，天神共鉴

第一张杨文富收执

第二张杨家楹收执

第三张杨盛滋收执

第四张杨家明收执

第五张杨秀彬收执

合同□□□（半书）

中华民国十七年戊辰岁润（闰）二月初六日　杨纯钞笔　立①

该契表明，在锦屏启蒙侗寨一带，长期存在着“公山并阴地”的村寨公共性资源，并获村民的制度性保护。鉴于民国十七年（1928）左右贵州军阀混战的波及，为预杜“寨内人心不古，乱将公山并阴地杉木等项私行发卖”之事发生，启蒙侗寨5个房族共同约定款规5条以使“公山并阴地”在乱世中得以持续保护，强调“如有何房人不遵规条者，四房共同与其抗衡”之震慑。该款规旨向明确、内容具体，除强调各房严格照“规条行事”外，也强调个人在公山阴地的林木与环境保护上的职责，对于违规行为尤其应挺身制止，而不得“因循躲闪”。以集体方式维护公山龙脉及其林木生态的文契表明，在清水江流域有着社会性集体保护生态环境的传统良风。

其四，锦屏民国二十九年（1930）加池岩湾二寨“同心议立禀葬阴地合约”。其曰：

立分进葬字人加池岩湾二寨人等。窃维龙脉乃富贵贫贱之攸关，护卫及生死存亡之重要。因吾二寨后龙命脉及护卫，其口历采数千余年毫口进葬，阴地损伤，前遭别人累生意见，前人累次阻挠。迄今实被加池寨姜荣福迁父纯勉于后龙抱系坎上，开井欲葬。我等预口其葬，约集二寨人等齐往穴处阻。而荣福叔侄自愿善迁别地，实乃双方幸福。诚恐日后世久年湮，有人倘生异

① 张应强，王宗勋．清水江文书（第三辑）：第1册［M］．桂林：广西师范大学出版社，2011：301.

意图谋取葬，风水有伤龙脉要处，故我二寨人等，合意同心议立禀葬阴地合约：从此以后所有后龙命脉护卫要处，清松朱岗分峡以下，不俱公私两地，不许谁人谋取进葬，若有此情二寨人等极尽禁阻，以保富贵绵远，子孙昌盛。恐口无凭，故今共立禁进合约，永远发达，存照为据，所有人名开列于后。

加池：姜家卿、姜文鼎、姜文硐、姜文哉、姜秉魁、姜显堂、姜源霖、姜元瀚、姜家珍、姜家旺、姜承璋

岩湾：范锡元、范锡蕃、杨永兴、范基崇、范国珍、张光义、范炳宽、范锡爵、范基远。

笔　范锡铭

范炳宽存一张

姜源霖存一张

立合约□□□□□存照（半书）

民国二十九年庚辰九月三十日①

如果说，前三则文书言及事项范围较为狭小的话，该则合约则扩到了村寨与村寨间。在清水江流域，有不少地方存在两个及以上村寨共有的事关"富贵贫贱之攸关，护卫及生死存亡之重要"之"后山龙脉"，以及类似"不俱公私两地，不许谁人谋取进葬……以保富贵绵远，子孙昌盛"的"共立禁进约"，其表明在流域民族社会的族际、村寨之间的较大范围内，一直存在着联合培植风水、保护"龙脉"的生态保护行动。而此，也正是流域的苗村侗寨当今古树浓荫、青山环绕、清水长流、人与自然协调共生景象的重要文化因由。

此外，通过"禁成古树以培后龙"文书和"同心议立禀葬阴地合约"，不难看出在清水江流域保护自然生态的行为中，采取早期预防措施是常见而又有效的方式。房族间的规条议定、村寨间的"共立禁进合约"，不仅是一种具有远见的防患于未然的决断，以立竿见影于生态维护，而且这种以村寨社会的形式对大面积的风水林加以封山和护林的规则及其措施，实际上就是民族民间对区域生态环境保护进行的"立法"。同样，与生态观、与信仰观相互融合而形成的自然生态保护意识，以及通过订立契约作为保护自然生态的手段，实际上演变成一种维护自然生态的保障机制，成为清水江流域生态保护实践的最重要环节。下面两件例契说明，在百数十年间，一个家族都在捍卫

① 张应强，王宗勋. 清水江文书（第一辑）：第 3 册［M］. 桂林：广西师范大学出版社，2007：145.

其坟冢的不可侵犯，从而也维护了生态环境安全。

立卖阴地契人坪秋寨龙启明、启刚、启文、朝相，龙三元、乔富、文显、王光彩、刘通文、士元、相才、昌盛、和保、廷瑞、汉章、盛贤，吴腾凤、文臣、云章异姓等。今通寨同谪随愿将到土名岑美梛，众姓所共阴地壹块，出卖与天柱县刘高、启、恭兄弟安葬亲坟。三面议定阴地壹百穴，作价纹银贰两伍钱整。其银众姓领清功用。其阴地上至四丈，下至四丈，左四丈，右四丈，安石为界，卖与刘姓兄弟，任从永远安葬，子孙祭管安厝，凡所有凭界内不俱，平秋异姓人等以及新户来人，一概不要强战新葬。如有强战新葬，果有卖主秉存，永无异言，立此卖契永远存照。

龙才能

凭中　刘岩囡　国先

刘文才　交才

代笔　龙启先

乾隆三十八年七月初五日立此为据①

据该卖阴地契约，在乾隆三十八年（1773）七月初五日，刘氏家族获得一块吉冢阴地的所有权。由此成了该家族的吉冢阴地的风水蓄禁区。从下面例契可以看到，这块家族吉冢阴地百数年来一直蓄禁安好。

立清白无事字人黎属更豆村刘明亨，情因柱地有刘昌仟、选青、金富、耀文、耀芳承、宗培等先祖遗下祖业地名圭辉，并有阴地一洞名岑美梛人形俱在黎柱交地，葬有历代老祖，及今经管贰佰余年。我等地方邻村丝毫无犯，并及坟山左右枫水，俱皆昌儒等祖人先买，自古及今随其蓄禁，培补阴阳枫水，突于客岁三月内观间美穴，果然抛碑盗葬壹冢。伊等查访至今，予自难逃。只得请到黎柱两属地保龙庚吉、李昌高，团甲龙玉元、吴光云、杨少基、胡国弼、胡邦贤、伍华榜、龙宏昌、龙廷谋等，入中劝解。余亦自甘认罪，情愿起扦，二比了息，不得生端翻悔。自愿招龙谢土，后日再不得冒争。至于阴阳枫水杂木杉山地界，不敢犯动丝毫，情愿替守。倘若仍蹈前辙，任从禀官，照律惩办，自甘情愿领罪，不得异言，恐口无凭，立有清白付与昌仟等永远为据。

凭　黎柱团甲（后略）

地保　龙庚吉　李昌高

亲笔　刘明亨

---

① 张新民. 天柱文书（第一辑）：第10册 [M]. 南京：江苏人民出版社，2014：3.

宣统二年三月十三日立未巳又七月初八日　抄白①

该契清楚表明，该处吉冢阴地与上契所指为同一处。重要的在于，其从乾隆三十八年（1773）到宣统二年（1910）的 144 年间都得到很好的维护：一方面，凡有侵违蓄禁者，皆通过司法或协商方式加以调解；另一方面，如该契约所言："至于阴阳枫水杂木杉山地界，不敢犯动丝毫，情愿替守。"两份契约接续起来的历史事实，就生态环境保护来说，以"择吉冢"文书及相似性质的契约文书，竟然产生了一种其本意之外的效益，实际已成了生态环境保护的一种机制，并且因其将苗侗民族的生命观、宗教信仰与文化习俗共集于一体而更具持久性与权威性，也具有效率和约束力。

五、结语

著名历史文献学家王振中认为，"无论是什么区域的民间文书，除了商业史、法制史和土地关系史研究之外，社会文化史的总和研究亦大有可为"，而实际上，"社会文化史视野下展现出来的文书世界，极为丰富多彩"②。清水江文书——不管是文契或是石契、白契或是红契，多与流域民族民众的社会文化生活息息相关，而其中关于林地买卖、水源涵养、"龙山"禁忌、风水培植、植树造林、古树古井保护、自然图腾崇拜等经济社会生活的内容尤为丰富并具生态教育与环境保护的价值与特色。毋庸置疑，自古而今清水江"郁郁的森林、优美的环境，既与苗侗等民族的地方性知识、民族习惯法、民族宗教信仰与禁忌、林业经营管理等制度密切相关，又与以文书为载体的生态文献及其教育以及由此而使人们始终坚守生态环境保护的理念紧密相连"③。从上分析不难发现，"择吉冢"文书的大量存在，实则是清水江流域民族社会"丰富多彩"社会文化史的重要内容，表明了风水观念已为苗、侗等民族生命观的组成部分，在民族经济社会生活中不可或缺。该类文书及其体现出的风水观念与行为既是清水江流域民族社会保护生态环境的自觉意识、文化习俗的重要呈现，又是生活实践中当之无愧的生态环境保护机制的活态反映。所谓的"吉冢""风水宝地"，从环境生态学的角度看，实际就是生态系统内地

---

① 张新民. 天柱文书（第一辑）：第 10 册［M］. 南京：江苏人民出版社，2014：146.

② 王振中. 清水江文书所见清、民国时期的风水先生——兼与徽州文书的比较［J］. 贵州大学学报（社会科学版），2013（6）.

③ 杨军昌，杨蕴希. 规制与教化：清水江文书的社会教育内容探析［J］. 贵州大学学报（社会科学版），2017（4）.

质、地貌、水文、小气候、土壤、植被这些自然要素相互协调的好的生态环境，保护"吉冢""风水宝地"从内涵上讲就是保护生态环境。尽管"择吉冢"等及其体现出的"风水观"与实践行为夹杂着不少唯心的色彩或迷信的成分，甚其有可能在流域的发展历程中对自然资源的开发利用产生了一定的制约作用，但其中所含有的合理、科学内核，之于流域的生态环境保护以及人与自然的和谐共生，教育并调动民族民众理性而又自觉地保护影响自己生存的生态环境，却具有持久性与权威性的价值和影响。在全面实施乡村振兴战略、推进生态文明建设的征程中，本着"取其精华，去其糟粕"的理念与"经世致用"的学术精神，重视对清水江文书中关于生态保护的相关内容的研究，是有积极的现实意义的。

清中后期贵州的社会腐败及治理

——以黔东南碑刻文献为中心的研究

安成祥　刘盛玉*

腐败与反腐败，是社会政治生活中的一件大事，我国古代反腐倡廉事例不绝于史，贵州古代碑刻刊载着清代地方政府反腐倡廉历史文献，值得认真研究。通过书籍和论文检索，截至目前，尚未发现有学者对清代贵州社会腐败问题进行过专门研究。为此，本文以黔东南苗族侗族自治州境内清代碑刻文献为主要依据，结合其他历史资料，对清代中后期贵州的社会腐败与治理进行初步探讨。

一、清代中后期贵州的社会腐败现象

考察贵州古代碑刻文献，可以用三句话来概括清中后期贵州的社会腐败问题，那就是腐败成风、民怨沸腾、反抗不断。

（一）腐败成风

1. 吃拿卡要，公开勒索

据剑河县翁座《"例定千秋"碑》刊载，同治十三年（1874）贵州巡抚曾璧光发布告示："每遇差使过境或因公下乡，土司、书役联为一气，勒派夫马、酒食、洋烟，无不恣意苛求。"[1] 据锦屏县者楼《严禁土司擅受民词及擅收钱粮碑》记载，道光八年（1828）黎平府代理知府遵照贵州巡抚嵩溥关于禁止土司、土目、土弁派累、庇纵、私刑等情形发布告示。他在告示中也指

---

* 本文原载《凯里学院学报》2017 年第 2 期，第 92—97 页。

安成祥，男，硕士，贵州省不动产登记中心副主任、研究员，贵州师范大学兼职教授，研究方向为地方历史、文物博物馆学、文化遗产保护；刘盛玉，女，麻江县历史文化陈列馆馆长，研究方向为文物博物馆学、民族文化。

① 安成祥. 黔东南碑刻研究丛书：石上历史［M］. 贵阳：贵州民族出版社，2015：17.

出，当地大小土司，以帮贴夫马或者应付各种差事为托词，想方设法索要民众财物。如果勒索不成，就串通官吏、要结胥差，把百姓送进衙门治罪，使得"讼风日炽，拖累无穷"①。又据锦屏县唐东《整饬吏治碑》记载，贵州省布政使微服私访得知，各州、县差役每遇奉票下乡都要勒索酒席、盘费；提获被告人等之后，私行羁押，重索规费谢礼，必满所欲，才能按正常程序送审②。从这些碑刻文献可知，清朝中后期的贵州，州、县各级官吏、胥差以及土司、土目等通过滥用权力或者权力寻租，公开索取民脂民膏已经不是个别现象，"吃拿卡要"公开勒索成为普遍的社会问题。

2. 私征滥派，中饱私囊

光绪五年（1879）贵州巡抚岑毓英明察暗访，发现各府、厅、州、县在征收钱粮时存在严重的私征滥派，中饱私囊现象，于是下令严加禁止。锦屏县新民《严禁加收钱粮碑》刊载："秋粮市价每石银一两，折征贰两，是加一倍也；又改银收钱，钱价换壹千陆佰文，折收叁千贰佰文，又加一倍也；复加以粮房、票钱、催差、杂费，又加一倍也。如上实米，除例征耗米外，另有地盘样米、尖斗尖升等项浮征。致上粮壹石，非贰、叁石不能完纳。""至收条银，百姓纳银，到时则曰'银水不足'，多方刁难。或改钱折收，籍称市钱市价，必加廪'平库'色，任意勒索。以致每完条丁银壹两，加至贰、叁两不等。各省定赋之例，虽有加收耗银，而查《贵州田赋则例》，条银壹两，最多不过准收耗银壹钱五分；秋粮壹石，准收耗米壹斗五升。何至加及数倍，苦累良民！""兴义府属各层粮差，于百姓上钱粮时，先勒索'报到钱文'。出钱者，给墨飞壹张，方准上衙门上纳；如不先花'报到钱文'，甚有延至两叁月不能上粮者。"他还气愤地说："讵知朝廷设官，原以保民。若如此暴虐，是蠹也，非官也！本部院奉命抚黔，职在安民察吏，断不容此等贪污以殃及百姓。"③

据清人徐家干《苗疆闻见录稿》记载："六厅之地本无钱粮，而衙门公私等用，则皆以差徭采买为例，常有产业已入汉奸而陋规仍出于苗户，秋冬催比（逼），家无所出，至有掘祖坟银饰以应之。"④ 据锦屏县新民《严禁苛敛钱物碑》记载，光绪五年（1879），黎平知府邓在镛针对日益严重的私征滥派

---

① 安成祥. 黔东南碑刻研究丛书：石上历史［M］. 贵阳：贵州民族出版社，2015：53.
② 安成祥. 黔东南碑刻研究丛书：石上历史［M］. 贵阳：贵州民族出版社，2015：27.
③ 安成祥. 黔东南碑刻研究丛书：石上历史［M］. 贵阳：贵州民族出版社，2015：37.
④ （清）徐家干. 苗疆闻见录稿［M］. 速印本. 上海：上海古籍书店，1979.

现象，发布告示说"本署所需茶、油、牛、烛、柴、炭、肉、菜、瓦、木、器具等项，闻向例或由行户供应，或派司进寨采取，或令书差承办，奉于官者十之一，取民者十之九。虽称发有官价，而辗转朘削，徒使闾阎受累无穷，求之名实甚无谓也"①。

3. 迎来送往，潜规多多

严重的腐败问题不仅在府、州、县存在，即使在督、抚等"高级干部"中也很普遍。据麻江县冷水营《通饬禁革驿站积弊碑）记载，云贵总督富纲遵照嘉庆皇帝"饬令加以整顿，仰见圣主保赤心殷，无微不至"之"最高指示"，于嘉庆四年（1799）发布告示禁革驿站积弊时指出："各衙门……滥索尽应，有加无已。如督、抚、司、道往来夫马之外，又有酒席、门包、规礼。家人、差弁、书役或借名迎送，或因公过站，无有不用夫用马，索取站规。加以邻近府、厅、州、县借站夫马，徇情滥应，在站司事人役，指一派十，苦累闾阎，已难以枚举。"为了保证迎来送往的需要，各州、县还违规设置"听堂夫役""值日马匹"，"非按户轮出，即派至田粮"，采取"马则按粮折银，夫则按户折钱"的方式，将这些负担全部转嫁给老百姓。他在告示中指出："上司过境，各该州、县供应饭食、公馆，原属私情，岂容派及里民，以康他人之慨？"；"督、抚、司、道过境，向有'家人门包''跟班小费''押包规礼''厨役使费'，实属骚扰地方"；"上司凡遇升调，或进京回任，靡不自雇夫马，乃向来恶习，称为'长驮短价'，家人每站收银中饱"；"督、抚、司、道过往，各衙门向有家人随行迎送，名为照料，实则挑夫挑马、索取酒席规礼，添各站一番苦累"……"前弊积习已深，自应亟需整顿，庶可以苏民困而清邮政"②。

（二）民怨沸腾

严重的社会腐败，给贵州各族人民带来深重灾难，引起强烈的社会民怨。为了谋求生存，摆脱压迫，人们采取了各种各样的抗争方式，有顶着"犯上"罪名控告的，有背井离乡逃避的，也有聚啸山林当绿林好汉的，还有行乞四方而饿毙沟壑的。据锦屏县者楼《严禁土司擅受民词及擅收钱粮碑》记载，正如道光十七年（1837）九月二十日贵州布政使在札文中所描述的那样，各级官吏、土司"任意妄为，毫无体恤苗民之心，以致穷民艰于度日，有挺身上控者，有携家远逃者，有蔑法为盗者，有求乞而填沟壑者。言之足悯，深

---

① 安成祥．黔东南碑刻研究丛书：石上历史［M］．贵阳：贵州民族出版社，2015：39.

② 安成祥．黔东南碑刻研究丛书：石上历史［M］．贵阳：贵州民族出版社，2015：68.

堪痛恨"①。在这里，特别值得一提"挺身上控"问题。

所谓"挺身"，形容勇往直前，勇于自任。所谓"上控"，指老百姓到衙门去控告官吏的行为。《大清律例》对抱告、首告、越诉、奸告、诬告、匿名揭贴等做了专门规定。其中所谓"奸告"，就是不合"名分"和"情义"的诉讼。如百姓控告地方官、下级官员控告上级官员、晚辈控告长辈等，都属于奸告，要处以"干名犯义"罪，杖100，徒3年。正是这种国家顶层制度设计，使得历朝历代"民告官"非常困难，告状者非有重大冤屈和无限勇气，是不会"挺身上控"官吏的。有清一代，在乾隆朝之后，允许百姓在一定程度上"上控"违法官吏，但代价是巨大的，是需要有强大的担当精神的。由于各级官吏和土司等普遍胡作非为，全省各地不断有人"挺身上控"。仅据黔东南已发现的碑刻文献可知，在"苗疆"至少有三次苗民"挺身上控"官吏的案情记载，嘉庆二十三年（1818），黄平州苗民罗世勋状告书役"滥派、勒折"案；道光年间，麻哈州苗民阿海状告土司串通州差"借夫滥派、勒折应役、抄掳凶伤"案；咸丰元年（1851），永从县滕洞等六洞苗民状告县差"乘兜坐轿、滥派夫役及需索累扰"案等，其中以麻哈州案最具典型性。

据麻江县冷水营《通饬禁革驿站积弊碑》记载，道光年间麻哈州（今麻江县）苗民阿海因土司宋世祥串通麻哈州差胡登绍等人"借夫滥派、勒折应役、抄掳凶伤"，将之控告到都匀府，府衙拖延不办，致使胡登绍将苗阿海"久押拷诈"。在寨众的不断"上控"下，云贵总督阮元、贵州巡抚嵩溥、贵州巡抚裕泰、贵州巡抚贺长龄、贵州布政使庆禄等分别于道光十二年（1832）七月至道光十七年（1837）七月做出批示，责令都匀府加紧审理。该案拖延长达五年之久，最后都匀府却轻描淡写地进行了了结。从这个案例中，可以看出民众"挺身上控"官吏的巨大代价：第一，时间成本大。本是一桩简单的案子，上控时间却长达五年之久，"上控"历程之艰辛及承受的压力可想而知。这说明腐败分子已然结成错综复杂的关系网络，处理起来很不容易。第二，经历曲折。经由一位总督、三任巡抚、一位布政使的批示督办，才勉强有了结果。由此可以看出，道光年间统治集团上级对下级的政治约束力已然严重弱化，工作指挥几近失灵，为社会稳定和政权稳固埋下了十分严重的隐患和风险。第三，处理轻描淡写，丧失社会公正。结果是州役赔钱了事，都匀府并未对贪官墨役进行法律制裁。从碑文语气上判断，控告者未用民间碑刻中常见的"恩蒙某某批示"之"感恩戴德"类的词语，足见其对该处理结

---

① 安成祥. 黔东南碑刻研究丛书：石上历史［M］. 贵阳：贵州民族出版社，2015：54.

果并不满意，但又无可奈何。

（三）反抗不断

常言说，哪里有压迫，哪里就有反抗；哪里有不公正，哪里就有抗争。由于各级官吏的极度腐败，社会矛盾日益尖锐和激化，贵州各族人民不断起来武装反抗，仅苗族起义就达到"三十年一小反，六十年一大反"的程度①，参与治理苗疆的清人徐家干也说苗疆流传着"六十年一乱，百年一大乱之谣"。在苗族农民武装反抗的斗争中，以咸丰同治年间张秀眉、杨大六为首领导的黔东南苗族农民大起义，时间最长，范围最广，规模最大，影响最深，与太平天国起义一道，从根本上动摇了清政府的统治基础。清代《苗疆闻见录稿》称："计自有明以来苗之叛者屡矣，其出扰之残，相持之久，要以咸同间为最甚云。"

从下表可以看出张秀眉、杨大六起义的基本情况：

表1　张秀眉、杨大六起义概括

起因	苗族农民长期遭受统治集团、土司、土目等的残酷剥削
导火索	台拱同知张礼度征粮勒收，抽厘无度，致使苗民度日艰难。其逼粮抓人，牢狱塞满，引起台拱及其周边的苗民为抗粮抗捐而暴动，最终一发不可收拾
时　间	咸丰五年（1855）至同治十二年（1873），共计18年
范　围	黔东的千里苗疆（以黔东南为核心）兵锋直指贵阳
规　模	数十万人
影　响	沉重地打击了清王朝在贵州的统治，对加速清王朝的灭亡、推进社会发展进程起到了巨大的作用

这场因统治阶级极度腐败而引发的战争，给社会和人民带来了深重灾难，这在各地民间碑刻多有记载。

第一，人口损失。剑河县沟洞《团首记事碑》记载："老者填乎满壑，壮者散于四方，如鸟失巢，如鱼失水矣。""大寨复原其半，小村十仅存一。"②镇远县台盘山《建修土地庙碑》记载："约计在外十有三年，我班共难卅余弟兄，今归来仅存我躬。"③锦屏县彦洞《战事记述碑》记载："同治四年五月

---

① 石朝江. 中国苗学［M］. 贵阳：贵州人民出版社，1999：55.

② 安成祥. 黔东南碑刻研究丛书：石上历史［M］. 贵阳：贵州民族出版社，2015：86.

③ 安成祥. 黔东南碑刻研究丛书：石上历史［M］. 贵阳：贵州民族出版社，2015：150.

二十一日……尸骨充塞道路,血滴成渠""同治五年正月二十五日……男女哭声震地,号泣张天。……共计死者三十余人,炮打刀伤何计其数!"① 榕江朗洞《瘗骨碑》记载:"千室之邑,仅佰什之一""残骸暴骨,零落满山,冷雨凄风,悲啼遍野。"②

第二,生产停滞,瘟疫流行。《锦屏县彦洞·(清光绪)战事记述碑》,战前"寨中男清女泰",战后"你病我灾,人人鹄形菜色,个个与鬼为邻。""想我黎民,遭此乱世,前后十有余年……八口之家,无一口之得耕;八亩之田,无一亩之得种。"镇远县台盘山《建修土地庙碑》:"约计在外十有三年……基园一色,青山辟荒弃耕。""瘟疫至,饿馑臻,斗米二千五百,野多饿殍。"

二、清政府对社会腐败的治理措施

针对腐败问题,清政府采取多种措施进行治理。

(一)革除时弊

1. 严禁加收钱粮

光绪五年(1879),贵州巡抚岑毓英发布告示:"完纳钱粮,无论秋粮、条银,无论收银、收钱,除《例》征耗银、耗米外,只照街市价每两加银二钱、每石加米二斗,以为倾工、批解等项公费。……凡秋粮之地盘样米、尖斗尖升、借公之横征勒收、加平加水,一切积弊概行革除。"③ 据《黎平县地坪·(清光绪)吏目衙规碑》记载,光绪九年(1883)黎平知府邓在镛规定"吏旧有夫费陋规名色,或数千,或数十千不等,此种巧取苛求,大为国之累,应一概禁止"④。

2. 严禁滥派夫役

嘉庆四年(1799),云贵总督富纲发布告示:"各州、县相验踏勘、查厂、查盐及征解钱粮,一切公需用夫[用]马,及衙署所用支更水火夫役,均著自行雇备,不许滥派里民当差。倘敢违犯,参究不贷。"⑤ "凡遇解往来军流,本无用木笼之例……派用民夫抬送之弊,亦远革除。"⑥ 同治十三年(1874)

---

① 安成祥. 黔东南碑刻研究丛书:石上历史 [M]. 贵阳:贵州民族出版社,2015:111.
② 安成祥. 黔东南碑刻研究丛书:石上历史 [M]. 贵阳:贵州民族出版社,2015:129.
③ 安成祥. 黔东南碑刻研究丛书:石上历史 [M]. 贵阳:贵州民族出版社,2015:37.
④ 安成祥. 黔东南碑刻研究丛书:石上历史 [M]. 贵阳:贵州民族出版社,2015:61.
⑤ 安成祥. 黔东南碑刻研究丛书:石上历史 [M]. 贵阳:贵州民族出版社,2015:69.
⑥ 安成祥. 黔东南碑刻研究丛书:石上历史 [M]. 贵阳:贵州民族出版社,2015:70.

贵州巡抚曾璧光发布告示："除主考、学院过境，照旧派夫迎送外，无论何项差役，不得派令苗民应夫供役。"① 光绪四年（1878）贵州布政使和按察使发布告示："有驿地方，遇有大差及学差过境，准派实夫应役，不准虚派一夫一马、勒令折价。无驿地方，三年中只学差两次，每次准派民夫一百五十名。定数之外，不准多派一名。""地方官因公下乡，概不准擅役民夫。"②

3. 严禁勒索财物

嘉庆四年（1799），云贵总督富纲规定："督、抚、司、道过境，向有'家人门包''跟班小封''押包规礼''厨役使费'，实属骚扰地方。此后，概行禁革。倘家人、差役需索不遂，指为'误差'滋闹，许州、县立即锁拿，具禀直陈，尽法究处。"③ 同治十三年（1874）贵州巡抚曾璧光规定："差役奉票下乡，路过之处，不准需索小钱。"④ 光绪元年（1875）贵州布政使规定："差役奉票下乡传提被告人等，不准乘轿骑马，勒索供应、夫马、盘费。一经提获，即时进城送审，并不准私押需索，骚扰地方。倘敢不遵，本司访闻或被告发，定即严提重办。"⑤ 光绪九年（1883）黎平知府规定："吏役无票私自下乡诈搕者，准团甲扭送来府，以凭究治。""票差下乡，不准擅索洋烟、鸡、鸭、酒、肉等物。违者，准受害人来府禀究。"⑥

4. 严禁土司越权

据锦屏县者楼《严禁土司擅受民词及擅收钱粮碑》记载，清代土司、土目、土弁等原为约束苗众、稽查奸宄而设，并无征收钱粮、派征夫马和差役、审理民事诉讼事件等职责。清初很多苗众不识汉文不通汉话，一些地方流官就委托土司土目等协助办理征钱、派差、审案等事情，久而久之，土司把这些职能都当成自己的法定职责，并滥用权力为害百姓。自道光八年（1828）到道光十八年（1838）的十年间，从省到府多次行文对土司的不法行为进行纠正和限制。道光八年（1828）十月，黎平知府发布告示："苗民一切词讼，悉令地方官审断，土司不得干预。倘（土司）再行擅理，私设刑具，即行详革，照例究办。"⑦ 道光十八年（1838）二月，黎平知府告示："尔等应纳钱

① 安成祥. 黔东南碑刻研究丛书：石上历史［M］. 贵阳：贵州民族出版社，2015：17.
② 安成祥. 黔东南碑刻研究丛书：石上历史［M］. 贵阳：贵州民族出版社，2015：50.
③ 安成祥. 黔东南碑刻研究丛书：石上历史［M］. 贵阳：贵州民族出版社，2015：69.
④ 安成祥. 黔东南碑刻研究丛书：石上历史［M］. 贵阳：贵州民族出版社，2015：17.
⑤ 安成祥. 黔东南碑刻研究丛书：石上历史［M］. 贵阳：贵州民族出版社，2015：27.
⑥ 安成祥. 黔东南碑刻研究丛书：石上历史［M］. 贵阳：贵州民族出版社，2015：61.
⑦ 安成祥. 黔东南碑刻研究丛书：石上历史［M］. 贵阳：贵州民族出版社，2015：53.

粮，各自赴府完纳，依定《章程》勿许任听土司从中包揽；尔等亦不得私交粮差代为上纳。……倘遇土司号兵假称奉官名目赴寨包收，许尔民等赴辕具禀，以凭究办。"① 同年六月，黎平知府再次告示："如有一切词讼、钱粮，自行投府呈控、赴仓完纳，不许赴土司处完纳、控理。如有赴土司具告、完纳者，一经告发，无论曲直，先予重责。该土司亦须凛遵劝令，不得擅受，自干裁汰。"② 另据黎平县地坪《严禁土司勒收兵谷及一切规费碑》记载，光绪八年（1882）贵州巡抚林肇元规定："如有土司假借名色，勒收兵谷及衙门规费等事，准该苗夷等将该土司扭禀地方官，照'蠹役诈脏例'，从重治罪。"③ 据《苗疆闻见录稿》记载，平定咸同苗民起义之后，清政府认识到"历来苗乱，半由土司激愤而成。此次苗疆肃清，不复袭设土司"。

（二）建立约束条规

嘉庆之后，从云贵总督、贵州巡抚，到司、道、府官员，自上而下层层发布规条，约束各级官吏。从麻江县冷水营《通饬禁革驿站积弊碑》、剑河县翁座《例定千秋碑》、黎平县地坪《吏目衙规碑》等可知，嘉庆四年（1799）云贵总督富纲发布规条15条，同治十三年（1874）贵州巡抚曾璧光发布规条13条，光绪九年（1883）黎平知府邓在镛发布规条14条。这些条规涉及方方面面，不仅有规范要求，还规定了处罚措施。比如，在调用交通役力方面，云贵总督富纲规定："督、抚巡阅，督院用马七匹，夫六十名；抚院用马六匹，夫六十名。预发传'牌'，传知沿途。地方官即将传'牌'抄贴四门，照数应付，不得滥应一夫一马。无马之处，平价雇备，不许派累里民百姓，违者参究。""布政使、按察使、道员、知府盘查及因公差委，用夫三十名；布政使、按察使用马七匹，道员用马六匹，知府用马三匹。倘随从人役有额外多索，系意滋扰，许即扭（具）禀究治。""各州、县衙门所设'听堂夫役'、'值日马匹'，及逢有差使派拨民夫、民马，一概革除。如有不遵，许百姓指名控告，立即拿究。"④ 在禁止用公款迎来送往和收受礼金方面，云贵总督富纲规定："凡遇上司过往，只须扫除洁净住房数间，以资栖息。其余酒席、饭食，一概不许备办。倘跟随人役敢于借端滋事，许即禀明惩治。""督、抚、司、道过境，向有家人门包''跟班小封''押包规礼''厨役使费'，实

---

① 安成祥. 黔东南碑刻研究丛书：石上历史 [M]. 贵阳：贵州民族出版社，2015：55.
② 安成祥. 黔东南碑刻研究丛书：石上历史 [M]. 贵阳：贵州民族出版社，2015：55.
③ 安成祥. 黔东南碑刻研究丛书：石上历史 [M]. 贵阳：贵州民族出版社，2015：63.
④ 安成祥. 黔东南碑刻研究丛书：石上历史 [M]. 贵阳：贵州民族出版社，2015：69.

属骚扰地方。此后，概行禁革。倘家人、差役需索不遂，指为'误差'滋闹，许州、县立即锁拿，具禀直陈，尽法究处。"① 在禁止行政乱收费方面，黎平知府邓在铺规定："吏目审理一案，不分原、被告，各送'案规钱'叁仟叁百文"；"传呈保结，每张只准取钱肆佰肆拾文"；"三八日递词，每张只许取'挂号纸笔钱'肆拾文"；"送案名单，只许取'纸笔钱'贰拾肆文"；"票差提案，每名每日只准取'鞋脚饭食钱'壹百文"②。对收费名目和收费标准都规定得清清楚楚。在限制吏目办案方面，黎平知府邓在铺规定："地方命案重件，不准吏目擅理"；"地方安静，吏目无故不准下乡巡扰"；"吏目受理之案，不准多提被告，致有牵累"；"吏役无票私自下乡诈搕者，准团甲扭送来府，以凭究治"；"吏目衙门收受呈词，不准擅用格式"③。在限制衙役编制方面，黎平知府邓在铺规定：（洪州）"吏衙差役不得过二十人。"④ 等等，不一而足。

（三）惩办贪官污吏

光绪年间，贵筑县差役付坤、黔西州差役游应贵、永宁州差役陈国昌、黎平府差役邵国春、思南府差役唐顺、黔西州差役成兴国、司洪顺等一批腐败分子，被贵州布政使司收押到省城贵阳治罪。据锦屏县唐东《整饬吏治碑》记载，光绪元年（1875）农历十二月九日，贵州布政使发布告示称："黔省各州、县差役每遇奉票下乡，竟敢乘马坐轿；方搕索勒要酒席、盘费；提获被告人等之后，私行羁押，重索规费谢礼，必满所欲，始能送审。此等恶习，殊堪痛恨。若不严行查禁，何以安民苗而儆衙蠹？除由本司亲提已犯贵筑县差役付坤、黔西州差役游应贵、永宁州差役陈国昌等，照例治罪；并现在行提黎平府差役邵国春、思南府差役唐顺、黔西州差役成兴国、司洪顺等，来省分别究办，以照儆戒及饬地方官认真整顿以挽颓风。"⑤ 由布政使司直接提审府、州差役并治罪，在历史上是不多见的，可见全省反腐打"苍蝇"力度是空前的。

朝廷层面对贵州贪腐高官也不手软。比如，嘉庆五年（1800）二月，有人揭发时任漕运总督的富纲在云贵总督任上贪婪腐败，官风败坏，调任漕运总督后更变本加厉，以"上缴赔补"为名，向各粮道及卫弁强索摊派的银子

① 安成祥. 黔东南碑刻研究丛书：石上历史［M］. 贵阳：贵州民族出版社，2015：69.
② 安成祥. 黔东南碑刻研究丛书：石上历史［M］. 贵阳：贵州民族出版社，2015：61.
③ 安成祥. 黔东南碑刻研究丛书：石上历史［M］. 贵阳：贵州民族出版社，2015：60.
④ 安成祥. 黔东南碑刻研究丛书：石上历史［M］. 贵阳：贵州民族出版社，2015：60.
⑤ 安成祥. 黔东南碑刻研究丛书：石上历史［M］. 贵阳：贵州民族出版社，2015：27.

数万两。经朝廷查实赃私累累,被判死刑,十月勾决。另一个被朝廷明正典刑的贵州"老虎"是提督龚继昌。同治四年(1865),龚继昌因镇压太平军有功被赏戴花翎加提督衔;同治十一年(1872),在乌鸦坡之战中擒获黔东南苗族农民起义领袖张秀眉、杨大六,被清廷加授贵州镇远府总镇,赏云骑尉世袭,后授湖北郧阳总兵;光绪十五年(1889),因与一官僚争夺妻妾,被对方告为贪官,被朝廷处斩。

(四)准许百姓控告

《大清律例》规定,对"奸告"者应处以"干名犯义"罪,杖100,徒3年。但为了加大反腐力度,清中期官府突破"成例"允许受到贪官污吏侵害的百姓进行控告。嘉庆四年(1799)云贵总督富纲规定:"各州、县衙门所设'听堂夫役''值日马匹',及逢有差使派拨民夫、民马,一概革除。如有不遵,许百姓指名控告,立即拿究。"① 同治十三年(1874)贵州巡抚曾璧光在告示中说:"差役奉票下乡,路过之处,不准需索小钱、停留,并不准派夫迎送。应到之家,只准一宿两餐。如多带轿扛、白役,需索鸡、鸭、酒、肉,即禀上'无名妄拿妄锁案',开花坐食多日等事,准其禀官究治。"② 光绪五年(1879)贵州巡抚岑毓英发布告示:"倘再有书差仍前勒索,呈控地方官不究者,即系官与书差同恶相济。许尔等来辕据实陈告,本部院定行从重参办,决不宽贷。"③ 黎平知府也规定:"票差下乡,不准擅索洋烟、鸡、鸭、酒、肉等物。违者,准受害人来府禀究。""如于定章外再有勒掯,许受害人来府具禀,定照律参办。"④

(五)加强巡视稽查

为了遏制腐败,扭转颓风,从巡抚到司、道、府等都加强了巡视稽查工作。例如,道光八年(1828)九月,贵州巡抚嵩溥接到贵西道员关于土司种种不法行为的禀报后,明确批示:"各府、厅、州、县耳目较近,土司、土目、土弁等人是否安分守法,应即责成各府、厅、州不时稽查。倘地方官明知故纵、狥庇不办,别经告发或被访闻,一并严参。"⑤ 道光十七年(1837)九月,贵州布政使行札各地"立刻密查所属各土司,如有前项情弊,即行严

① 安成祥. 黔东南碑刻研究丛书:石上历史 [M]. 贵阳:贵州民族出版社,2015:69.
② 安成祥. 黔东南碑刻研究丛书:石上历史 [M]. 贵阳:贵州民族出版社,2015:17.
③ 安成祥. 黔东南碑刻研究丛书:石上历史 [M]. 贵阳:贵州民族出版社,2015:37.
④ 安成祥. 黔东南碑刻研究丛书:石上历史 [M]. 贵阳:贵州民族出版社,2015:61.
⑤ 安成祥. 黔东南碑刻研究丛书:石上历史 [M]. 贵阳:贵州民族出版社,2015:54.

拿详革究办"①。光绪五年（1879）贵州巡抚岑毓英刚刚到任，随即到各地巡视，展开明察暗访，按他自己的话说："本部院下车以来，明察暗访得悉各府、厅、州、县征收钱粮弊端。"② 光绪九年（1883），黎平知府遵照贵州巡抚"整顿地方之至意"札饬洪州吏目和民众："朝廷设官，各有所司，属僚如有不公，扰民废事，上官自有稽察。"③

三、结论

（一）制度建设的局限性导致治理腐败的有限性

制度建设是反腐防腐的基础，包含两个方面：一是须建立完备的制度体系，二是制度能得到一以贯之地执行。乾隆皇帝驾崩之后，嘉庆皇帝以惩处大贪官和珅为开端，在全国掀起了一场反腐风暴。在这个大的政治背景下，云贵总督富纲于嘉庆四年（1799）发布禁革驿站积弊告示。尽管其信誓旦旦地说："若有驿州、县犹敢滥派、折收，扰累百姓，或经查出，或被告发，官则严行参究，役则立毙杖下。本部堂言出法随，断不宽宥。"然而，随着次年他因贪腐落马并被斩首，其出台的所有反腐规条和措施都成了一纸空文和历史笑话。道光年间统治集团内部上级对下级的政治约束力严重弱化，贵州的社会腐败问题愈发严重，日甚一日，最终引发咸同苗族农民大起义。平定起义之后，"苗疆初定，民困未苏，亟应剔除积弊，加意抚绥，以作长治久安之计"。尽管清政府出台了一系列反腐败措施，包括惩处了一批贪官污吏，但是全省的腐败问题并没有得到有效遏制。据清代《苗疆闻见录稿》记载，"苗疆既肃清之明年"，丹江通判屠瀚依据《善后章程》编联保甲的规定，以制作门牌为名，强行索取"线墨费"每张门牌800文，凡有不交者勒令团保追逼。"疮痍未复，苗不聊生。"于是，又一次引发了苗族民众攻进厅城，杀死屠瀚及其家人的事件。从清中后期贵州碑刻文献记载可以看出，从中央到地方各级政府在制定社会治理的规条方面带有明显的临时性和应急性，在执行规条方面又具有因人、因事、因时而废的多变性，这就注定了贵州反腐败成效的有限性。同时，随着国家总体形势的恶化，特别是武昌起义的爆发，贵州地方政府也就带着腐败毒瘤最终走进了历史的坟墓。

---

① 安成祥. 黔东南碑刻研究丛书：石上历史 [M]. 贵阳：贵州民族出版社，2015：54.
② 安成祥. 黔东南碑刻研究丛书：石上历史 [M]. 贵阳：贵州民族出版社，2015：37.
③ 安成祥. 黔东南碑刻研究丛书：石上历史 [M]. 贵阳：贵州民族出版社，2015：60.

（二）皇权腐败是贵州社会腐败的总根源

首先，最高统治者不受约束，风成于上，俗行于下，最终带坏吏治。最突出的例子莫过于慈禧做寿。光绪二十年（1894）十月，慈禧六十大寿庆典，向"部库提拨"银 300 万两，向京内外官员摊派银子 298.15 余万两，共计耗资近 600 万两。此时正值中日甲午战争爆发，有人提请停修颐和园工程，增加军费对抗日本进攻，慈禧太后怒不可遏地说："今日令吾不欢者，吾亦将令彼终身不欢。"① 正是在皇家这种穷奢极欲腐败行为的带动下，名目繁多的送钱、送物以达贿赂的现象，在晚清官场成为常态。比如，夏天炎热，需要冰凉降暑，于是送"冰敬"银子；冬天严寒，需要炭火取暖，须送"炭敬"银子；逢年过节则送"年敬"和"节敬"银子；逢生日、结婚、生子等喜庆日子，又要送"喜敬"银子；等等。贵州的贪官污吏或是采取贪污，或是采取摊派，或是采取勒索，或是采取欺诈等多种手段和途径，又把"孝敬"上司的种种负担层层转嫁到老百姓的头上，使得世风日坏，民不聊生。

其次，乾纲独断的皇权往往"以人划线""法外开恩"，极其严重地削弱了反腐败的公信力和震慑力。乾隆四十五年（1780），云贵总督、大学士李仕尧被人举报贪赃受贿，借办贡品之名勒索下属，九卿会议拟将之即行正法。但乾隆帝以其是办事能臣为由，宣布暂缓处决。次年，撒拉尔回人起事，乾隆帝启用李仕尧"赏三品顶戴花翎，赴甘总办军务"，不久又任陕甘总督。乾隆四十七年（1782）加"太子太保"衔。后又委其征台，立功入列"紫光阁平台湾二十功臣"。乾隆五十三年（1788）十月，"以疾卒，谥恭毅"，身后备极哀荣。② 作为中国历史上较为英明的乾隆皇帝尚且"以人划线"，有选择性地惩贪治腐，其后世之君更是翻手为云覆手为雨，在反腐败问题上随意而为，"风俗则日趋卑下，赏罚则仍不严明，言路则似通未通，吏治则欲肃而未肃"，"各省官员，贪者十居其九"（《清史稿·卷三五六·洪亮吉传》）。在这样的政治大环境下，贵州的社会腐败必然会成为无法根治的痼疾。

---

① 李鹏年. 一人庆寿举国遭殃——略述慈禧"六旬庆典"［J］. 故宫博物院院刊，1984（9）：32—40.
② 张宏杰. 中国历史的教训：张宏杰讲明清反腐［M］. 北京：中国方正出版社，2016：151—154.

清代黔东南地区会馆的空间分布及其运行机制

李　斌*

　　会馆是一种地方性的同乡组织，创建会馆的目的在于"以敦亲睦之谊，以叙桑梓之乐，虽异地宛若同乡"，每逢年过节或每月之朔望，同乡欢聚一堂，祭神祀祖，聚餐演戏。① 它是随着商业的兴起与发展、人口频繁流动与外地客商的云集以及财力的不断增强而产生的组织。王日根曾指出："会馆是明清社会政治、经济、文化变迁的特定产物，它不仅仅是明清时期商品经济蓬勃发展的必然，亦与明清科举制度、人口流动相伴随。"② 有关明清时期会馆的研究成果，已汗牛充栋，然有关黔东南地区的会馆组织，却未有专文讨论。兹就清代黔东南地区会馆的出现、数量、空间分布及其特点做一介绍。

　　黔东南地区的会馆组织，始建于何时并无确切的文献可考。随着明初对贵州的经营，外来人口增多，特别是清水江木材贸易的兴起之后，陆续而来的商人，为会馆组织的建立，提供了契机。据现有零星文献记载，黔东南至迟在明末就开始出现了会馆，共有 3 座，其中凯里 2 座，镇远 1 座。凯里 2 座会馆均称万寿宫：一在凯里城，明朝万历三十五年（1607）修建；二在清平撒毛堡，明熹宗天启年间（1621—1627）建（彭泰楠《清平县志·卷五·祠祀》）。镇远福建会馆始建于明末清初，后由福建人林品南任镇远知县（同治十二年至光绪二年即 1873—1876 年）时率闽省在镇远商人重建。其后，会馆

*　基金项目：国家社科基金一般项目"明清以降清水江流域碑刻的搜集、整理与研究"（批准号：17BZS005）阶段性成果。
　李斌，历史学博士，凯里学院民族研究院教授，贵州大学硕士生导师，贵州原生态民族文化研究中心研究员，贵州省苗族侗族文化传承与发展协同创新中心研究员，主要研究方向：区域社会史、清水江文书。

① 李华. 明清以来北京工商会馆碑刻选编·前言［M］. 北京：文物出版社，1980.
② 王日根. 乡土之链：明清会馆与社会变迁［M］. 天津：天津人民出版社，1996：28.

在黔东南地区如雨后春笋般地建立起来。

一、会馆的空间分布及其特点

（一）会馆的空间分布

对清代黔东南地区会馆的空间分布统计，以黔东南苗族侗族州现行行政区划进行，换言之，只要是属于现黔东南州辖区的地理空间，都在统计之内。兹分县市统计如下。

（1）凯里市。共有会馆8座，其中江西会馆有4座，分别在县城即清平、凯里、老马场和撒毛堡，另有福建会馆、江南会馆、两湖会馆、四川会馆各1座。

万寿宫也即江西会馆四座，一在清平城中，乾隆间江右人创建，道光十年（1830）重修；二在凯里城；三在老马场；四在撒毛堡，"天启年间建，乾隆乙卯苗蛮火之不然，寻辟之，门壁刀迹犹存"（彭泰楠《清平县志·卷五·祠祀》）。清平（今凯里市炉山镇）还建有江南会馆、两湖会馆、四川会馆①。万寿宫建于明万历三十五年（1607），道光十年（1830）重修，咸丰五年（1855）毁，同治十三年（1874）复修，占地面积2500平方米，坐北朝南，由前殿、戏台、正殿和后殿组成，2006年6月6日贵州省人民政府公布为省级文物保护单位。② 天后宫即福建会馆，在凯里。

（2）丹寨县。有2座会馆，均为江西会馆，即万寿宫，一座在城内南街，清光绪八年（1882）地方人士捐资修建。另一座在城东七十里的南皋场，清光绪二年（1876）民人募捐修造（郭辅相《八寨县志稿·卷五·祠庙寺观》）。

（3）麻江县。共有会馆11座，其中江西会馆5座，两湖会馆3座，福建会馆、广东会馆和川滇会馆各1座。

据民国《麻江县志》记载，麻江两湖会馆即禹王宫三座，一在县城东街，二在乐户司，三在平定下司。江西会馆即万寿宫4座，一在县城中街，乾隆壬午年（乾隆二十七年，即1762）建；二在宣威司；三在乐平司；四在平定

---

① 黔东南苗族侗族自治州地方志编纂委员会. 黔东南州志·名胜志［M］. 贵阳：贵州人民出版社，1992：128.

② 凯里万寿宫的修建时间有两种说法，其一是万寿宫前的石刻简介上是明万历三十五年（1607），而《凯里市志》（方志出版社，1998：1046.）则记载为乾隆年间，具体时间待考。

下司。福建会馆即天后宫，在平定下司。① 另外下司还有川滇会馆、广东会馆，② 县城还有江西临江会馆。③

（4）黄平县。有 16 座会馆，其中江西会馆 6 座（含江西临江府会馆），四川会馆 3 座，江南会馆 3 座，福建会馆、两湖会馆、云南会馆、湖南会馆各 1 座。旧州镇有 7 座会馆，分别是：福建会馆（天后宫）、江西临江府会馆（仁寿宫）、四川会馆（万天宫）、江西会馆（万寿宫）、江南会馆、两湖会馆、云南会馆。新州镇四屏 3 座会馆，分别是：江西会馆、四川会馆、江南会馆。重安镇有 4 座会馆，分别是：江南会馆、四川会馆、湖南会馆、江西会馆。上塘和龙溪各有 1 座有江西会馆。④

重安万寿宫即江西会馆，位于重安镇北街，始建于乾隆二十年（1755），光绪四年（1878）重建，由戏楼、厢楼、正殿、观音堂、厢房、后厅组成，占地面积 710 平方米，大门柱联"圣德汪洋，名昭东海；神功浩大，泽沛西江"，1988 年黄平县人民政府公布为县级文物保护单位。旧州仁寿宫即江西临江会馆，位于旧州西中街，始建于乾隆五十一年（1786），毁于咸丰五年（1855），光绪十四年（1888）重建，占地面积 897.6 平方米，其封火墙的十多块印字砖印有"乾隆五十一年闰七月临江府众姓建修"字样，由戏楼、正殿及其前后两厢与后楼组成，1988 年黄平县人民政府公布为县级文物保护单位。旧州天后宫即福建会馆，位于西下街南侧，始建于道光十七年（1837），咸丰五年（1855）毁于兵燹，光绪二十七年（1901）重建，占地面积 1202 平方米，⑤ 1988 年黄平县人民政府公布为县级文物保护单位。新州万寿宫即江西会馆，在城东隅，在黄平经商的江西人修建，据嘉庆《黄平州志》记载，会馆"厘所也。雍正乙卯毁于苗，乾隆七年重建，十二年讫工，址上下二十二丈，左右减一丈，为堂十楹，门四重，余屋二间，台一，其乡人程京兆严

① 拓泽忠，周恭寿. 麻江县志·卷九·祠庙寺观［M］. 民国二十七年铅印本：22—23.

② 下司会馆统计是根据实地田野考察以及文献记载。也可参考：黔东南苗族侗族自治州地方志编纂委员会. 黔东南州志·名胜志［M］. 贵阳：贵州人民出版社，1992：130.

③ 民国《麻江县志·卷九·祠庙寺观》未统计江西临江会馆，根据民国《麻江县志》记载，"自古立大功定大疑，无不以终始为兢兢，诚得其人无不成者，箫公会亦一端也，其始临府十二人，共出银三十两交首会生息，是谋始有人也。"可知麻江县城还有江西临江会馆。

④ 黄平县地方志编纂委员会编. 黄平县志［M］. 贵阳：贵州人民出版社，1993：741；（清）李台·黄平州志·卷十二·寺观［M］. 嘉庆六年刻本：6.

⑤ 黔东南苗族侗族自治州地方志编纂委员会. 黔东南州志·文物志［M］. 贵阳：贵州人民出版社，1992：23—24，27.

作记"①。

（5）施秉县。有5座会馆，其中江西会馆3座、两湖会馆和四川会馆各1座。

江西会馆三座，一在县城大桥北端，改建为城关粮食加工厂和营业所；二在马号乡江西街村东端，新中国成立后改建为江西街小学；三在双井镇新城，清宣统二年（1910）设新城区立小学堂于其内，现改建为新城粮管所。两湖会馆，在县城大桥北端，占地3000余平方米。四川会馆，在县城王家坡，后改建为城关一小教师宿舍。②

（6）镇远县。有会馆9座，8座在镇远县城，1座在青溪，其中江西会馆3座，福建会馆、两湖会馆、陕西会馆、江南会馆、四川会馆、两广会馆各1座。

据《镇远府志》记载，乾隆年间县城至少4座会馆，其中万寿宫即江西会馆有二，一在祝圣桥，二在府城西。天后宫即福建会馆，在府治西新城门后；陕西会馆在府治西。③ 另据文献记载，镇远还有禹王宫即两湖会馆，在卫城大码头。江南会馆在周街。四川会馆在卫城周街。两广会馆在府西北小田溪。④ 祝圣桥侧的万寿宫即江西会馆，具体修建时间不详，乾隆《镇远府志》已有记载，说明至迟乾隆年间已经建成，馆内有戏楼、厢楼、杨泗店、客堂、许真君殿、客房及文公祠等建筑，戏台后壁悬"中和且平"木匾，下有福禄寿三星木质浮雕，大门柱联"不典不经，格外文章圈外句；半真半假，水中明月镜中天"。天后宫即福建会馆，明末清初修建，乾隆《镇远府志》已有记载，会馆于同治十二年（1873）和光绪三年（1877）由福建商人捐资重建，据称是西南地区最大的天后宫，1981年9月镇远县人民政府公布为县级文物保护单位，1985年11月贵州省人民政府公布为省级文物保护单位，说明至迟乾隆年间已经建成。青溪万寿宫即江西会馆，青溪舞阳河南岸，光绪四年（1878）建造，由大门、戏楼、两厢、正殿、前后天井等组成，1990年被列为县级文物保护单位。⑤

（7）三穗县。三穗有4座会馆，分别是江西会馆、湖南会馆、福建会馆

① （清）李台．黄平州志·卷十二·寺观［M］．嘉庆六年刻本：1.
② 贵州省施秉县地方志编纂委员会．施秉县志［M］．北京：方志出版社，1997：199—200.
③ （清）蔡宗建．镇远府志·卷十九·祠祀［M］．乾隆刻本：4.
④ 新编镇远府志［M］．郑州：中州古籍出版社，1996：345—347.
⑤ 镇远县青溪志编写委员会．镇远县青溪志［M］．内部印刷本，2007：204.

以及四姓馆，除江西会馆在邝水城外，其他湖南会馆、天后宫即福建会馆、四姓馆均在邝水城内①。

（8）岑巩县。有会馆 4 座，2 座在县城，2 座在龙田。其中江西会馆 2 座、两湖会馆和湖南会馆各 1 座。

江西会馆又称万寿宫，一座在田坝坪，② 另一座在龙田镇中街，始建于嘉庆十九年（1814），光绪十六年（1890）重修，原有大门、戏楼、两厢、正殿、后殿等，占地面积 640 平方米，紧挨湖南会馆，1982 年 2 月岑巩县人民政府公布为县级文物保护单位。湖南会馆，位于龙田镇中街，始建于嘉庆十一年（1806），建筑面积 400 平方米。③ 两湖会馆即禹王宫，位于思旸镇中街，始建年代不详，今存建筑为光绪二年（1876）重建，据大梁题记为光绪二年（1876）"三楚阁省众姓重新修建"，占地面积 720 平方米，由大门、戏楼、禹王殿、观音殿等组成，1982 年 2 月岑巩县人民政府公布为县级文物保护单位。④

（9）天柱县。有会馆 9 座，其中江西会馆 3 座，福建会馆、宝庆会馆、衡阳会馆、五省会馆、两湖会馆、贵州会馆各 1 座。

据乾隆《镇远府志》记载，天柱在乾隆年间至少有 3 座会馆，天后宫即福建会馆，在城东门外。万寿宫即江西会馆，有二：一在邦洞，城北十五里右，有观音堂，前有池塘一口，计粮八分有奇；二在远口司大桥西老寨后，规模阔大，为司地巨观。⑤ 天柱的会馆主要集中在清水江边的远口，共有 6 座会馆，分别是：宝庆会馆，民国初年由姚利程等人牵头修建，位于城墙街，占地约 1000 平方米；江西会馆，清末民初建造，位于今远口粮管所；衡阳会馆，民国十八年（1929）由甘祥茂、段明渭、王秀清、贺隆善等人牵头修建，位于城墙街，20 世纪 70 年代电影院扩建，被撤除；五省会馆，即湖南、湖北、江西、浙江、贵州五省，与衡阳馆相邻，民国初年建，1958 年辟为人民大会堂，后改为电影院；两湖会馆，民国初年（1912）建成，位于农牧站背，

① 镇远县政协文史资料研究室编. 镇远府志［M］. 贵阳：贵州人民出版社，2014：511.

② （清）蒋深. 思州府志·卷三·建设·祀祠［M］. 康熙六十一年（1722）增补刻本：25.

③ 贵州省岑巩县志编纂委员会. 岑巩县志［M］. 贵阳：贵州人民出版社，1993：772，793.

④ 贵州省岑巩县志编纂委员会. 岑巩县志［M］. 贵阳：贵州人民出版社，1993：770；黔东南苗族侗族自治州地方志编纂委员会. 黔东南州志·文物志［M］. 贵阳：贵州人民出版社，1992：25.

⑤ （清）蔡宗建. 镇远府志·卷十九·祠祀［M］. 乾隆刻本：10，11.

占地约200平方米；贵州会馆，民国五年（1916）建，位于镇政府办公楼。①垄处江西会馆，清同治中叶，先后有彭、喻、黄、万、程等江西和湖南人陆续迁居垄处，原址在镇政府宿舍大楼，20世纪40年代曾设私立湘赣小学。②

（10）锦屏县。有15座会馆分布较散，其中湖南会馆5座、江西会馆3座、两湖会馆3座、福建会馆2座、贵州和宝庆会馆各1座。

三江镇有会馆4座，分别是福建会馆、江西会馆、两湖会馆、宝庆会馆（财神庙）。江西会馆又名万寿宫，创建于乾隆年间，由前殿、天井、两厢、中殿、后殿组成，会馆门柱雕刻有"水秀山明大启仙人旧馆，兰宫桂殿重开福地新门"对联，客厅有两幅对联："经之营之财恒足矣，悠也久也利莫大焉""财生动脑勤身士，神佑慈心善意人"，反映了江西商人的经营理念。两湖会馆创建于民国八年（1919），在锦屏县知事邓卓汉（湖北人）支持下，湖南商人史恒如（号经魁，湖南芷江人）组织湖北、湖南在锦屏经商的商人修建，有戏台、酒楼、门楼、议事厅、会客厅等，有"商贾旅黔，一水奔腾惊客梦；笙歌悦耳，两湖融洽忆乡音"戏台对联，会馆规模之宏大、设计做工之考究、投工之多、技艺之精湛，堪称锦屏会馆之首。1950年1月12日，锦屏解放时，就是在两湖会馆召开各族各界代表人士举行庆祝大会的。1970年被洪水冲走。③ 福建会馆，在江西会馆下方约80米处，建于民国五年（1916），有天井、戏台、供奉大厅、议事厅等，由闽商陈祥茂主修，后任会馆值年。④ 敦寨镇有湖南会馆，清末建于胜利街口（今计生办所在地）。⑤ 茅坪镇有会馆3座，分别是湖南会馆、德山会馆、福建会馆。⑥ 德山会馆，又称禹王宫，建于清同治元年，1952年茅坪木材水运局将其作为办公场所，1984年被拆除。⑦ 铜鼓镇有会馆3座，分别是江西会馆（19世纪60年代曾被铜鼓公社用作办公场所）、贵州会馆、湖南会馆，花桥有江西会馆、湖南会馆、两湖会馆。⑧ 钟灵乡有湖南会馆，是清朝中期由衡州和宝庆两帮同建。⑨

（11）黎平县。有会馆7座，郡城4座，永从3座，其中江西会馆3座，

① 天柱县《远口镇志》编纂委员会. 远口镇志 [M]. 内部印刷本，2014：290—292.

② 垄处镇志编纂委员会. 垄处镇志 [M]. 内部印刷本，2010：86—88.

③ 吴育宪. 清朝至民国时期的锦屏会馆 [J]. 锦屏文史，2009（3）：25—27.

④ 吴恩荣. 锦屏县会馆概况 [J]. 锦屏文史，2013（3）：18—20.

⑤ 锦屏县敦寨镇人民政府. 敦寨镇志 [M]. 内部印刷本，2011：78.

⑥ 茅坪镇志编纂委员会. 茅坪镇志 [M]. 内部印刷本，2012：51.

⑦ 王宗勋. 清水江木商古镇——茅坪 [M]. 贵阳：贵州民族出版社，2017：39.

⑧ 铜鼓镇志编纂委员会. 铜鼓镇志 [M]. 内部印刷本，2010：92，388.

⑨ 贵州省锦屏县钟灵乡志编纂委员会. 钟灵乡志 [M]. 内部印刷本，2013：237.

福建会馆 2 座，两湖会馆和广东会馆各 1 座。

表 1　黎平会馆统计表

馆名	地址	修建时间	重修	规模	备注
江西会馆	郡城东捕厅署左	嘉庆二年（1797）		正殿 5 间，牌楼 5 间，戏台 1 座	万寿宫
	参将署右①	道光二十三年（1843）	同治十一年（1872）		万寿宫，元旦、冬至节地方官朝贺处
	永从南门正街	乾隆五十八年（1793）	光绪五年（1879）	正殿 3 间，中厅 3 间，戏台 1 座，左右厢房各 1 间，厨房 3 间	万寿宫
湖广会馆	郡城东胡家坪	嘉庆元年（1796）		正殿 5 间，牌楼 5 间，戏台 1 座	禹王宫
福建会馆	郡城东学宫右	嘉庆八年（1803）		正殿 3 间，牌楼 3 间，戏台 1 座	天后宫
	永从十字街	嘉庆十八年（1813）		正殿 3 间，中厅 3 间，戏台 1 座	天后宫
广东会馆	永从北门外	道光三年（1823）		正殿 3 间	北帝宫

资料来源：根据道光《黎平府志·卷七·营建志·寺观》、光绪《黎平府志·卷二下·地理志·庙坛》统计制作。

黎平两湖会馆由门楼、戏楼、禹王宫、佛殿等组成，占地面积 3479 平方米，建筑面积 740 余平方米，有匾额和楹联 43 件，1986 年 3 月黎平县人民政府公布为县级文物保护单位。江西会馆即万寿宫，有两座。一在参将署右，

---

① 道光版和光绪版《黎平府志》均无万寿宫的修建及重修时间，此处是根据黎平两湖会馆内刻于同治十二年的《万寿宫碑记》补充。

为"元旦、冬至节地方官朝贺处"。《万寿宫碑记》记载了黎平万寿宫创建及修葺经过,"万寿宫殿创自道光二十三年"(1843),① 原"为百官朝贺之所,年久倾圮",同治十一年(1872)新任知县李于彤"目击颓废,心甚恶焉,乃请于摄府"倪应复,"克齐观察,鸠工"修葺,"三阅月功成,其局仍旧,而规模宏远矣"②。二在城东捕厅署左,即江西会馆,嘉庆二年(1797)建。"正殿五间,牌楼五间,戏台一座。"③

(12)从江县。共有会馆4座,3座在丙妹,1座在下江。其中福建会馆2座、江西会馆和四省会馆各1座。

表2　从江会馆统计表

馆名	地址	修建时间	重修	规模	备注
福建会馆	东门外	道光二十三年(1843)		正殿3间,中厅3间,左观音阁3间,右客厅厢房10间,戏台1座,牌楼3间	天后宫
	下江南门城内大街		光绪三年(1877)	正殿3间,后殿3间,左厢房3间(客厅)左右厨房各1间,石牌房1座,戏台1座	祀观音,首事林万利等集资重修
江西会馆	东门外	道光二十三年(1843)		正殿3间,外厅3间,左观音阁3间,客厅3间,厨房3间,戏台1座,牌楼3间	万寿宫
四省会馆	东门外里许	道光二十一年(1841)	光绪十六年(1890)	正殿3间,殿后客厅3间,厅屋3间,厨房3间,戏台1座,门楼1间	旧祀财神,县丞周立昌倡捐重修

资料来源:根据道光《黎平府志·卷七·营建志·寺观》、光绪《黎平府志·卷二下·地理志·庙坛》统计制作。

① (清)俞渭.黎平府志·卷二·地理志[M].光绪十八年刻本.
② 《万寿宫碑记》(同治十二年),碑现存于黎平县德凤镇两湖会馆内.
③ 黎平府志·卷七·营建志[M].道光二十五年.

（13）榕江县。有14座会馆，8座在古州，2座在朗洞，4座在寨蒿①。其中福建会馆3座，江西会馆3座，五省会馆2座，贵州会馆、广东会馆、湖广会馆、湖南会馆、四川会馆、广庆会馆各1座。

表3　榕江会馆统计表

馆名	地址	修建时间	重修	规模	备注
贵州会馆	小东门外上河街	乾隆年间	嘉庆元年（1796）、道光十四年（1834）重修		文昌庙，并祀黑神
福建会馆	卧龙岗武侯庙前	乾隆三十三年（1768）	道光十七年（1837）、光绪三年（1877）重修	正殿3间，后殿3间，左右厢房各1间，客厅1间，又添2间，牌楼1座，戏台1座	天后宫，奉祀观音
	朗洞南街	乾隆四十五年（1780）	嘉庆八年（1803）重修	正殿3间，左右厢房6间，客厅5间，斋房3间，牌楼3间，戏台1座	
	寨蒿	民国年间			
江西会馆	大东门外中河街	乾隆年间	道光十四年（1834）、光绪元年（1875）重修	正殿3间，后殿3间，客厅1间，厨房1间，牌楼3间，戏台1座	万寿宫，祀北极紫薇
	朗洞南街	道光十三年（1833）	咸丰年毁，重修	正殿3间，卯亭3间，左右厢房6间，斋房3间，牌楼3间，戏台1座	
	寨蒿老镇政府处	民国年间			
湖南会馆	寨蒿卫城	民国年间			

---

① 寨蒿的4座会馆资料均来自：詹承典. 寨蒿——榕江的第二商场［M］//贵州省榕江县商业局，政协贵州榕江县文史资料研究委员会，贵州省榕江县供销社. 榕江文史资料（第六辑）. 内部印刷本，1993：48 – 53.

馆名	地址	修建时间	重修	规模	备注
广东会馆	大东门外中河街	乾隆年间	道光十四年（1834）、光绪元年（1875）重修	正殿3间，厢房3间，戏台3座，牌楼3间	玉虚宫，祀北极紫薇
湖广会馆	南门外下河街	乾隆年间	道光十四年（1834）、光绪元年（1875）重修	正殿3间，后殿3间，厢房3间，牌楼3间，戏台3座	寿佛宫，奉祀观音
五省会馆	大东门外中河街		光绪三年（1877）重修		
	寨蒿卫城	民国年间			观音庙，有大雄宝殿
四川会馆	城南	光绪十三年（1887）	民国十九年（1930）维修	戏楼、两厢、正殿、寄香祠及厨房	陈观察、张军门创造
广庆会馆	南门外炮台角			前厅、中堂、后室	粤西馆，广庆宾馆

资料来源：根据道光《黎平府志·卷七·营建志·寺观》、光绪《黎平府志·卷二下·地理志·庙坛》、《榕江县志》（第925页）、《榕江文史资料》第六辑统计制作。

榕江两湖会馆修建于乾隆年间，后经过几次重修，由戏楼、正殿、后殿等组成，占地1226平方米。牌坊上装饰有彩塑、绘画等，有"二龙抢宝""魁星点斗""南极仙翁""八仙过海"，两侧有"双龙抱柱"，以及"穆柯寨""空城计""摩天岭""龙凤旗"等历史故事。

（14）雷山县。共有会馆3座，均在县城，其中江西会馆、四川会馆、湖南会馆各1座。

江西会馆，光绪年间建造，今雷山县粮食局制米厂，建有4幢连接成井字形的木结构小青瓦2层楼房，占地0.5亩，1951年初修建粮食局仓库时拆除。四川会馆，光绪年间建造，今雷山县农资公司化肥门市部处，为1幢3间木结构小青瓦2层楼房，占地150平方米，1950年改为税务局办公楼和宿舍，1957年改为雷山火电厂，20世纪60年代建仓库时拆除。湖南会馆，光绪末年（1908）建造，今县幼儿园处，为1幢木结构小青瓦2层楼房，占地面积120平方米，民国九年（1920）发生火灾被烧毁①。

（15）台江县。有两湖会馆和江西会馆各1座。

两湖会馆，在施洞。光绪三年（1877）由寓居该地的湘鄂籍同乡捐建，光绪五年（1879）提督龚继昌增建戏楼、厢房、大殿，由戏楼、两厢、正殿、祀祠组成，占地面积550平方米，祀祠前两侧拱卷顶侧门门额分别楷书"楚月""湘云"字样，墙壁题有诗词，绘有人物、花鸟等。江西会馆，光绪初年江西籍商贾捐资修建的同乡会馆（今台江县供销社职工宿舍处），有一殿两廊计7间，1953年拆建台拱供销社营业部②。

（16）剑河县。有9座会馆，其中江西会馆3座，湖南会馆、两湖会馆各2座，福建会馆、贵州会馆各1座。

县城③三座，分别是：福建会馆，在城西，民国年间曾经改设柳川镇公所；两湖会馆，在城西，民国年间曾经改并为中心小学；江西会馆，在城西门外，民国年间曾经改为国民兵团驻训所。柳霁三座，分别是：贵州会馆、江西会馆、湖南会馆，现拆改仓库。南嘉三座，分别是：江西会馆，民国年间乡公所曾设在此处湖南会馆，民国年间保公所曾设此处④；两湖会馆即禹王宫，至少建于咸丰三年（1853）之前⑤。

（二）会馆的空间分布特点

为说明会馆的空间分布特点，兹先根据上述对会馆之介绍，特制表如下：

---

① 贵州省雷山县志编纂委员会. 雷山县志［M］. 贵阳：贵州人民出版社，1992：492.
② 贵州省台江县志编纂委员会. 台江县志［M］. 贵阳：贵州人民出版社，1994：668，670—671.
③ 今天所说的剑河县城是指革东镇，而此处县城指的是原老县城柳川镇，2003年2月20日因三板溪水电站建设、剑河县城搬迁需要，贵州省人民政府批准变更台江县革东镇隶属剑河县管辖。2007年4月20日剑河县城由柳川镇搬迁至革东镇。
④ 阮略. 剑河县志·卷二·地理志［M］. 民国三十四年石印版：25—27.
⑤ 据黎平两湖会馆刊刻于咸丰三年的《万古流芳》碑记载，在重修黎平两湖会馆中时有"南加堡禹王宫捐钱壹拾玖仟肆百文"字样。

表4　黔东南会馆空间分布统计表

地名	江西会馆	湖南会馆	两湖会馆	福建会馆	四川会馆	广东会馆	贵州会馆	江南会馆	五省会馆	其他会馆	小计
凯里	4		1	1	1			1			8
丹寨	2										2
麻江	5		3	1		1				1	11
黄平	6	1	1	1	3			3		1	16
施秉	3		1		1						5
镇远	3		1	1	1	1		1		1	9
三穗	1	1		1						1	4
岑巩	2	1	1								4
天柱	3	2	1	1			1		1		9
锦屏	3	6	3	2			1				15
黎平	3		1	2		1					7
从江	1			2						1	4
榕江	3	1	1	1		2	1		2		14
雷山	1	1			1						3
台江	1		1								2
剑河	3	2	2	1			1				9
合计	44	15	17	16	8	5	4	5	3	5	122

　　说明：江西会馆包括临江会馆，湖南会馆包括宝庆会馆、德山会馆、衡阳会馆，两湖会馆包括湖广会馆，广东会馆包括广庆会馆。

　　通过对《黔东南会馆空间分布统计表》的分析，可以得出如下总结。

　　一是从分布区域上看，主要在沿江分布。最多的是黄平16座，锦屏15座，榕江14座，麻江11座，剑河9座，天柱、镇远9座，黎平7座，凯里6座，施秉5座，从江、岑巩、三穗各4座，雷山各3座，丹寨、台江2座。这些会馆的分布，刚好反映了黔东南区域渐次开发史，清水江流域的开发是上、下游开发早，中游晚，锦屏、天柱是下游地区，黄平、麻江是上游地区。丹寨、雷山、台江是清朝雍正年间"改土归流"过程中开辟的"新疆六厅"之八寨厅、丹江厅和台拱厅，这也反映了这一区域开发较晚，说明黔东南的移民人数、商业繁荣程度和会馆的设立是成正比的。

二是从数量看，以江西会馆（万寿宫）为最多，在统计的县中均有分布，共44座，其中黄平县有6座；两湖会馆（禹王宫）有17座，居次席，其中麻江、锦屏各3座；湖南会馆15座，其中锦屏6座；福建会馆（天后宫）16座，四川会馆有8座，广东会馆、江南会馆各5座，贵州会馆4座，五省会馆3座；在其他5座会馆中，川滇会馆、云南会馆、陕西会馆、四省馆馆、四姓馆各有1座。

二、会馆的修筑——以黎平两湖会馆为例

那么，如此众多的会馆是如何建立起来的？限于资料，目前黔东南的会馆组织之建设情况，并未能全面勾勒。但因黎平两湖会馆有较为丰富的碑刻，兹以之为例说明这种修筑情形。在黎平县德凤镇两湖会馆内，共计有近30通碑刻，其中有5通碑被镶嵌在会馆内的墙体之中，碑的额题分别是《亘古不磨》《万古流芳》《功德常昭》《永垂万古》《百世不朽》，其形制大小相差无几，高宽分别为177厘米、85厘米，175厘米、81厘米，176厘米、85厘米，178厘米、82厘米，177厘米、85厘米。其中《亘古不磨》是序文，其余4通碑是捐资者姓名以及捐款数量。兹逐录《亘古不磨》并标点如下（"/"为碑文转行标识，数字为具体行数）：

1/重修两湖会馆功德碑序

2/尝思洞庭波阔，携江沱潜汉以同流；衡岳云高，合泰华恒嵩并峙。是知两湖之名胜，直甲华夷；益信三3/楚之奥区，全超海甸。然安桑梓者，固可驻足此邦；而阅关河者，何妨息肩异地。稽吾邻省，地近黎阳，星聚4/虽属黔人，云游尤多楚客。每值良辰令序，辄思促膝谈心，欣话旧之有人，岂栖身而无所？追思往哲，纠集5/同乡，图始岁在乾隆，剧金置地；创修时维嘉庆，鸠工庀材。前立禹王，春秋聿隆肸蠁；后装寿佛，亿兆6/共仰慈云。更塑当祀诸神，咸昭配享；时联客居众姓，永保安康。觏气象之维新，快馨香之旁达。而且左7/厢右厢骏其度，东庑西庑鸿其模；门户广开，闉阓大启。何莫非殚其智力，挥厥赀财者哉。无如岁远年湮，8/难禁风霜之浸（侵）蚀；暑来寒往，频遭雨雪之销磨。渐就倾颓，允宜补茸。又况门临华第，户对岑楼，绘画悉极9/，神奇，向方终虞缺陷。休嘉异昔，顺适殊前。脱不高我屏藩，何由压其怪幻？将转否以为泰，乃革故而鼎新。10/兹者既正殿之辉煌，复前垣之完善。凡斯巨任，须仗宏才。然虽有奇商，非多钱难以善贾；欲成

大厦，岂一11/木所能独支？爰偕纠首，普劝同心。何须寰海中边，止属大湖南北，都垂慈念，雅结善因。萍水初逢，即懽新而解橐；关山乍历，遂慷慨以倾囊。高人与达士争输，白镪偕青蚨并献。繁纤不等，集众腋以成裘；多寡随缘，12/合群材而作室。大兴土木，几历星霜，墙垣愈见其巍峨，殿宇咸臻于巩固。雕甍焕彩，宜增列圣之光；13/画栋生云，用壮重湖之色。敢云恢宏先业，差喜似续前贤。所赖乐善仁人好施，长者亦既泯夫德色，何可14/没彼芳名？勒以贞珉，共乾坤而不朽；镌诸文石，偕日月以齐辉。是为序。

钦赐花翎前翰林院编修道员用知贵州黎平府事益阳胡林翼撰，廪生曾宗瑞书。

大清咸丰三年岁次癸丑仲夏月谷旦。唐礼云刊石

碑文系晚清中兴名臣之一、时任黎平府知府的胡林翼撰文，并由廪生曾宗瑞书写、石匠唐礼云雕刻。碑文之内容，主要记述了重修两湖会馆之事，由碑文可知，两湖会馆肇始于乾隆年间，至嘉庆年间修成，其豪华壮丽、民众踊跃捐资的情形，绘声绘色地出现在碑文之中。由此也可知两湖会馆号召力之强。

而为使两湖会馆重修工作高效有序推进，有严密的分工，设有督修、总理、纠首等组织协调机构，分别行使监督、协调和筹款职能。其中督修3人，由地方军政官员担任，分别是钦赐蓝翎署贵州黎平营参将题升朗洞参将任大兴①、钦加同知衔署贵州黎平府开泰县事衡阳魏承枳②（咸丰元年即1851年任开泰知县）、特授贵州黎平府开泰县知县巴陵高崧；总理2人，分别是贺德盛、六品军功贺开泰；纠首主要由湖南籍商人担任，衡州府和宝庆府最多，分别达有到13人、12人，另外有辰州府2人、永州府3人、靖州府3人，共计33人。由此可知，此事修筑两湖会馆，属于官商联合的行动。

当然，会馆的修筑，最重要的还是资金。不过，这些资金来自何处？据《万古流芳》记载，区域性地方会馆积极参与了黎平两湖会馆的重建过程，从

---

①　据光绪《黎平府志·卷六上》记载，任大兴是开泰人，行伍出身，咸丰八年仁任古州右营千总，九年朗洞任右军千总，同治元年任下江游击。后人把任大兴在下江血战捐躯、死后投胎转世的故事作为神话编入（民国）《榕江乡土教材》，评价其为"忠义不死之说，迄今流为佳话"。详见李绍良．（民国）榕江乡土教材［M］．民国三十二年：38.

②　据光绪《黎平府志·卷六上·页六十九》记载：魏承枳咸丰元年即1851年任开泰知县。而《黎平府志·卷六下·页七十三》记载："魏承枳，字将侯，湖南举人，道光末年知开泰县。"两处记载略有出入，具体待考。而到了咸丰二年，开泰知县已换成江苏武进人冯桂阳了。

经费方面鼎力支持，既有湖南洪江寿佛宫，也有贵州清水江流域的南加堡禹王宫、柳霁禹王宫，共捐款 46 千 220 文。会社组织也大力赞助，三江财神会、宝庆府财神会、衡州府财神会、辰州府财神会、永州府财神会等地方会社组织共捐钱 83 千 660 文。《万古流芳》碑中仅有两名个人捐款记载，一是总理贺德盛捐钱 153 千 620 文，一是监生陆鸣岐捐钱 24 千 880 文，足见两人在重建会馆过程中的地位和作用。

表5　重修两湖会馆地方会社组织捐资统计表

地点	洪江	南加堡	柳霁	三江	宝庆府	衡州府	辰州府	永州府	合计
名称	寿佛宫	禹王宫	禹王宫	财神会	财神会	财神会	财神会	财神会	
捐款数	22400	19400	4420	10040	10800	10800	3200	2600	83660

　　《功德常昭》中的捐赀者有 150 人，共计捐钱 764 千 460 文，另有 2 人捐银 100 两 7 钱 4 分。捐钱形式多样，既有个人捐款，又有叔侄、兄弟同捐，也有后裔以其先祖名义捐的。另外，还有清水江流域的会社组织，如衡州府财神会、宝青府财神会；捐钱最多的是冯荣升，是所有捐资者中最多的，共捐 163 千 800 文，最少的仅 200 文。《永垂万古》中的捐赀者有 167 人，共计捐钱 443 千 120 文，捐钱形式多样，既有个人捐款，又有叔侄、兄弟同捐，也有僧人捐款，其中商号不少，如德盛和记、复兴合记、两全合记、义利店、三茂店、义源广等。捐钱最多者是 20 千 200 文，最少者是 360 文。《百世不朽》中的捐赀者有 216 人，共计捐钱 206 千 40 文。唐礼云除刻字外，还捐钱 5600 文，是《百世不朽》碑中捐钱最多的人，最少者是 400 文；不少商号如泰兴店、益顺合记、协茂店、万兴店等也参与捐助，另有女性如邓王氏参与捐钱。

　　从捐款数量统计，在所有捐赀的 500 多个会社组织以及个人中，共计捐钱 1413 千 620 文。捐赀中绝大多数是捐钱，捐银者极少，仅 2 人，分别是李定山后裔捐银 50 两 3 钱 7 分、杨万林后裔捐银 50 两 3 钱 7 分。在重修两湖会馆所有碑刻中，个人捐钱最多者之一的是总理贺德盛，共 153 千 620 文。从捐款组织和个人统计，共有 532 个组织和个人捐钱捐银，其中组织 7 个，捐银 2 人，其余均为捐钱者。

　　黎平两湖会馆修建过程比较繁杂，从动议到筹资，再到修建，历经乾隆、嘉庆两朝。据《重修两湖会馆功德碑序》记载，黎平两湖会馆创修于嘉庆年间、咸丰年间重修，在黎平经商的两湖人士"云游尤多。楚客每值良辰令序，辄思促膝谈心，欣话旧之有人，岂栖身而无所追思"，于是，"往哲纠集同乡"，乾隆年间"图始"，先"剧金置地"，筹集资财；嘉庆年间"鸠工庀材"，创建两湖会馆。其规模宏广，"左厢右厢骏其度，东庑西庑鸿其模。门户广开，闲阃大启"。然好景不长，两湖会馆"无如岁远年湮，难禁风霜之浸（侵）蚀；暑来寒往，频遭雨雪之销（消）磨，渐就倾颓"。众人思"革故而鼎新"，"欲成大厦，岂一木所能独支"？于是"纠首普劝"，本着"多寡随缘"原则，众人"遂慷慨以倾囊，高人与达士争输，百镪偕青蚨并献"，咸丰三年（1853），"大兴土木，几历星霜"，会馆"墙垣愈见其巍峨，殿宇咸臻于巩固"。其景象"雕甍焕彩，宜增列圣之光；画栋生云，用壮重湖字色"①。据道光《黎平府志》记载，禹王宫，即湖广会馆，位于城东胡家坪，嘉庆丙辰年（即嘉庆元年，1796）建，其规模为"正殿五间，牌楼五间，戏台一座"②。

因此，从两湖会馆创建因素、倡建者的身份、会馆建筑及其环境变化等因素的考察可知，两湖会馆的修建是黎平府官绅士民共同协作的结果。由此亦可想见黔东南地区其他会馆之建立，其个中过程尽管复杂程度不同，但大致与黎平会馆的组织模式相当。

三、会馆的运行机制

（一）会馆的运行经费

会馆是如何运转的呢？一般来说，为使会馆能够正常运转，一些有识之士便会想方设法成立组织，出资生息，然后购置会产。因此，各会馆均置有田地和房舍，出租索息作为会馆维修、香火、宴会以及周济同乡费用。据民国《麻江县志》记载，麻江万寿宫者，"乃吾乡崇建许真君□记者也"，于乾隆二十七年（1762）建造，乾隆四十二年（1777），江西商人陈文龙倡议，"协同八友发"，成立赵公会，至乾隆四十六年（1781），"解会用结，余银生息"。乾隆五十九年（1794），购买田产，"得买王宅田壹份，田价尽字税契，共去银壹百金。九友公议，此田收谷永作焚献之资"。麻江的江西临江会馆首先由12人设立萧公会，共同出银交首会生息，每年四月初二日将本利交下手，这12人团结协助，"爱乡敬主，始终不渝"，"以为吾乡人范"。民国《麻江县志》记载："自古立大功定大疑，无不以终始为兢兢，诚得其人无不

---

① 《亘古不灭》（咸丰三年），碑现存于黎平县德凤镇两湖会馆内。

② 黎平府志·卷七·营建志·寺观［M］.道光二十五年.

成者，箫公会亦一端也，其始临府十二人，共出银三十两交首会生息，是谋始有人也。至次年，将本利交下手，每岁以四月初二为交期，不少分毫。自乾隆五十七年（1792）起至今二十年，共得银若干两，是图终有人也。向使十二人中有一提难者，则不可谋始，有一自利者，则不能图终，今皆无畏难心，无自利心，谓非有志竟成者哉，十二人爱乡敬主，始终不渝，若张君钦、张惺万、皮仁厚、汪彩生、徐相生、吴和锡、刘德贞、陈灿周、杨显亲、杨高政、何盛方、陈亨周应揭志之，以为吾乡人范。"①

黄平旧州仁寿宫，在旧城内，"临江郡人客于州者，醵三百金，买向氏街基建此，颇壮丽，其址起迄及堂庑檐楹如千当自有纪。盖凡江西人客他省，率建万寿宫。兹易万言仁者，以所祀诸神中，箫公为其郡人，有仁侯称用，以别于合省。然曰：仁寿，则犹祝，厘意也"②。黄平的会馆中，"以旧州四川会馆、江西会馆、两湖会馆，新州江南会馆、重安湖南会馆的会产为多"③。

（二）会馆的活动

会馆的活动，一般会在会馆中的戏台进行，作为演戏场所，也是文化传承的舞台。在传统节日或喜庆之日，同乡均聚居会馆，请戏班演戏助兴。戏曲成为同乡消解乡愁、联系情谊的重要手段，正所谓："八方聚乐在会馆，四时娱神有戏楼。"如锦屏王寨两湖会馆建于民国八年（1919），落成之日，开台唱大戏（汉戏）几天几夜，由晨河戏班演出，轰动周边各县。每逢祀神诞辰，会馆都会举行祭祀仪式。届时，会馆同乡欢聚一堂，击钟鸣鼓，焚香燃烛，行三跪九叩之礼。共同追忆桑梓之情，观看地方戏曲，品赏家乡菜品，祭祀乡土神灵。

会馆如何开展活动？黔东南的会馆是商旅人维系乡土情缘的重要场所，客居他乡的同籍人难免有思亲怀旧之感，由于共同的语言、风俗，趋近的心理、文化，"同乡偕来斯馆也，联乡语，叙乡情，畅然荡然，无去国怀乡之悲"，会馆都有固定时间开展活动。如江西会馆就非常重视团结，相互提携，一旦旅外之家乡人"横遭飞灾，同馆之人即刻亲来，各怀公愤相救，虽冒险不辞"。每当同乡在外遭遇"疾病疴瘅"，会馆便"相顾而相恤"，为其提供钱财、药物。据记载，1934年中央红军长征途经剑河县南加堡留下十余名伤

---

① 拓泽忠，周恭寿．麻江县志·卷九·祠庙寺观［M］．民国二十七年铅印本：22—23.

② （清）李台．黄平州志·卷十二·寺观［M］．嘉庆六年刻本：6.

③ 黄平县地方志编纂委员会．黄平县志［M］．贵阳：贵州人民出版社，1993：741.

病员，南加堡地方官府欲将这些红军伤病员押送县城处死。锦屏江西会馆值年首士何郁庭听说这些红军大部分是江西籍，深表同情，即刻召集会馆人员商议，冒险营救红军，由江西会馆出面打通各个关节，将红军从南加堡收到锦屏江西会馆治疗养伤。红军伤愈后，有 3 人感动于江西会馆的大力营救，愿意留下来参与经营生意，其余每人发给 3 块银元作为盘缠，雇船送往洪江，转到回江西。①

会馆谋求官府的认同成为共识。如黎平两湖会馆在咸丰三年（1853）重修时，时任贵州黎平知府的胡林翼就专门撰写了《重修两湖会馆功德碑序》②。镇远福建会馆始建于明末清初，后由同治十二年（1873）至光绪二年（1876）任镇远知县的福建人林品南率闽省弟子重建。锦屏两湖会馆创建于民国八年（1919），在锦屏知县邓卓汉（湖北人）的支持下，湖南巨商史恒如（号经魁，湖南芷江人）组织在锦屏经商的湖北、湖南商人在王寨下寨（今三江镇六街车站里侧）修建，亦称禹王宫。

四、结语

明代以降，黔东南地区成为王朝倾力开发的区域之一，移民的到来，对该地社会结构的变动产生了深远的影响。而社会经济的发展，特别是该地原生资源（如木材等）加入全国贸易网络之后，大量的商人不断前来"淘金"。为了形成合力，这些移民与商人掀起了修建会馆的高潮。这些会馆肇始于明朝末年，兴盛于清代中期以降，有清一代，共计 122 座会馆，星罗棋布地分布在黔东南的大地上，并呈现出沿江沿河分布的特点。其创建，个中过程尽管复杂程度不同，但大致是官、商与地方社会互动的结果。至于运行机制，多数是以一种"置产生息"的方式运行。

① 吴育宪. 清朝至民国时期的锦屏会馆［J］. 锦屏文史，2009（3）：25—27.
② 《亘古不磨》（咸丰三年），碑嵌于黎平县德凤镇两湖会馆内墙上。

从碑刻资料探析晚清贵州乡村乞丐治理

杨小松*

自乞丐出现后，乞丐治理一直困扰着历代统治者。他们是影响社会秩序和社会安定的重要因素之一，甚至会造成一系列的社会问题，成了社会治理的牛皮癣，难以根除。目前国内学者研究历史时期的乞丐问题，成果丰富，从已发表的研究成果来看，其成果主要集中在清代、民国时期、新中国成立初期的乞丐救济和治理①。但对于少数民族地区的贵州来说，其研究成果较少，寥寥无几，有杨鸿《从碑刻资料看清末贵州民间对丐匪问题的防治》②一文。首先，该文针对贵州乞丐现象问题，提出了丐匪的概念，具有创新性。其次，杨鸿认为因贵州是少数民族聚居地，政府在治理丐匪时具有独特的地方特色。从作者的结论看，贵州治理丐匪主要以民间力量为主，官府力量为辅。但是该文使用碑刻资料较少，对于民间治理乡村乞丐的探讨还不够深入，同时，缺乏对原生乞丐治理的研究。鉴于此，本文仍以碑刻资料为主，文献资料为辅，对晚清贵州乡村乞丐治理问题继续深入探析。

一、晚清贵州乡村乞丐来源

清中期以来，我国人口不断增长，人地矛盾问题突出，为了解决人地矛

---

* 杨小松，贵州师范大学历史与政治学院硕士研究生。

① 目前代表性研究成果有倪根金，陈志国. 略论清代广东乡村的乞丐及其管理——以碑刻资料为中心 [J]. 清史研究，2006（2）；刘大可. 论清代闽台地区的乞丐问题 [J]. 福州大学学报，2006（4）；蓝烱熹. 晚清闽东畲族乡村乞丐问题——以九通畲"禁丐碑"碑文为中心 [J]. 民族研究，2007（5）；邓小东，杨骏. 民国时期的乞丐及乞丐救济 [J]. 晋阳学刊，2004（1）；邓小东. 略论民国时期的乞丐问题 [J]. 宁夏社会科学，2004（1）；李小尉. 新中国成立初期北京乞丐的救济与治理 [J]. 北京社会科学，2007（5）.

② 杨鸿. 从碑刻资料看清末贵州民间对丐匪问题的防治 [J]. 人口·社会·法制研究，2014（1）.

盾，政府鼓励民众往偏远地区移民，而贵州地处西南地区，人少地多，成了移民的主要地区。随着外来移民的增加，晚清贵州社会经济得到了发展，但各种社会问题也日益凸显，特别是社会治安问题，如乡村常有身份不明、三五成群的人以乞丐为名强讨恶要、欺负良善、磕害良人、为祸乡里，严重影响当地社会秩序和人们的正常生产生活。乞丐是社会底层的一群特殊团体，无物质生产资料，无固定的经济来源，常居住在破庙或者洞穴，靠他人施舍度日，常以衣衫褴褛、蓬头垢面的样子流窜街头巷尾或者乡村，成了地方社会治理的牛皮癣。但需要指出的是，在特殊的环境下，尤其是灾荒之年，乞丐常为了生存，转变成匪，在乡村强讨恶要、欺男霸女、偷盗等，甚至会联合当地的不法之徒、好吃懒做之人、流民、无赖、匪徒，恶棍、帮会成员等，抢劫乡村、捆卖妇女等。晚清时期，贵州乡村乞丐人数不断增加，结合笔者收录的碑刻资料看，贵州乡村乞丐来源可分为两种，即境外型和境内型。

境外型是指其他省份的民众因某种因素而流入贵州乞讨。如受到战乱、自然灾害、家庭生活压力、无生产资料等因素而流入贵州乞讨，其中受自然灾害影响较大。在"清296年中，较大的自然灾害有1121次，其中旱灾201次，水灾192次，地震16次，雹灾131次，风灾97次，蝗灾93次，歉饥90次，疫灾74次，霜雪灾74次，平均每年受灾38次"①。而与贵州相邻的湖南、四川、广西，甚至较远一些的广东、江西、湖北等省，经常遭受水灾。贵州在改土归流后，无论在政治、文化、教育、交通上都比之前有了质的提高，并且贵州地广人稀，土地有待开垦。因此，当贵州周边的省份遇到灾荒、战乱时，其灾民往往选择移民贵州，贵州成了移民乐土。贵州总督阮元、巡抚裕泰记载了这一现象。"湖广土著因近岁水患，觅食维艰，始不过数十人散入苗疆，租种山田，自成熟后获利颇丰，遂结盖草房，搬运妻孥前往。上年秋冬，由湖南至贵州一路，扶老携幼，肩挑背负不绝于道。"②

境内型是指贵州本土的乞丐。本土乞丐多因战乱、自然灾害、破产、个人好吃懒做或遭受土司压迫与剥削等原因沦为乞丐。如遭受到白莲教起义、太平天国运动及咸同之乱等战争的影响，很多地方化为废墟，十寨九空、人烟断绝、土地荒芜、人们流离失所以及遭受自然灾害影响，农作物产量减产或绝产，导致了部分自耕农破产成为流民，为了生存不得不乞讨，四处流浪，

---

① 邓云特. 中国救荒史北京［M］. 北京：商务印书馆 2011：33.
② 赵兴鹏. 区域社会史视野下花溪清代碑刻调查与研究［M］. 贵阳：贵州民族大学：2017：59.

最终沦为乞丐。如民国《桐梓县》载："同治三年甲子岁大饿斗米值钱二千余，城市乡村树皮草根莫不食尽，饿殍满途，民不堪命，即殷实人家亦有为乞丐者。"①

二、贵州乡村乞丐的特点

倪根金把广东乡村乞丐概括为"原生"乞丐和"职业"乞丐。他认为，"原生乞丐遭受到突然变故而陷入生存绝境，不得已行乞求食；职业乞丐大多数并非因贫而丐，而是以行乞作为职业。他们成因复杂，常与其流氓地痞、黑势力有密切联系，甚至暗地里作违法乱纪，强乞勒索之事"②。笔者认为，贵州乡村乞丐也有"原生乞丐"和"职业乞丐"之分。在笔者收录的碑刻中，记载原生乞丐资料较少而记载职业乞丐资料丰富。

原生乞丐多为良善之人，不强讨恶要，安守本分，人们多予同情和帮助。职业乞丐常流窜乡村，在乡村强讨恶要、欺负良善、偷鸡摸狗、磕害良人、拐卖妇女等，甚至与当地不法之徒或无赖相互勾结，狼狈为奸，为祸乡村，严重扰乱当地社会秩序，成为当地治安的一大隐患。现根据收录到的碑刻资料，将贵州乡村职业乞丐的恶行列表如下。

表1 贵州碑刻资料乡村职业乞丐恶行收录

碑名	立碑时间	立碑地点	违法乱纪现象	资料来源
《款禁碑》	乾隆二十二年（1757）	黎平便引冲	有无知之棍徒，约齐两三人，一入其寨，或偷牛盗采，或挖墙穿壁，或盗鸡鸭，或窃猪羊	贵州省地方志编纂委员会：《贵州省志·文物志》，贵州人民出版社，2003版，第334页
《禁约总碑》	道光四年（1824）	兴仁曾家庄	今境昼夜屡遭侵害，贼匪盗窃牛马家财，四禾五谷，山中林木，茵（园）内菜果种种，盗贼不一而足	贵州省地方志编纂委员会：《贵州省志·文物志[M]．贵阳：贵州人民出版社，2003：340页

---

① 李世祚修，犹海龙，等．（民国）桐梓县志[M]．成都：巴蜀书社，2006：546．

② 倪根金，陈志国．略论清代广东乡村的乞丐及其管理——以碑刻资料为中心[J]．清史研究，2006（2）．

续表

碑名	立碑时间	立碑地点	违法乱纪现象	资料来源
《晓谕碑》	道光七年（1827）	平塘新店	惟近有外来不法流棍，勾引汉奸，视苗民为鱼肉，借端磕索，甚至明目张胆并捆缚赫（或）诈情事，形同凶恶棍徒，言之实堪发指	贵州省地方志编纂委员会·贵州省志·文物志［M］.贵阳：贵州人民出版社，2003：292.
《禁止碑》	道光九年（1829）	平塘六硐	近有不法之徒，三五成群，在山积聚诱拐民间妇女，夜藏孤林独户，抢劫良善财物，愚顽被害甚属不少，地主遭果实已甚多	邹洪涛，杨正举.贵州毛南族［M］.贵阳：贵州民族出版社，2012：177.
《严禁恶讨及盗伐碑》	道光十二年（1832）	三穗县雅中	该乡多有外来乞丐，沟通本地不法游手好闲之徒，三五成群窜入寨中估讨恶要，白则强讨为名，夜则偷摸无休，以及不务正业之辈，专以盗砍桐、茶、杉、蜡等木。撞遇者反被凶厚□，不遇者含泪隐声，实为地方之害	安成祥：《黔东南碑刻研究丛书：石上历史》，贵州民族出版社，2015 版，第 73 页
《县正堂示一》	道光十四年（1834）	花溪石头寨	近有不法游民，纠集男妇百余人抡各寨/人家，沿门强讨，列坐盈门，不由出入，喧哗骗赖，去而复来，以致村民深受其累	范兴卫：《花溪区三通清中晚期"乞丐"碑考论》，贵州民族大学学士学位论文
《县正堂示二》	道光十六年（1836）	花溪石头寨	有等无赖恶少，专抡游手好闲，不寻产业。每日向铺户居民强讨钱米，如不遂，则肆闹不休，或睡地不去。若遇人家有婚丧等事，彼此邀约，三五成群，拥挤门首，必遂所欲而后散，民间深受其扰	范兴卫：《花溪区三通清中晚期"乞丐"碑考论》，贵州民族大学学士学位论文

碑名	立碑时间	立碑地点	违法乱纪现象	资料来源
《安民碑》	道光十七年（1837）	册亨县者冲	往往有无籍游民，三五成群，诱赌盘剥，以乞丐为名，身栖岩洞，日则窃探门户，夜则鼠窃狗盗，盗谷物杂粮，或者遇良善，估讨恶要，稍有不遂，则撞头蛮骗，贻害地方	贵州省地方志编纂委员会：《贵州省志·文物志[M].贵阳：贵州人民出版社，2003：296页
《永禁碑》	道光二十二年（1842）	都匀阳河	外来流匪，籍乞丐名色，沟通本属奸民，或唆讼而夸雀角之能，或番挖而逞苞苴之熟，或纠众坐守图骗，或结伙而估抢劫偷，甚则匿隐避途截行夺货，种种作奸犯科，为害愚民……有不轨奸徒爪羽大户托绅衿，不入四民，不易产业居然衣暖食肥，樗蒲荡治。将谓其优点金之术，其谁掏摸设局丢包，骗害单客，蓄娼习拐，毒害愚民。日肆闲游，成群结党，因而乘机诈磕渔利之计，独工明比为非玩法之机，愈险盘踞乡村，生风吊磕	刘世彬：《黔南民族古籍（三）·黔南碑刻研究》，黔南州民族宗教事务局古籍办公室 2004 版，第130 页
《乡禁碑》	道光二十五年（1845）	都匀阳河	外来面生歹人，日间三五乞食为多，夜间偷窃为事，偷鸡盗狗，磕害良人	刘世彬：《黔南民族古籍（三）·黔南碑刻研究》，黔南州民族宗教事务局古籍办公室 2004：126 页
《禁止碑》	咸丰元年（1851）	金沙水淹	近有一党不法匪徒，假以乞丐为名，日恃则强恶讨，夜则偷窃扰害，甚拈香拜把，宰杀耕牛，恃强坐骗，抢割田谷，或包揽词讼，捞秧盗种，或窝贼分肥，毁堰毒鱼，种种不法	贵州省地方志编纂委员会：《贵州省志·文物志[M].贵阳：贵州人民出版社，2003：347 页

续表

碑名	立碑时间	立碑地点	违法乱纪现象	资料来源
《乡规碑》	咸丰十一年（1861）	册亨乃言	面生歹人，不熟之流，窝藏密室，专赌为盗，私下串伙，交合磕索，三五成群，四六结把，日则隐藏家中，盗牛盗马，夜则穿墙挖壁，偷粟盗物，若有私盗外方，丢脏磕害，拖累地方	贵州省黔西南自治州史志征集编纂：《黔西南布依族苗族自治州志·文物志》，贵州民族出版社，1987版，第104页
《叫化子碑》	光绪二十年（1894）	长顺代化	外来游匪，聚党成群，滞可孤村独家户，日则强夺恶讨，夜则挖割墙壁，阳为乞丐，持众为恶，阴为窃盗牛马五谷，暗藏树山，村种横引	刘世彬：《黔南民族古籍（三）·黔南碑刻研究》，黔南州民族宗教事务局古籍办公室2004：19页
《严禁盗砍焚烧践踏木植碑》	光绪三十年（1904）	锦屏彦洞	甚至游手好闲之流，三五成群，日则乡村探听，夜则挖墙劫掳，以及放火烧山，种种不法	安成祥：《黔东南碑刻研究丛书：石上历史》，贵州民族出版社，2015：44页

由表可知，第一，职业乞丐多为面生、身份不明确之人，常为了生存物质或某种共同利益三五成群聚集，共同作案；第二，职业乞丐勾结当地不法之徒、恶棍、汉奸、游手好闲之辈一起狼狈为奸，为恶乡里，扰乱地方社会秩序，从而获取不正当的经济利益；第三，职业乞丐主要活动在偏远乡村，在乡村强讨恶要、欺负良善、恃强坐骗、抢割田谷、包揽词讼、捞秧盗种、毁堰毒鱼、偷盗牛马家财、盗砍桐茶杉蜡等木，甚至更恶劣的拐卖妇女、蓄娼习拐、抢劫杀人、放火烧山等。另外，从时间上看，在笔者收录的碑刻中记载，贵州乡村乞丐问题从乾隆二十二年（1757）至光绪三十年（1904）之间，其中道光年间职业乞丐问题最严重、最突出，难以解决，这与当时的社会背景有着密切联系。道光年间是我国人口鼎盛时期，社会问题突出，如道光年间，贵州民贫而导致拐卖人口盛行。《清实录》载"道光三年查黔省山多田少，人民日用维艰，妇女不习针，以致生计日窘，鬻卖与人，各省拐匪前

往夥买，藉此渔利，情殊可恶"①，甚至有些拐匪为了牟利，乔装成乞丐和地方恶棍、流氓勾结强行拐卖人口，扰乱地方秩序。而从空间上看，原生乞丐和职业乞丐分布范围广，在贵州省各地乡村都有涉及。但从微观层面上说，原生乞丐主要分布在县城和城镇中，依靠施舍度日，而职业乞丐主要在离县城偏远的乡村或者人少单居的孤村之地以及一些交通便利、物产丰富的村落活动。

三、晚清贵州乡村乞丐治理措施

首先，乡村精英阶层为了防患乞丐在乡村强讨恶要、作奸犯科等问题出现，与村民共同商议，制定乡规民约，以此来防患乞丐在乡村的犯罪，从而保障村民利益，促进乡村社会和谐发展。又因贵州是少数民族地区，不同的民族聚居地区对乡规民约的制定有所不同，如侗族聚居地区的侗款，布依族、水族、毛南族聚居地区的议榔制度及主瑶族石碑律等，但总的来说，其本质都是一致的。其次，乡村是国家税收和徭役的重要来源，官府十分重视着乡村社会稳定与和谐发展，对于乡村职业乞丐的不法行为，官府主要通过保甲制度和乡约制度来治理。保甲、乡约是官府的代言人，成了治理乡村职业乞丐的重要力量。从碑刻资料看，乡村力量和官府在治理乡村乞丐的措施是有所区别的。

（一）对职业乞丐治理措施

乡村职业乞丐治理主要依靠乡规民约和乡约、保甲制度的力量共同完成。从所收录的碑刻看，乡规民约为代表的民间力量是治理贵州乡村职业乞丐的重要力量，而以乡约、保甲为代表的官府力量主要起到辅助作用。

1. 民间力量对职业乞丐的治理

官府力量一般很少介入乡村社会内部，其乡村的日常生产与生活秩序基本由民间组织自行管理与自我维护，乡规民约因此孕育而生。乡规民约一般由乡民集体讨论，由寨老或榔头整理条款，以成文形式公布或勒石刊碑立于寨中，或在某些地区会选择在某个传统节日来商议制定乡规民约，如咸丰三年（1853）遵义市礼仪乡的《同禁丐贼碑》载："兹庆□□川主诞辰，聚集多方，始议弭盗贼，继议除恶丐②。"乡规民约具有自我约束性，村民必须共

---

① 中国科学院民族研究所，贵州少数民族社会历史调查组，中国科学院分院民族研究所. 清实录·贵州资料辑要 [M]. 贵阳：贵州人民出版社，1964：412.
② 遵义市志编纂委员会. 遵义市志 [M]. 北京：中华书局，1998：2116.

同遵守其中的条款，否则违者重罚，在乡村治理中发挥了重要作用，填补了国家法律在乡村的空白，成了惩治乡村职业乞丐的重要依据。乡规民约中对乡村职业乞丐的治理主要体现以下几点。

第一，规定村民义务。首先，如村民发现盗贼、丐匪时，要即时禀告寨老或者榔头，合全寨之力捉拿，若有见而不报者，重罚。如道光九年（1829）平塘六硐《禁止碑》载："后如遇有盗家物牛马猪只者，宜即投报，众人共出路费追寻，倘隐匿不报，报之不追者，听众议罚。"① 或者村民听到有贼入寨的消息时，要自觉拦路捉贼，如有不到者，罚银。如道光二十五年（1845）都匀阳河《乡禁碑》载："一议如贼入寨偷窃，闻听鸣角为号，各寨大众自往要路截拿，如有一家不到者，罚银五两入公。"② 其次，若有村民家中被盗，全寨村民有义务帮助失主找回盗窃之物，甚至规定村民要各带干粮帮助失主找回被盗之物。如道光二十三年（1843）兴义水淹凼《四楞碑》载："议被贼盗窃牛马者，即报地方团头□簿人等，各带盘缠，四路追贼，倘追无踪，一里十家务要同心查实。"③ 道光三十年（1850）贵定甘塘《乡规碑》云："一议盗窃牛马家财，各散户自办饭食，追赶捉拿，一议失主被盗，拿获送官，自备盘缠，不得多派失主，仍照散户出钱，不得退委被。"④ 若追踪被盗之物在其他寨子，其他寨子要让失主进寨搜寻，如不让便让寨头赔偿盗窃之物。据道光二十五年都匀阳河《乡禁碑》载："一议偷盗牛马，众寨每家出人一名，各代白米随身牛脚至那寨搜寻，哪寨如不送搜者，与贼同情，即问寨头赔赃。"⑤ 乡规民约强化了村民的义务与责任，体现出了乡村社会互帮互助的精神。

第二，多地的乡规民约中明确规定了村民禁止收留身份不明之人、面生歹人和禁止窝藏匪贼、歹徒等，明确规定了若发现有村民窝藏贼者，要严惩藏窝者，有送官究治、罚银以及逐出寨子等惩罚。如道光二十七年（1847）

---

① 邹洪涛，杨正举. 贵州毛南族［M］. 贵阳：贵州民族出版社，2012：177.

② 黔南布依族苗族自治州史志编纂委员会. 黔南布依族苗族自治州志·文物志［M］. 贵阳：贵州民族出版社，1989：86.

③ 贵州省黔西南自治州史志征集. 黔西南布依族苗族自治州志·文物志［M］. 贵阳：贵州民族出版社，1987：98.

④ 黔南布依族苗族自治州史志编纂委员会. 黔南布依族苗族自治州志·文物志［M］. 贵阳：贵州民族出版社，1989：87.

⑤ 黔南布依族苗族自治州史志编纂委员会. 黔南布依族苗族自治州志·文物志［M］. 贵阳：贵州民族出版社，1989：86.

册亨马黑《禁革款回碑》载："若窝藏匪类，勾引外贼，必定擒拿，送官治罪。"① 同时，对于发现藏窝者之人给予奖励，反之，不举报者并要加以罚银。如道光二十五年（1845）都匀阳河《乡禁碑》载："一议各寨无许窝藏匪类，若有窝藏者苦人，查出指实谢银一两二钱，若知不报者罚银一两四钱，各寨有知拿获贼者，众人亦出不相邦解官究治。不服者以同罪官治，后无许入乡。"②

第三，明确惩治职业乞丐。在乡规民约中惩治职业乞丐主要是依据偷盗物品或所犯之事进行处罚。职业乞丐偷盗瓜果蔬菜、盗田中谷草，山林树木会被游寨警告、赔偿、罚款或者送官究治等。如道光九年（1829）平塘六硐《禁止碑》载："盗田中谷草，山林树木者照桩公罚，盗山地杂粮，瓜果豆辣者公罚。"③ 道光十二年（1832）三穗雅中《严禁恶讨及盗伐碑》载："嗣后，如再有前项不法之乞估讨恶要并偷砍蓄植树林，许众等相互协同捉拿获，尊送赴本分县衙门，以凭尽法。"④ 道光二十五年（1845）都匀阳河《乡禁碑》载："一议偷山偷渔瓜菜，拿获者罚银二两二钱，入公。"⑤ 道光二十七年（1847）册亨马黑《禁革款回碑》载："如有偷盗，拿获查实者，通历游示众寨。"⑥ 道光三十年（1850）贵定甘塘《乡规碑》载"一议盗窃山林五谷园圃瓜菜者，勒拿"⑦，或是偷盗牛马猪、财物、粮食、诬告失主、磕害良人、毁堰毒鱼、拐骗妇女儿童者会被剜眼、砍手、焚烧、当场打死或者拿沉河丢洞等。如道光九年平塘六硐《禁止碑》载"盗窃牛马家物者，贼入室偷窃被获，刻即沉河丢洞……挖墙割壁携衣物者，即拿沉河丢洞。"⑧ 道光二十七年（1847）册亨马黑《禁革款回碑》载"倘有白日夜晚拿得贼是盗者，众

① 贵州省地方志编纂委员会. 贵州省志·文物志 [M]. 贵阳：贵州人民出版社，2003：344.

② 黔南布依族苗族自治州史志编纂委员会. 黔南布依族苗族自治州志·文物志 [M]. 贵阳：贵州民族出版社，1989：86.

③ 邹洪涛，杨正举. 贵州毛南族 [M]. 贵阳：贵州民族出版社，2012：177.

④ 安成祥. 黔东南碑刻研究丛书：石上历史 [M]. 贵阳：贵州民族出版社，2015：73.

⑤ 黔南布依族苗族自治州史志编纂委员会. 黔南布依族苗族自治州志·文物志 [M]. 贵阳：贵州民族出版社，1989：86.

⑥ 贵州省地方志编纂委员会. 贵州省志·文物志 [M]. 贵阳：贵州人民出版社，2003：344.

⑦ 黔南布依族苗族自治州史志编纂委员会. 黔南布依族苗族自治州志·文物志 [M]. 贵阳：贵州民族出版社，1989：87.

⑧ 邹洪涛，杨正举. 贵州毛南族 [M]. 贵阳：贵州民族出版社，2012：177.

人一往上前砍手，剜目，使成废人"①，利用严酷的惩治手段来威慑、警告职业乞丐，以此保障村民的财产安全和人身安全，减少当地犯罪，有效稳定乡村社会秩序。

第四，为了防患职业乞丐扰乱乡村安宁，某些乡规民约明确设置梆锣制度。如光绪二十年（1894）剑河县翁座《例定千秋碑》载："寨务要设立梆锣，夜间轮流支更，搜查林峒，以防贼盗，失火等事。遇有抢劫重案，无分昼夜闻报，立即传锣齐团，先扎要口，迅往捕拿，活擒者，照格给赏，不得擅杀干咎，如贼拒捕，当场格毙者，不赏，并究明有二人犯就拘执装点格情事，分别究办，团丁受伤者，由官及本团分别酌赏，观望不符者，事后分别罚处。②"梆锣制度的设置客观上促进了乡村社会的安定，如村民在巡逻时遇到盗贼、丐匪，立即鸣锣齐团，抓贼送官，若有贼反抗，当场打死，其官府和基层政权也不会追究村民刑事责任。

2. 基层组织对职业乞丐的管理措施

官府对乡村职业乞丐的管理主要依靠基层组织，即乡约与保甲制度。首先，保甲制度和乡约制度是治理乡村职业乞丐的重要力量。官府治理乡村职业乞丐问题，一般是颁布相关治理措施，治理措施是否得到落实，全靠保甲制度和乡约制度的执行和贯彻。因此，官府会加强对基层组织的监督和管理，要求他们明确职责、秉公执法、处理果断，若徇私枉法，借事生风，加以惩罚。如光绪二十年（1894）剑河县翁座《例定千秋碑》云"不准该团，甲等以小报大，借事生风"③；光绪二十年长顺代化《叫花子碑》云"绅士、里甲、军兵、汉夷人等一体知悉，嗣后如遇有前项匪徒丐，立即严行驱逐，倘敢违抗逗留，许甲里捆解来州，以凭尽法恁办"④。其次，乡约和保甲在治理乡村职业乞丐中扮演着重要的中间人角色。他们是官府和村民联系的重要桥梁，如村民把乡村职业乞丐犯罪情况禀告保长或乡约等人，由他们转禀官府，官府通过他们汇报情况来分析职业乞丐对地方社会治安的危害，从而做出相应治理对策。如道光十二年（1832）三穗雅中《严禁恶讨及盗伐碑》载："寄据下里地方纹那寨约甲张辇仲，张辇泰，张兴宗等具禀，该乡多有外来乞

---

① 贵州省地方志编纂委员会. 贵州省志·文物志［M］. 贵阳：贵州人民出版社，2003：344.

② 安成祥. 黔东南碑刻研究丛书：石上历史［M］. 贵阳：贵州民族出版社，2015：18.

③ 安成祥. 黔东南碑刻研究丛书：石上历史［M］. 贵阳：贵州民族出版社，2015：18.

④ 刘世彬. 黔南民族古籍（三）·黔南碑刻研究［M］. 都匀：黔南州民族宗教事务局古籍办公室，2004：19.

丐，沟通本地不法游手好闲之徒，三五成群窜入寨中估讨恶要，白则强讨为名，夜则偷摸无休，以及不务正业之辈，专以盗砍桐、茶、杉、蜡、等木。撞遇者反被凶厚□，不遇者含泪隐声，实为地方之害，恳请示禁等情，据此，合行出示晓谕。为此示，仰该地方约甲，牌头人等知悉。"① 再次，若在乡村发现职业乞丐违法乱纪，作奸犯科，被害之人应当先禀告保长、乡约、寨头等人，由他们缉拿职业乞丐，送官究治。据道光十七年（1837）者冲《立碑安民碑》规定："嗣后，如再有前项不法之徒，在于地方扰害，许尔等被害之家，投明寨把，地主，即时连人捆解赴州，以凭严法惩治。"②

（二）原生乞丐管理措施

贵州乡村社会对于原生乞丐也有明确的治理措施。首先，在笔者收录的一些乡规民约或告示碑中涉及了民间力量和官府如何治理原生乞丐的内容。一般多是规定村民对原生乞丐有救济义务，如遇到年迈、残疾的乞食之人进寨乞讨，村民要给予救济。但是，在某些乡规民约或告示中禁止乞丐进入小寨乞讨，允许在大寨乞食。如光绪二十年（1894）剑河县翁座《例定千秋碑》载"凡有成群难民，乞丐不准小寨估讨，只由大寨量其人数给米资遣，停留不准过一日"。③ 其次，如村民遇到乞丐病死在乡村中，村民有义务禀告当地的基层长官，官府确认身份，后由村民共同出资安葬，以尽人道主义。如光绪二十年（1894）剑河县翁座《例定千秋碑》载"乞丐病毙及无名路毙，由附近营、汛、团、甲公往□明，无伤者，将其衣履，年岁，面貌，身上有无疤痣，一一写记，当众措资掩埋"④，都匀阳河《乡禁碑》载"思明时磕，以行人或常居者乞食之人，或死于路旁，或死于寨边，或死于田地垠，我等念在路毙，各出白米一升或一碗，埋其死尸安葬"⑤。再次，一些乡规民约规定村民不得随意打骂，惩罚原生乞丐，否则重罚。如咸丰八年（1858）花溪区石板镇盖冗村《禁碑告白》载"一议吃丐之人，本团众议不准打罚，违者罚钱乙百"⑥，乡村社会对原生乞丐的救济在一定程度上缓和了社会矛

---

① 安成祥．黔东南碑刻研究丛书：石上历史［M］．贵阳：贵州民族出版社，2015：73.

② 贵州省地方志编纂委员会．贵州省志·文物志［M］．贵阳：贵州人民出版社，2003：206.

③ 安成祥．黔东南碑刻研究丛书：石上历史［M］．贵阳：贵州民族出版社，2015：18.

④ 安成祥．黔东南碑刻研究丛书：石上历史［M］．贵阳：贵州民族出版社，2015：18.

⑤ 黔南布依族苗族自治州史志编纂委员会．黔南布依族苗族自治州志·文物志［M］．贵阳：贵州民族出版社，1989：86.

⑥ 陆庆园．清咸丰时期贵州广顺州《禁碑告白》碑文考论［J］．长江师范学院学报，2017（1）.

盾，间接维护了乡村社会治安。但是，需要指出的是，原生乞丐和职业乞丐没有明确的界限，一旦遇到灾荒和战乱，原生乞丐为了获得生存物质会转为职业乞丐，做一些非法勾当、偷盗之事。

四、结语

晚清时期，国家内忧外患，国无宁日，内有人民起义，外有帝国主义蚕食，人民生活举步维艰。另外，全国自然灾害频发，很多自耕农破产，失去了物质生产资料，无经济来源，背井离乡，以乞讨维持生活，导致了全国各地流民、乞丐人数不断增加，贵州的乡村乞丐人数也不断增加。一些乞丐为了生存物质利益在乡村聚众闹事、磕害良人、强乞恶要、为害乡里，成为乡村治理的牛皮癣。对此，官府颁布相关治理措施以及民间力量也制定了乡规民约治理乡村乞丐犯罪问题。但是，贵州是多民族地区，官府权力难以下达到少数民族聚居地，从而，导致了在治理乡村乞丐问题时，主要以民间力量为主，而官府力量主要起到辅助性作用。这种治理措施对乡村乞丐具有一定威慑作用，有效缓解村民与乡村乞丐之间的矛盾，维护了乡村社会的正常生活生产，促进乡村社会和谐发展。

文化传播与清水江下游乡村公益事业之勃兴

——以碑刻资料为中心

李鹏飞*

碑刻资料作为民间文献的一种，其在区域社会历史研究中的价值和作用尤为突显。近年来，学界对清水江下游锦屏、天柱两地碑刻资料①的发掘、整理为我们探讨该地区之社会历史文化提供了重要文献支撑，且目前已涌现出不少研究成果。② 在这些研究成果中，一通碑刻所反映的修路、修桥、修楼、修亭、修渡、修水井等乡村公益活动显得格外显眼。因为，与同时期我国县级城市广泛存在的善会、善堂等慈善组织相比，广大偏远乡村往往成为慈善活动的死角，③ 乡村公益也就微不足道，甚至不为专家、学者关注。④ 其实，麻雀虽小，五脏俱全，历史时期清水江下游乡村公益事业之兴衰虽不能反应一时代之大问题，但亦可从中窥探一地方社会之历史文化变迁。关于这点，已有朱晴晴、李颖、吴才茂等从地方公益性质的"会"、民间信仰、社会经济、少数民族妇女较高的社会活动能力等方面对清水江下游公益事业之兴起进行了探究，⑤ 只是并未形成专文。

* 李鹏飞，凯里学院人文学院，讲师。

① 如《锦屏碑文选辑》《锦屏林业碑文选辑》《清水江文书：天柱碑刻考释》等。

② 李斌，吴才茂，龙泽江. 刻在石头上的历史：清水江中下游苗侗地区的碑铭及其学术价值［J］. 中国社会经济史研究，2012（2）.

③ 王卫平，黄鸿山. 中国古代传统社会保障与慈善事业——以明清时期为重点的考察［M］. 北京：群言出版社，2004：296.

④ 如梁其姿在《施善与教化——明清的慈善组织》导言部分写到："本书亦不讨论个别善士修桥补路式的善行。"参见梁其姿. 施善与教化——明清的慈善组织［M］. 石家庄：河北教育出版社，2001：1.

⑤ 朱晴晴. 清代清水江下游的"会"与地方社会结构［J］. 开放时代，2011（7）；李颖. 清至民国清水江流域侗族妇女公益事务探微——以三门塘碑刻为中心［J］. 贵州大学学报（社会科学版），2015（6）；吴才茂. 立碑树德：清代清水江地区少数民族妇女的公益事业及其表达［J］. 贵州大学学报（社会科学版），2017（2）.

明清以来，随着贵州开发进程的加快，清水江下游木材贸易之兴盛及由此带来的社会变革使得该地区日益内地化，具体表现在政治、经济、文化、社会组织、宗教信仰等诸多方面。① 如果说木材贸易带来的财富是清水江下游乡村公益事业勃兴的坚实基础的话，那么内地化进程中中原文化之传播与移植则是必不可少的催化剂。诚如梁其姿所言，明清时期，我国善会、善堂等慈善组织曾作为一种新的社会现象广泛存在，究其缘由，除社会经济因素外，社会文化亦是一大诱因。② 从现有碑刻资料来看，清水江下游乡村公益事业之兴起除为了解决现实需求外，该地区社会文化中潜在的碑文化、佛教文化、风水文化及其所传播的教人行善、劝人行善、使人行善思想也应当是其中的一个重要因素。反之，我们亦能从清水江下游乡村公益勃兴之文化力量的一个侧面衡量其内地化程度。

一、碑文化与清水江下游乡村公益事业之勃兴

在人类历史的漫长发展过程中，文字与石头的结合使得碑的文化功能变得日益多样，并逐渐形成丰富多彩的碑文化。从东汉熹平石经到五代广政石经，我们可以清楚地看到石刻作为一种媒介在文化传播方面所发挥的重要作用。从宋代开始，石刻更多地与政治结合，从而带上了更加丰富的政治文化内涵，甚至乐此不疲。③ 由于石刻文字可永垂不朽，传之而久远，及至明清，不管是官方还是民间，碑刻更是作为一种传达官府政令与民间记事的重要渠道而呈泛滥之势。地处湘黔交界的清水江下游地区也在社会历史的变革中实现了从刻木结绳到立碑记事的转变。这种转变包含两层含义：一是立碑记事的兴盛，二是碑的文化传播功能得以充分体现。两者互为因果，并有力地推动着清水江下游乡村各项事业的发展，其中就包括公益事业。

（一）从宝庆石匠看清水江下游碑文化之盛

历史上，清水江下游属苗侗民族聚居地，这里的碑文化并非其本土文化的产物，而是内地化过程中文化传播的结果。碑文化之繁荣可能与政令传达、移民等有关，也可能与某一特殊职业群体有关，如宝庆石匠。宝庆石匠是籍

---

① 严奇岩. 内地化与清水江流域的"糯改籼"[J]. 中国农史，2014（1）；张新民. 清水江流域的内地化开发与民间契约文书的遗存利用——以黔东南天柱县文书为中心[J]. 贵州社会科学，2014（10）.

② 梁其姿. 施善与教化——明清的慈善组织 [M]. 石家庄：河北教育出版社，2001：3.

③ 程章灿. 石刻刻工研究 [M]. 上海：上海古籍出版社，2008：93—95.

贯为清宝庆府下辖邵阳县、新化县、城步县、武冈州、新宁县之石匠的统称。在碑刻资料里，我们总能看到"宝庆石匠某某某""石匠宝庆府某某某"等字样。像同时期移民至此谋生的诸多群体一样，宝庆石匠也属外来务工群体，凿石刻字是他们的谋生手段。他们大多父子相传，师徒相授，通过自己的双手镌刻一通碑文，传播着形式多样的碑文化，有力地促进了清水江下游碑文化之繁荣。据我们初步统计，锦屏、天柱两地《清水江文书：天柱古碑刻考释》《锦屏林业碑文选辑》及《锦屏碑文选辑》等碑刻资料共载石匠 200 多人，其中确定为宝庆石匠的至少有 31 人，占 10% 以上。这其中就有一些石匠的活动轨迹颇引人注目，通过他们在当地的镌碑活动我们似乎可以揭开清水江流域碑文化之面纱，亦能再现当年民间立碑记事之盛况，碑文化之繁荣。

表 1　部分宝庆石匠刻碑情况统计表

姓名	起止时间	数量（通）	活动年限
罗仪清	1774—1810	10	37
信正起	1792—1823	15	32
信正有	1785—1802	3	18
信正武	1792—1808	6	17
信天海	1810—1827	6	18

注：表中数据仅为目前所见部分资料，其他未见者亦有诸多可能。

从表 1 的统计情况来看，石匠罗仪清，从事刻碑时间较长，至少 37 年，即从乾隆三十九年（1774）到嘉庆十五年（1810），在这 37 年时间里罗仪清至少刻了 10 通碑，平均每 3.7 年即刻有一通碑。其次为石匠信正起，他在前后 32 年时间里刻了 15 通碑，平均每 2.1 年即刻有一通碑。而且从清代信氏的地理分布及其他综合信息来看，他与信正有、信正武等人当是兄弟关系，与信天海、信天顺、信天清是父子关系。同样，在这些刻有姓名的石匠群体中亦有罗仪清的兄弟罗仪发、罗仪泰、罗仪兴、罗仪休及罗仪清的儿子罗良同等人，其他同一姓氏而关系有待探明者亦不在少数。所以，在厘清这些人物关系的同时，我们便可以还原这些家族、师徒传承式的石匠群体在清水江下游地区之凿石镌碑活动及他们对该地区碑文化之推动。

可以说，清水江下游碑文化之兴盛离不开石匠群体，但若深入了解碑文化之具体形态则需要触及他们留下的实物资料碑刻。如今，行走在清水江下游之苗乡侗寨，我们总能不经意间发现一两通碑刻。如果是天柱县三门塘这样的地方，那只能用"碑刻群""林立"来形容了，昔日碑文化之繁荣仍然依稀可见。在这繁荣的碑文化背后，我们亦能看到，生活在这片土地上的人们是多么喜欢立碑记事，仅从《清水江文书：天柱古碑刻考释》我们就能窥豹一斑。该书收录天柱县碑刻资料约 630 通，分布于全县 16 个乡镇街道，包括乡规民约碑、寺庙碑、功德碑、兴学建校碑、公益设施碑等十类，涵盖社会政治、经济、文化、水利、宗教等诸多方面。① 不难看出，民间频繁的立碑在于记事，碑刻也是一种媒介，一种呈现方式，繁荣的碑文化其实也孕育着寄托于此的诸多文化事项，大量公益活动所立之碑即有力地佐证了乡村社会公益事业之昔日景象。

（二）碑文化教人行善

从文化传播的视角来看，碑刻作为一种传播媒介，一般坚固耐久，能跨越时空，可开放传播，亦神圣而庄严，其在传播文化、表彰功德、社会教化等方面的媒介价值是值得肯定的，有着独特的作用和意义。② 从碑文化的发展历程来看，碑刻在某种程度上传播着一定的文化和社会价值观念，并在潜移默化、耳濡目染中起到社会教化的作用。③ 从碑刻的分类来看，不同类型的碑刻，其传达的文化价值、社会教育功能也是不一样的。以清水江流域为例，乡规民约类，则意在教育人们遵守基本的规约制度，维护地方安宁与和谐；林业生态类，则意在教育人们保护林木生态环境，具有一定的生态教育功能。④ 而公益类，则意在教人行善，相关碑刻不在少数，现各举一例。

锦屏县，河口乡河口村有一通立于清乾隆五年（1740）的《施渡碑》⑤。河口在乌下江与清水江交汇处，水上交通便利，商旅往来不断，船便是十分重要的交通工具。据碑文记载，该处为"江河要口，妇农工女往来经过者，其□□□易，客商上下资渡不少，而可无舡舟之济乎"。于是来自福建、湖南、贵州等地的"寨头人""客帮店户"便集资修船，解决了渡口船只问题。

---

① 政协天柱县第十三届委员会. 清水江文书：天柱古碑刻考释（上）[M]. 贵阳：贵州大学出版社，2016：3—5.

② 汪鹏. 碑刻媒介的文化传播优势及其现代功能转型 [J]. 现代传播（中国传媒大学学报），2014（2）.

③ 柯卓英，岳连建. 论碑的文化传播功能 [J]. 中原文物，2006（5）.

④ 严奇岩. 清水江流域林业碑刻的生态教育功能 [J]. 中华文化论坛，2018（10）.

⑤ 碑文录自《锦屏碑文选辑》. 参见姚炽昌. 锦屏碑文选辑 [M]. 内部印刷本，1997：79. 另见贵州省地方志编纂委员会. 贵州省志·文物志 [M]. 贵阳：贵州人民出版社，2003：333.

而这只是最直接目的，或者说这只是善事的表象。更深层次或更久远的影响还在于碑文开头便提及的"从来救蚁一事，获中状元之选，埋蛇片善，竟享宰相之荣"。人们以"宋郊救蚁""孙叔敖埋蛇"比喻，形容造船一事是可以积阴德的，也希望家族之人能高中状元，官至宰相。与同时期善书所宣传的那样，积阴德是可以享利禄的。略有不同的是，碑刻在这一过程中也起到了如同善书的作用，立在那里对过往行人进行说教，且碑刻的媒介特征使得这种说教更加深入人心，影响也更加深远，一系列功德碑的存在即是很好的证明。

天柱县，坌处镇清浪村亦有一通立于清乾隆五十二年（1787）的功德碑，名为《承先启后》①。碑文详细地记载了清浪村村民集资修建花阶路和凉亭的事，参与人员有 300 人之多。从碑文所载内容来看，修路、修亭实为善事，更是兴师动众，费时费力，功成之后，当然要立碑一通，以示纪念。在我们的传统文化里，"善欲人见，不是真善"。一般做好事是不留名的，那为什么还要立碑呢？其目的有二：一为记善行。"况固为善，不欲人知"，"是没好施者之善念"。"既叨众惠于既往，敢没信善于将来，镌石纪名而功德之有据。"二为激励后人。"励后人续成之志矣"，"愿后之贤者可继此而续之"。善行只是其一，其二还是为了激励后人，把修路、修亭之事继续下去，恰正如碑名所言"承先启后"。随着时间的流逝，路会坏，桥会塌，亭会倒，记下一个个善事是很有必要的。也正因此，《重修路碑》《重修井碑》《重修碑记》等才层出不穷，前人的善行起到了很好的示范作用，并跨越时空传播开来，很好地诠释了碑刻可教人行善的社会教化功能。

总之，清水江下游之碑文化曾一度相当繁荣，繁荣的碑文化也成为与之相依的各种文化兴衰之土壤，它们互为因果，相互促进，公益事业只是其中之一。从以上所引锦屏河口之《施渡碑》与天柱清浪之《承前启后》碑我们可以清楚地看到，碑刻作为一种传播媒介在一定的时空范围向人们传播着行善的观念，影响着人们的行为举止。不管是《施渡碑》传达的做善事，积阴德，享利禄，还是《承前启后》碑之记善行，励后生，这些碑刻材料都是典型代表，都像一本本善书一样，通过一个个鲜活的事例教人行善，积极行善。从这个意义上讲，碑文化及其传播的价值观念也就成为清水江下游乡村公益事业勃兴的重要因素。

---

① 政协天柱县第十三届委员会编.清水江文书：天柱古碑刻考释（上）[M].贵阳：贵州大学出版社，2016：466—469.

二、佛教文化与清水江下游乡村公益事业之勃兴

佛教起源于古印度，两汉之际传入内地，唐宋元明时期传入贵州。据《明季滇黔佛教考》记载："黔居边鄙，佛法罕闻。明末寇乱，四方禅侣咸避地乞食于其间，或著衣持钵，不坠家风；或挂板悬槌，洪宣法教。"佛教的传入对贵州产生了重要影响，陈垣在读《徐霞客游记》之后曾发出"滇黔之开辟，有赖于僧侣"的感慨。①

在清水江下游地区，天柱县，明万历年间曾举办过"雷霆大法"佛事活动，地湖乡的星官庵、禅静庵也都建于明代。清代天柱县辖有 338 寨，庵庙多达 462 处，② 几乎每个较大的村寨都有一至数处佛庵。③ 锦屏县，相关记载不及天柱，但在民国时期较大的村寨也几乎都有庵堂庙宇分布，其中王寨、圭腮、茅坪、瑶光等 12 处庵庙规模较大。④ 佛教在贵州少数民族社会中不仅传播着宗教，也传播着文化。⑤ 佛教所宣扬的因果报应说和慈悲观念成为慈善事业的动力机制。⑥ 历史上，天柱县尼姑庵虽少，但普度众生的思想却在苗族妇女中影响深远，⑦ 她们曾积极从事乡村公益事业，碑刻资料亦有较多记载。⑧ 从这些具体事例中我们可以看到佛教文化给人们的生活带来的影响。在集资兴寺与捐钱、捐物之间，佛教文化有力地推动着该地区乡村公益事业的发展。

（一）从集资兴寺看清水下游佛教文化之盛

由明至清，民间修庙建庵，集资兴寺之事颇多，不胜枚举，天柱高灵山《风调雨顺》《南无阿弥陀佛》碑⑨即是典型代表。两块碑均立于康熙五十五

---

① 陈垣. 明季滇黔佛教考［M］. 北京：中华书局，1962：29，191.

② 吴才茂，李斌. 明清以来汉神信仰在清水江下游的传播及其影响——以天柱苗侗地区为中心［J］. 贵州大学学报（社会科学版），2013（1）.

③ 贵州省天柱县志编纂委员会. 天柱县志［M］. 贵阳：贵州人民出版社，1993：122，135.

④ 贵州省锦屏县志编纂委员会. 锦屏县志［M］. 贵阳：贵州人民出版社，1995：146.

⑤ 王路平. 贵州佛教史［M］. 贵阳：贵州人民出版社，2001：472.

⑥ 王卫平，黄鸿山. 中国古代传统社会保障与慈善事业——以明清时期为重点的考察［M］. 北京：群言出版社，2004：186.

⑦ 贵州省天柱县志编纂委员会. 天柱县志［M］. 贵阳：贵州人民出版社，1993：135.

⑧ 吴才茂. 立碑树德：清代清水江地区少数民族妇女的公益事业及其表达［J］. 贵州大学学报（社会科学版），2017（2）.

⑨ 政协天柱县第十三届委员会. 清水江文书：天柱古碑刻考释（下）［M］. 贵阳：贵州大学出版社，2016：175—183；政协天柱县第十三届委员会. 天柱民族建筑博览［M］. 贵阳：贵州大学出版社，2015：193—194.

年（1716），为记重修高灵山金像、殿宇及常住田产的功德碑。参与捐资人员之多，影响范围之广，充分反映了该地区佛教文化之兴盛。现摘录《风调雨顺》碑序如下：

　　常闻：山不在高，有仙则名，水不在深，有龙则灵。何况山高泉涌之奇必有显应于斯焉。何则独惟孤峰，高居万脉之宗，泉涌百川之泽，层峦耸峻，势压群峰。顶尚有仙道气窃生成，上通碧落，下澈江津。常时迷雾连天，烟云笼罩，正是隐仙藏龙之福地者哉，岂无灵验乎。所谓附近长者仰观奇地，锦夺千邦，引动诸上善人共发菩提之念，同心美举，命□堪舆，登临踏看，果是一方发脉之宗，兹境之首景也。识知上有佛圣龙王，群仙游宴之处及雷电风雨会合之场，当建名山祈求福地矣。故斯约集四方，设立殿宇，雕装金像，铸钟造鼓，施舍福田，招僧云集，侍奉香火，永为常住。称名高灵山，号曰兴华寺，始自洪武世时，肇创以来，尚有百代存焉。岁逢期旱，民有祷求，无不感应，迅施霖雨普济生灵，远近庶民均沾惠泽也。迄今年久，殿像倾颓，意欲重修，莫奈工程浩大，独力难成。幸缘云游铜阳衲子明玉僧，号惟素，愿力坚承，为针引线，叩募十方檀越，善男信女，孰不与崇，捐助银财，共成厥美，培植当来之福果，以壮浏览之奇。现今，已功圆果满，不昧信心，勒石立志，标明善念福果之始终者。恭祈佛天有感，祝延圣寿无疆，五谷丰登，万民乐业，垂名永远，香火无休矣。谨序。①

　　从序文中可以看出，高灵山本是一块风水宝地，曾建有"兴华寺"，始于明洪武年间，已有"百代存焉"。而且若逢久旱不雨，有人来祈，寺中神灵总能感应，速降甘霖，附近百姓均受其惠泽。鉴于此，在僧人明玉等人的号召下，募化钱财，人们积极响应，金像、殿宇很快修缮完工，而施银捐钱者亦能"培植当来之福果""垂名永远"。恰如锦屏县一通《广福寺常住盟誓箴》碑所言："助赞善者，家道兴然，口祈祸散，福寿增延。荣华日进，出贵生贤，田蚕倍利，非横无沾。"②

　　据笔者统计，《风调雨顺》碑约有 2581 字，共载捐银 115.57 两。《南无阿弥陀佛》碑约有 3454 个字，共载捐银 280 两以上。两碑累计达 6035 字之

---

① 碑序录自《清水江文书：天柱古碑刻考释（下）》，个别字句有所改动。政协天柱县第十三届委员会．清水江文书：天柱古碑刻考释（下）[M]．贵阳：贵州大学出版社，2016：175.

② 姚炽昌．锦屏碑文选辑 [M]．内部印刷本，1997：124.

多，不禁让人惊叹。除碑序外，其余皆为捐赠人姓名、数目及去向。仅《风调雨顺》碑就有常、陈、冯、关、胡、蒋、李、林、刘、龙、陆、罗、穆、潘、沈、石、舒、宋、谭、唐、田、王、吴、熊、徐、杨、姚、印、袁、张、朱、诸等 32 个姓氏，337 人参与。他们来自高灵山附近之天柱、会同、靖州的半山、大墓、地湖、饭香岭、高坡寨、黄田寨、会田、会同县口乡各团、刘家寨、龙转弯、梳齿田、舒家团、岩头坪、杨家坪、油榨坪、佑家、远洞、竹刘寨等 18 个地方。在捐助者群体里，我们亦需注意的是，300 多人的名字基本是以村寨、家族为单位进行镌刻，集资兴寺之余佛文化也传至周边各家各户。所捐数目虽一钱半分，微不足道，但辐射面广，人皆留名千古，影响亦不可小视。还有就是，重修高灵寺，周边的僧人、住持亦有不少捐助，或施银，或助佛像，如魔庵、星官庵、兴隆庵等，说明周边佛教文化亦算兴盛。在这种文化氛围下，人们沐浴佛光，而佛教文化亦向人们传播着积善亦是积福，积善即可消灾的理念，意在劝人行善。

（二）佛教文化劝人行善

目前锦屏、天柱两地共发现明代佛教相关碑刻资料三处，即锦屏县的《佛祖证盟》(1634)①、天柱县的《求兴南无阿弥陀佛》（1596)②、《南无成就功德佛》(1626)③。其中，除《佛祖证盟》识读困难外，《求兴南无阿弥陀佛》《南无成就功德佛》两通碑刻分别记述了竹林乡新寨村刘金大与白市镇八角洞僧人罗如海为方便行人而主动募捐架桥的事迹。碑文"谨发善心以化之""奉佛喜舍""植福保安"等，反映了早在明万历、天启年间人们即受佛

---

① 《佛祖证盟》为摩崖石刻，位于锦屏县偶里乡皆阳村。碑文多处材料有录，但难以释读，性质难辩。暂有"赋税情况""社会组织"之说，以《锦屏县偶里乡志》为最。此外，遵义板桥镇的一通募化集资培修庙宇碑《中寺积谷培修序》亦有"盖闻无量福田，常留宇宙，……，今从壬辰为始，每岁积谷五十石，以为将补修之资，佛祖证盟，为善自然获福"字样，人们集资多少及去向记得很清楚。从《佛祖证盟》摩崖中有"供餐仝""每餐五只""打散一十二只"等字，亦可推测其为集资从某某活动时所留，比如修建寺庙。姚炽昌.锦屏碑文选辑［M］.内部印刷本，1997：4；贵州省锦屏县志编纂委员会.锦屏县志［M］.贵阳：贵州人民出版社，1995：125—127；黔东南苗族侗族自治州地方志办公室.黔东南风物志（下）［M］.昆明：云南美术出版社，2010：492；锦屏县偶里乡人民政府.锦屏县偶里乡志［M］.锦屏：锦屏县偶里乡人民政府.2002：298；遵义县文物管理委员会，中国人民政治协商会议遵义县委员会，遵义县文化馆.遵义县文物志：第 1 集［M］.重庆：重庆印制第一厂，1983：110.

② 政协天柱县第十三届委员会.清水江文书：天柱古碑刻考释（上）［M］.贵阳：贵州大学出版社，2016：194—196.

③ 政协天柱县第十三届委员会.清水江文书：天柱古碑刻考释（上）［M］.贵阳：贵州大学出版社，2016：270—271.

教文化影响而从事公益活动。

前文所述《施渡碑》从某种意义上讲亦是佛教劝人行善的很好例证，现再举一例，一同分析佛教文化是如何劝人行善的。

奕世流芳

盖闻编桥救蚁，身获鼎元。布渡济人，名标翰苑，此固报施昭然，毫末而不差者矣。今有赤溪坪之津者，古渡圮毁，板折木颓。窃思此渡系出入之要路，实往来之通津。每当春涛濡滞，洪水汪洋，奔走者望叹长空，贸易者呼号彼岸，嗟怨之声不息，病涉之苦何堪。龙朝宿、王德荣触境伤心，爰兴鄙愿，欲广利济于遐迩，惟捐锱铢于身家。欣一时之盛举，成万世之慈航，以致遄者不惧，涉者无虞。敢冀果报以登庸，犹思祈恩以请福。俾余衰迈，念切含饴。慨余发苍霜，无为娱目。虽有承欢于膝下，实乏分甘于目前。廷勤永庆麟趾之祥，龙氏早叶熊罴之梦。敢期兰质流芳，惟祈孙枝挺秀。伏愿波光盖照，普保无边河泊，鉴临功德有准。是为序。

倡首　龙朝宿

同缘男　廷勤　媳　龙氏

倡首　王朝荣

皇清乾隆五十三年（以下碑石断失）①

《奕世流芳》碑立于乾隆五十三年（1788），存于锦屏县三江镇赤溪坪。碑文开头便是"盖闻编桥救蚁，身获鼎元。布渡济人，名标翰苑"，与《施渡碑》中"从来救蚁一事，获中状元之选，埋蛇片善，竟享宰相之荣"如出一辙。其中，"救蛇获状元之选，埋蛇享宰相之荣"出自《文昌帝君阴骘文》，讲述宋郊救蚁高中状元，孙叔敖埋蛇官至宰相的故事。《文昌帝君阴骘文》虽为道教劝善经书，但仅就宋郊救蚁一事而言，其叙事风格和主题取材上都带有浓厚的佛教印迹，实际上是受佛教影响而产生的。在不同版本的叙事中，宋郊救蚁之功德也被不断放大，反映了这种以功名利欲来教化世人的方式达到了极致，其背后也蕴含着佛教的因果报应思想。②

具体到这两通碑刻而言，作为一项公益事业，施渡有其切切实实的现实意义，但最重要的还在于人们的行为受佛教思想主宰，人们相信因果报应，

① 碑文录自《锦屏县碑文选辑》，该碑存于三江镇赤溪坪王兴汉家。姚炽昌. 锦屏碑文选辑［M］. 内部印刷本，1997：78.

② 吴华，黄豪，郭俊良，等. 传统视域下的钱穆中外文明交流史数论［M］. 上海：上海科学技术文献出版社，2015：116—126.

相信积阴德可以利己，通过做善事来为自己祈福，最好能达成所愿。如果说这在《施渡碑》中"虽未期□□埋蛇之效"体现的不是很明显的话，那在《奕世流芳》碑中就显得非常明确了。该碑紧随宋郊救蚁典故的便是一句"此固报施昭然，毫末而不差者矣"，强调因果报应，善有善报。而王朝荣、龙朝宿施渡利己之处就在于希望自己儿子（女婿）"廷勷永庆麟趾之祥"，儿媳（女儿）"龙氏早叶熊罴之梦"，进而能够"兰质流芳""孙枝挺秀"，表达了施渡这一公益事业的另一层意义，凡事皆有因果，人们做善事也希望自己的心愿能了。由此观之，佛教文化着实劝人行善。

三、风水文化与清水江下游乡村公益事业之勃兴

清水江下游虽为西南少数民族地区，但在内地化过程中，民间风水文化亦得以在此生根发芽，并表现出一定的地方性和民族性。目前学界关于清水江下游风水文化之研究已取得不少成果，① 此不赘述。从现有碑刻资料来看，清水江下游之风水文化十分浓郁，而且深刻地影响着人们的日常行为。

受风水文化影响，清水江下游之苗侗族人民普遍相信风水是可以培植的，尤其是水口之风水，所以桥梁、楼台亭阁之修建无不体现出人们的风水思想与观念。有时寺观庙宇、学校选址等亦需充分考虑风水因素，即所谓"风亭水榭多征诸仁里，梯桥架阁□□培文风"，为培植风水人们积极修桥建亭，修楼建阁，有力地促进了乡村公益事业的繁荣。为说明问题兹将相关碑序择其要者绘成一表（见表2）。

---

① 程泽时. 锦屏阴地风水契约文书与风水习惯法［M］//谢晖，陈金钊. 民间法［M］. 济南：济南出版社，2011：257—271；王振忠. 清水江文书所见清、民国时期的风水先生——兼与徽州文书的比较［J］. 贵州大学学报（社会科学版），2013（6）；李鹏飞. 风水争讼之"遵批立碑万代不朽"碑研究［J］. 长江师范学院学报，2015（1）；严奇岩. 从碑刻看清水江流域苗族、侗族招龙谢土的生态意蕴［J］. 宗教学研究，2016（2）；李鹏飞. 有冤难申终和解——清水江文书所见清代一桩风水纠纷事详解［J］. 民间法，2018（1）.

表2　部分修建碑序所见风水资料统计表

碑名	所在地	立碑时间	立碑原因	碑序摘录
兴隆桥碑	天柱北岭村	乾隆三十八年（1773）	修桥建亭	相家以此间当挺伟才，更于水口处培一硚，有助于斯地之灵者……心藏阴阳风水之于人理，固有可信者□……有喜色而相谓曰……吾乡其必振兴乎，遂题其桥为兴隆云
迁建锦邑学宫碑记	锦屏	乾隆三十年（1765）	迁建学宫	望气者皆曰文风不利，其迁之便……学宫迁建于此，可以妥圣灵而兴文远
司勋永驻	天柱摆溪寨	乾隆四十年（1775）	修桥	桥关之达，以利往来，以育人才，关系固自匪轻……山水以钟祥……培植地脉
青龙书塾	天柱棉花坪	乾隆五十三年（1788）	修建学校	卜其基于青龙之所……不特为息心养正之堂，而且作培植风水之室
功垂不朽	锦屏大官舟村	乾隆五十三年（1788）	重修回龙庵	至于宏敞道场，庄严妙相，培成吾里地脉非浅鲜矣。大雄氏所谓无量功德，于此信焉
永播千秋	天柱伞溪寨	道光八年（1828）	修阁	堪舆家每谓狂澜已倒，中流难回……诸父老立意建造一阁于此，以固一方水口
永垂万古	锦屏大官舟村	光绪元年（1875）	重修鼓楼	在昔，村之下隅建有鼓楼一座，为培补地脉计……是楼也，屹然卓立，有三善焉：情殷复古，一也；培就文峰，二也；勇襄美举，三也
培修碑记	天柱万一村	民国八年（1919）	重修庵堂	南治苑囿，北凿月池，一培风水……地脉既培，人文代蔚

注：据《锦屏碑文选辑》《清水江文书：天柱古碑刻考释》统计而成。

　　从表2我们可以看出，为了修桥建亭、修楼建阁、修庙建庵，人们往往把这些事的重要性提升到可以培风水、补地脉、兴人文的高度。甚至人才之培养亦与学校之选址密切相关，位置不好就要迁址重建。至于风水有没有培植好，人才兴不兴盛我们不得而知，但风水文化在此过程中所起的推动作用是显而易见的。或许培植风水也只是一个口号，是倡修者找到的能让更多人加入其中的理由，其根本目的还在于解决当下现实需要。不管出于何种目的，我们可以肯定的是，风水文化是其中一个十分关键的因素。正因如此，乡村公益事业才能顺利开展。从某种程度上也说明了风水文化可以促使人们捐钱出力，积极从事乡村公益事业，二者互为因果，而这亦不乏典型案例。

据锦屏县钟灵乡大官舟村光绪元年（1875）所立《永垂万古》碑载：

窃维宇宙事迹，有所创必有所因，因之为言依也。遵依先人创制，就现在规模扩大之，修整之。……官舟一村，设立安居，鳞萃鸠集，由来已久。相传先民有言，在昔，村之下隅，建有古楼一座，为培补地脉计。于时，合村人户烟火三百余许，家给人足，士读农耕，亲睦雍和之风早称胜地，遍延数传变迁，几历地运剥屯，古楼倾坏，其基贻留，久作荒墟旷壤。自是而后，虽曰爰居爰处，而论人烟，一切蕃昌发越，较差于前者什伯。历来父老目睹村墟之寂寥，心慨情景之凋蔽（敝），都谓古楼无存，缺所培补之答。下及癸酉，村中佥议复起古楼，数人倡之，众始和之。……是楼也，屹然卓立，有三善焉：情殷复古，一也；培就文峰，二也；勇襄美举，三也。据兹三善，行见钟灵毓秀，合村家用□□，子孙逢吉，人文为之鹊起，科甲为之蝉联，世世兴发昌隆正未有艾尔。是为序。①

同样，天柱县坌处镇三门塘道光三年（1823）所立《复兴桥》碑亦载：

斯桥水自右旋抱村而下，而世业风水之术者，佥以桥足固一村水口，且外森立二石，名曰傍浦岩。又有古木左右映带，每谓坚如钱券，固若金汤，可卜斯地之发祥焉。在明万历四十一年，有刘公唐万、舡万，乃好善之人也。曾立石桥于斯，而村之财丁颇盛，此水口坚关之一验也。……于嘉庆癸酉年，各捐家资重修故制。……但是举也，固一村水口，虽或有感于风水之言，而其能承先人遗志，便通往来行人，一为而三善俱备，讵非前已兴之，后必兴之，兴而又兴之谓哉。故乐其善而为言以寿石。②

从碑序中可知，《永垂万古》为记重修鼓楼而立，强调了原有之鼓楼可培

---

① 姚炽昌. 锦屏碑文选辑［M］. 内部印刷本，1997：135—136.
② 政协天柱县第十三届委员会. 清水江文书：天柱古碑刻考释（上）［M］. 贵阳：贵州大学出版社，2016：61—62.

补官舟村之地脉，当时是"合村人户烟火三百余许，家给人足，士读农耕，亲睦雍和之风早称胜地"。《复兴桥》为记重修桥而立，也着重强调了原有之桥可固守三门塘之水口，那时全村也是"财丁颇盛"。后年久失修，村里风水也不好了，于是众人响应，积极捐资修善。修好之后，人们也希望此鼓楼、此桥能像先前一样补地脉，固水口，进而全村人丁昌盛，人文蔚起。正所谓兴也"风水"，败也"风水"。这似乎是此类公益事业运行的基本模式，人们总是拿风水说事，总是拿风水来倡捐，而人们又总是积极响应，屡试不爽。撇开风水，我们必须承认重修鼓楼、桥都是善事，恰如《永垂万古》碑所言："有三善焉：情殷复古，一也；培就文峰，二也；勇襄美举，三也。"也恰如《复兴桥》碑所载："虽或有感于风水之言，而其能承先人遗志，便通往来行人，一为而三善俱备，讵非前已兴之，后必兴之，兴而又兴之谓哉。"

至此，我们通过具体案例分析了碑文化、佛教文化、风水文化在推动乡村公益事业方面所起到的特殊作用。其中，三者略有不同的是，碑文化具有一定社会教化功能，其意在"教"；佛教文化传达着因果报应与慈悲观念，其意在"劝"；而风水文化最为攸关，促使人们修桥、修楼，培风水。三者层次不同，性质迥异，呈现出从被动到主动的变化。这种变化恰说明了风水文化对人们日常行为影响之深，甚至倡修之人都可能有意强调风水之修补与培植，以期能达其目的。换言之，人们不断地立碑记事，集资兴佛亦或许存在有意识地利用碑文化、佛教文化所传递的思想观念与教化功能推动公益事业有序运行的诸多可能。这样一来，佛教文化、风水文化也可借助碑的文化传播功能，三者有机结合推动着清水江下游乡村公益事业的蓬勃发展。

四、结语

综上所述，明清民国时期清水江下游碑文化、佛教文化、风水文化十分兴盛，而且富含地方、民族特色，乡村公益事业之勃兴离不开碑文化、佛教文化与风水文化之推动。从文化传播的角度来看，碑文化以碑刻为载体，通过立碑记事的方式，跨越时空向不同群体传达着行善的理念，在教化社会的同时教人行善，其意在"教"。佛教文化以寺庙为中心，通过集资兴寺、募捐等活动宣扬善有善报，因果轮回，在普度众生的同时劝人行善，其意在"劝"。风水文化则强调风水之好坏，关键在于人之培植与修补，在修桥建亭、修楼建阁之事上往往成为倡修者之说辞，使人积极捐资行善，其意在"使"。三者各有特点，虽为不同的文化形态，但也不是绝对分离的。从碑刻资料来看，佛教文化与风水文化均离不开实物载体碑刻，更离不开碑的文化传播功能。也正因此，我们从碑序中可以看到倡修者在有意识地利用三者之关系及不同功效对人们进行说教，推动着公益事业的开展。这种现象从另一个侧面来看即反映了碑文化、佛教文化与风水文化对人们思想观念影响之深，而这决不是一年半载能做到的，这恰可以说明该地区内地化程度之深。

03

宗族研究

清水江流域宗祠文献解读

王凤梅　　马国君*

　　宗祠是宗人祭祀祖先和从事家族事务活动的场所，清水江流域宗祠较多，其中以贵州的天柱、锦屏等地分布尤为集中，引起了政府和学界的关注。研究成果主要有《民间记忆与历史传承——贵州天柱宗祠文化述论》《清江祠韵》《清水江下游宗祠文化概述》《清水江下游宗祠文化探微》《清水江流域开发与文化传承——以天柱白市水电站库区宗祠保护为例》等。① 这些成果对于深化清水江流域宗祠文化研究，奠定了前期基础。为深入此题域，本文拟结合清水江流域留存的大量文书，对宗祠的修建及其功能诸方面进行探讨。

一、清水江流域宗祠修建特点

　　清水江流域留存的宗祠，据不完全统计，天柱县最多，共 158 座，锦屏

---

* 基金项目：教育部人文社会科学研究青年项目"清水江流域宗族关系文书研究"（12YJC770055）；国家社科基金一般项目"清水江流域典当文书研究"（14BZS121），本文原载《报刊荟萃》2018 年第 9 期，第 281—284 页。

王凤梅（1973 年生），女，湖南新邵人，贵州大学中国文化书院副教授，贵州省高校人文社科重点研究基地"中华传统文化与贵州地域文化研究中心"副研究员，主要从事区域史研究。马国君（1977 年生），男，湖南麻阳人，贵州大学历史与民族文化学院教授，主要从事西南生态史、边疆民族史研究

① 李斌，等. 民间记忆与历史传承——贵州天柱宗祠文化述论［M］. 成都：四川人民出版社，2014。袁显荣. 清江祠韵［M］. 北京：大众文艺出版社，2005；袁显荣. 清水江下游宗祠文化概述［M］//天柱县政协非物质文化遗产宝库编纂委员会. 天柱县非物质文化遗产宝库. 贵阳：贵州大学出版社，2009；袁显荣. 清水江流域宗祠文化与汉族地区宗祠文化与汉族地区宗祠文化的比较与建议［M］//张新民. 探索清水江文明的踪迹. 成都：巴蜀书社，2014；袁显荣. 清水江下游宗祠文化探微［J］. 原生态民族文化学刊，2009（4）。秦秀强，等. 清水江流域开发与文化传承——以天柱白市水电站库区宗祠保护为例［J］. 原生态民族文化学刊，2010（3）.

60座，黎平4座，三穗3座，麻江6座，凯里5座，台江1座；① 因留存时长达百年以上等特点，多被列为贵州省县级文物保护单位。而新近发现的清水江文书对宗祠亦有大量记载，释读文书，结合留存宗祠信息，诠释了清代至民国时期的清水江流域宗祠特点主要如下。

第一，宗祠大多修建在清代以后。清代以降，天柱、锦屏二县掀起了民间建立祠堂高潮。如三门塘建于康熙末年（1722）的王氏宗祠和乾隆初年（1736）的刘氏宗祠，远口镇建于乾隆年间的吴氏总祠、中团吴氏宗祠等，垄处王氏宗祠则建于民国时期。② 学者对天柱县宗祠进行统计，新建70座，其中最早为邦洞镇杨氏宗祠建于康熙三十四年（1695），晚至1949年在蓝田镇新建了梁氏、杨氏、罗氏宗祠，近期修葺的暂不予统计。③ 文书中涉及宗祠修建时间颇多，天柱县光绪三十四年（1908）吴恩祥、吴安祥、吴步广等卖祠基契；④ 民国十三年（1924）"于乾隆年间纪我两房建造祠堂"⑤，显示瓮洞镇潘氏祠堂建造于乾隆年间；民国三十年（1941）吴会贞等分关散息虑后合同字中提到"请凭乡证据申黄田顺祖祠堂族长等公论"⑥，说明吴氏祠堂在此前早已存在。锦屏县的祠堂也散见于《清水江文书》等契约汇编中，如平秋魁胆"民国七年五月初七日，立包建家祠字人杨裕春，今包到魁胆寨王邦乐、邦宇……彦亨等建造家祠"⑦，表明家祠修建于民国初年（1912）。

第二，宗祠多分布在清水江流域政治中心、教育中心和经济发达地区。天柱县凤城宗祠较多，共建14座，重修1座，⑧ 这应该与历史上该地区为全县经济、政治与教育中心相关，且受内地传统文化影响甚大。据《嘉庆重修一统志》"贵州统部镇远府"载，天柱县凤城城内及临近地区，书院有万历年间置的开化书院，乾隆二十七年（1762）置的凤城书院，康熙二十三年

---

① 袁显荣. 清水江流域宗祠文化与汉族地区宗祠文化的比较与建议［M］//张新民. 探索清水江文明的踪迹. 成都：巴蜀书社，2014：838.

② 李斌，秦秀强. 清水江流域开发与文化传承——以天柱白市水电站库区宗祠保护为例［J］. 原生态民族文化学刊，2010（3）. 见其文《天柱需搬迁宗祠情况表》.

③ 李斌，等. 民间记忆与历史传承——贵州天柱宗祠文书述论［M］. 成都：四川人民出版社，2014：46—50.

④ 张新民. 天柱文书（第一辑）：第22册［M］. 南京：江苏人民出版社，2014：267.

⑤ 张新民. 天柱文书（第一辑）：第6册［M］. 南京：江苏人民出版社，2014：147.

⑥ 张新民. 天柱文书（第一辑）：第5册［M］. 南京：江苏人民出版社，2014：190.

⑦ 张应强，王宗勋. 清水江文书（第二辑）：第8册［M］. 桂林：广西师范大学出版社，2009：222.

⑧ 李斌，等. 民间记忆与历史传承——贵州天柱宗祠文书述论［M］. 成都：四川人民出版社，2014：46—50.

（1684）置的天柱县学等，促进宗祠发展。同时，其便利的自然条件也甚为重要，经济相对发达的林木贸易码头，也是宗祠分布较为集中区。位处清水江干流及较大支流上的坌处、竹林、远口、白市、渡马乡等五个乡镇，新建宗祠37座，重修8次，占天柱全县大半。目前在该地区发现了大量的土地、林木等买卖文书，足证。值得一提的是，经济的发展推动了文化的交流与发展，如康熙年间，远口置有延陵书院。乾隆年间，竹林鲍塘置有凤鸣学馆，地坌置有地坌私塾学校等。以上学校培养了像蒋代盛、唐寅等学人，他们后来在修建宗祠中皆做出了重要贡献。

对此，锦屏诸地亦然，如锦屏铜鼓原为明铜鼓卫治地，为政治、经济、文化中心，受内地影响大，置有刘氏、杨氏、徐氏、曹氏、张氏等宗祠。锦屏卦治为重要的林木贸易码头，经济发达，乾隆年间置有文岳书院、文盲书院、文澜书院等。

第三，宗祠文书再现宗族发展史。清水江流域现存祠堂系新建和重修组成。祠堂的兴建由有一定权势和较高威望的人主持修建家祠，即宗族发展比较好的一房或几房带头修建，或由宗族列房共同进行修建。大体反映了宗族和房支兴衰史。以瓮洞镇黄巡村殁藏契约"潘固富后裔重修祠堂等事合同"[1]为例，契约订立于民国十三年（1924）四月十日，首先阐述了潘氏祠堂历史变迁，乾隆年间新建，同治丁卯年间被毁，现第一次筹建重修；其次彰显了家族房支力量变化史，原来为两房建造，但"因我房人烟未几"，现为双福和富财后裔为首，列房同修；再次规定重修后各房族的责任和义务：重修费用按烟户缴纳，改变过去不共祠堂和分房修谱现象，同祠合修族谱，合祠合谱但阴地不得任意混葬、祖坟各自祭祀等。潘氏宗祠的修建虽然有首倡者，但明确了宗族成员责任与义务，必须缴纳一定的费用，故出现典当出卖田土等资产筹集此项费用文书，趁祠堂重修之际，同姓不同房族者开始合谱，使宗族队伍扩大、宗族凝聚力更强。

第四，文书反映了宗祠公产经济来源

一是在宗族成员中募集资金，即主要由首倡者或宗族成员捐建。宗族中仕官或富商往往成为主要贡献者，或由宗族中兴盛的一房或几房集资。前述潘固富后裔重修祠堂，首倡者另出钱一千一百文，甚至贡献更多。道光六年（1826）"算捐祠谱钱式阡（千）伍百文，望公叔升加碑记"[2]，"众议愿将泰

---

① 张新民．天柱文书（第一辑）：第6册［M］．南京：江苏人民出版社，2014：147.

② 张新民．天柱文书（第一辑）：第7册［M］．南京：江苏人民出版社，2014：181.

本捐入祠内荒山壹团"①。文书中龙氏曾经向宗祠捐入荒山壹团,说明捐献物不局限于钱,也包括土地财产等物。祠堂资金筹集后,出现买卖族产获利情况。高酿镇"立卖祠基契人吴恩祥等,今因祠之左边尚有余地,宁可出售以资用度。……其钱付与祠堂公用"②。契约中吴恩祥等族人于光绪三十四年(1908)集体同意出卖祠堂边空地,卖资用于补充祠堂所用。

二是族产由比较固定的社会组织或专人负责经营创收,从而获取新的收益。宗族文书中,设立的社会组织出现频率最高的为清明会。清明会,当地村寨的乡民会社组织之一,据文书,全名为清明祖宗会或清明朝宗会等③,该组织由专人经营,从"自己登门问到本房清明会钱经手人伍华廷名下承借(典)"④中可见,由清明会钱经手人伍华廷承典,充分说明其机构拥有大笔公益性的资产,客观上可以用于发挥慈善公益作用,通过后面清明会功能阐述可知。

三是宗族成员定期上缴费用。祠堂修建后,为了维持日常运转,需要向宗族成员硬性征收资金等。如民国二十六年(1937),石洞镇摆洞村杨氏家族为祭祖之赀订捐银买田列产业草书⑤:让会能够恒久,最好的措施是"将赀置买粮田,永垂后世,可谓诚心报本"。要求房族凑集会钱,购买粮田。待每届清明节将田谷出售获得收益,以备祭扫。宗族子弟为了宗族的强大,或迫于宗族压力,需交纳资金,文书中捐修祠收条和核对收条可足证,兹举几例见表1。

表1 天柱地区捐修祠堂收条

捐款时间	出款人	交款人	收款人	钱数量	内容	文书所在地
1934 年	栗木坪龙更坤	房长龙更美	协理龙光家	洋壹元	收条捐修总祠	竹林乡力木村⑥

---

① 张新民.天柱文书(第一辑):第18册[M].南京:江苏人民出版社,2014:390.

② 张新民.天柱文书(第一辑):第22册[M].南京:江苏人民出版社,2014:267.

③ 张新民.天柱文书(第一辑):第14册[M].南京:江苏人民出版社,2014:60.契约书"问到清明朝宗公会主承典".

④ 张新民.天柱文书(第一辑):第12册[M].南京:江苏人民出版社,2014:150.

⑤ 张新民.天柱文书(第一辑):第2册[M].南京:江苏人民出版社,2014:137—144.

⑥ 张新民.天柱文书(第一辑):第5册[M].南京:江苏人民出版社,2014:257.

捐款时间	出款人	交款人	收款人	钱数量	内容	文书所在地
1933 年	桂里村龙大猷	房长龙则夔	协理龙	洋	收条捐修总祠	高酿镇优洞村①
1933 年	桂里村龙大猷	房长龙则夔	协理龙	洋	核对捐修总祠	高酿镇优洞村②
1935 年	甘洞村龙光朋	房长龙文质	协理龙政柄	洋壹元贰角	收条、核对：捐修总祠	高酿镇甘洞村③

数据来源：张新民主编．天柱文书》第一辑。

上表1中捐修祠款收条及核对条格式统一，印章多，经办人、钱的地方有两个印章，"发"上盖"龙氏总祠"印章，并有收条和核条程序，足见为宗祠组织收取及对收条的重视程度。由房长收款，协理监管，说明参与资金管理人员多，并进行分工，名为捐，实则应该是必须上缴总祠的，从宗族成员借款或典当买卖家产来捐修祠堂可以看出。当族人经济拮据，为筹措修建祠堂或族谱资金时，靠出卖、典当家产救急。如"今因为系族谱缺少资费，无从得处，今我众族邀约商议情愿将土名硬堁冲油树一半"④，或"留遗祖业屋基三间，因为祠款无所出处，众等将议，……自愿将到土名登冲寨屋地基三间出卖"⑤。前者为江东乡杨氏因缺少修族谱资金而卖油树，后者是龙氏为筹集祠款而将祖遗房屋地基进行变卖。足见修祠堂族谱者并非都是名门望族，只要是宗族成员，就需要承担相应义务，通过借贷、变卖、典当等方式筹集。

清水江流域宗祠兼有内地与地方特点。居民在民族文化互动中，其宗祠文化有对中原文化的认同，同时又兼具有自身的特点。此在宗祠对联、建祠碑刻、族谱以及建筑风格上体现尤为明显。如天柱邦洞高野郑氏宗祠门联写

---

① 张新民．天柱文书（第一辑）：第10册［M］．南京：江苏人民出版社，2014：349.
② 张新民．天柱文书（第一辑）：第10册［M］．南京：江苏人民出版社，2014：350.
③ 张新民．天柱文书（第一辑）：第21册［M］．南京：江苏人民出版社，2014：178.
④ 张新民．天柱文书（第一辑）：第3册［M］．南京：江苏人民出版社，2014：124.
⑤ 张新民．天柱文书（第一辑）：第16册［M］．南京：江苏人民出版社，2014：119.

到："荥阳发迹分鼎山东福建江西皆故里，玉屏生枝伶仃晃贡贵州天柱又老乡。"① 联中讲述了郑氏家族的迁徙与分布，反映了对氏族居住地的眷恋，也体现出对今生息地的认同等。如宗祠牌墙多狮子、龙等图案等，这些显然是内地文化的特征。但有些图案又为青菜、白菜等，显然是融合了地方乡土的认同，体现了宗族族训。故要了解以上特点，就不能不对清水江流域宗祠的功能做一分析。

二、清水江流域宗祠的功能

历史上宗祠是宗族文化的象征地，是族人祭祀先祖英灵的地方，同时又是维持社会稳定，传播道德文化的场所。故探讨清水江流域宗祠功能时，亦需对其自身的地域功能进行一定分析。

（一）祭祀活动集凝聚家庭合力和强化宗族观念之功用

首先，建造祠堂能凝聚宗族合力。宗族通过大兴土木、建造祠堂，有利于增强族众的宗族观念。平秋魁胆王"谢和余立承认包王通柏等所造家祠砖"②，民国九年（1920）双方言定砖、瓦数量、价钱、质量及费用，所造价格不菲。但王通柏等九人为了修建家祠这一集体事业都参与契约订立。

其次，宗祠举办各类祭祀活动，进一步宣传和弘扬了宗法思想观念。一般而言，宗祠是族人添丁、婚嫁、议事等之重要场所。清水江流域的宗祠祭祀活动种类凡多，一般每年举行2—3次，如清明节讨论族中扫墓、坟山事宜等、六月六日晾晒家谱，让儿孙入祠拜读家谱，听长者讲述家世源流等、秋末冬至由族中德望者宣讲家规族训，化解族中纠纷，等等③。黎平文书"杨先邦等致杨鼎先等关于宗祠定期祭扫及捐资信函"细数返回老祠之目的及事宜。

祭祀活动的日子易于被选做订立合约、还款的日子。多份文书显示在清明节这天订立契约，如"其租费每年到清明节照数缴清，不得延悮"④"民国拾九年三月清明日立"⑤，前者要求租费归还时间，后者卖契订立均在清明

---

① 李斌，等. 民间记忆与历史传承——贵州天柱宗祠文书述论［M］. 成都：四川人民出版社，2014：138.

② 张应强，王宗勋编. 清水江文书（第二辑）：第7册［M］. 桂林：广西师范大学出版社，2009：204.

③ 袁显荣. 清水江下游宗祠文化探微［J］. 原生态民族文化学刊，2009（4）.

④ 张新民. 天柱文书（第一辑）：第22册［M］. 南京：江苏人民出版社，2014：347.

⑤ 张新民. 天柱文书（第一辑）：第18册［M］. 南京：江苏人民出版社，2014：390.

日。由此，足见人们对这个日子的高度重视和公信力。

再次，宗族祠堂牌位见证分关、立嗣等活动。有的牌位上书写"福禄寿"等祝福语，这些字成为分关合同阄名中使用高频词，以示吉祥寓意。如契约"今凭祖宗牌位捡福、寿二字为阄安定"①"拟福、禄、寿三股均派，拈阄为准"②。前者为竹林乡光绪二十七年（1901）潘通爵两兄弟分关，牌位也许不止"福寿"二字，因在二人中进行分关，故书"捡福寿"二字为阄名；后者系高酿镇民国十五年（1926）杨通明等三兄弟分关字，故为福、禄、寿三字为阄名。民国三十五年（1946）白市镇宋景秀立分关承养合同中书写为"真是天合螟蛉宗祠"③，可见亦是发生在房族之内，故用宗祠二字。

（二）宗族设立相应的社会组织强化宗族管理，保护宗族公产，维护宗族内部稳定

前述宗族重要的社会组织是清明会。清水江流域存在各种民间组织，如渡船会、老人会、休烙会、路会、岩神会等，都以特定群体为对象的组织，其活动和涵盖人群范围因目的不同而异。清明会只能是同宗房族成员参加。

清明会除了组织祭扫外，也协助处理宗族公共财产，要为宗祠创造利益，让族产不断增值，从而成为维系宗族成员的牢固经济纽带。宗祠主要通过资助会员、放贷钱谷、承典等方式获得。"今借到清明会钱二千四文整"④，清明会出借会钱，以解其成员燃眉之急，还期可商量，其文"不限远近"足证，避免族产外流风险，"自己问到清明朝宗公会主承典"，契约中田付与公会耕作为典息，清明会通过耕种收花再转化为公会利益，当族人无法回赎时，一般由宗族机构直接承买，让族产资产不断增值扩大，从而达到稳定族产作用。

或主持族内资产流动，见诸文书颇多的承契者名字前附上"亲房""本房""堂弟""堂侄""弟""伯父"等词予以表达族内交易。如"立契卖屋场地基人蒋门廖氏有妹……请中招到血侄泰芳天二人兄弟名下承买为业"⑤，"请中招到血兄蒋泰芳名下承买为业"⑥，"凭众等出卖本祠龙泽芳名下承买"⑦。其中，特别注明是"血侄""血兄""本祠"承买，进一步强化"产

---

① 张新民. 天柱文书（第一辑）：第4册［M］. 南京：江苏人民出版社，2014：332.
② 张新民. 天柱文书（第一辑）：第21册［M］. 南京：江苏人民出版社，2014：243.
③ 张新民. 天柱文书（第一辑）：第1册［M］. 南京：江苏人民出版社，2014：135.
④ 张新民. 天柱文书（第一辑）：第14册［M］. 南京：江苏人民出版社，2014：62.
⑤ 张新民. 天柱文书（第一辑）：第9册［M］. 南京：江苏人民出版社，2014：253.
⑥ 张新民. 天柱文书（第一辑）：第9册［M］. 南京：江苏人民出版社，2014：259.
⑦ 张新民. 天柱文书（第一辑）：第18册［M］. 南京：江苏人民出版社，2014：390.

不出族"。

祠堂资金筹集后，存在族产处置问题，当宗族缺少费用支付时，可能变卖族产用来应急。高酿镇"立卖祠基契人吴恩祥等，今因祠之左边尚有余地，宁可出售以资用度。……其钱付与祠堂公用"①。契约中吴恩祥等族人于光绪三十四（1908）年集体同意出卖祠堂边空地，卖资用于补充祠堂。"今因要钱与龙泰本公房下立墓碑使用，无从得处，众议愿将泰本捐入祠内荒山壹团"②，即是卖掉已经捐入宗祠的荒山给本宗祠成员，说明族产捐入后，一定程度上需要时可以处理。

（三）缓和宗族内外矛盾，一定程度上起到纠纷调解作用

在封建时代，祠堂在一定意义上又成了衙门，具有一宗族"公堂"的性质。如清水江流域文书，同宗中涉及典当买卖、立嗣等契约，反复提及"先问亲房""凭族""凭房长"等，征得房族认同，在宗祠内举行签字仪式，甚至为文书所言的"酒席画字"。如发生变故，宗祠内请宗族长"理落"。分关书"欲敢建弱又起争端，即鸣亲族一同攻奸"③。此举实是防范日后纠纷，一定程度上对纠纷起到了有效防范，利于社会稳定。

宗族与族人之间、房支之间的种种利害冲突，即同宗之间出现纠纷，主要借助宗祠的力量自行解决。如龙登然与龙爱音之间婚姻文书共六份④，时间跨度为民国二十四年至二十五年（1935—1936）间，内容涉及请求离异，到摹结，问询再婚，到再婚关系确认及费用事宜，离婚双方均系龙姓宗族，离婚没有依靠官府裁决，而是在龙氏总祠进行，召集了族长们进行劝解，从"龙氏总祠""各族长排解""龙氏总祠锦屏筹办处印"等词均显现宗祠在处理同宗事务中的作用。

宗祠自行处罚违反规定者。平秋魁胆文书"立犯祠修祠犯木培木字人本祠王有敖……情因一时愚业，冒砍杉木，因此可犯祠上之条，甘愿罚酒食一餐，扣钱弍仟弍佰八十文，亦愿将地名端王杉木地土一团……交与祠上等永

① 张新民. 天柱文书（第一辑）：第22册［M］. 南京：江苏人民出版社，2014：267.
② 张新民. 天柱文书（第一辑）：第19册［M］. 南京：江苏人民出版社，2014：390.
③ 张新民. 天柱文书（第一辑）：第3册［M］. 南京：江苏人民出版社，2014：131.
④ 张新民. 天柱文书（第一辑）：第12册［M］. 南京：江苏人民出版社，2014. 其中相关文书为：民国二十四年九月二十六日龙氏宗祠出具龙登然、龙爱音到祠请求离异判决书；民国二十四年九月二十六日计抄龙登然摹结；民国二十四年九月二十六日计抄龙爱音摹结；民国二十四年十二月十七日关于龙爱音再嫁吴永贤事宜询问函；民国二十五年三月五日龙连楷负责龙爱音再嫁伍永贤事宜承认字；民国二十五年四月六日解决龙连楷处理爱音离异再嫁费用事宜判文。

远管业"①，王有敖因犯祠砍杉木，甘愿接受处罚，罚酒食、钱和地土。说明违反祠堂规定就会得到相应的处罚，富有一定成效。但也必须注意宗族可能带来的消极影响。

面临异宗纠纷，处理方法不一，宗族有时也起到官府调节的作用。如契约"而我槐是以邀请折婚酉于乡公处，旋央父老潘世才、吴生禄、生集、生才、沛文等向先香胞族兄相议"②。契约退婚缘于以求助官府解决为羞耻的观念，选择寻求宗族力量来解决，故演变为吴姓和龙姓两大宗族之间事情。文中用"而槐房族人等亦不得藉生事端"及"与龙姓不干"来强调宗族具有保护族内成员不受外人欺侮的义务，有处理对外纠纷的责任。面对潘姓外族介入，则同宗之间抛弃了门房之区别，特意加上"本房"二字，以强调同宗。另婚契"此事非小强奸明拐胜大，估族欺房，灭伦宗支，欺督太甚"③，则是典型的宗族召集处理事件案例。文中龚占富为寻求宗族力量来解决，认为此事已是估族欺房，灭伦宗支，从而将家事上升到宗族受欺侮至宗支灭的高度，演变为双方所在宗族之间事情。龙九长与吴兰汝离婚事宜婚书凡四份④，其中两份为天柱县堂谕代判书，另两份系白契（此处指没有官府参与，靠宗族协调而签订的契约，因无官方印章，故名）。龙九长起初求助官府，官府裁断之后"又复争讼不休"，没有解决实际问题，故转而求助宗族，反而使问题获得了根本性解决。可见宗族法规以及借以维系的伦理秩序无形之中协调了婚姻关系。

（四）宗祠执行家规家法族规，强化家国一体，有利于民间社会对国家的认同，利于社会的稳定

古代宗祠体现了宗法制家国一体的特征，议定的各项族规，具有规范族人、教化子孙、宣传德化等功能。族规是维护宗族发展的基石，常载于族谱或祠堂中，留存的文书中亦能加以体现。宗祠是国家小家的体现，故亦有严明的宗族规约。如民国二十六年（1937）石洞镇摆洞村杨氏家族契约⑤，明确书写"事死如事生，事亡如事存。方不愧为人子之道"，强调了宗祠的重要

---

① 张应强，王宗勋. 清水江文书（第二辑）：第7册［M］. 桂林：广西师范大学出版社，2009：58.

② 张新民. 天柱文书（第一辑）：第14册［M］. 南京：江苏人民出版社，2014：91.

③ 张新民. 天柱文书（第一辑）：第21册［M］. 南京：江苏人民出版社，2014：289.

④ 张新民. 天柱文书（第一辑）：第22册［M］. 南京：江苏人民出版社，2014：333—336.

⑤ 张新民. 天柱文书（第一辑）：第2册［M］. 南京：江苏人民出版社，2014：137—144.

性，并通过三议对族员进行约束。"再正通光昌胜秀，朝庭文武永晋国安邦，万世英传彰"，从家庭和国家层面都对族人有所希冀。道光八年（1828）"忠公后裔杨廷标等议约束族人合同"①，制定了规约细则 8 项，凡犯规约者，宗族族长与各相关负责人，按照条款对违规者，在宗祠内执行宗法，以儆效尤。这些宗族规约，对于社区社会的稳定发挥了积极作用。从上可见，宗祠建立一方面表达了后人对宗族先辈传统的继续，维护家族团结的意愿，另一方面加深了家国情节，有利于国家的稳定。

宗族族训大都为"孝悌忠信礼义廉耻"等，体现了中国人的家国情怀。宗祠建筑上，如三门塘刘氏宗祠正殿的左右山墙，皆楷书有"孝悌忠信，礼义廉耻"八字，时刻警醒子孙后代。现存文书中亦多有体现。分关文书民国三十三年（1944）以"荣华富贵"为阄名②，从家族层面希冀家庭兴旺，家庭稳定国家稳定。以"仁义礼智信"③"孝弟（悌）忠信四字拈鬮"④ 为阄书名，以及平秋魁胆"定国统安邦裕后启人文才全德沛成"⑤ 等，即着眼于族内人才的发达和昌盛，又提倡从大局出发，维护国家利益。

祠堂最初的基本功能、作用就是纪念先人，激励子孙。此在清水江流域的修宗祠碑刻中多有记载。如留存在锦屏县钟灵乡高寨村《高寨欧家祠碑》，时值光绪二十三年（1897），上书"俾祖宗之得所凭依，而子孙之赤可知其敬宗睦族也……是此碑也，非敢纪其功，亦不过将以励，后世子子孙孙知其根培枝茂焉云尔"⑥，记载要"敬宗睦族"，祭祀祖先，教育后代等。清水江流域宗祠的敬宗收族功能，特别是收族一事上，主要是同姓的血缘宗族，异性非血缘宗族极少，即使有者，先须征得族人的同意，还得到宗祠内举行重大收族仪式。

三、结语

宗祠是族人祭祀祖先、先祖、始祖的地方。每一座宗祠不仅是一部家族的迁徙史、创业史，更是一部家族文化史。历史上，宗祠虽然是封建社会遗

---

① 张新民. 天柱文书（第一辑）：第 3 册［M］. 南京：江苏人民出版社，2014：148.
② 张新民. 天柱文书（第一辑）：第 16 册［M］. 南京：江苏人民出版社，2014：81—86.
③ 张新民. 天柱文书（第一辑）：第 13 册［M］. 南京：江苏人民出版社，2014：294.
④ 张新民. 天柱文书（第一辑）：第 1 册［M］. 南京：江苏人民出版社，2014：33.
⑤ 张应强，王宗勋. 清水江文书（第二辑）：第 10 册［M］. 桂林：广西师范大学出版社，2009：205—206.
⑥ 姚炽昌. 锦屏碑文选辑［M］. 内部印刷本，1997：139.

留下来的产物，在当今则有其新的存在意义和社会作用。随着改革开放和全球华人寻根热潮的兴起，许多宗祠被新建和修复，族谱被续修。可以说，今天的宗祠多已没有了"宗族主义"的负面作用了，只具有帮助人们寻根问祖、缅怀先祖、激励后人、互相协作的积极意义，对于加强中华民族凝聚力可以产生巨大的作用。因此加强宗祠文化研究，对今天我们新农村建设，推进祖国的和平发展有着积极意义。但加强清水江宗祠文化研究，还得注意以下几个问题。

（1）清水江流域的宗祠需做深入探讨。查阅目前有关清水江流域宗祠研究成果，大都还停留在描述、资源开发等层面上，对宗祠建筑、宗祠风水、宗族史、宗族族规诸多方面还存在研究不足。故需要多学科参与，跨学科研究，以抽出清水江宗祠的历史文化特点，以服务今天清水江流域宗祠文化的大研究。

（2）扩大资料搜集范围，需对清水江流域宗祠做精细化研究。据初步统计，单就清水江流域宗祠数量目前统计差异甚大，与资料搜集不够有关系，故要做精细化研究，加强乡土文献、田野调查等资料搜集整理就显得甚为必要了。此外还需要对这些资料进行系统勘比，挖掘其间差异。值得一提的是，清水江文书亦与宗族文化有着千丝万缕的联系，如何梳理清水江文书，讲好宗祠文化故事显得甚为重要。

（3）需要与全国内各区域的宗祠文化做对比研究。宗祠文化目前引起了学界的广泛注意，产出成果甚多。但目前清水江流域宗祠文化研究大都还停留在该流域有限的空间内，比较研究缺乏。宗祠祭祀的对象是否发生变化，从自然崇拜的山神、水神、天神、地神到祖先崇拜的英烈先贤，或者家族的尊长等，与其他地方到底有哪些不同都得做细致的对比研究。也只有这样的宗祠文化对比研究，才可以为今天清水江流域的宗祠开发服务。值得一提的是，开发必须是一种活态的保护开发，不是等待，也不是封闭不开放，需要本土的专家学者加强与外界的联系，以真正推动清水江流域宗祠文化的良性保护、开发与研究。

清水江流域宗祧承继探源刍议

——以清水江文书为中心考察

徐子越*

一、问题的提出

中国古代承继法制①与现代意义上的继承法律制度有着不同内涵，它所沿袭的是身份法本位制，主要是一种身份承继，财产继受居于辅助地位。在其身份承继的内涵中，又包括爵职承袭和宗祧承继两大部分，而身份承继的核心是宗祧承继。"宗"为近祖之庙，"祧"为远祖之庙，合而言之，"宗祧"即宗族宗庙，"宗""祧"泛指各种祭祖设施和场所，也是宗族的象征，引申为对祖宗血脉的延续，对宗统的承继。② 严格意义上的宗族组织，是指以宗祧为核心的父系血缘集团，即所谓"同姓从宗合族属"。《白虎通德论》释"宗族"云："宗，尊也，为先祖主也，为族人所尊也。"《尔雅·释亲》云："父之党为宗族。"在古人看来，祖先崇拜是人之常情，祭祖活动是团结族人的有效手段。《礼记·大传》云："人道，亲亲也。亲亲故尊祖，尊祖故敬宗，敬

---

* 徐子越（1993年生），男，江西上饶人，贵州师范大学法学院硕士研究生，助教，研究方向为法律史、清水江文书。

① 日本学者滋贺秀三通过考察"承""继"在固有的中国用语法得出，在中国人的心中，作为继承的目的而意识到的就是意识到人、祭祀、财产这三者并且这三者是不可分的一体化的事实。参见［日］滋贺秀三．中国家族法原理［M］．北京：商务印书馆2013：125—132．笔者在梳理《大清律例》及其他清代相关法律规定中发现，只有"承继"之说而无"继承"之语。从固有法而不是从现代的眼光出发，比照晚近民事习惯调查中对这个词的使用我们可以发现，即便是到了20世纪20年代，民间在说明对宗祧的立嗣时用的也是"承继"。参见前南京国民政府司法行政部．民事习惯调查报告录［M］．北京：中国政法大学出版社，2000.

② 朱勇．中国法律的艰辛历程［M］．哈尔滨：黑龙江人民出版社，2002：102.

宗故收族。"这是对宗法伦理的经典式表述。① 宗祧承继是以祭祀祖先为目的，其实质意义在于传宗接代。在尊祖敬宗的中国传统社会里，一个国家的大事莫过于祭祀与战争，因而宗祧承继是承继法制的重要内容。

历经春秋战国时期的社会大变革，在秦汉之际，国家政权组织形式从宗法制度中独立出来，成为中央集权的官僚政治。宗法组织也随之逐渐为宗族组织所代替，但其精神内涵却为历代统治阶级所倡导，宗法思想也因儒家所主张的家族主义制度而长期存在，故宗祧承继观念仍盛行不衰。历代法典皆有"立嫡违法"条。如《唐律》规定："诸立嫡违法者，徒一年。即嫡妻年五十以上无子者，得立嫡以长，不以长者亦如之。"《疏议》对此有进一步的解释："立嫡者，本拟承袭。嫡妻之长子为嫡子，不依此立，是名'违法'，合徒一年。'即嫡妻年五十以上无子者'，谓妇人年五十以上，不复乳育，故许立庶子谓嫡。皆先立长，不立长者，亦徒一年，古云'亦如之'。依令：'无嫡子及有罪疾，立嫡孙；无嫡孙，以次立嫡子同母弟；无母弟，立庶子；无庶子，立嫡孙同母弟；无母弟，立庶孙。曾、玄以下准此。'无后者，为户绝。"② 这条律文历经宋元明清，几乎无所变动，只是在明清时期将处罚减轻为杖八十。至《大清律例》的宗祧承继之规定，户役门立嫡子违法律"嫡妻年五十以上无子者，得立庶长子"。同条附例还规定"无子者，许令昭穆相当之侄承继，先尽同父周亲，次及大功、小功、缌麻。如俱无，方许择立远房及同姓为嗣"。③ 宗子内涵的这一变迁，是社会政治、经济、文化综合变化的产物，而各个时代的宗子内涵，归根结底是由所处时代的社会生活来决定和说明。

宗祧承继既是一种法律现象，也是一种社会现象，这就要求我们在研究宗祧承继时要在社会变迁之中考虑法律的功用。笔者认为，学者们对宗祧承继的法制演变有过较全面的考察，④ 但是对少数民族地区宗祧承继的产生和变迁，缺乏过程性的探究，故对宗祧承继与少数民族地区社会变迁之间互动关

① 郑振满．明清福建家族组织与社会变迁［M］．长沙：湖南教育出版社，1992：227.

② 长孙无忌，等．唐律疏议［M］．刘俊文，点校．北京：法律出版社，1998：259—260.

③ 大清律例［M］．田涛，郑秦，点校．北京：法律出版社，1999：178—179.

④ 许多学者已经就清代乃至中国古代宗祧承继做了很有价值的研究，从中受益颇丰。如丁凌华．宗祧继承浅说［J］．史学集刊，1992（4）．其中论述了宗祧继承的源流、演变以及法律适用等。程维荣．中国继承制度史［M］．上海：东方出版中心，2006：37—121．其中论述了历代辨别昭穆、敬宗收族的宗祧继承。高学强．传宗接代：清代宗祧继承考论［J］．西南民族大学学报（人文社科版），2018（5）．其中论述了清代宗祧继承的官方规定与民间习惯二者的关系。

系的分析还留有诸多空白。由于少数民族地区往往具有鲜明的地域性特点，因此我们的研究需要从区域性的个案开始，故本文以纳入国家行政区划较晚的黔东南清水江流域为研究范围。通过梳理相关学术史知晓①，学者们对清水江流域的研究成果主要集中在该区域明清时期的林业经济、民间法律规范以及社会变迁，并未对宗族展开系统和深入的研究，更未探究宗祧承继相关的思想观念和法律制度是何时融入该区域社会之中的，进而又是如何被清水江流域先民们所认识、诠释和利用的。本文笔者尝试利用清水江流域的文书材料考察宗祧承继在该区域的形成演变过程，希望能以此为例，细化我们对清水江流域承继法制的认识。

二、清水江流域的宗族建构

清水江为贵州第二大河流，流经贵州省东南部，其流域包括今黔东南苗族侗族自治州境内的大多数县市，约有 376 公里，流域面积约为 14883 平方

---

① 许多学者已经就"清水江"做了各具特色、内容丰富的地域性研究，如 20 世纪 80 年代贵州民族研究所出版了《侗族社会历史调查》，书中描述了从明代至新中国成立前清水江流域的社会情况，参见贵州省编辑组.侗族社会历史调查［M］.贵阳：贵州民族出版社，1988.学者杨有赓研究了明清时期清水江流域的经济文化和风俗习惯的发展变化，以及汉文化与本土文化的相互影响及其作用效果，参见杨有赓.文斗苗族地区的明清社会经济文化发展状况——《姜氏家谱》剖析［J］.贵州民族大学学报（哲学社会科学版）》，1989（4）.张应强教授通过对清水江下游地区苗族村落经济社会生活的探究，描述了族群互动、村寨关系以及家族内外的经济关系和地权观念，参见张应强.木材之流动——清代清水江下流地区的市场、权力与社会［M］.生活·读书·新知三联书店，2006.徐晓光教授从法律史的视角探究了清至民国时期清水江流域的法制面貌，参见徐晓光.清水江流域林业经济法制的历史回溯［M］.贵阳：贵州人民出版社，2007；徐晓光，谢晖."约法"社会——清代民国清水江流域契约社会环境中的民族法秩序［M］.北京：中国社会科学出版社，2018.程泽时教授则从多个法学视角出发，力求法理与法史的契合，探究了清水江文书的现代法治价值和意义，参见程泽时.清水江文书之法意初探［M］.北京：中国政法大学出版社，2011.李斌教授通过对民间文献资料进行全面的整理研究，探究了清代以来汉文化与苗侗民族文化接触与交融的历史过程，参见李斌.清代清水江流域社会变迁研究［M］.贵州：贵州民族出版社，2016.学者罗康隆在其博士论文中研究了侗族家族制度以及地方性制度对家族整体利益的保障，参见罗康隆.清水江流域侗族人工营林业研究［D］.昆明：云南大学，2003.学者梁聪在其博士论文中通过对清水江流域文斗寨契约的整理分析，论述了买卖结构中的家族关系和契约纠纷及其解决机制。参见梁聪.清代清水江下游村寨社会的契约规范与秩序——以锦屏文斗苗寨契约文书为中心的研究［D］.重庆：西南政法大学，2007.

公里。① 自古以来，清水江流域就是"丛林密茂，古木阴稠，虎豹踞为巢，日月穿不透"的"深山箐野"②。一直被中原王朝视为"苗蛮聚居之地"，历经秦汉唐宋元各王朝都未得到真正意义上的开发。但由于清水江流域独特的地理气候条件以及其处在军事战略上的特殊位置，自明代开始，中央王朝开始了积极对该流域的开发经营，经明代广设卫所、屯军垦殖、析地置府设县、肇建黔省③等举措的施行，到清雍正年间，中央王朝通过"改土归流"，开辟"新疆六厅"终把清水江流域广阔苗疆腹地正式纳入王化直接管辖之下。

（一）清水江流域的宗族关系建立：从无姓氏到"官立为姓"与"主动易姓"

宗族是以父系血缘为纽带的亲属共同体，通过血缘和姻亲把聚居在一个或临近的几个封闭的村落联接起来。清水江流域世居民族按照血缘聚落而居，但由于缺乏文字，在改土归流之前苗侗先民都没有"姓氏"。如在苗族村寨，苗民用父子联名或祖父子三代联名的方式记录血缘的传承，即以自己的名字开头，第二字为父亲的名字，第三字为祖父的名字。在侗族村寨，侗民一般都称侗名（乳名）或是在其生儿育女、为人父母后改称长辈名，即在其名字前加一个长辈的称谓，如卜 X（X 的父亲）、内 X（X 的母亲）、公 X（X 的祖父）、萨 X（X 的祖母)④。随着清王朝"开辟"苗疆进程的加快，一方面，面对清水江流域世居民族多半没有姓氏或者相同者多，难以分别的情况，清王朝为了强化统治和便利管理，强制苗民改用汉姓，"（雍正五年）令（长寨等仲苗）各照祖姓造报户口清册，编立保甲，其不知本姓者代为立姓，以便稽查"⑤；另一方面，清水江流域世居民族为了更好地适应新的社会文化环境，主动易为汉姓，甚至模仿汉人习俗，按字辈取名。在"立姓"和"易姓"中，大都仍按照本民族固有的习惯，用父子连名的方法取奶名，平时家族中也相互都称呼奶名，即使按字辈取名的人，大多使用奶名的译音，作为汉文的名字，这种姓名共存的现象体现出汉文化与原有区域文化的交融。随着"官立为姓"和"主动易姓"的广泛开展，当地世居民族依靠特有的姓名

① 黔东南州志编委会. 黔东南州志·地理志［M］. 贵阳：贵州人民出版社，1990：181.
② 贵州省锦屏县志编纂委员会. 锦屏县志［M］. 贵阳：贵州人民出版社，1995：1.
③ 张应强. 木材之流动——清代清水江下流地区的市场、权力与社会［M］. 北京：生活·读书·新知三联书店 2006：10.
④ 邓敏文、吴浩. 没有国王的王国［M］. 北京：中国社会科学出版社，1995：52.
⑤ 中国科学院民族研究所贵州少数民族社会历史调查组，中国科学院贵州分院民族研究所.《清实录》贵州资料辑要［M］. 贵阳：贵州人民出版社，1964：332.

体系区分族群，建立宗族关系。

（二）清水江流域的组织变迁：从款到宗族

传统苗疆社会属"化外之地"，在清水江流域的苗族社会中，维护社会秩序的主要有三大支柱，即鼓社、理老、议榔。"鼓社"是苗族古代社会血缘宗族组织，"议榔"则冲破了宗族血缘而形成地方性组织，"理老""寨老"是苗族传统村寨维护社会秩序的代表。在清水江流域的侗族社会中，侗族社会组织分为宝—寨—赏—头。"宝"是侗族"合款组织"的一种形式，"寨"是村民自治的基层单位，大寨又按地段与家族相结合分为若干小单位的"赏"（或叫格），"头"是最基本的家庭组织①。由相关史料可知，清水江流域为部落的集合体，社会组织以氏族为主，并以当地氏族领袖为首领。清代前期，由于清水江地区被纳入王化管辖，"款组织"取代了"氏族"成为当地主要的社会组织。大小款都有"款首"，少则一人，多则数人，小款"款首"由各寨寨老公推，大款"款首"由各小款"款首"选举产生②。"款组织"是严密的社会组织形式，同时定有"款规"或"款约"规范社会秩序。自清雍正年间实行"改土归流"后，由于王朝权威的强化与清水江木材贸易的发展，促进了苗疆与内地的联系，大量民众军事移民与自然移民，在汉文化的影响下，"宗族组织"从"款组织"的基础上发展起来。宗族组织分为"家""房""族"，大族中分为若干房。在清水江文书中就出现了很多类似"族""房"的文字记录。清中后期，清水江流域社会动乱加剧，清政府的控制力也愈加衰弱。咸丰年间，时任黎平知府胡林翼又在宗族组织的基础上，仿行内地的宗族家法制，编联保甲、兴办团练，弥补了宗族组织在地缘控制和武装力量上的不足。正因为宗族内部规范与王朝行政体制在意识形态上具有一致性，由此清水江流域的宗族组织成为地方官府控制基层社会的重要手段。

（三）清水江流域的经济形态：从自给自足的农业经济到宗族整体经营的林业商品经济

依据相关材料可知，清水江流域的社会组织原多是以血缘家庭为基本的社会单位，其经济状态大体处于自给自足的农业经济，自清雍正以后，随着林木材贸易的繁荣，"山林价值显现，于是靠近溪河的山林遂先为人们（多系村寨或氏族头人）标占。时因人口稀少，故有的人家占有几山几岭、成百上千亩"。由此清水江流域"出现一批富商，致使山林价值倍增。于是富商们多

---

① 白林文. 清代贵州"苗疆六厅"治理研究［D］. 武汉：华中师范大学，2016：34—36.
② 李斌. 清代清水江流域社会变迁研究［M］. 贵阳：贵州民族出版社，2016：35.

数将资本投向山林，随之出现了山林兼并现象"①，而山林权属则通过买卖、转让和典当等方式变为私人所有。随着经济结构的变迁，传统的社会组织结构也随之演变为依附于木材贸易的组织结构，社会阶层急剧变化，主要出现了山客、水客、林农、佃户、旱夫、水夫等。山客是指本地木商，因其从山上放木头到江里卖，故称之为"山客"。当地成为水客的人不多，水客主要是外地木商，因其自下游溯江而来，故称之为"江客"或"水客"。林农、佃户、旱夫、水夫主要是清水江流域的本地人。随着林业商品经济的逐渐发展，世居在清水江流域的苗侗先民，有的成了以种树栽杉为业的林农，有的成了佃地林粮兼种为生的佃户，有的成了上山伐木的旱夫，有的则成了扎木放排的水夫。这些是按照经济结构组织来划分的，但是当他们回归到血缘宗族组织时，却仍然属于某一血缘宗族的成员，体现出一个人的"一体二元性"②，这表明林业商品经济的发展也需要宗族组织。与此同时，随着那些原本社会地位不高的"商人阶层"迅速崛起，激发了他们重新寻找新的身份认同的强烈意愿，他们需要宗族，利用宗族，使得宗族能与当时林业商品经济的发展相适应，于是，祭祀祖先、修编族谱的思想观念逐渐渗透到民间社会。

（四）清水江流域的文化交融：从自身独立的民族文化到渐次融洽的宗族文化

伴随着清王朝统治力量的持续深入、林业贸易的持续发展以及汉民族文化的持续浸润，当地原有的社会文化传统发生了巨大的变化，但并未完全取代清水江流域原有的民族传统文化。汉民族文化与清水江流域民族传统文化交融的过程，身处其中的世居先民心态显得尤为复杂，宗族社会的文化因而也就变得复杂而丰富。一方面他们需要依托正统观念，用符合统治者的价值体系的方式达到自身的利益诉求。清乾隆年间《清江厅志》就曾记载："经圣天子武功文教，恩威四讫，各大吏承流宣化及职此土者加意抚绥，休养生息，服教畏神数十年。向之言类侏离者，今则渐通音问者；向之行类禽兽者，今则渐通礼数矣……经四方流寓入籍者，衣食足而诗书文武孝廉入庠食饩者继起逐来，苗裔竟有通经应试如内地之仲家者，风会骎骎日上矣。"③ 据此史料可知，清王朝将礼俗教化作为"王化"后的统治措施之一，通过大力提倡立

---

① 贵州省锦屏县志编纂委员会. 锦屏县志［M］. 贵阳：贵州人民出版社，1995：480.

② 石开忠. 明清至民国时期清水江流域林业开发及对当地侗族、苗族社会的影响［J］. 民族研究，1996（4）.

③ 胡章.（乾隆）清江厅志：卷一 序［M］//中国地方志集成·贵州府县志辑：第22册. 成都：巴蜀书社，2006：348—349.

家庙、修族谱的宗族礼制，大力推行官学教育和科举制度，大力倡导修建寺观、祠庙，将中原地区的主流文化引入清水江流域，当地民众的价值观极受影响，也促使其开始具有礼法观念和家国观念。但另一方面他们又希望保持自身独特性。《苗疆闻见录》有云："家不祭神，只取所宰牛角悬诸厅壁，其有天、地、君、亲、师神位者，则皆汉民变苗之属。"① 由此可见清水江流域的宗族祭祀活动仍保留本区域鲜明特色，不过其中也逐渐加入了汉民族文化的特色。

（五）清水江流域的"多元法律"规制：从村寨习惯法到宗法族规

随着清水江流域礼俗教化的推广，在民间习惯法中常有援引儒家经典观念或者仿效国家律法以印证其合理性与正当性，在案件审理中官府也有意通过礼法教化以达"明刑弼教"约束苗民，法律制度也随之由原来的"村寨习惯法"转向国家法与民间习惯法的二元互动。在清水江流域的锦屏县平秋镇魁胆村曾立有一块清光绪二十六年（1900）的石碑，是款内各寨头人根据当时的社会状况，聚集魁胆进行"议款"，结合国家法令，将祖辈们流传的不成文款规款约进行整理形成的。其碑文记载：

尝思国有法家有规，吾魁胆十六甲各寨，近来地方紊乱，多滋雀角，民怨载道。为靖地方，各寨首人公议，新定八条禁约，仰共同遵守，毋致违犯。禁延误公家粮款。违者，送官治罪。禁勾外烂里。违者，行"见家一块柴古规"，逐其家人出寨。禁偷牛盗马、滥伐他人林木。违者，罚银十两入众聚款。禁犯火。焚毁他人房屋、林木者，赔偿损失；故意纵火者，丢入火场。禁私留面生歹人祸害地方。违者，送官处治。禁不孝。违者，罚交族处治。禁乱古礼。男婚女嫁须凭媒妁，违者交族处治。坏伦者，行坠崖古规。禁寨内外行歌坐月、女子夜行。违者，交族按坏俗处治。

大清光绪二十六庚子年孟春月谷旦　立②

从上述碑文内容，我们可以清晰地看出国家法令、传统款规与村寨族规的关系。当地民众已然将国家法令放置首位，但在村寨内部事务中坚持传统款规，而在男女婚嫁方面则以宗法族规处置，三者互为规制。可见，国家法令对清水江流域已经产生司法效用，但传统"村寨习惯法"仍起很大作用。

---

① （清）徐家干. 苗疆闻见录［M］. 吴一文，校注. 贵阳：贵阳人民出版社，1997：175—176.

② 贵州省锦屏县平秋镇魁胆村志编纂委员会. 魁胆村志［M］. 北京：方志出版社，2018：147.

这表明在该流域国家解决与民间解决两个系统并存。

宗族作为按宗法建构的父系血缘组织，并非清水江流域所自古有之。通过对清水江流域宗族社会的建构进行深入分析，我们大致可以知道该流域自清雍正年间"改土归流"后，该流域的世居民族依靠特有的姓名体系建立了宗族关系，并选择以父系血缘关系为内涵的宗族组织作为新的社会体系。伴随着这一新的社会体系的完善和地位的提升，其功能范围辐射至整个村落乃至临近区域。宗祧承继作为延续宗族组织的关键，其思想观念和法律制度也伴随着清水江流域宗族社会的建构，逐步融入该区域社会之中，成为加强宗族内部管理和稳定地方秩序的重要依托。

三、清水江流域宗祧承继呈现的主要形式

宗祧承继一般在其形式上主要可分为承继和立继两类。承继是对宗族血脉的承继，有着严格的先后顺序，是宗祧承继的正常状态。如若一个宗族中嫡庶子孙全无，就会成为"户绝"之家，则需通过立继的方式挑选承继人。无论承继、立继，其目的都在于让其承继与亲生嫡庶子孙相同的奉祀香火、绵延后代、养老送终的义务，同时也赋予其与亲生嫡庶子孙相同的承继家产的权利。可见宗祧承继与家庭财产的析分继受不但有关，而且关系十分密切。在民间社会的现实生活中，相对于由先天祖先血统亲疏的承继来说，在如何选立承继人方面，立继则显示了多元的变化，大多争继之事实质上蕴含着争财的深层因素，故人们更为关切的也就是立继而不是承继。笔者在梳理"清水江文书"① 中有关宗祧承继的分关过继文书时发现，其中立继的形式主要表现为：夫妻俱在的立继、妻亡夫在的立继和夫亡妻在的立继。

（一）夫妻俱在的立继

在通常情况下，夫妻双方都还俱在时立继，主要是因为夫妻生女无子或不育，如夫妻双方或一方已经年老或病笃，便只能尽早立继。在这种情况下，立继的权力主要是在丈夫和其父母（倘若健在的情况）的手中。

---

① "清水江文书"是指苗族、侗族、汉族等各族民户家庭里所收存的，明清两朝、民国乃至新中国成立后这一时段里用汉字书写的各类民间文书的总称。其中包括土地租佃契约、土地买卖契约、土地典当契约、山林转让契约、山林租佃契约、析产分家合同、过继书、诉讼词稿、族谱家规、乡规民约等，内容涉及土地制度、林业经营方式、租佃关系、分股程序、宗法制度、民间纠纷解决、宗教信仰、风土民俗等诸多方面，是清水江流域社会数百年历史变迁的真实写照。参见徐晓光，程泽时. 清水江文书研究争议问题评述 [J]. 原生态民族文化学刊, 2015（1）.

立分男付约人龙林乔、林和、林保，子有德、有贤、有财、有谋、有彬、有生、老三，今因长房大哥林照，上凭高曾祖考下凭房族亲戚人等，长房龙林照先年娶彭女子为妻，过门数载生女无男，夫妻二比商量无奈哀求林乔妻王氏银凤喜欣两男，名唤龙有仁分与林照妻女仔父母抚养为儿，以承宗桃侍养父母，登山祭扫田园，一概付与有仁通房人等俱已悦服，并无异论。但因人心不古，尤恐后班之人或生妄言，再立付约，照前老分内分落。田丘土名理总田四丘，岑岭陆丘，毫洞岩田二丘，洞地家田一丘，高坡大田半丘，亚林地田一丘，毛卯田二丘，美悔田三丘，洞类田一丘，高寅地吴文林与有仁共田二丘，屋地□□菜园二团，柴山一服俱是有仁之业，日后众房人等不得争长竞短，一概付与有仁永远耕管为业，不得异言，若有异言，恐后无凭，将此付约赴公为据。

　　　　　凭亲戚　　吴德发

　　　　　凭亲眷　　彭胜伍

　　　　　凭亲　　　彭季海

　　　　　凭旧　　　王照坤

　　　　　凭表　　　吴文林

立付约人龙有贤有财林保林合有德有生有彬老三

　　　　两请笔　龙广泰

光绪三年十月二十二日　　立有合同为据①

　　从上面这份光绪三年（1877）过继文书可以看出，立继人长房大哥龙林照夫妇二人生女无男，哀求弟龙林乔及其妻王氏银凤夫妇，将其子龙有仁交由抚养为儿，以承宗桃。文书中出现的"凭亲戚""凭表"等字，据文书推断应为龙氏兄弟的母舅表兄弟，而"凭亲眷""凭亲"等字，笔者推断为龙林照之妻彭女子的娘家亲眷。由此可以说明宗桃承继乃是宗族大事，不仅涉及身份承继，更涉及家产继受，立继人需要找求多位中人见证。

　　立分关继子接桃字人王官吉同缘龙氏运多，夫妇二人因为年晚无靠，命独多舛，念到祖父恩养我等同胞兄弟四人，长子官和、次子官吉、三子晚吉、四子照吉，吾等赖天俱养有儿，惟独胞弟不育。为人模值作家，速日忧闷。不孝有三无后为大，岂可袖手旁观。为此，官和、晚吉二人同发善心，约齐房族亲戚人等商议，自此愿将照吉之三子，名唤凤秉，过继与官吉为儿养老

---

① 徐晓光，谢晖."约法"社会——清代民国清水江流域契约社会环境中的民族法秩序[M].北京：中国社会科学出版社，2018：193—194.

送终。目前正守之田地、山场、菜园、屋基、油山财物等项，当凭亲房母舅言定，一概付与凤秉一人领受，各管各业。剩余未分之零业山场，日后仍照四股均分。继后不得翻悔达瞒异言，恐口无凭，立有分关接祧是实为据存照。

凭房族人王秀荣　王秀太　王秀祥

凭亲戚母舅王宏光　龙东彦　龙邦智　龙宏滔　龙求旺

亲笔血叔晚吉

光绪十二年二月初二日　立①

从上面这份光绪十二年（1886）魁胆寨的分关继子接祧字文书可以看出，立继人王官吉及其妻龙氏运多夫妇二人年晚无靠，同胞兄弟约齐房族亲戚人等商议，将四弟照吉之第三子凤秉，过继与官吉为儿养老送终，以承宗祧。文书中出现的"凭房族人"应为王姓四兄弟的房族亲戚，"凭亲戚母舅"则有王姓四兄弟的母舅，也有王官吉之妻龙氏运多的娘家母舅，同样也可说明宗祧承继作为宗支延续的重要保证，涉及家族的整体利益，由此需要众房族亲戚人等凭中见证。

（二）妻亡夫在的立继

这种情况与上述第一种情况相似，立继一般由丈夫个人及其父母确定。

立分关继子接祧字人王永见女（与）王求引父子二人，情因年晚无靠，命独多舛，不可袖手旁观，幸蒙亲族王宏元、宏文登门求到胞兄王秀光之子，名唤德旺，过继与永见为儿。今房族母舅言定，其有田地山场六幅，财物等件，一概付与王德旺一人领受，继后养老送终，永远管业，日后不得异言。恐口无凭，立有分关接祧是实。

下　　　上

凭房族王焕德、邦智

亲戚人王官吉

请笔王通云

光绪十四年三月初九日　立②

从上面这份光绪十四年（1888）魁胆寨的分关继子接祧文书可以看出，立继人王永见父子二人，情因年晚无靠，命独多舛，求将胞兄王秀光之子德

---

①　张应强，王宗勋主编．清水江文书（第二辑）：第6册［M］．桂林：广西师范大学出版社，2009：180．

②　张应强，王宗勋．清水江文书（第二辑）：第6册［M］．桂林：广西师范大学出版社，2009：13．

旺，过继为儿。但文书中得知永见有子求引，为何还需立继？笔者冒昧揣度，文书中"命独多舛"似乎可知其子求引有不能承继的隐情，故需"凭房族、亲戚"人等立继以承宗祧。

（三）夫亡妻在的立继

如果丈夫先亡而妻子在，妻子是有立继权力的，但通过婚姻关系，寡妻虽已成为宗族成员，但属外姓之人，因此她的立继权必将受到宗族成员的影响与牵制。根据《大清律例》"立嫡子违法"条："妇人夫亡无子守志者，合承夫分，须凭族长择昭穆相当之人继嗣。"① 由于寡妻守志，择人立继，是清代社会中比较常见的情况，因此该条例适用广泛，其重点在于"合承夫分"，而"合承夫分"的前提是"守志"。在清代社会，一个没有儿子的寡妻在夫家的地位和处境是微弱的。当她嫁到夫家时，她与娘家的身份纽带已被切断，而连接她与夫家的纽带又因丈夫的离世而被削弱，此时儿子则有助于巩固她的地位。从这个意义上来说，立继无论是告慰死去的丈夫以承祀香火，还是对改善寡妻本人在夫家的生存状况都有着非比寻常的意义。

> 立继续承祧启后字姜作干、姜作霖兄弟二人，因同胞作智同缘范氏芹香，先承叔祖明教公家业一股，作智奈命夭亡，只生一女。兄弟与子□有怜范氏芹香：持身冰霜、苦守霜帏，父子同心，自愿将作干第三儿：名具旺，继过作范氏芹香以为己子，事老奉养，承受家业，屋宇田园，山场油地，任凭具旺主持管业。今凭房族等，范氏芹香喜继隆沐情，日后兄弟叔侄不得生端异言，自继承祧之后，永远发达具隆。立此承祧字存照为据。

> 外批冉卮与却落之田，作干将银贰拾贰两与格翁范如龙，续同至卖得什燕子山得银，芹香将银补作干弟兄还清。

凭房族姜显韬　姜显国　姜显贵

姜显胜　姜显渭　姜甲具　姜元具

亲　范业中　陆茂文

显贵　笔

光绪三十二年九月十二日书立②

从上面这份光绪三十二年（1906）的加池寨立继文书可以看出，范氏芹香之夫姜作智"奈命夭亡，只生一女"，同胞兄弟姜作干、姜作霖兄弟二人有

---

① 大清律例 [M]．田涛，郑秦，点校．北京：法律出版社，1999：179.

② 张应强，王宗勋．清水江文书（第一辑）：第9册 [M]．桂林：广西师范大学出版社，2007：298.

怜范氏芹香"持身冰霜、苦守霜帏",今凭姜姓兄弟房族人、范氏芹香娘家亲眷人等将姜作干第三子具旺,过继为子,事老奉养,承受家业。

通过对清水江文书中宗祧承继的分关过继文书的分析来看,随着清王朝对清水江流域的统治力量得以日趋强化,清水江流域宗族社会逐渐形成,"不孝有三,无后为大"的宗祧承继思想观念也已逐渐深入该区域,且立继原则和方式也都遵守国家律法的相关规定,当出现无嗣情况时,清水江流域的先民们已知成熟利用宗法社会中的宗祧承继,通过各种方式立继,以求达到维持家计、养老送终和祭祀祖先、延续香火的目的诉求。

四、余论与探讨

在清王朝"改土归流"的强有力推动下,宗族成为清水江流域新建构的社会组织。清中后期,是清水江流域宗族社会发展的"黄金时期",此时原有的村寨社会以父系血缘为纽带,强调"敬宗崇祖"的家长权威,在日常生活中,逐渐形成以宗族利益为核心,通过宗族内部的宗法族规来协调解决纷争。在宗法制度下,宗族的延续无疑是整个宗族存亡攸关的大事,因此,宗祧承继也是房族人等最为关切的现实问题。笔者通过梳理张应强、王宗勋主编的《清水江文书》3辑33册中的分关过继文书发现,其中收集整理的宗祧承继文书所处年代均为清中后期,且多集中在清光绪年间。似可以得出这样的一个初步结论,清水江流域的宗祧承继是伴随清中后期清水江流域宗族建构而产生的,其成熟被清水江流域人们所认识、诠释和利用则是在清光绪年间。当然,在浩瀚如烟的清水江文书面前,这个初步结论还有待日后继续发掘文书,以求再证,但这并不影响我们对清水江流域宗祧承继社会功能进行探讨。

宗祧承继的存在是中国古代宗法思想的具体体现,因其家庭是社会的细胞组织,家庭生活的正常秩序化,是社会生活得以正常运转的基础,故历来统治阶级和社会各界对宗祧承继均十分重视和大力提倡。在清水江流域的宗祧承继中,我们可以看到官方规定和民间习惯互为补充,共同维护着整个宗族社会的稳定与和谐。"在村落文化的环境中,在生儿育女、婚丧嫁娶、宗祧祭祀这些大事上,每个人都受到压力,要按照既定的规矩办事,并力争超过别人,否则就可能没有'面子'。无视这些规矩,将招来村民的议论,在一个'生于斯,死于斯'的环境中,这种议论足以置人于死地。因此,没有人敢用自己一生的名誉来冒险。何况这种'香火'的延续不仅富有精神上莫大的意义，就是在实际生活中也有很重要的功能。"① 在清中晚期的清水江流域，养儿防老无疑对保证家庭的正常延续起到了至关重要的作用。"迄今为止，传统的民商事习惯仍然普遍地制约着中国民间社会的主体交往，并受到广泛的尊重。"② 作为区域个案的清水江文书承载了该流域先民们社会生活的方方面面，直到今日，祖辈们曾经的生活痕迹仍然在某种程度上影响着当地居民。

作为清王朝新开辟的清水江流域，清政府同样也需要将成熟的宗法制度引入，配合礼法教化与风俗维系，弥补国家基层治理的局限，以求稳定社会秩序，加强王权统治。由此，我们不难理解宗祧承继对于社会稳定、国家安宁所具有的功能。这也是为什么宗祧承继会受到国法和民间习惯的承认与维护，成为清代承继法制的核心。如若把目光放置于宏观视野中，我们还可以看到，历经时间的传承与积淀，历代统治群体都会将他们所强烈认同的思想文化价值形成制度化（体现在法律的制定、舆论的引导、主流价值观的建构等），并通过他们的权力不断使得这种思想和制度占据优势并最终形成社会规范。通过对清水江文书中分关过继文书的研究，进而考察清中晚期宗祧承继在该区域的形成演变过程，有助于进一步细化我们对清代清水江流域承继法制的认识，进而深入分析古代少数民族地区的法律思想与文化。这也正是笔者写作本文的现实意义所在。

---

① 梁治平. 在边缘处思考 ［M］. 北京：法律出版社，2003：42.
② 眭鸿明. 清末民初民商事习惯调查之研究 ［M］. 北京：法律出版社，2005：前言.

04

口述材料与古歌研究

改革开放贵州口述史资源建设路径分析

李安峰*

　　贵州省改革开放四十几年来，在政治、经济、文化等各方面取得了举世瞩目的成就，人民生活水平不断提高，各阶层群众亲身经历和见证了这一光辉的历史进程。以口述史的形式记录和保存不同阶层对改革开放四十年（至2017 年）的亲身感悟，有助于生动、具体的再现历史，并拓宽改革开放史的研究视野。"口述历史旨在以口述访谈的方式采集、整理与保存当事人（亲历者、见证者、受访者、口述者）的历史记忆，呈现当事人亲历的历史真实。"① 在信息技术不断发展的今天，通过访谈并以录音、视频、影像等多媒体为载体，记录人们社会记忆的方式，可称之为口述史。

一、改革开放贵州口述史的重要价值

　　史料是研究历史和人类发展进程的基础，在当下新的文献挖掘越来越少的背景下，诸多学者为开辟研究的新路径，拓宽史料的来源范围，对口述史的重视程度趋于提升，而一些图书馆和档案馆也开始关注口述史的搜集与整理。改革开放四十几年，一幅波澜壮阔的历史画卷与我们每个人的生活密切相连，中间蕴藏着丰富多彩的口述史资源，对于记录不同阶层、不同民族对改革开放以来社会主义建设的亲身感悟和历史记忆有重要的价值。

　　（一）改革开放四十年贵州省的巨大成就

　　改革开放以来，贵州人民生活水平极大改善，国民经济持续增长，经济总量稳步增加，地区生产总值自 2003 年开始连续 15 年保持两位数增长，整体经济实力明显增强。据统计数据显示，1978 年贵州 GDP 占全国的比重为

　　* 李安峰，山东莒南人，博士，贵州师范大学马克思主义学院副教授，主要从事中国当代史研究。

① 左玉河．口述历史与国史研究［J］．当代中国史研究，2016（3）．

1.27%，而 2017 年上升到 1.64%，达到 13541 亿元；全省城镇常住居民人均可支配收入 2017 年 29080 元，比 1978 年增加 28819 元，年平均增长 7.3%，农村常住居民人均可支配收入 2017 年为 8869 元，比 1978 年增加 8760 元，年平均增长 6.7%。其间，大扶贫战略强力推进，贫困人口比 1985 年减少 1200 余万人；大数据战略行动强势起步，"工业云"平台注册用户突破 11 万户；大生态战略行动全面实施，坚持保住青山绿水就是金山银山的发展理念。这些成就的取得是不断改革和深化开放的结果，也是全省各族人民在省委省政府的领导下发扬不畏艰难、团结创新、勇于拼搏、敢于超越的强大精神结果。

（二）改革开放口述史有珍贵的史料价值

史料是研究历史进程和人类发展规律的主要文本，口述史作为史料的重要组成，不仅能反映历史事件中不同群体的观点看法，也能保存一些档案文献中所没有记载的人物活动，同时还可与档案进行印证和甄别，能最大限度地还原历史本来面貌。改革开放四十年来，贵州省口述史蕴藏量非常丰富，它包括不同阶层和民族的社会记忆、视频影像资料、新闻广播录音等，也包括在政治、经济、文化、生态活动方面产生的采访记录，与我们的日常生活密切相连，这是研究改革开放史的重要史料。当下，一些学者在研究当代社会进程中，所运用的史料很多是官方文件，侧重于宏观理论方面，缺少有血有肉的讲述。再者，根据国家保密法和档案法的规定，改革开放后形成的档案大部分还没有公开，是无法查阅和利用的，这种文书档案的局限性很大限度上限制了改革开放史研究的进一步拓展。口述史代替了原有的静态文本，视角既可以朝上，又可以往下，能够较为全方面地了解、认知历史，经过采访录音或视频影视等，在一定程度上能弥补档案资料的不足，尤其对开放档案中记载的比较模糊、较为宏观的话题，可以有一个具体历史场景或者历史细节的再现。所以"口述文献能够对那些被刻意扭曲的、单向的、难以求证的历史进行重新挖掘，让历史变得更真实、客观、充实，甚至充满趣味。而且口述文献搜集得越多，就越能体现其客观性与可信度"①。

（三）改革开放口述史可以倾听不同阶层不同人物的声音，叙写普通民众的历史

根据我们共产党人的观点，人民群众是历史的创造者，是社会发展的主要推动力量。在封建社会，官方文献资料所记载的主要是帝王将相和社会精

---

① 胡爱民，等. 高校图书馆开展口述文献资源建设的意义、价值和策略 [J]. 图书馆工作与研究，2016（7）.

英的历史，突出个人英雄主义，而对生活在底层民众的社会行为基本没有记录在档，后人基本无法了解他们的所思所想。但在信息技术不断发展的今天，录音笔、摄像机、照相机等媒体设备的广泛应用，让口述历史焕发了前所未有的生机活力，"口述历史可以驰骋的空间很大，它可以给那些原来在历史上没有声音的普通人留下记录，可以给那些在传统史学中没有位置的事件开拓空间。从某种意义上可以说，传统史学主要是统治阶级和精英人物的领地，口述历史则向民众敞开了大门"①。可以说，改革开放口述史为倾听不同阶层不同人物的声音打开了大门，也为叙写普通民众自己的历史提供了可能。四十年来，贵州的发展是一幅波澜壮阔的画卷，每一位民众也亲身参与并为之付出了辛勤的汗水。这些普通的民众，既是改革开放以来历史的亲历者和见证人，也是我们进行口述史采集的主体，倾听他们的声音，叙写小人物的历史，有助于全面地认知历史。

（四）改革开放口述史可以传承文化，教化育人

四十年来，在社会不断发展的同时，由于缺少保护或者传承开发，很多文化遗产正在以惊人的速度消失，所以口述史在传承文化方面也能发挥应有的作用。比如，在非物质文化遗产保护方面，可以通过录像、视频和采访等多种方式加以记录、分类和保存即将流失的人类记忆。口述史相对文书档案来说"有血有肉"，丰满可餐，既能保存大量不同群体的社会记忆，还可大大充实改革开放史研究的内容。我们传统的了解、认知历史的方式仅凭档案文本是不够的，视野的开阔和资料的多元化是保证史学研究真实客观的基础。当代贵州充满着多姿多彩的画面，留下了无数人们艰苦奋斗的青春记忆，"每一段口述历史的故事，都是我们增加见闻的机会；而每一段精彩或苦难的人生，都可以让我们受到启迪和教育"②。改革开放口述史早已纳入学者们的视野，如欧阳淞、高永中主编的《改革开放口述史》，就是一部思想性和史料性较强的口述史著作。在改革开放三十周年时，贵州省政协组织编辑了《贵州文史资料专辑》（上下册），这是一部涉及各阶层、各行业的回忆性编著，取得了很好的社会反响。因此，推动贵州省改革开放口述史的搜集、整理既是保存史料和传承文化的重要工作，也是全面叙写这四十年辉煌的历史以教化育人的良好途径。

---

① 熊月之. 口述史的价值 [J]. 史林，2000（3）.
② 陈墨. 口述历史门径实物手册 [M]. 北京：人民出版社，2013：14.

二、改革开放贵州口述史资源建设的路径

贵州地处高原，少数民族众多，四十年来的巨大社会变迁蕴含着异常丰富的口述史资源，积极探索多重路径开展改革开放口述史资源的挖掘、搜集、整理、保护和研究，是一件很有价值的存史育人的工作。

第一，提高重视，广泛宣传。不少人对口述史的认识并不是很清晰，一些学者对口述文献的搜集也主要是为了研究的需要，存在分散性、片面性和不系统性，不利于长远的保存和传承下去。随着时间的推移和社会的不断发展，改革开放口述史逐渐呈现出流失的现象，主要原因是人们不关注和宣传的不到位。相关宣传部门、党史研究部门以及各高职院校是知识群体集中的地方，拥有良好的文献工作经验和人脉资源，在重视和宣传口述文献中应该走在前列。首先，搞好设计层，在资金倾斜、人员投入、队伍建设、资源整合方面应大力支持。其次，相关部门自身也应广泛地进行宣传，举办一系列的口述史展览会，向民众讲解口述史的价值和意义，不定期开展改革开放口述史的讲座以及音视频的放映等，尽可能让更多的知识群体去了解和认知改革开放口述史的重要性和搜集整理的紧迫性，这样能吸引更多的人参与到这项工作中来。

第二，建立一支专业性的口述史队伍。改革开放口述史工作并不是十分轻松的事情，它的专业性和操作性比较强，对采访人员的知识素养和心理要求较高，并要有吃苦耐劳、无私奉献的集体主义精神。在口述工作的整个过程中，周密的前期准备、采访收集中的各种注意事项、后期的录音与视频整理等，需要大量具有社会阅历和知识素养的专业人员的参与，而如果这些人员参差不齐、修养不高或者与被采访者的内心感情沟通不畅，都会影响到口述史的整体效果。还有口述专业人员必需树立正确的价值观，不能刻意地去歪曲或者涂改口述者的本意，这是最基本的从业素养。因此，可选择具有专业功底和心理素质较高的人员，组建一支专业性、知识性的业务队伍，并根据口述史挖掘的需要进行不定期的培训。培训内容应包括口述史人员的价值导向、专业知识的升华、媒体技术的应用、口述采访计划和大纲如何制定、采访人员和地点如何选定、心理沟通和语言能力的表达、口述文献与官方档案如何甄别对比等，尤其贵州少数民族众多，应注意民族风俗和语言沟通的训练。经过培训而打磨出来的这支专业性的口述史业务队伍，区别于传统的文献整理工作，他们掌握着现代媒体信息技术，拥有很强的口述工作素养和

宽广的社会知识，语言表达和心理素质较高，承担着搜集和整理改革开放口述史的重任。

第三，走出办公室，步入社会，融入民众中间，开展田野调查，进行改革开放口述史的采集。口述史的核心工作是在多媒体信息技术为载体下进行访谈，这需要采访者和受访者双方的互动完成，而不是单凭某一方就能胜任。改革开放口述史广泛地存在于民间，呈现不同群体、不同阶层、不同地域、不同文化背景和民族的差异性与分散性，这就需要工作人员转变传统的观念，不是整天坐在办公室里，而应积极融入社会，打破原先的办公模式，把工作由静态转变为动态，并在动态中让自己和民众密切联系和互动起来。同时，工作人员深入乡村、街头、工厂等进行实践调查，还可以多接触更多的底层民众，了解他们的所思所想所悟，感受他们对改革开放的认识，在采访和宣传口述史的价值中积累工作经验。当然，进行田野调查并不是简单的走马观化和毫无重点，而应做好前期准备工作，包括人员的组成、线路的规划、采访大纲的制定、采访对象和地点的选定、设备的购置和纪念品的购买等。可以说，高校以及各宣传和研究部门的人员，专业素养较高，在进行口述史的挖掘整理中，既能积累经验、提升素养、体现价值，也能扩充知识面，拓宽视野，获取更多的人脉，同时培养出一批新的业务人员，让口述史工作能够不断传承下去。

第四，整合各部门资源。改革开放口述史工作涉及面广，专业性强，并不是某个部门本身就能全部完成，它需要在整合资源的基础上由多部门之间的互动与联合，需要不同专业背景的人参与。一方面，党史研究部门、档案馆、高校图书馆在人员素养、部门设置、信息技术、人脉资源、专业背景等方面拥有其他部门所不具备的条件。因此，在开展口述史的搜集、整理和保护工作中，可以进行资源的整合，进行优势互补。如在人员整合方面，可把文献工作、信息技术和外联公关人员纳入其中，发挥他们的工作特长，有助于在采访、录制、记录和文献整理中分工配合有力，达到最大限度挖掘口述文献的目的。另一方面，"高校可以联合不同院校的师生，与校档案馆、民族文化馆等机构合作，结合新闻媒体专业、信息技术专业等的技术优势，共同开展口述文献的采集工作"①。还可以推动部门之间的利益整合，获取不同部门开展口述史工作的经验方法，实现人员信息资源的交流合作。可以说，改

---

① 胡爱民，等. 高校图书馆开展口述文献资源建设的意义、价值和策略［J］. 图书馆工作与研究，2016（7）.

革开放口述史工作能在部门资源整合的过程中达到搜集和整理的最优化。

第五，组建改革开放口述史研究中心，这是促进口述文献资源建设的重要平台和保障。改革开放口述史的采集整理工作是一项系统性、长期性的工作，不仅需要人员和资金的保证，更需要一个专门性的从业平台。相关部门可凭借丰厚的资源优势，组建口述史研究中心，构筑文献资源建设平台。研究中心的主要职责应是负责改革开放口述史的挖掘、整理和保护研究工作，并协调处理好与被采访者关于口述史的知识产权归属问题。同时，研究中心也可承担培养口述史专业队伍建设的责任，有条件的还可以推动学科建设，进行口述史研究生的培养工作。研究中心的人员组成，应主要从有专业经验的工作人员中选取，也可从学校相关院系聘请一些专家学者，根据其知识背景、工作经验和专业素养决定在中心里面的具体分工。总体来说，研究中心作为改革开放口述史采集整理的一个平台，是区别于其他业务部门的重要专业性机构，是进行文献资源建设的重要窗口，从而能推动改革开放口述史文献资源建设的常态化。

第六，投入充足的人员和经费，并争取社会各界的支持。口述史工作需要大批的人员参与，正如上文所提出的路径，可以整合不同部门资源，联合学校相关专业院系的教师与学生以及社会人员的参与。当然，口述工作面对的是社会不同群体和个人，争取他们的同情和支持也是顺利开展工作的重要前提。其中，经费充足是确保口述史工作顺利开展的支撑，包括采访者的差旅费、工具购置费、被采访者的劳动报酬或发放的纪念品等，这些都需要资金的保障，否则无从谈起。笔者曾利用闲暇时间，在山东、云南和贵州进行过田野调查，并采访了近二百位重要历史事件的见证人，深知口述史工作需要充沛的精力和经费支持。图书馆、档案馆、高校、党史研究部门等作为非盈利性的单位，经费来源有限，尤其一些欠发达地区，自身的建设经费和办公经费就不充足，根本不可能拿出更多的资金去支持改革开放口述史工作。为此，相关部门或研究机构还可以借助丰富的人脉资源平台和良好的社会信誉，积极拓展资金来源渠道，包括获取企业、基金会、民间团体或者知名人士的支持等。今年恰逢改革开放四十周年，有条件的单位可以设立改革开放口述史工作基金，做到专项资金的配套和支持。

三、结语

改革开放口述史资源建设是一个长期的系统性工程，蕴藏着重要的学术和现实价值，相关职能部门理应关注和重视。目前，改革开放口述史资源建设正处于上升阶段，还有很大的空间可以在修补短板的基础上得到提升。当然，我们从事改革开放口述史的任务不能简单地停留在挖掘、搜集、整理上面，更多地应该体现在保护、开发和利用上。一方面在大力宣传的基础上，可凭借口述史的原始录音、视频、照片、影视录像等吸引更多研究者的眼球；另一方面还可以在处理好知识产权归属的前提下，公开出版一批改革开放口述史的编著，让越来越多的人关注口述史，认知口述史，重视口述史，以此推动口述史工作的进步和改革开放史研究的发展。

口头传统的活态展演

——畲族（东家人）史诗《开路经》的非物质文化遗产价值

王星虎[*]

　　《开路经》是畲族（东家人）开路师在丧葬仪式上演唱的长篇创世史诗，畲族东家语为"将给孟"，即指引东家路，开东家路之义。由于迁徙后聚居在贵州的畲族人口只有 5 万余人，与苗族、布依族和侗族等人口较多的少数民族，呈大杂居小聚居的形态，《开路经》的发现、搜集与整理较晚，其非物质文化遗产名录才从 2016 年的县级升为州级保护级别。凡成年畲族死者，都要唱《开路经》为其灵魂超度。

一、原始丧葬仪式的再现

　　《开路经》在贵州畲族（东家人）现代社会中仍然演唱较广，虽然各地的内容原始齐全，大同小异，但由于流传中根据各地需要增减和修改，呈现多种异文版本的现象，现流传较广的村落有贵州省凯里市角冲村，麻江县六堡村、摆扒村、仙鹅村、坝寨村、岩莺村、隆昌村、营山村等，此外，福泉的哲港、都匀的瓮桃义红等地一些老艺人也能略知一二。《开路经》目前面临老艺人不断去世，新艺人难以继承发展，年轻人漠视放弃等濒危状况。

　　从自身因素来说，畲族（东家人）有语言无文字，史诗传承只靠语言媒介，既需要个人的兴趣、聪慧与记忆力，学习难度大，民间本来就鲜有人学习，目前传承人只有少数七八十岁老人能完整演述。老祭师相继逝世，后任者记忆力衰退等现状，使得《开路经》呈现出内容缺损、形式简化的趋势。外部影响也是《开路经》濒危的原因之一，由于解放以来识别工作的耽误，东家人到 1996 年在国家政策之下才被认定为畲族，因地区差异，与江浙一带的畲族在文化上有很大的不同，国内对其历史文化的挖掘和认识还不全面，由于人口少，历代的民族歧视，文化特征渐弱，整个民族受到的重视程度较

---

　　[*] 王星虎（1980 年生），男，畲族，贵州麻江人，文学博士。

贵州其他民族要低得多。随着交通、经济、信息的发展，年轻人或在外求学工作，或外出务工，已没有多少人喜欢学唱《开路经》，他们对口头传统的价值认识不高，重视不够。此前有的聚居区没有用音像等现代媒介采录，也缺乏国际音标的标注，文本研究更是稀缺。这对于浩翰的《开路经》来说，文本的整理与研究还远远不够。

也正是史诗《开路经》传承的危机，方显得它的珍贵，并且《开路经》只能在丧葬仪式上演述，加剧了传承演习的难度。经文的演述时间无定论，但有着严格的仪式程序。现实生活中，每逢村里有人去世，必须请开路师前来主家洗尸送饭吃。其过程与形式可简分为：

（1）从死者沐浴穿衣始，唱《洗身词》，为死者祛除烦恼与苦难；在杀猪办丧事时唱《领牲词》，祭祀先祖与死者，愿亲朋好友前来帮助；《陪饭词》是在死者沐浴穿衣后，让其在堂屋立坐，祭师在桌上放饭菜，还有整只煮熟的雏鸡放在饭上，然后对着死者讲述祖先刀耕火种的艰辛，开辟基业的血泪史，最后由祭师邀在座的亲人与死者共同进最后一餐。

（2）入棺后，到晚上七点左右正式唱《开路经》主要内容：《招阴魂》《开天辟地》《洪水滔天》《兄妹制人姻》《耶映耶艮射日月》《阴阳两相隔》《开路词》。其中讲述远古故事，人类祖先以戏谑方式战胜龙虎，冲粑槽舞唱歌跳舞，村寨集体狂欢，"对于古代来说曾经是严肃的事情，对于近代来说则可能已经变为娱乐"①，人们围在篝火周围，讲关于性与生殖的笑话和谜语，葬礼的悲痛变为民族聚集的娱乐化。

（3）次日抬死者上山于寨路口唱《喝忘情水词》，于坟头唱《开日开月》。

表1　畲族（东家人）史诗《开路经》的演述仪式

程序	丧葬仪式	仪式场地	仪式时间	演述形式
1	洗身	中堂	人刚去世后	孝子打井水，主师简单地在亡人身上洗三次
	陪饭	中堂	就餐时分	扶亡人靠壁坐起，亲友与之列席共进最后一餐
	喊饭	中堂	每逢亲人送饭来必唱	冥饭集中给祭司，念词请享用
	献猪	门口	家祭时	反搓草绳系猪与亡人手牵

---

① （英）爱德华·泰勒．原始文化［M］．连树声，译．上海：上海文艺出版社，1992：16.

程序	丧葬仪式	仪式场地	仪式时间	演述形式
2	正常亡人招魂	中堂	晚上 7：30 左右	主师长刀点大门，高声呼唱
	非正常亡人招魂	野外	晚上 7：30 左右	安置桌子演示打官司，辩论审案，用茅草打替身
3	混沌太初	中堂	晚上 8：00 左右	在主家中堂棺木前，于香桌案上摆上一升谷子，覆盖七把龙穗谷、花穗谷。由一个主祭师主唱，四个或六个男祭师陪同，组成五爸五汉，或七爸七爷（拟死者"三魂"归宗，生人"七魄"相送，有些地方为五人，人数再少，一般只取单数），主祭师手持长刀，其他祭师分别扛鸟枪、背弓箭、持竹杖、拿竹编饭盒、挎装死者及衣服的网套、握伞等，模拟祖先开天辟地，筚路蓝缕，狩猎开荒的生活情景
	开天辟地			
	创造万物			
	铸柱撑天			
	射日射月			
	巡天勘地			
	雄鹰治怪兽			
	姑贵姑吕			
	垂死化生			
	包恰找耶恰			
	十二个龙蛋			
	狩猎斗智			
	兄弟争大			
	活捉雷公			
	洪水滔天			
	兄妹制人烟			
	大迁徙			
	隔阴阳场			
	亡人身世			
4	祭粑槽	院坝	晚上 12：00	开路师唱词，打碎鸡蛋，象征性冲三下后，有一人打皮鼓，三人冲持杵冲粑槽，妇女围转舞蹈
	请送粑槽神			

续表

程序	丧葬仪式	仪式场地	仪式时间	演述形式
5	敬鸡溯源	中堂	凌晨1：00	开路师手抱公鸡，灌酒食，念诵经文
	指路词	中堂	凌晨1：30	七爸七爷立身演述，持弓放箭，上望山旗，上天入地，认祖归宗
6	招阳魂	门口	凌晨7：00	招亡魂入棺，活人魂出
	择吉地	山上	次日9：00	开路师在前开路，选葬地
	开日开月	坟地	次日9：30	开路师于坟地四方诵词

演唱经文的全程由主师组织，徒弟跟从，参与人数取奇数，一般为五男或七男，俗称五爸五爷、七爸七爷。主师手持大长刀，随从分别执竹拐、握杆鸟枪、背弓箭、别柴刀、拿雨伞、提网袋，网袋里面装饭盒及死者衣服。演唱经文无祭坛，其中要有一只鸡做引路。男为公鸡，女为母鸡。经文的演唱只有靠民族语言记忆和世代口传，目前没有发现手抄、木刻、印刷本和记录本等文本。

《开路经》① 经笔者长期收集、整理和翻译，单个村落演唱约6000多行，综合整理文本1万余行，内容大约有《洗身词》《陪饭词》《喊饭词》《嘎须词》《送猪词》《招阴魂》《混沌之初》《包恰耶恰开天辟地》《耶恰垂死化生》《包恰找耶恰》《十二个龙蛋》《打猎斗智》《兄弟争大》《争天夺地》《洪水滔天》《兄妹制人姻》《划地分疆》《雄鹰治怪兽》《耶映耶艮射日月》《姑吕姑贵》《隔阴阳场》《亡人身世》《冲粑槽经》《定鸡咒语》《指路词》（又分40个小节）及《喝忘情水》《开日开月》等基本的内容，某些章节可根据各地风俗和死者需要，可相应增加。

叙述第二代始祖炯和栓的故事，与其他民族不同的是，畲族除了认为没能配对第十三块肉瘤成为寡公或寡婆，其他六对分别变成了"嘎孟"（畲

---

① 贵州省"东家人"自称"阿孟"，1996年被国家民委认定为畲族，2014年经笔者申报，文化部《中国史诗百部工程》把东家《开路经》列为子课题，评审专家一致同意命名为"畲族（东家人）史诗《开路经》"，因笔者在网络与民间实际交流中，本民族人民渴望保留原有命名情感，而浙江、广东、福建等沿海畲族（山哈人）对贵州畲族及其史诗的名命还有争议，故坚持以"畲族（东家人）"命名之。贵州畲族（东家人）很早就生活中国西南部，有自己独特的文艺及信仰，东家人史诗《开路经》同样是口头传统的瑰宝。

族)、"嘎冬"(苗族)、"嘎耶"(瑶族)、"嘎咔"(仫佬族)、"嘎晒"(汉族)的后代。此后出现专吃人类的怪兽,雄鹰最后打败了怪兽,七个太阳出现,英雄耶映耶艮才来射日月。人类安定后开辟集市,相隔阴阳两处的亲人生离死别……

不同地方的《指路词》可能随各地的情况而有所变动,但基本上相差不大。其内容大约分40小节,每节标题如下:

①卧室(午饭后随鸡游历);②出大门;③到院坝;④至寨门;⑤到七叉沟;⑥到凉水井;⑦至刷把菜坡;⑧到露水坡;⑨到芭茅坡;⑩到巴利燕坡;⑪到苍蝇林;⑫到青杠山;⑬泡桐林;⑭到歇凉坪;⑮到深谷;⑯到棱泥坡;⑰到麻塘;⑱到七道沟;⑲到雾坡;⑳到白岩坡;㉑到拐杖坡;㉒蟒蛇坡;㉓喂鸡坪;㉔到梳妆台;㉕到戴花坪;㉖到马郎坡(歌舞吹笙玩伴);㉗到射箭坡;㉘到凉阴井;㉙来到石龙;㉚到望乡台;㉛来到粮仓;㉜来到车房;㉝来到山林;㉞到虾塘;㉟到葱园;㊱到阎王界;㊲转回来;㊳回到七道沟;㊴从望乡台到卧室;㊵回归祖宗。

《迁徙歌》叙述畲族祖公祖太们跋山涉水找好地方,从东方水阔的大湖向西迁,经"水五条""湖五个",翻"高山水急"河谷,达水浑山地之处定居下来,许多地方已失传。

二、《开路经》是人类历史的活化石

人们常在思考"我从哪里来""到哪里去""人要做什么"等问题,《开路经》则正回答和演述了这些问题。其中《开天辟地》《洪天滔天》《兄妹制人烟》《阴阳两相隔》等"摆古"部分,叙述人类祖先艰辛的开辟史,人类繁衍中遭受洪水与干旱的检验,战胜怪兽、降服万物,市场的开辟,制定节气,始作婚姻,规定风俗,等等,全面反映了畲族的历史、天文、地理、习俗等综合文化信息。

《开路经》中涉及的许多动植物,在远古时代活跃于中华大地上。"太古时没有天/耶恰来开天/古老时没有地/耶恰来辟地/开个天像斗笠圆/开个地像火塘方/耶恰去锈钢谷/砍得一挑樟木/耶恰去相旺谷/砍得一担鱼树/砍得树根有七抱大/树尖有七排长……"① 这与古时人们"天圆地方"的普遍天文观相似，"鱼树"现已不知具体是哪一种树，但如鱼鳞般的树皮，是远古时的主要树种，现在已经十分珍稀，且个头也没有"根抵地面，树尖顶天穹"那么壮大。樟树能生长几百年甚至千年之久，作为长寿的象征，已在民间广为流传。"包恰急忙倒下去撑墙/急忙倒下去扶坎/包恰赶紧手抓五倍子树/脚踩漆树泡桐木/后来包恰才送漆树淌黑漆/五倍子树流白浆/那是作为报酬啊……"经文中类似这种"封赏"的植物由来很多，一方面说明畲族先民尝遍百草，用尽千树的生活经验，另一方面突出人类在选择万物时"主宰"一切的必胜精神。

而在《划地分疆》，癞蛤蟆背上的瘤是因它误事用钉子"钉"的，乌鸦也是因办事不力被塞进靛缸染成黑色的，棕榈树叶分叉、撒秧泡树茎长白斑和杨树长刺是因为它们不同意两兄妹成婚而受的惩罚。"耶姜于是说/害羞嘲笑也算了/只是牛马笑不得/害羞嘲笑也能止/牛马笑了不能止/牛笑牛缺齿/马笑马断角/牛马笑了也算了/猪狗笑来不得了/牛马笑了也能止/猪狗笑来不能止/狗笑狗抬脚/猪笑猪拱地/猪狗笑了也算了/鸡鸭笑了不得了/猪狗笑了也能止/鸡鸭笑了不能止/鸡笑鸡嘴尖……"这些自然界的动植物和物体的原形经过《开路经》的演绎，均有了渊源，仅是因为它们嘲笑过母性祖先们生息繁衍后代而受到"惩罚"，如天蓬元帅误投猪胎，变成了现今的模样。畲族先民在认识这些事物时，总是发挥他们丰富的想象力，给它们编以动人的神话，代代解释，或以感恩，或以告诫。而在《雄鹰治怪兽》中，"去见个耳朵像马耳/鼻子似羊鼻/遇大它咽下/遇小它吞掉/吃不完它咬撂"，这个动物食量大，长相颇似古时的恐龙，后在老鹰的机智勇斗之下，才把它打败。"人类的启蒙即源于恐惧"②，天地风雷及万物的险恶，使原始先民即害怕又妄图征服它。足见畲族先民对这些人类怪兽，有着悠远的记忆。

《耶映耶艮射日月》唱道："有什么植物与天齐/岩马桑有天高/岩马桑与天齐/他上岩马桑去拦太阳路/他上岩马桑去拦月亮路…"射日英雄耶映耶艮射下六个太阳与月亮后，剩下一个不敢出来，让牛和马去终均没有出来，后来公鸡自告奋勇，才唤出太阳和月亮，"包恰喜欢来酬劳/打得一把梳子在鸡头/打得耳坠在鸡脸/现在你吃皇帝的粮"。而与东家人相近的待识民族革家

---

① 文本选自本人 2014 年主持的国家社科基金特别委托项目（09@ZH014）《中国史诗百部工程》子课题《畲族（东家人）史诗》（编号：SS2014002）的文本翻译，以下所引史诗文本出处同，不再注明。该史诗文本尚未出版，版权属《中国史诗百部工程》，特此说明。

② （瑞士）荣格. 荣格文集［M］. 冯川，等编译. 北京：改革出版社，1997：240.

人，他们则在婚宴上唱《摆解羹》，其中《射日月》部分内容与东家人的《开路经》基本相似，作为同源文本，出现在葬礼与婚礼两个不同民俗场景中，"'反常'之为典型，是那个群体在文化上选择的结果"①，是民族偶然的约定俗成。

到了物质交换时代，"那时只是没有一个市卖种子/也没有一个场买盐吃/包恰才调成猫场和蛙场/黄牛场和鸭场/那时人来去赶场/亡人也来赶场/人来去赶市/死人也去赶市/人用的是铜钱/死人用的是纸钱"，由于亡人与死人共赶一个集市，他们有的死了妻子，有的死了儿子，总是相互依恋拉扯，人们无心劳作，畲族母性祖先包恰生气了，取消了这几个市场，重新进行调整，"包恰才排成龙场送买/排成猪场给卖/排成鸡场羊场在中间/排成龙场猪场在两端/排成鸡场羊场在中央/排成龙场猪场在两头"。

在长期的生产农事中，畲族东家人根据天文气象，不断调整节气，适应农业生产。"那时一年才是十个月/一个月是四十天/一场是二十天/种地也无收/种土也无获/它惹包恰来生气/它惹包恰来恼火/包恰重新调整日期/重新调整年历/一年调成十二个月/一月调成三十天/一场调成十三天/那时庄稼才茂盛/粮食大丰收/再有仫佬也是老大/仫佬也是兄/十个月他就过大年/十个月他就过春节……"贵州少数民族的节日十分丰富多彩，在大杂居的环境中，相互影响，仫佬族称苗族为"嘎绒"，称畲族（东家人）为"嘎热完"，过去畲族阿孟也过"仫佬年"，每年农历十月第一卯（兔）日，家家户户都打糍粑、酿酒、杀鸡宰鹅、穿新衣访亲友互拜年，聚会唱歌游玩，老年人向孩子们摆古说事，讲述先辈的业绩。民族节日和节气，总是相互影响中和谐共生，阿孟祖母包恰调整年历只是一个形象的故事，祖先们在长期的观察中不断调整，非个人超能所为，他们"从灵魂不死到灵魂转世的信仰中派生出了对死者的崇拜"②，神话以个别超人的神格，把人民群众的智慧结晶都归结为本民族祖先们，以产生祖先崇拜，凝聚族群力量。

三、《开路经》是民族迁徙史与民族关系史的活态演述

《迁徙歌》和《指路词》是畲族（东家人）长期迁徙的历史隐喻，也是

---

① ［美］露丝·本尼迪克特. 文化模式［M］. 王炜，等译. 北京：社会科学文献出版社，2009：245.

② 叶舒宪. 英雄与太阳——中国上古史诗的原型重构［M］. 上海：上海社会科学院出版社，1991：192.

南方民族关系史的活态演述。"我们老人下潭来／过河过岩过门洞／来高踩树叶／来得在哪里／来高踩树叶／来得踩岩苇／来齐成一丛／来齐成一坝／杀牛来盖房／拉马来驮草／来时像鸡群／来时像谷穗／姑娘小伙们不听话／姑娘小伙们腿缠腿／姑娘小伙们不听话／姑娘小伙们身贴身／来做不好看／来做不好望／生得一个毛孩／生得一个狸崽。"从唱词中"下潭、过河、过岩、过门洞、平坝、丛林"等地理形态看，已是古代南方楚地高山大湖、山地平坝、岩洞飞瀑等喀斯特地貌。

从历代贵州畲族的历史文献和民间传说考证，贵州畲族的前身"东苗""东家"与"革家"同源，与古夜郎国的仡佬族更相近，后来"东家"和"革家"经历代统治者的镇压，不断穿插于各民族间求生存，并逐渐往贵州东部迁徙，一直到凯里和施秉一带，由于其迁徙地与从湘西往东迁的苗族、侗族相冲突，多次发生战争，后与绕家（今瑶族）、木佬（仫佬族）等弱小民族共同生活在一起。"我们老人啊／才过水五条／才渡湖五个／看见湖水黄泱泱／看见波浪白茫茫／岩石陡陡无处上／林木森森无路行／这该怎么办／这该怎么行／天家来指点／指明水清是山泉／指出水浑可灌田／此路是山路／分明是种地的路／分明是我们的歇处／分明是我们起屋的住处／我们的老人啊／进山砍楠竹和山竹／拿给木佬女人编鱼篓／拿给木佬男人编鸟笼。"迁徙歌说明，"绕家"和"木佬"是原始住居民，"东家"初来不习水土，不谙当地生产，向他们学习。

在《兄妹制人烟》一节也说明了畲族（东家人）的民族情感认同："拴点火来去撩／火烧芭茅野草满天飞／成一个爬起骨碌／娘闷磨／那个是木佬人／火烧芭茅野草响声嗲／成一个爬起骨碌／爱康仙／那个是绕家人／火烧芭茅野草响声叽／成一个爬起骨碌／爱哑度／那个是苗族人／火烧芭茅野草响声嗲／成一个爬起骨碌／各芒布／这个是阿孟人……"由此可见，贵州畲族东家人的迁徙与西部、中部苗族相似，与仡佬族、仫佬族、瑶族呈现出大杂居小聚居的现状。由于与苗族的接触较多，故在语言和习俗上相似较多，但在精神信仰、民族情感认同等方面，与苗族不同。南方民族强调各民族的同源关系及区别，"源于他们的物欲、权欲，也源于他们对'群'的依附欲求"①。民族群体在艰难的自然条件与族际争斗中，出于对本民族的文化解释与自我保护，形成不同的史诗文本表述。

贵州畲族（东家人）的《指路词》主要是指引死者回到祖先的地方，先

---

① 刘亚虎．神话与诗的"演述"——南方民族叙事艺术［M］．北京：北京大学出版社，2006：151.

叙述死者父母结合，十月怀胎及生育之苦，成长后如何为人处世，引死者看儿时玩耍过的地方和生前劳作过的高山水塘和田地谷仓等，并到地狱中接受审判，询问死因与来世，最后告别父母子女、亲朋好友，按正确路线归宗上天。"关于死亡的原因与疾病的原因一样，永远被想象成具有神秘的性质"①，长期以来，开路或指路就是要解决死者的死因、去处与生死两界的关系。

通过细致分析，《指路词》表面上讲指引死者去看生前生活的地方，实质上融入了个人所在民族的迁徙地，因为死者要拜见祖先，必先经过祖先迁徙来的道路，认族归宗。如第 20 小节："鸡来到白岩坡/你随鸡来到白岩坡/鸡来到灰岩坡/你跟鸡来到灰岩坡/那里不是白岩坡/魑魅魍魉不好心/他骗你不信/那个不是灰岩坡/魑魅魍魉不好意/他哄你不看/那是冰山/那是雪岭/你去你有钱/你去你有米/你去你有双布鞋/留下脚印明朗朗/你过了冰山/越过了雪岭……"这说明贵州畲族的迁徙不光是过河水过大湖，还经过高原冰山雪地，与东部《苗族古歌》等叙述的有很大的不同。贵州畲族这支民族有可能从逐鹿之战后，从中国西部过黄河，经冰山雪岭，过长江，才进入南方丛林地带，"那是蟒蛇坡/那是毒虫岭/看那蛇毒巨口红彤彤/毒虫身体绿莹莹/蛇大如公羊/虫壮如公狗"，然后经"拐杖坡"，到"戴花坪"这些山地平坝，安居下来，节日到马郎坡集会。"你唱歌来配芦笙/你围舞娘在周围/你噜起嘴来吹芦笙/舞女翩翩起舞随后行"，这支民族不光善于歌舞，而且是山林中狩猎高手，除了生活需要，还要做战争防御，如"你看谁的手拉弓/以前老人手拉弓/你看谁的手射箭/以前老人的手射箭/矢一箭去前面/中个喉包太/中个喉结公"。

史诗演述的故事，依托丧葬仪式而生发，"由于仪式的社会功能的存在，为死者而设的仪式其实是为给活人看的，人们一代一代地在反复表演的仪式中受到熏陶"②，而从这些依稀历史的迷雾中，我们看到畲族（东家人）与南方各民族共同开发了这片荒蛮之地，贵州畲族相对其他少数民族来说，后期人口较少，分化和融合较为严重，所以常穿插于各民族间生存发展，也养成不畏强暴的尚武精神，坚韧自强的民族性格。由于多次迁徙，其历史文化只能以口传形式，代代相传。

---

① ［法］列维·布留尔. 原始思维［M］. 丁由，译. 北京：商务印书馆，1981：277—278.

② 郭于华. 死的困扰与生的执着：中国民间丧葬仪礼与传统生死观［M］. 北京：中国人民大学出版社，1992：182.

四、结语

总而言之，畲族创世史诗《开路经》有着丰富的历史文化价值，涵盖天文、地理、社会政治、民族经济、精神信仰、民族认同、人事风俗等等。它是畲族（东家人）文化的百科全书，是人类非物质文化遗产中不可忽略的一座宝矿。史诗文本的每个部分，都可以进行仔细的研究，它既有世界民族共同的文化母题，又有自身地域环境孕育的独特文化。畲族（东家人）由于人口少、认定晚，学者对其文化了解不够即时，导致民间优秀文化的搜集与整理较晚，对其文化经典评估难以得到系统而深入的研究。作为畲族文化经典、州级非物质文化遗产的《开路经》已经面临传承危机，对它的深入整理与研究迫在眉睫。相信通过本文的浅显探索，能够引起学界的关注。

05

其他研究

中国文献学的开新

——基于贵州民族民间文献的考察

罗正副*

中国文献学，自西汉成帝时期，刘向、刘歆父子等大规模整理宫廷典籍开始，持续至今，已有2000余年的历史。经历魏晋、唐宋、明清各代的发展完善，历史文献学的知识体系和方法运用完整齐备，在中国传统学术的研究领域相对成熟稳定。尤其是从民国以来，随着现代学术体制的不断增长，中国传统文献学的知识和理论进入系统总结的阶段，随之是相应的整理与应用时期。时至今日，就大体而言，中国文献学在方法和理论建构方面，未突破传统已有的研究范式。究其原因，学科建设对新材料的发掘、整理、运用和研究，尚未形成自觉探讨新方法和建构新理论的局面。从贵州近年来对民族民间文献的搜集、整理和研究的实际来看，事实上已经做出了诸多对中国文献学推陈出新的尝试。下面仅从贵州民族民间文献的目录、版本、校勘，文字、音韵、训诂六方面成果考察，也不难看出其对中国传统文献学的推进。

经史子集四部分类的定型，是汉字目录文献长期发展演变过程的结果。将四部分类法置于贵州少数民族文献之中考察，是不相吻合的。换句话说，汉籍文献的经典四部分类法，不适合少数民族文献的具体实际情况。少数民族文献目录如何分类？解决这个问题，非打破传统的目录文献分类不可。《中国少数民族古籍目录提要》的凡例要求，各族各卷总体按古籍、碑刻、文书、口碑四类分门别类。但在贵州彝族文献中，这种分类亦不能囊括其类别，《彝族文献贵州卷》创造性地将其文献分为丧葬、测算、仪式、占卜、天文等14大类和44小类。从出版的清水江文书来看，以地域分类最多，具体书名以县域为单位，细致划分到乡镇、村寨、生产组别、家庭，以至持有人，这缘于

---

* 基金来源：国家社科基金重大项目"清水江文书整理与研究"，项目编号：11&ZD096。
  罗正副，贵州大学历史与民族文化学院博士，教授，硕士生导师。

其良好的归户性特点。贵州其他少数民族的目录文献是否能像彝族文献和《天柱文书》等那样，根据研究对象的具体实际，做出符合自己文献的目录分类？从民族文献的"地方知识"角度而言，这是一项甚具开创性的研究工作。

布依族的叙事古歌《安王与祖王》，最早的整理版本是 1963 年的《民间文学资料》第 41 辑，1986 重印，1994 年又有贵州民族出版社版，版本依据望谟县；另外，还有 1987 年册亨县的翻译整理本 *Aansvwang*（《安王》）。事实上，民间的手抄本更是多得难以计数，这与每个版本的传承（脉络）人有极大的关系。即使是名称，就目前所知，《安王与祖王》还有《殡王经》《巷王》《罕王》等不同称谓。据周国茂主持的国家社科基金课题"布依族史诗《安王与祖王》珍善本搜集整理研究"的调查，又掌握了许多新的版本，其篇幅长短、故事情节和民俗背景都存在差异。侗族的《金汉列美》版本类似。同一部经典，既有不同的整理本，又有更多的手抄本，各手抄传本同中存异，是贵州民族文献版本的特点。这种特点是传统的历史文献学版本所鲜见未见的文化现象，如何整理研究贵州民族文献的版本，是一个具有突破性创新性的学术问题。

同一经典，在众多的民间手抄本中，选择哪村哪寨，哪个抄手的本子翻译整理，以及相互校勘，是难以甄别而值得探讨的重要学术课题。布依族的《嘱咐经》，现存公开出版的就有黄镇邦和伍凯锋等两个版本，两个整理本分别以望谟县和镇宁县的本子为底本，有相同、相通之处，又存在众多差异。研究整理本的异同，就是少数民族文献的重要问题，更何况还有更多的民间手抄文本存世。这是以往的汉籍版本学所未曾碰到的新问题，仅仅依靠传统的文献版本知识难以解决类似的新状况，所以，探寻新的校勘方法，应该是整理、翻译、注释和研究民族民间文献致力的重要方向。

少数民族文字与汉字不同，显然运用汉字的"文字学"，完全解决少数民族的文字文献问题是不可能的。虽然少数民族文字专家有一套专门的文字研究知识，但他们又很少将这套知识置于中国传统文献学的视野展开研究。打通少数民族的古今文字难题，创造一套与少数民族文字相称的文字学是必要的。以清水江文书的俗字为例，地方俗字的约定俗成，已经令整理者四处碰壁，放置到少数民族文字本身，没有专业专门的训练，是难以胜任的。而良好的现代汉语语言文字基础，也是整理、研究和转换少数民族文字文献不可或缺的条件。

以少数民族语言文字为基础条件，才能谈及其音韵之学。每种少数民族的语言，都是复杂而自成体系的，这就要求从业者，以掌握少数民族语言为治学前提。不仅如此，娴熟运用国际音标（注音），以便记录少数民族音声，也相当必要。像文字学一样，在中国语境里，良好的现代汉语基础也是民族音韵必不可少的要件。这样说来，贵州民族文献的音韵之学，需要多元的语言条件，与中国传统音韵学在汉语内部整理转译存在诸多差异和区别。举例来说，哪怕就声调而言，少数民族语言很少只有汉语的四调者，如布依族第三土语区有六调，第一、二土语区有八调，其他民族不一一列举。至于俗语、俚语，非在当地语境，则无法拨云见日。

不同民族文献的语言文字不同，专有名词各异，"用已知晓的字词解释未明白的字词"的训诂之学，就显得非常必要。这一必要性还不只是同一语言内部的注释，还存在转换成汉语乃至英文的问题，因此又存在文化的解释、诠释和传译的问题。进而单靠文献学训诂学基础还不能完成这项工作，必须谙熟民族学人类学等学科的理论与方法。

辨伪、辑佚、传注、编纂、收藏等文献工作，置于贵州民族民间文献的具体情况而论，都与传统文献学有所区别，进一步广泛而深入地开展相应工作，必将对推动中国文献学理论和方法的创新，做出积极的贡献。

超越地域与民族

——清水江文书研究再出发

吴才茂*

　　新史料的发现，无疑有助于学术积累的增长和新研究领域之开拓，就中国古文书而言，敦煌文书之于敦煌学，徽州文书之于徽学，即是著例。而近年来各地不断涌现的地方档案文书及各类民间文献，借之展开经济史、历史人类学、地域社会史、社会文化史等领域的研究，无疑是中国历史学界目前最为引人注目的学术亮点之一。清水江文书的发现、整理与研究，正是这种学术亮点的组成部分。

　　清水江文书，是指明代以来遗存于贵州黔东南少数民族地区的民间历史文献之总称，因其庋藏地多集中于清水江穿境而过的地区，故而清水江文书之称谓亦为学术界所广泛地接受和运用。清水江文书以土地、林业契约为大宗，兼含诉讼词稿、山场坐簿、账册、婚书、宗教科仪文书、鱼鳞图册、归户册、官文书等不同类别，内容涉及政治、经济、社会与文化生活等各个领域。自 1964年被发现以来，经过 50 多年的学术积累，清水江文书无论是在收集、整理与出版上，还是在研究领域的开拓，都取得了丰赡的成果，① 并初步形成了一些颇具争议的问题，如清水江文书究竟从哪里来、林地是家族公有制还是私有制、有无地主阶级、林业商品经济流通是源于市场内部动力还是国家经营、纠纷解决机制是一元还是多元等。② 这些层出不穷的问题与研究成果，虽令人目不暇接，但仍须指出的是，目前清水江文书的研究，重复性的选题和概说性的成果仍占据了大量的篇幅。日本学者唐立就曾指出："《贵州苗族林业契约汇编》

---

　　* 本文原载《中国史研究动态》2017 年第 5 期，第 42—46 页。
　　　吴才茂（1981 年生），男，贵州天柱人，历史学博士，凯里学院教授，研究兴趣为西南民族史和中国古文书学。

　　① 吴才茂. 近五十年来清水江文书的发现与研究 [J]. 中国史研究动态，2014 (1).
　　② 徐晓光，程泽时. 清水江文书研究争议问题述评 [J]. 原生态民族文化学刊，2015 (1).

和《清水江文书》第 1 辑 13 册将约 5000 件契约和诉讼词稿提供给学界，但利用它们撰写论文的成就积累并不多，非常遗憾。"① 之所以如此，主要是因为"不同学科的研究者往往根据所接触到的部分文书，或与研究兴趣相关的某一类型文书，进行一些专题性研究，尚未有效开展多学科交叉渗透的综合研究"②，从而导致了真正富有创见性的研究成果并不多见。因此，摆在我们面前亟待突破的困境是如何利用这批珍贵的民间文献进行具有学术意义上的原创性研究，而非不断地落入就事论事、人云亦云的窠臼之中。

那么，如何突破与推进？已有不少学者从可拓展的领域与未来的研究走向提出了许多有益的建议，如张新民之"清水江学"的倡议与实践、张应强提倡文献与田野结合的方法论及其实践、赵世瑜提出利用清水江文书重建西南乃至中国的历史叙述等，③ 无疑均为清水江文书研究提供了美好前景。可是，具体到甄采各类民间文书而进行的研究成果之中，这种前景就暗淡了许多，其因至为突出者，笔者以为在地域与民族两个关键词上。地域社会史与民族史仍是清水江文书研究所持的主要视角，加之多数研究者并未经过严格的制度史训练，极易陷入重复与概说之困境而难以突围。因此，超越地域与民族，或是今后研究清水江文书的路径之一。

地域社会的研究，虽多始于一定范围的"疆界"，但"超越疆界"才是地域研究的归宿所在。例如，"华南研究"，其重要的视野即是超越与包容，华南只是了解中国社会的必经之路，而非终点；④ 又如徽学研究，亦是对地域的不断超越之中，才得以保持着旺盛的学术生命力。⑤ 至若敦煌文书，借之所论者，多即当时的国家与社会⑥。清水江文书的研究，显然也应该走出封闭的地域世界。于此，阿风业已指出："清水江文书不仅仅是一种地方史研究史料，同时也是明清及民国契约文书的重要组成部分，所以，研究清水江文书，

---

① ［日］唐立. 云南西部少数民族古文书集·编序［M］. 东京：东京外国语大学，2011.

② 张应强. 民间文献与田野调查："清水江文书"整理研究的问题与方法论［J］. 安徽史学，2015（6）.

③ 张新民. 走进清水江文书与清水江文明世界——再论建构清水江学的题域旨趣与研究发展方向［J］. 贵州大学学报（社会科学版），2012（1）；张应强. 文献与田野："清水江文书"整理研究的方法论［N］. 光明日报，2015 – 10 – 15（16）；赵世瑜. 清水江文书在重建中国历史叙述上的意义［J］. 原生态民族文化学刊，2015（4）.

④ 华南研究会编辑委员会. 学步与超越：华南研究会论文集［M］. 香港：文化创造出版社，2004：8，30.

⑤ 唐力行. 超越地域的疆界：有关区域和区域比较研究的若干思考［J］. 史林，2008（6）.

⑥ 荣新江. 敦煌学十八讲［M］. 北京：北京大学出版社，2001.

要有广阔的视野，要将这些资料放在整个中国历史的大背景之下，去发现这些文书所具有普遍性与特殊性。"① 那么，超越地域具体如何操作？要言之，可从如下两方面展开。

其一，在继续搜集清水江文书的同时，应特别注意"域外"文献的发掘。清水江文书研究被指文献极为单一，是因目前所见之绝大多数研究成果，其史料来源过于倚重"域内"的契约文书、碑刻与族谱，而对"域外"文献有"视而未见"之嫌。所谓"域外"文献，有两层含义：一是指清水江地区之外的文献（如他处之地方志、明清以来士人文集、笔记等），王振忠发现的《商编路程》，就是特别突出的例子②；二是指清水江地区普通百姓制作的民间历史文献之外的文献，特别是明清乃至民国时期的档案文书，须格外珍视。如《铜鼓卫选簿》（"中央"研究院历史语言研究所藏）即可与清水江地区的族谱比勘阅读，追寻其人口移动轨迹与卫所屯军参与地方建设的历史过程，如此则不仅可逐渐辨明该地人群"亦汉亦苗"缘由，亦可逐步认清契约文书的传播途径与迅速使用开来的原因。又如，清代刑科题本中有关清水江乃至贵州地区的资料，多系矛盾集中爆发之后的案件报告汇编，资料详细，值得进一步发掘。至于"官文书"，更应予以特别关注，这是因为明代以来清水江地区的社会经济发展，基本上是在国家制度的强力推行下而实现的，"官文书"成为理解明清乃至民国国家制度推行的重要资料，缺少这一"自上而下"的整体环节，而一味强调"自下而上"的地域视角，无疑是区域研究的瓶颈所在。

其二，既要走出清水江地区，又要从周边看清水江地区。由于清水江的研究过于依赖"域内"文献，使其研究的区域主要集中在这些民间历史文献较为集中的锦屏与天柱两地，借此展开的研究，多见所谓特殊性的阐释，而少见普遍性论证。实际上，"木材之流动"从一开始，就并非一个地域性的问题，而是一个关乎整个中国木材市场的全局性问题，迨至晚清民国，甚至已是世界木材贸易市场中的组成部分。然而，即如本为一体的清水江—沅江流域的木材贸易，在研究者的视野中，却未能统合成一个有机的整体而进行研究，而仍似当年的"当江"制度一样，各自把持一段而泾渭分明。因此，尽管这种本就流动性极强的商业网络，早已具备了走出清水江地区的特质，但

---

① 张新民，朱荫贵，阿风，等. 共同推动古文书学与乡土文献学的发展——清水江文书整理与研究四人谈［J］. 贵州大学学报（社会科学版），2012（3）.

② 王振忠. 徽、临商帮与清水江的木材贸易及其相关问题——清代佚名商编路程抄本之整理与研究［J］. 历史地理，2014（1）.

限于"域外"文献的发现和使用之难度，这种超越地域的研究视野，更多的还是一种呼声与企望，仍须学者自觉地去身体力行。然而，若以周边看清水江地区的视角，特别是比较研究的视角，仍不失为一种超越地域的有效方法。例如，一些学者就有关山林、土地契约和鱼鳞图册的研究，既指出了清水江文书的特质，又论及了如国家土地管理制度、"永佃权"等普遍性的问题①。而王振忠提倡社会文化史的综合研究及其实践②，无疑也具有示范意义。因此，只有超越地域，方能真正把握地域的特质，并把研究推向深入；也只有超越地域，方能产生比较的视角，借此而更加深刻地认识地域。唯其如此，方能在深刻认识地域的基础上，真正理解整个中国社会。

清水江文书发现地为苗族、侗族等少数民族聚居区，从一开始就被贴上了民族契约文书的标签。早期的《侗族社会历史调查》和《贵州苗族林业契约文书汇编（1736—1750）》可谓代表。随之而展开的研究，无论是历史学、法学、人类学、民族学，还是其他学科，无不暗含了民族（特别是苗族与侗族）这一关键术语在里面，由此而产出的研究成果，绝大多数都属于民族的范畴，打民族牌似已成为研究清水江文书的诀窍和不二法门。诚然，借之展开民族历史的研究，自然是清水江文书研究的重要一环，因为清水江地区无论是明清时期还是当今社会，确实是一个多民族聚居的地域社会。然而，正是这种"多元一体"的聚居形态，使清水江地区的人群关系更为复杂。今日所论之苗族、侗族或其他少数民族，若细辨人口移动史，其先祖在明清乃至民国时期，或即是汉人。举例而言，清水江文书集中之地，无论是锦屏、天柱，还是黎平大部，与所谓"生苗地界"迥然有别。从元代置于该地一字排开的 12 个蛮夷长官司之分布图中，可明显地看出其地实为开辟"里古州"的桥头堡③。至明代广设卫所于其地，迁入之汉族屯军及家属，不下 5 万余人，其后裔集中居住或散处各地，正是这种"多元一体"聚居格局形成的基础。在此历史背景之下，明代以来，其地方文化谱系之建构，实深合王朝大一统之下的地方性表达，如宗祠筑建与族谱编纂，均是显例。如此，如何能以少

---

① ［日］岸本美绪. 贵州の山林契约文书と徽州の山林契约文书［M］//唐立等. 贵州苗族林业契约文书汇编（1736—1950 年）：第三卷. 东京：东京外国语大学，2003：165—190；栾成显. 清水江土地文书考述——与徽州文书之比较［J］. 中国史研究，2015（3）；黄敬斌，张海英. 春花鱼鳞册初探［J］. 贵州大学学报（社会科学版），2015（2）.

② 王振忠. 清水江文书所见清、民国时期的风水先生——兼与徽州文书的比较［J］. 贵州大学学报（社会科学版），2013（6）.

③ 谭其骧. 中国历史地图集：元、明时期［M］. 北京：中国地图出版社，1996：34—35.

数民族特别是苗族和侗族一言以蔽之？那么，如何研究才不至于陷入开口即是民族的困境？笔者以为，可从如下两方面进行突破。

第一，引入古文书学的研究方法。中国古文书学的提法虽然较晚，但欧洲与日本，很早就有古文书学学科，特别是日本学者的研究，值得借鉴，其研究模式如下：第一步是发现和调查，第二步是整理和公布，第三步是大量搜集这些文书并予以分类、编年等工作，第四步是各论研究。而"各论研究"又分为样式研究（文书书体、文体、授受人和机构、开头语、本文、结束语、署名等）、形态研究（文书的物质形态，包括纸张、用墨、用笔等）、机能研究（包括文书的完成、传达、受理、管理的过程，以及机能，效力等问题）、传承研究（文书传承的过程和保存的意义等）①。这一模式套在中国古文书上，虽然尚有可商榷之处，然即依此而论，清水江文书要做的工作还非常多，特别是"各论研究"值得深入展开。例如，通过辨析文书书写格式变化，即可解决清水江文书的来源、传播及其使用等问题②。可以想见，迨至以古文书学的方法把这些看似饾饤的基础性研究工作完成时，或可发现，不仅不同人群已为汉文字这种书写工具整合成了"你中有我，我中有你"的多民族共生社会，而且民族间那种看似界限分明的表象背后，的确存在着一个文化大一统的体系在里面。换言之，要谈所谓的民族特质，仍须在中国文化大一统的背景下去实现。

第二，深挖"文化特质"，超越"苗侗属性"。谚云："十里不同风，百里不同俗。"经语意指各地均不同程度地存在着一些有别于他处的地域文化现象，这种文化特质常被书写者无限放大而有脱离实际的风险。就清水江文书而言，强调民族特质成为重要的研究取向，然而，其研究成果究竟是"苗"还是"侗"的属性。连论者自己最后亦难下定论。在此情形之下，实不宜以现代的民族属性去阐释清水江地区的历史属性。因为在现代历史学、人类学和社会学揭示"民族"是一个建构与再建构的过程之前，已有研究者发现民族并非如民族主义者宣称的那样自古而然，事实上民族是一个相当晚近的制造物③。清水江地区的文化特质，在元、明、清三朝倾力开发西南地区的历史脉络下，实际上包含了文化儒家化、移民在地化与少数民族山地化的地域文化特质。此一历史过程若未深入辨明，而一味强调民族属性，借此书写着研究者心中的少数民族史，无疑是徒劳的。

---

① 黄正建. 中国古文书学的历史与现状 ［J］. 史学理论研究, 2015 (3).
② 吴才茂. 明代以来清水江文书书写格式的变化与民众习惯的变迁 ［J］. 西南大学学报（社会科学版）, 2016 (4).
③ 罗新. 超越民族主义的国家史观 ［J］. 文化纵横, 2015 (4).

物、祖先及其社会意蕴

——一个边汉社会的民族志

石　峰*

人类学对"物"的兴趣可追溯到早期的进化论，其以"物"作为人类进化的标尺。而莫斯对"礼物"的研究则开创了该论题的象征起源论。随后的人类学各派理论皆有所涉猎。但在后来的学术进展中，人类学家对"物"的兴趣不再那么高涨，正如黄应贵先生的观察："因此在结构功能论于四十年代兴起后，物与物质文化的研究便已衰落，几乎只成为博物馆的工作，但很少为人类学者所重视，这情形直到八十年代才有重要改变。"① 国际人类学界对"物"的再度热情，显然也感染到了人类学汉语学界。其中的代表性研究成果便是台湾人类学家黄应贵先生主编的论文集《物与物质文化》（2004）。黄应贵在文集导论中梳理了"物"研究的大体脉络，相关的经典研究基本上都有涉及。在此基础上，结合文集各篇论文，在"物"这个大论题下，他提炼出八个次论题：（1）物自身；（2）交换与社会文化性质；（3）物的象征化及其与其他分类的关系；（4）物、社会生活与心性；（5）物性的表征；（6）物性与历史及社会经济条件；（7）物的象征化及物在各文化中的特殊位置；（8）物与文化。② 这八个次论题显然有重叠和交错之处，但基本上涵括了"物"研究的多重面相。作为人类学学科标识的"亲属研究"当然可通过"物"这

---

* 本文原载《思想战线》2019 年第 1 期，第 28—36 页。

　　基金项目：国家社科基金项目"黔中屯堡"族—会"型汉人乡村社会研究"阶段性成果（15BSH098）。

　　石峰，贵州师范大学历史与政治学院教授（贵州贵阳，550001）。

① 黄应贵. 物与物质文化·导论 [M]. 台北：中央研究院民族学研究所，2004.
② 黄应贵. 物与物质文化·导论 [M]. 台北：中央研究院民族学研究所，2004.

个媒介做多侧面的探讨。文集中至少有 3 篇论文具有如此取向。① 本文正是沿袭了这个思路，将"物"与汉人的"祖先崇拜"进行勾连，进而反思过往的相关研究。

一、秘传的技艺

本文的田野点鲍屯位于黔中安顺地区，是一个典型的屯堡村寨。屯堡文化事象众多，假如要提炼其关键符号，大体有三，即妇女服饰、地戏（跳神）和抬汪公。其中与本文主题相关的便是妇女服饰。目前屯堡乡村的妇女服饰基本上保持了传统样式，其原因我曾做过初步探讨，屯堡妇女对传统服装的坚守，与男子服装的无差别化，可以这样解读：社区或族群与外界大社会的关系，既不是孤立，也不是完全被兼容。与外界社会的交往无时不在发生，这体现了村庄或族群"开"的一面，也象征性地表现为男子无差别化的服装。虽有传统服装，但与外界服装大同小异。但在交往过程中，内外边界也还在维持。这体现了村庄或族群"闭"的一面。交往的同时，时刻没忘记表达自我。妇女服饰正是这种表达的机制。在汉人社会中，男子多主外，女子多主内。借此社会性别关系，男子服装隐喻了与外界的交往，女子服装则隐喻了内部自我。但这并不意味着在日常生活中女性被禁锢在群体内部空间，她们的社会交往圈也突破了社区边界。其对传统服饰的坚守，主要是一个象征表达。而外界对屯堡人的认知与识别，女装是一个至关重要的显性符号。毫不夸张地说，如果屯堡人放弃传统女装，其作为一个被少数民族包围的地方汉人群体的身份认同必将弱化。② 而屯堡妇女传统服饰的关键构件便是本文所讨论的"物"——丝头系腰（或丝头腰带）。

地方文人对丝头系腰的文字记录通常强调三个要点。其一，汉文化特色。如"屯堡人的服饰可以让我们穿越历史看到最古老的汉族服饰"，"屯堡妇女的服饰俗称'凤阳汉装'。这些服饰从安徽传来，如今当地早已失传，因而这里的服饰已呈活化石""屯堡妇女腰间的丝头系腰，至今只有鲍屯一地能生产。腰部的装饰物是汉族服饰的重要元素"等。其二，结构和简要制作过程。

---

① 三篇论文分别是：陈文德《衣饰与族群认同：以南王卑南人的织与绣为例》、谭昌国《祖灵屋与头目家阶层地位：以东排湾土坂村 Patjalinuk 家为例》、胡家瑜《赛夏仪式食物与 Tatinii（先灵）记忆：从文化意象和感官经验的关联谈起》。

② 石峰．"边汉社会"及其基本轮廓——以黔中屯堡乡村社会为例［J］．安顺学院学报，2018（1）．

如"丝头系腰是由'带'和'丝'两部分编成，带长4米许，丝长0.6米。编织时先把棉线放在一块长30厘米、宽4厘米、厚1厘米的铁板上编成通带。通带一般的就只编出方块格或白果花图案，花形特殊的可编织出'花好月圆'之类的文字和花卉图案。编织成带的成品需要两次煮染成黑色，经过整压梳理才能称为正品。丝线与带的两端相联结，联结的工艺编织技术更为玄妙……"其三，美学价值。如"丝头系腰不仅显示女性的三围美，还透露出迷人的妩媚与典雅"，"屯堡妇女对丝头系腰的偏爱是令人感动的。成群结队着丝头系腰在乡间路上的屯堡女人往往会引来屯堡男人的阵阵山歌：老远看你赶路来，丝头腰带甩起来。甩出鱼钩下河去，钩上一条大鱼来"[①]。而在实地访谈中，村民们的着重点与文人有同也有异，他们主要强调丝头系腰技艺的秘传性和"带子老祖"鲍大千对丝头系腰技艺知识的贡献。对鲍大千的讨论留给下文。

与中国其他区域的乡村一样，鲍屯的年轻人多外出打工，留守村里的中老年人除了务农，便是从事具有本村特色的丝头系腰编织。一位在家编织腰带的老人说，从事此项工作的中老年人年龄集中在50—70岁，年轻人宁愿外出打工也不愿加入进来，原因是坐的时间太长，一天要坐5个多小时。从经济收入来看，也是相当可观。据2018年的调查，如果有人订货，每条售价1000元左右，如果卖给中间商，每条售价700元左右，一个月能织10条左右。

还有老人说，2007年前后，编织腰带的人很多，现在相对有所减少。在之前，村民们是偷偷编织，主要是担心国家政策不允许。村民们的担心是有原因的，改革开放前，编织和买卖腰带被视为投机倒把，但由于有需求，一部分村民们只能躲在厕所、山洞，或去村外亲戚家偷偷做。2007年后，村里挖掘传统文化，村民才公开编织。经过宣传，妇女们对腰带的需求量开始增多。

目前，关于丝头系腰的记忆可追溯到民国时期。民国贵州省主席周西成修建贵阳至安顺的公路，中经今天的带子街村。鲍屯有村民在此地出售丝头系腰，后建房定居，便形成一个自然村落。立于街边的石碑详细介绍了带子街的由来："带子街位于安顺城东二十公里处，地当滇黔大道。在清朝中期鲍屯棉织手工业发展，从业者多，将所织的各种民国服饰的带子，来此搭棚销售，后建房定居。沿街带子飘舞，由此得名为带子街。从乾隆三十年至乾隆

---

① 杨友维，等. 鲍家屯［M］. 成都：巴蜀出版社，2008：49—54.

三十五年（1765—1770）为建村时期。在这以后的一百八十多年间，凡经战火劫难，屋疏户稀，到公元一九五零年，建行政村时，始成村寨规模。共四个自然村，上下带子街为汉族，黄坡、黄家庄为苗族。"此段碑文在年代上有自相矛盾之处，如清朝和民国混淆不清，但至少可追到民国。人类学家通常认为，中国村庄的裂变与宗族/家族的裂变（分房）相重叠，即宗族/家族人口增加，便通过分房的形式另寻他处居住，随后形成另一个自然村落。但带子街从母村鲍屯分离出来，并非以分房的形式而成，却是因出售丝头系腰而形成的自然村落。

当然，村民们谈论最多的是丝头系腰的秘传技艺。地方文人虽然也记录了丝头系腰的制作过程，但并没揭示其复杂的技术工艺和流程。从上文老人所说一个月大概只能织 10 条左右，便知其工艺的复杂程度。丝头系腰的秘传技艺具有两个特点：一是传男不传女，这里的女主要指女儿，不包括嫁入村里的外来媳妇。因为女儿会嫁出村外，外来媳妇虽然是女性，但不会把技艺传给村外之人。二是有资格获得技艺之村民，不分姓氏。鲍屯是一个鲍姓独大的多姓村，鲍姓村民占总人口的 90%，除鲍姓外，尚有汪、吴、潘、徐、陈等杂姓。作为一姓独大的杂姓村，鲍族之事 90% 是村庄之事，村庄 90% 是鲍族之事。在某种程度上，鲍族等于鲍屯。鲍族虽然占据了村庄 90% 的社会空间，但并非全体占有。因此，在某种程度上，鲍族又不等于鲍屯。一姓独大的杂姓村内部的这种张力，需要汉人社会最基本的两个组织形式宗族和"会"来舒解。当涉及族内事务时，宗族自行处置。而当涉及包括鲍姓和其他杂姓的全村事务时，则由"会"任之。在这里，宗族和"会"在形式和内容上既重叠又分离。我曾将这样的社会构成概括为"族—会"型乡村，以区别于东南和华北汉人乡村社会。① 简言之，村庄作为整体其利益大于一姓独大的鲍氏宗族。虽然传说丝头系腰技艺是由鲍氏族人十一世祖鲍大千从安徽故里学成带来，但其技艺知识却惠及全村村民。在鲍屯，知识传承的基本原则是以村为单位，而不是以族为单位，正如村民所说："技术不能出村。"

施奈德（Jane Schneider）在一篇服饰人类学的综述中，梳理出了服饰文化在不同社会和族群中所呈现出来的功能和意义多样性。其中服饰能强化和

---

① 石峰．"边汉社会"及其基本轮廓——以黔中屯堡乡村社会为例［J］．安顺学院学报，2018（1）．

维持社会关系和纽带。① 倘若把鲍屯丝头系腰做跨文化的比较，可凸显其鲜明的文化特色。如有的族群母亲会为女儿出嫁准备一些纺织品，女儿在婚后生活中保留母亲的礼物以及继承纺织技术，并照此方式传递给自己的女儿。她们借此强化和维持了女性继承线。但鲍屯妇女结婚时，丝头系腰不是女方准备，而是作为男方聘礼的一部分。因而在屯堡社会丝头系腰促进了联姻。另外，许多族群的性别分工通常把纺织工作分配给女性或男性。其中，女性从事纺织工作较为常见，男性相对较少，施奈德列举了非洲勒勒人（Lele）的例子，在勒勒人社会男人是纺织者。鲍屯村民编织丝头系腰时却不分男女，两性皆可从事此项工作，从而在这个工作领域淡化了性别差异。

丝头系腰也表达了鲍屯村民的自我身份认同。这个认同体现在两个层面：一是强调汉文化的起源和特色，使他们与整个屯堡汉人群体形成一个文化共同体，从而与周边的非汉族群相区别，建立了一道族群边界。二是通过丝头系腰的秘传技艺，强调鲍屯单个村落的独特性，因而在整个屯堡汉人群体内部，再形成一个次级认同。鲍屯村民借助丝头系腰所具备的这种一级和次级身份认同，体现了多重身份认同的叠合属性。② 当然，与本文主题紧密相关的是丝头系腰与祖先的联结，下面转向对"带子老祖"鲍大千的讨论。

二、"带子老祖"鲍大千

从人类学对"宗族组织"的界定来看，鲍氏在历史上确实是个组织化的宗族，而非礼仪性宗族，因为具备了组织化宗族的四个基本条件，即共祖、祠堂、公产和族谱。鲍氏始祖为鲍福宝，下分"仁、义、礼、智、信"五房，现已传至二十一世。鲍大千系十一世祖。目前鲍氏宗族的组织性主要体现在每年清明祭祖方面。族人除了集中在鲍屯外，部分还分离出去组建了另一个自然村带子街。另有部分族人散居在各地。清明是祭祖最重要的日子。村民们说祭祖时间一般会持续半月左右，原因是要按照祖先的不同世系来祭祀。清明前一周祭拜的是"带子老祖"鲍大千，清明当天全体族人祭拜始祖鲍福宝，第二天按房祭祖，第三天按支祭祖，第四天以后则按小家祭祖。始祖坟地位于村子后山上，因风水极佳和面积的限制，族人曾规定六世以后的祖先

---

① SCHNEIDER J. The Anthropology of Cloth［J］. Annual Review of Anthropology，1987，169：409—448.

② 杨凤岗. 皈信·同化·叠合身份认同：北美华人基督徒研究［M］. 北京：民族出版社出版社，2008.

就不准再葬于此地。因此，这块祖坟地仅有前七世祖的坟茔，其他祖坟则散布各处。另一说法是族人做官至知府以上才能葬于祖坟地。清明祭始祖无疑是村里和族人的一次盛会，2018 年为了招待各地赶来的族人，曾摆了 420 多桌宴席，按一桌 8 人计，则有 3000 多人。

鲍大千墓位于离鲍屯 1.2 公里处的大西桥镇。该地为鲍氏族人一小墓园，鲍大千墓碑文载有"清乾隆五年庚申（1740）仲春月吉日立"，碑上的对联为："腰带学识万里艺，屯堡服饰千古传。"从碑文的公历时间和赞辞来看，鲍大千墓显然是重建的新墓，但旧墓建于乾隆年间应是肯定的。

每年清明节前一周对鲍大千的墓祭主要是村里丝头系腰的编织者，不分性别和姓氏。祭祀组织仿祭祀始祖鲍福宝的模式，因为人数相对较少，所以规模也没有那么庞大。一般 7—8 人作为组织者，负责收钱和卖餐票，祭祀者去到坟墓后，先集体磕头，然后"说话"（念咒语：不教外人，如教就"节子灭孙"），念祭文，最后祭祀者与祖先共餐"一锅香"。2013 年的祭文如下：

时值公元 2013 年 4 月 2 号农历癸巳年二月二十日，鲍氏子孙，大千祖公的徒孙几百余人，谨以酌馐佳果鲜卉之尊，致祭于十一世祖考大千之灵，祝文曰：鲍氏十一世祖考大千，创建农工相辅，技艺财神之祖公祖师，留给子孙徒孙，纺织腰带系腰村，引领百户鲍屯儿女，浓墨重彩，绘就同步小康村，非物质文化遗产，开创实践超过预期，价钱超过历史，富裕百余家。春暖花开又清明，乾坤宝灵千年好，上坟炊烟万户新，适逢盛世生意新，墓前野祭扫墓真，今天缅怀大千祖，夜以继日纺织忙，真心实意祭我祖，子孙徒孙表真心，乐此不疲富裕臻。……

关于鲍大千前往安徽将丝头系腰技艺带回鲍屯的传说有两个版本。一是口头版，主要流行在普通村民中间，核心内容是说他两次前往安徽老家学习编织技艺，第一次只学到正面，第二次才学到反面，没有故事情节。二是地方文人书写的较为详细的添加了许多故事情节的书面版。①

（1）故事情节一：清雍正六年（1728），不满二十二岁的鲍大千在鲍家拳擂台比武夺魁，并喜添贵子，众宾客前来祝贺。其母萧太君身着系有丝头腰带的服装，引来众宾客的观赏，并询问腰带的来历和技艺。萧太君告知乃鲍家祖传，由始祖"调北征南"时带来，所系腰带为始祖母牛氏传下来已三百多年。但制作技艺当时尚未传到鲍屯，只有祖籍地安徽歙县棠越村鲍家人才能制作。

---

① 杨友维，等. 鲍家屯［M］. 成都：巴蜀出版社，2008：147—150.

（2）故事情节二：鲍大千当着众人下跪，请求母亲让自己到祖籍地学习丝头腰带的技艺，母亲萧太君允诺。鲍大千离开村子时，回望家乡的山水，大菁山、小菁山、小河、小桥、水碾房……在眼前掠过。

（3）故事情节三：鲍大千进入湖南境内，路过一苗寨，见土匪劫持一女子。鲍大千利用平时练就的鲍家拳救下该女子。

（4）故事情节四：历时数月，行程数千里，鲍大千终于来到安徽歙县棠越村。但鲍氏族长鲍三立对其身份有些怀疑，鲍大千便出示族谱，并说出鲍氏在黔的世系。族长鲍三立再问其是否会打鲍家拳，鲍大千展示鲍家拳的武艺。至此，鲍大千的家族身份获得认可。

（5）故事情节五：在棠越村半月，鲍大千学会了丝头腰带的编织技艺，同时将织机零件尺寸绘成图，记录下编织流程，便踏上返乡之途。

（6）故事情节六：回乡后，鲍大千带领乡亲在汪公殿盟誓："遵照祖训，丝头腰带编织技艺只传本屯鲍、汪、吕三姓，且只传儿子不传女儿。"从此，此门技艺便为鲍屯独有，至今不衰。

这则文人书写的传说与流行在村民中的口头传说不同之处有两点：一是村民说鲍大千两次前往安徽祖籍地学艺，但书面版无此反复曲折的情节；二是口头版情节简单，书面版情节复杂。书面版增添的这些故事情节显然想象的成分居多，尽管如此却具有丰富的社会文化意义，其间所透露出的信息和符号充满了象征和隐喻的意涵。换言之，内容丰富的书面版通过叙述鲍大千远赴安徽学艺的过程来表达自己的身份认同，或说学艺与身份认同表达这两条线同时展开。

一如上文对丝头系腰的讨论，鲍大千传说的书面版同样表达了鲍氏族人的多重身份认同，且其多重性多于前者。其一，祖籍地认同。如故事情节一叙述萧太君告知宾客丝头系腰乃鲍家祖传，由始祖"调北征南"时带来，但制作技艺当时尚未传到鲍屯，只有祖籍地安徽歙县棠越村鲍家人才能制作。鲍大千远赴安徽歙县棠越村学艺的行为本身就是寻根追寻自我的过程和表达。其二，在地认同。这是移民社会地域空间认同较为常见的文化现象。遥远的祖籍地与当前身处的地域这二重空间共同塑造了自己的地域身份。所以在故事情节二中，鲍大千离开村子时，回望家乡的山水，大菁山、小菁山、小河、小桥、水碾房等自然景观在眼前掠过。其三，军人认同。屯堡人作为明朝派遣至西南土司地区的卫所军人之后裔，在日常生活中尤其强调自己的军事色彩，比如，"地戏"所演剧目皆武戏，村庄的布局充满了军事防御功能，而在书面版传说中则以鲍家拳意象来加以凸显，鲍家拳在文本中总共出现三次。

故事情节一叙述鲍大千在鲍家拳擂台比武夺魁。故事情节三叙述鲍大千进入湖南境内，利用平时练就的鲍家拳救下被土匪劫持的女子。故事情节四叙述安徽歙县棠越村鲍氏族长以鲍家拳验证鲍大千的族人身份。其四，宗族认同。最显性的例子就是故事情节四叙述安徽歙县棠越村鲍氏族长以鲍家拳和族谱验证鲍大千的族人身份。鲍大千为何要随身携带族谱千里学艺，文本并未交待其原因，在此故事情节中突然出现族谱于是便显得有些突兀，但这并不影响文本所反映出来的宗族认同。其五，族群认同。故事情节三叙述鲍大千进入湖南境内，路过一苗寨，见土匪劫持一女子。鲍大千利用平时练就的鲍家拳救下该女子。在所有故事情节中，此情节的刻意虚构性最为明显。虽然所经过的苗寨不在贵州境内，但其族群区隔和歧视的意义并无二致。文本作者把以鲍大千为代表的汉人塑造为正义的化身，苗寨象征了少数民族或土司，同时也象征性地等同于土匪，鲍大千来到此地利用武力解救了被欺压的弱者。故此，鲍大千从土匪（土司）手里解救女子无疑是明朝卫所军人来到西南非汉地区控制土司的隐喻表达，同时也是汉与非汉的族群身份区隔的隐喻表达。其六，村庄认同。故事情节六叙述鲍大千回乡后带领乡亲在汪公殿盟誓："遵照祖训，丝头腰带编织技艺只传本屯鲍、汪、吕三姓，且只传儿子不传女儿。"有趣的是，他们盟誓的地点并不在鲍氏祠堂，而是汪公殿，据《鲍氏族谱》载，历史上确存在鲍氏祠堂，1949 年以后被毁。鲍屯乃一姓独大的多姓村，其社会结构为"族—会"型村庄，鲍氏族人虽占整个村庄人口的 90%，但并不能代表整个村庄。也即是说，鲍氏祠堂发挥不了村庄整合的作用，汪公殿和祭祀组织"汪公会"则能涵概全村的所有姓氏以及男女两性。丝头腰带编织技艺并非鲍氏族人独占，而为全村所有姓氏共享，故而盟誓地点不在鲍氏祠堂，而在作为整个村庄象征的汪公殿。

在鲍大千传说的两个版本中，口头版因故事情节简单而无多大分析价值，书面版的情节丰富多彩，使我们能够分析出以上六个多重身份认同。鲍大千作为祖先的身份具有二重性：一是作为鲍氏族人的十一世祖，二是作为全村的"带子老祖"。两个传说都同时表达了他的这两个身份。当然，作为鲍氏族人的十一世祖，主要反映在《鲍氏族谱》的系谱记录和清明节的墓祭上。而作为全村的"带子老祖"，则主要体现在清明节受到全村丝头系腰编织者的祭祀。鲍大千作为"一家之祖"上升为"一村之祖"，其连接机制当然是丝头系腰这个物件，而丝头系腰的编织技艺为何不由鲍姓独占，却由全村多姓共享，是什么理念导致了这个共享行为？本文认为这个理念就是"村庄至上"原则，而不是"宗族/家族至上"原则。"村庄至上"原则的产生极有可能与历史上屯堡村寨作为一个整体一致对外有莫大的关系。限于篇幅，本文对此暂不做详细讨论。本文关注的是，鲍大千作为"一家之祖"上升为"一村之祖"在汉人祖先崇拜的学术话语中有何意义？下面转向此论题。

三、扩大的祖先

汉人祖先崇拜的人类学研究与宗族/家族研究紧密相关。换言之，宗族/家族研究必然要涉及祖先崇拜问题，祖先崇拜是宗族/家族诸多问题中的核心问题。因此，在人类学汉人社会研究中，祖先崇拜是人类学家热烈讨论的焦点。早在 20 世纪 30 年代林耀华便已撰专文讨论此问题，他从鬼神的概念、拜祖的意义、拜祖的渊源、拜祖的礼仪、祭先礼的变迁和沿革、拜祖与迷信、拜祖的种种影响等方面作了先驱性的研究。① 随后的 40 年代许烺光更以祖先崇拜为中心撰写了他的代表作《祖荫下》，他将汉人的社会行为皆归结为在"祖荫下"的一切活动："与其说以贫富间不同的社会行为作出发点，还不如说是由于经济条件和社会地位的不同，相同的社会行为所产生的结果也就不同更为恰当。'社会行为'在这里指的是以'祖先荫蔽'为中心内容的一切活动。"② 另外，汉人祖先崇拜与其他文化中的祖先崇拜有何异同也是人类学家的一个兴趣点。1976 年，尼韦尔（W. H. Newell）主编的论文集《祖先》（Ancestors）便从跨文化的角度将东亚（日本人与汉人）和西非的祖先崇拜做了较为详细的比较。为什么选择这两个区域的祖先崇拜进行比较研究，尼韦尔说："虽然祖先崇拜的行为方式在所有的大陆皆有发现，但东亚和西非有当代的资料可利用（罗马和希腊的祖先崇拜习俗只有历史记载）。而且，这两个区域皆强调单系继嗣；皆有清楚严格的宗教与政治制度，以及皆有优秀的民族志。"③ 在汉人祖先崇拜研究的诸多问题中，其中有三个问题与本文所要讨论的问题紧密相关，因此，本文将"带子老祖"鲍大千置放在这三个问题脉络中进行讨论。

（一）祖先与财产

在《拜祖》其中一节中，林耀华认为汉人对待祖先的态度是爱恨交加。

① 林耀华. 义序的宗族研究·拜祖［M］. 北京：生活·读书·新知三联书店，2000.

② 许烺光. 祖荫下［M］. 王芃，徐隆德，译. 台北：南天书局，2001：7.

③ NEWELL W H. Perface［M］//NEWELL W H. Ancestors. The Hague：Mouton Publishers, 1976.

一方面"视死者为良友"，另一方面"视死者为仇敌"①。庄孔韶在评论这段文字时，说道："林先生提出的祖灵是良友与仇敌之说似乎最早，其后三四十年人类学界才有一个讨论祖灵善恶问题的学术热点。"②

对"祖灵善恶"的争论成为后来祖先崇拜研究一个主导性的问题之一。同时，也连带产生了其他几个相关议题。李亦园在一篇重要文献中对此做了精彩的回顾和评论。他认为这段时间人类学汉人家族仪式的宗教崇拜研究有三个争论：一是汉人观念中的祖先是永远地保佑子孙抑或会作祟致祸于子孙；二是祖先牌位的供奉是否一定与财产的继承有关；三是坟墓风水仪式是否有操弄祖先骨骸之嫌。③

在李亦园梳理的这三个颇富争议性的问题中，其中以祖先牌位的供奉是否一定与财产的继承有关对讨论"带子老祖"鲍大千极具启发意义。许烺光认为汉人供奉祖先牌位是每个人理所当然的行为，与遗产有无无关，但芮马丁（Emily Ahern）却认为牌位的设立与否和继承权有密切的关系。芮马丁在台湾溪南发现和总结出一个祖先与财产关系的一般原则：（1）假如 X 继承 Y 的财产，X 就应该祭拜 Y。（2）假如 X 是 Y 的直系后裔，X 并不一定要祭拜 Y：① 假如 X 是 Y 的唯一后裔，X 就一定要祭拜 Y；② 假如 X 是 Y 最受惠后裔，X 就一定要祭拜 Y。④ 这个原则的关键之处是直系后裔不一定祭拜自己的祖先，而非血缘关系之人却有可能建立祭拜关系。芮马丁在溪南发现了一个典型案例：一位李姓男子在服军役时，认识了一个独身军官，这位军官去世前将自己的财产遗赠他，条件是埋葬其遗体并立牌位当作祖先祭拜。⑤ 其他人类学家在台湾也发现了异姓祖先崇拜的案例，如陈祥水对彰化"异姓公妈"的研究，他说："一个行将倒房的家庭除了由女儿将祖先牌位陪嫁以在别人家形成异姓祖先崇拜外，也可因招赘而使赘婿将其本家的祖先牌位背过来形成

---

① 林耀华. 义序的宗族研究·拜祖［M］. 北京：生活·读书·新知三联书店，2000.

② 庄孔韶. 林耀华早期学术作品之思路转换［M］//林耀华. 义序的宗族研究（附记）. 北京：生活·读书·新知三联书店，2000.

③ 李亦园. 中国家族与其仪式：若干观念的检讨［M］//杨国枢. 中国人的心理. 南京：江苏教育出版社，2006.

④ AHERN E. The Cult of the Dead in a Chinese Village［M］. Stanford：Stanford University Press，1973：149.

⑤ AHERN E. The Cult of the Dead in a Chinese Village［M］. Stanford：Stanford University Press，1973：139

异姓公妈……财产的赠与和祖先崇拜可以说是一种互惠的关系。"① 反对者认为，这种建立在财产利益基础上的祖先崇拜违背了中国儒家"慎终追远"的基本伦理和感情，但正如李亦园所说："Ahern（芮马丁）所看到的现象，虽然为传统的中国人引为震惊，我们仍然不认为这是一种矛盾或冲突，而认为是在特殊环境之下的一种调适与弹性原则运用，也就是说一种亲族关系成分——着重于权利义务原则的世系关系在这里又被强调了。"② 无论是出于陈祥水所说的互惠原则，还是李亦园所说的权利义务原则，异姓祖先崇拜在特殊的汉人社会中是一个实际的存在并被当地人所认可和接受的社会行为和文化现象。

鲍大千作为鲍氏族人的十一世祖和全村鲍姓与非鲍姓（汪、吕等杂姓）丝头系腰编织者的"带子老祖"，其中包含了汉人祖先崇拜的两个不同的态度，即作为鲍氏族人的十一世祖而得到族人的祭拜，反映了非利益性的子孙对其直系祖先的亲缘仪式关系，而作为"带子老祖"得到丝头系腰编织者的祭拜，反映了建立在财产利益基础上的同姓和异姓祖先崇拜。芮马丁总结的祖先与财产的关系的一般原则只能部分解释鲍大千的案例。换言之，只能解释作为"带子老祖"的鲍大千，而不能解释作为鲍氏族人十一世祖的鲍大千。鲍大千传下来的丝头系腰编织技艺，虽是一种技艺，但编织者却可以将之商品化以获取物质利益，因此，该技艺通过转换后可成为一种财产。鲍屯丝头系腰编织者包含了鲍姓与非鲍姓的村民，鲍姓编织者将鲍大千视为"带子老祖"，符合芮马丁所说的"假如 X 是 Y 最受惠后裔，X 就一定要祭拜 Y"，在这里，X 是 Y 的直系后裔；非鲍姓编织者将鲍大千视为"带子老祖"，符合芮马丁所说的"假如 X 继承 Y 的财产，X 就应该祭拜 Y"，在这里，X 和 Y 没有血缘关系。鲍大千将丝头系腰编织技艺惠及全村村民，村民反过来奉鲍大千为祖先进行祭拜，既体现了陈祥水所说的互惠原则，也体现了李亦园所说的权利义务原则。与台湾经验不同之处是，后人并未为鲍大千树立牌位，而是在鲍大千墓进行墓祭。尽管如此，祭祀牌位和墓祭并无本质区别，因为都是将对象作为祖先来祭拜。

---

① 陈祥水．"公妈牌"的祭祀：承继财产与祖先地位之确定［J］．民族学研究所集刊，1973（36）．

② 李亦园．中国家族与其仪式：若干观念的检讨［M］//杨国枢．中国人的心理．南京：江苏教育出版社，2006.

（二）整合与裂变

陈其南以系谱性宗族/家族批评弗里德曼的功能性宗族理论时，认为功能性宗族只强调了整合维度，而忽视了裂变维度。为此，陈其南特别凸显了"房"在汉人宗族/家族中的社会意义，并将汉人继嗣群体概括为"房—家族"体系。经过反复论证，他将这个体系的原则总结为："任何一个'房'单位，不论其规模和世代的大小，都是从属于一个较高级的'家族'范畴之次级单位。……不论成员数量的多寡，这个群集都可以称为'房'，以表示其从属于更高范畴的含义。如果要强调一个家族群集内彼此的分别，人们就可以用'房'这个观念。如果要强调诸'房'之间的整体性，人们就可以用'家族'这个观念。换句话说，一个男系宗祧单位可以同时是个'家族'和'房'。"① 这段话的意思为，"家族"的观念代表了整合维度，而"房"的观念则代表了裂变维度。陈其南还从上下不同视角形象地描述了系谱性的"房—家族"体系所包含的整合与裂变两个维度，如果从上往下看，看到的就是"房"所显示的裂变维度，而从下往上看，看到的则是"家族"所显示的整合维度。

陈其南认为，分房的系谱架构主要表现在一些社会生活中，如分家、分户、分财产，以及宗祧团体中的其他权利和义务的分配上。显然，汉人宗族/家族的裂变过程即"分房"与分家及连带的分财产和其他权利义务的分配共享一个原则。但导致宗族/家族整合和裂变的根本理念是什么，陈其南并没有做出回答。王崧兴则认为，这个根本理念是汉人父系社会中男性和女性所代表的两个相互背离的倾向，即男性原则导致整合倾向，女性原则导致裂变倾向。他认为，卢蕙馨（Margery Wolf）在汉人父系社会中发现的以母亲及其子女为成员的单位"子宫家庭"（uterine family）一开始就孕育了裂变的种子。在未裂变前，"子宫家庭"不包含丈夫，而裂变后，丈夫被涵括进来，这个单位就被称为"房"或葛学溥（D. H. Kulp）所谓的"自然家庭"。尽管裂变是一个必然的过程，但整合并没有消失。男性原则发挥了整合的作用，正如王崧兴所说："家族整合的基础是将男性作为中心的父系继嗣原则。尽管会完全分家，但因为父系继嗣意识形态，家族整合的作用永远存在。"② 整合与裂变

---

① 陈其南. 汉人宗族制度的研究：弗里曼宗族理论的批判 [J]. 考古人类学刊，1991 (47).

② WANG S H, On the Household and Family in Chinese Society [M] //HSIEH J C, CHUANG Y C. The Chinese Family and Its Ritual Behavior. Taibei：Institute of Ethnology, Academia Sinica, 1985.

这个相反相成的过程，一如孔迈隆（Myron L. Cohen）的观察："汉人家族不断地处于整合与裂变这个矛盾所产生的紧张状态之中。"①

鲍大千作为"带子老祖"，对丝头系腰编织者这个群体而言，只有整合作用，而无裂变作用。每年清明编织者前往鲍大千墓进行墓祭，仪式性地将全村编织者团结起来，编织者之所以成为一个群体便是因为他们共享一个共同的祖先鲍大千。在这个群体内部没有出现类似"房"这样的次级单位，这是因为其内部缺乏裂变机制，这个机制就是类似族谱一样的贯通上下的系谱。作为祖先的鲍大千与作为子孙的编织者的传承关系，只有清楚的源而无清楚严格的流，故而未发生裂变。就整合而言，因为编织者包含了非鲍氏村民，所以其整合的范围超越了宗族/家族，故而鲍大千是全村整合的一个符号。导致这个结果的理念是"村庄至上"原则，而不是"宗族/家族至上"原则。

（三）祖先与神灵

在中国民间宗教中，许多地方神灵常常为某一家族祖先转换而来。转换的原因多以此人身前符合儒家伦理道德规范，或因正统道德及事功得到官府的表彰，死后从仅受到直系后裔祭拜的祖先，上升为受到地方普遍祭拜的神灵。比如，许烺光在喜洲记录的一个身前默默无闻而死后成为城隍的例子。此人苦读诗书，但考试皆榜上无名，知道自己加官进爵希望渺茫，于是便从事银器生意。别人都以次充好，他的货都货真价实，从不欺骗顾客。六十八岁时去世。巡游神将他的美德记录下来，并上报给玉皇。玉皇便任命他为某县的城隍。② 再如，屯堡乡村祭拜的地方神"汪公"也如此。据说"汪公"信仰是明朝屯堡卫所军人从安徽带到黔中地区的。根据常建华的研究，隋末世变，徽州土著汪华起兵平婺源寇，但又有记载，汪华被赐"忠烈"事在南宋，故祭拜汪华的忠烈庙建于宋代。常建华认为，虽然忠烈祠属于名人特庙，而且带有地域神的性质，但是对于汪氏来说，它却是一所祖庙。国家建庙纪念有功于国家的"忠臣烈士"是一种"专祠"，也是"公祠"。对于被纪念者的家族来说，这种专祠则是一种先祖的祭祀，因此又卜地设置"行祠"，介乎公祠与家礼之间。从形式上看，行祠是作为"公祠"之"专祠"的分祠存在的，实际上行祠除了具有地域性外，主要是作为子孙立

---

① COHEN M L. House United, House Divided: The Chinese Family in Taiwan ［M］. New York: Columbia University Press, 1976: 73.

② 许烺光. 祖荫下 ［M］. 王芃, 徐隆德, 译. 台北: 南天书局, 2001: 129.

祠祭祀始祖或先祖存在的，是一种宗祠。① 由此可知，在"汪公"信仰早期，作为祭拜神灵的庙宇与作为祭拜祖先的祠堂两者合二为一，在后来的历史时期才逐渐分离开来。

"带子老祖"鲍大千尽管具有使丝头系腰编织技艺惠及全村村民的功德，但仍然还停留在祖先身份的阶段，尚未上升为一个地方性的神灵。究其原因，大体有二：一是无专门供祭拜的庙宇。常建华对"汪公"信仰的研究表明，庙宇与祠堂有可能合二为一，但忠烈祠属于名人特庙，也即是说，忠烈祠仅供奉汪华一人。历史上鲍氏曾有过祠堂，但并非专祭鲍大千一人。目前对鲍大千的祭拜形式就是墓祭而无其他，而且祭拜的模式与祭拜其他祖先并无二致。二是无神异的灵验传说。上文讨论的关于鲍大千远赴故里学艺的两个传说版本，故事情节皆为世俗性行为，没有特别的神圣性。反之，作为村神的"汪公"却有护佑全村的灵验传说。根据田野调查，鲍屯的传说中有这样的故事，清咸同年间，鲍屯村民曾背负汪公神像避战乱于寨旁大箐，及乱兵将至之时而汪公显灵，保全了全村村民。② 灵验传说在民间宗教中是一个普遍现象，也是神灵成立的必要条件之一。

四、结论

基于以上的讨论，兹将本文的要点总结如下。

第一，作为"边汉社会"类型之一的黔中鲍屯，是一个一姓独大的杂姓村，其社会结构为"族—会"型汉人乡村社会。"村庄至上"原则超越了"宗族/家族至上"原则。

第二，作为一个物件的丝头系腰与人类学的亲属研究连接起来。丝头系腰在村民的社会生活中具有多重的重要意义，本文仅讨论了其与祖先崇拜的关系，从而为人类学"物"的研究增加了一个跨文化比较的个案。

第三，鲍氏十一世祖鲍大千因丝头系腰而成为全村所有姓氏编织者共同的"带子老祖"。两个关于他远赴故里学艺的传说描述了他的艰辛历程，同时传说也蕴含和表达了鲍屯村民的多重认同。

第四，从祖先与财产的关系来看，鲍姓编织者将鲍大千视为"带子老祖"，符合芮马丁所说的最受惠后裔一定要祭拜施惠的先人；非鲍姓编织者将鲍大千视为"带子老祖"，符合芮马丁所说的如果一人继承了另一个无血缘关

---

① 常建华. 宋元时期徽州祠庙祭祖的形式及其变化 [J]. 徽学，2000（1）.
② 蒋立松. 从汪公等民间信仰看屯堡人的主体来源 [J]. 贵州民族研究，2004（1）.

系之人的财产就应该将其作为祖先进行祭拜。

第五，从宗族/家族的整合与裂变来看，鲍大千作为"带子老祖"，对丝头系腰编织者这个群体而言，只有整合作用，而无裂变作用，原因是其内部缺乏类似族谱一样的贯通上下的系谱。

第六，从祖先与神灵的关系来看，"带子老祖"鲍大千尽管具有将丝头系腰编织技艺惠及全村村民的功德，但仍然还停留在祖先身份的阶段，尚未上升为一个地方性的神灵。原有有二：一是无专门供祭拜的庙宇，二是无神异的灵验传说。

后 记

　　贵州师范大学中国史学科关注碑刻文献、口述材料和清水江文书等贵州民间文献的收集整理与研究，并于 2018 年 8 月 24 日成立了贵州师范大学贵州民间文献研究中心。为加强学术交流，推动民间文献研究的深入，2019 年 7 月 11—13 日我们举办了"新时代民间文献整理与研究"学术研讨会，此次会议共收到论文 62 篇，达到了预期的效果。

　　为了进一步"深入民间，走向田野"，收集与整理贵州民间文献，从底层视角解读中国历史，我们选择 21 篇论文，尝试组成本论文集，略微体现贵州民间文献相关研究成果，旨在抛砖引玉，引起学术界和专家学者对贵州民间文献的深切关注，以拓展研究，形成新领域，开出丰硕成果，推动中国史学科建设。倘能达其一，我们将感到慰藉。毕竟贵州民间文献研究中心须筚路蓝缕，草创之一成果何足挂齿，今后学术道路漫长，研究任务更艰巨。

　　本次论文集有幸出版，得益于专家学者和同仁们的鼎力支持。为此，我们衷心感谢厦门大学陈支平教授、兰州大学郑炳林教授、贵州大学张新民教授、贵州师范大学徐晓光教授和贵州民族大学龙耀宏教授对本次论文集所做的指导！这为我们指明了方向。衷心感谢提交论文的所有专家学者！衷心感谢关心和支持贵州民间文献研究中心工作的贵州师范大学校领导、历史与政治学院领导以及各位专家同仁！中联华文张金良主任在百忙中倾心于论文集的编辑出版工作，提供了可行性建议，付出了不少心血，在此表示由衷的谢忱！

　　金无足赤，人无完人。由于编者理论水平和学术水平皆有限，瑕疵在所难免，诚望学人批评指正。

安尊华　谨识
2019 年 10 月 28 日